高等院校国际经济与贸易专业主要课程教材

世界贸易组织概论

OUTLINE OF WORLD TRADE ORGANIZATION

刘丽娟◎主编

中国商业出版社

图书在版编目(CIP)数据

世界贸易组织概论/刘丽娟主编. ——北京:中国商业出版社, 2017.9

ISBN 978-7-5044-7575-6

Ⅰ. ①世… Ⅱ. ①刘… Ⅲ. 世界贸易组织-概论-高等学校-教材 Ⅳ. ①743

中国版本图书馆 CIP 数据核字(2012)第 012021 号

责任编辑:刘毕林

中国商业出版社出版发行

010-63180647 www.c-cbook.com

(100053 北京广安门内报国寺 1 号)

新华书店经销

涿州市星河印刷有限责任公司印刷

* * * *

787×1092 毫米 16 开 17.25 印张 409 千字

2017 年 9 月第 1 版 2017 年 9 月第 2 次印刷

定价:35.00 元

* * * * *

(如有印刷质量问题可更换)

前 言

世界贸易组织肩负着约束其成员国际经贸行为、推动货物贸易和服务贸易自由化,以此促进经济增长、保障充分就业和提高生活水平的历史使命。中国加入世界贸易组织已过十年,在这期间,中国的对外经贸及国民经济地位发生了很大变化:货物出口贸易位居世界第一,国民经济总量位居世界第二,实际使用外商直接投资金额仅次于美国,位居发展中国家第一,服务市场的开放范围已经接近发达国家的平均水平,市场经济体制不断得到完善,人们思想观念发生深刻变化,城乡居民生活水平明显提升。

入世十年来的实践证明,作为世界贸易组织中的重要成员,我国在对外经贸领域,不仅享受其他成员给予的优惠待遇,也要履行开放国内市场、增加贸易政策和措施的透明度等义务,特别是应遵循 WTO 规则开展对外经贸活动。入世为中国经济发展注入了活力,可以这样预言,世贸组织必将继续对中国乃至世界经济的发展发挥着重要作用。因此,认识世界贸易组织,了解并掌握其运作机制、基本原则及规则,明确中国与世界贸易组织之间的关系,强化运用 WTO 规则从事对外经贸活动的意识,以确保国家和企业的利益,是当代高等院校实现人才培养目标的必修课题。

本书旨在全面介绍世界贸易组织的运行机制,规则、协定和协议,客观反映世界贸易组织的所发挥的作用,使高等院校学生全面、系统地了解和掌握世界贸易组织的相关知识,为优化当代大学生的知识结构、培养适应新时期经济社会发展所需的合格人才尽点微薄之力。

本书共分为十三章。第一章介绍世界贸易组织产生和建立的理论基础;第二章全面而详细地阐述从 1947 年关贸总协定到 1995 年世界贸易组织的发展历程;第三章介绍世贸组织的宗旨、地位、职能、组织机构等内容;第四章阐述世界贸易组织的运作机制;第五章介绍世界贸易组织的基本原则与规则;第六至十二章分别介绍世界贸易组织的各项协议:1994 年关贸总协定、纺织品与服装贸易协议、农业协议、非关税措施协议、反倾销协议、补贴与反补贴措施协议、保障措施协议、服务贸易总协定、与贸易有关的知识产权协议、诸边贸易协议等；第十三章对中国加入世贸组织的历程、法律文件内容、权利与义务以及中国履行入世承诺情况作了介绍和分析。

本书是一部全面介绍世界贸易组织规则的教材，可作为高等院校国际经济与贸易等专业的必修教材，也是相关人员有价值的参考资料。

本书由吉林财经大学刘丽娟教授主编，本书的编写得到了吉林财经大学教务处的大力支持。中国商业出版社刘毕林先生为本书出版给予了大力帮助。吉林财经大学国际经贸学院研究生曾春华、刘丽丽、陈丽、王浩博等为本书的编写提供了大量数据资料，在此一并致谢。

本书在撰写过程中，参阅了国内有关教材和著作，并引用了其中的一些观点，在此谨向原作者表示感谢。由于编者水平有限，书中不足之处在所难免，还望广大读者批评指正。

作者

2017年9月

目 录

第一章

世界贸易组织的理论基础

内容提要

本章介绍世界贸易组织的理论基础，主要包含自由贸易理论与保护贸易理论，世界贸易组织确立和发展的理论基础是有节制的自由贸易理论。

世界贸易组织（World Trade Organization，WTO，以下简称世贸组织）于 1995 年 1 月 1 日建立。其前身是 1947 年的关税与贸易总协定（General Agreements on Tariff and Trade，GATT1947，以下简称关贸总协定）。世贸组织的主要目标是为世贸组织成员确立贸易政策及规则，通过扩大国际贸易来提高生活水平。世贸组织实现目标的途径是：管理贸易协定与协议；为贸易谈判提供场所；解决贸易争端；审议成员贸易政策；通过技术援助和培训项目援助发展中国家；同其他国际组织合作。

截止到 2011 年 12 月，世贸组织已有 154 个成员，其贸易额已占世界贸易总额的 90% 以上。世贸组织成员绝大多数是主权国家，也有单独关税区。

世贸组织、国际货币基金组织和世界银行并列成为世界三大经济组织，其存在的基础是有节制的自由贸易理论。

第一节　自由贸易理论与政策

《建立世界贸易组织协定》的序言中提出了它的目标和宗旨："有必要根据互惠和互利的安排，达到切实降低关税和其他贸易壁垒，并在国际贸易关系上消除歧视性待遇。"这表明了 WTO 致力于扩大世界自由贸易的愿望，集中体现了自由贸易思想。

WTO 相关法律文件的基本原则也体现了自由贸易思想。比如非歧视原则，保证了贸易自由化成果在所有成员之间的适用与一致；互惠性既是 WTO 的基本精神，也是进行贸易的基本前提；关税减让和取消数量限制措施等是自由贸易的直接体现；市场准入原则要求通过磋商逐步开放成员方国内市场；公平竞争原则使各成员方的企业有平等的贸易环境，禁止使用歧视性贸易限制等。

一、自由贸易理论的演变

自由贸易理论的演变与发展大致可分为三个阶段：第一阶段是指 18 世纪 60 年代到 19 世纪 60 年代的资本主义自由竞争时期，第一次产业革命使得自由贸易理论开始出现，这一时期的自由贸易理论通常称之为古典学派的自由贸易理论；第二阶段是指 19 世纪中叶到第二次世界大战结束，资本主义进入垄断时期，第二次产业革命的发生使自由贸易理论的发展出现了重大转折，这一时期的自由贸易理论可称之为现代学派的自由贸易理论；第三阶段是指第二次世界大战以后的自由贸易理论，第三次科技革命的出现带来了自由贸易理论的创新和全面发展。

（一）古典学派自由贸易理论

古典学派的自由贸易理论包括亚当·斯密（Adam Smith）的绝对成本论、大卫·李嘉图（David Ricardo）的相对成本论和约翰·穆勒（John Stuart Mill，1806～1873）的相互需求原理。

自由贸易理论起始于法国的重农主义（Physiocracy），成论于古典派政治经济学，后来又不断加以丰富和发展。在古典派政治经济学前，法国的重农主义与英国学者休谟（David Hume）已经提出自由贸易的主张。重农主义提倡商业的自由竞争，反对重商主义的贸易差额论，并反对课征高额的进出口关税。休谟主张自由贸易，并提出“物价与现金流出入机制”的理论，批驳重商主义的贸易差额论。

古典政治经济学派代表亚当·斯密在其 1776 年出版的名著《国民财富的性质和原因的研究》（《国富论》）中首先提出为获取国际分工利益实行自由贸易的理论，后由大卫·李嘉图加以继承和发展，又经一些经济学家如约翰·穆勒（John Stuart Mill）、阿尔弗雷德·马歇尔（Alfred Marshall）等人进一步加以阐述和演绎。

1. 亚当·斯密的绝对成本论（Theory of Absolute Costs）

1776 年，国际贸易理论的创始者、英国古典经济学家斯密在其经典巨著《国富论》中特别强调指出，由于自然与社会因素的差异，各国在生产同种商品时会有不同的劳动生产率，因而形成各自绝对生产成本的差异，也就是各自绝对优势的不同。一国参与国际分工和国际贸易的原因在于该国在生产某种商品时存在绝对成本低的优势。

亚当·斯密的绝对成本理论说明社会分工以及国际分工能使资源得到更有效的利用，国际贸易并不像重商主义者所说的那样只能使交易的某一方获得利益，而是贸易双方都能获得利益。贸易利益的普遍性原则为自由贸易的政策主张奠定了基础。但是，这种强调绝对优势的理论隐含着一个前提，即贸易双方分工和贸易状况是吻合的。比如北美和南美，由于温带与热带的自然条件约束、劳动力和技术上的差异，各自至少必须生产一种绝对低成本的商品，交换才成为可能，贸易各方才可以从这种贸易中获利。

但是现实的情况往往是国际贸易中大部分产品，特别是工业制成品并不受自然地理条件的限制。如果一国经济不发达，技术落后，生产两种商品都处于劣势，这时会不会发生国际贸易？如果发生国际贸易，那么处于劣势的国家是否能从国际贸易中获得利益呢？对于这个问题，亚当·斯密的绝对成本理论没有提出，也没有回答，大卫·李嘉图的比较成本理论给出了回答。

2. 大卫·李嘉图的比较成本论（Theory of Comparative Costs）

1817 年，李嘉图的主要著作《政治经济学及赋税原理》出版，提出了比较成本论的国际贸易理论。基于绝对成本论的研究成果有很大局限，解释的贸易现象不够宽泛。李嘉图以相对成本论补充和发展了这一学说，回答了绝对成本理论所没有解决的问题。李嘉图指出：当一国同另一国相比，其在两种产品的生产中均处在绝对劣势（优势）时，只要它在两种产品上的比较成本同另一个国家相比是有差别的，则仍有资格（必要）参与自由贸易。比较成本理论的核心观点就是，每个国家都会有一种比较优势，或者说是相对优势，都能通过贸易获得比较利益。这里的比较优势，就是更大的绝对优势和更小的绝对劣势，即"两优相权取其重，两劣相衡取其轻"之理。该理论的重大意义就在于，一国无论生产力水平高低，都可以选择相对优势的产品参与国际分工，开展国际贸易。

关于贸易利益的分配问题，英国经济学家约翰·穆勒在 1848 年运用相互需求原理（Theory of Reciprocal Demand）做出了一定的解释。首先，他运用比较优势原理，说明实际贸易条件（Terms of Trade）必定介于两国国内两种商品交换比例所确定的上下限之间，超出上限或下限，国际贸易不会发生。其次，他得出结论，实际的贸易条件取决于贸易国各自对对方商品的相对需求强度。外国对本国商品的需求强度大于本国对外国商品的需求强度，实际贸易条件就接近于外国国内这两种商品的交换比例，这个实际的贸易条件对本国就有利；反之，如果本国对外国商品的需求强度大于外国对本国商品的需求强度，则实际贸易条件就接近于本国国内这两种商品的交换比例，这个实际的贸易条件对外国就有利。相互需求论对李嘉图的比较成本理论进行了重要的补充。

李嘉图的比较成本理论，是以劳动价值论为基础的，产生比较成本差异的原因是各国劳动生产率的差异。但是，如果各国劳动生产率相同，那么，产生比较成本差异的原因是什么呢？20 世纪 30 年代产生的要素禀赋理论回答了这个问题。

（二）现代学派自由贸易理论

现代学派的自由贸易理论以伊·菲·赫克歇尔（Eli F Heckscher，1879～1952）和贝蒂·俄林（Bertil Ohlin，1899～1979）提出的生产要素禀赋学说以及其后提出的与生产要素禀赋说相背离现象的华西里·里昂惕夫（Wassily Leontief）之谜为发展主线。

1. 赫克歇尔—俄林的要素禀赋论（Factor Endowment Theory）

要素禀赋论又称要素比例学说（Factor Proportion Theory），或赫克歇尔—俄林理论（Heckscher－Ohlin Theory），是著名的瑞典经济学家赫克歇尔和俄林提出的关于国际贸易的理论。

赫克歇尔于 1919 年发表了《对外贸易对收入分配的影响》这一著名论文，提出了要素禀赋论的基本论点。俄林继承了其导师赫克歇尔的论点，于 1933 年出版了《域际贸易和国际贸易》一书，创立了要素禀赋理论。这一理论突破了单纯从技术差异的角度解释国际贸易的原因、结构和结果的局限，从比较接近现实的要素禀赋差异来说明国际贸易的原因、结构和结果。

生产要素禀赋学说，又被称为赫—俄模型，其主要内容是：不同商品的生产需要投入不同的生产要素比例，而不同国家所拥有的生产要素是不同的，因此，一国应生产那些能密集地利用其较充裕的生产要素的商品并出口，以换取那些需要密集地使用其较稀缺的生产要素的进口商品。

2. 里昂惕夫之谜（The Leontief Paradox）

在早期，里昂惕夫对赫—俄原理确信不疑，按照这个理论，一国拥有较多的资本，就应生产和输出资本密集型产品，而输入较稀缺的劳动力要素生产的劳动密集型产品。基于以上认识，他利用投入—产出分析方法对美国的对外贸易商品结构进行具体计算，其目的是对赫—俄原理进行验证。结果发现，作为世界上资本最充裕的国家，美国出口的是劳动密集型产品，进口的是资本密集型产品，即要素充裕度差异不能有效地决定贸易方式。这一由里昂惕夫发现的赫—俄理论与贸易实践的巨大背离现象使美欧国际贸易学术界大为震惊，被人们称为里昂惕夫之迷或里昂惕夫悖论。里昂惕夫之谜引发了西方经济学界大规模的辩论和验证，由此带来了二战以后自由贸易理论的创新和发展。

（三）二战以后的自由贸易理论

二战以后的自由贸易理论根据其成因可以分成两大群：第一群是为解释里昂惕夫之谜而产生的，被称为新要素贸易论；第二群是为解释新的国际贸易格局而产生的，可称之为国际贸易新理论。

新要素贸易论认为，在考虑国际贸易中商品的比较优势时，人力技能、技术进展在国际贸易中也起着重要作用。它是对生产要素禀赋学说的发展与补充，所不同的是赋予了生产要素新的内涵，突破了原来的局限，这一理论群主要有人力资本论、人力技能论和技术差距论。关于国际贸易理论的创新，主要有：需求偏好相似理论、产品生命周期理论、规模经济理论。战后国际贸易的实践，有三个十分显著的贸易事实：知识密集型产品在国际贸易总量中的比重不断上升——贸易产品知识化；工业化国家经济结构的趋同化；部门内贸易的主导化。这些是传统的贸易理论所无法解释和不能预见的。针对这些重大变化，国际贸易新理论做出了一些令人信服的解释。

1. 需求偏好相似说（Theory of Preference Similarity）

需求偏好相似说是由著名瑞典经济学家林德（S. B. Linder）于 1961 年，在《贸易与变化》一书中提出的。

林德认为国际间工业品贸易的发生，往往是先在国内市场建立起生产规模和国际竞争能力，而后再拓展国外市场，因为厂商总是出于利润动机首先为他所熟悉的本国市场生产新产品，当发展到一定程度，国内市场有限时才开拓国外市场。因此，国内需求是出口贸易的基础。两国经济发展程度愈相近，人均收入愈接近，需求结构、需求偏好愈相近，相互需求就愈大，贸易可能性也就愈大。如果这些国家的需求结构和需求偏好完全一样，国内需求与外国的进口需求重叠，一国可能进、出口的商品，也就是另一国可能出、进口的商品，从而构成两国贸易的基础。

偏好相似理论的意义在于它部分地解释了部门内贸易发展迅速及发达国家之间的贸易量远远超过发达国家与发展中国家之间贸易量的原因。

2. 产品生命周期说（Product Life Cycle Theory）

产品生命周期说由美国销售学家弗农于 1966 年发表的《生命周期中的国际投资与国际贸易》一文中首先提出，经威尔斯（Louis T. Wells）、赫希哲（Hirsch）等人不断完善。

该理论认为，由于技术的创新和扩散，制成品和生物一样具有生命周期。产品周期理论认为，一个新产品的技术发展大致有三个阶段：产品创新阶段、产品成熟阶段和产品标准化阶段。

在第一阶段，产品新颖，技术上是新发明的。除了发明国外，其他国家对这一项新技术知之不多。而且生产者对于新产品生产技术和市场反映还在不断摸索和改进。在这一阶段，发明国垄断该产品的生产，满足国内外消费者的需求。

在第二阶段，技术已经成熟，生产过程已经比较标准化，成熟的生产技术也随着产品的出口而转移。与此同时，国外的生产也已增加，发明国的出口开始下降，一些产品进口国能够迅速地摹仿掌握技术进而开始在本国生产该产品并出口到其他国家。

到了第三阶段，技术已不再是什么新颖和秘密了，已经在世界范围内扩散。许多技术都已包含在生产该商品的机器（如装配线）中了。任何国家只要能够购买这些机器也就购买了技术，技术本身的重要性已经逐渐消失。至此，新产品的技术也完成了其生命周期。

从以上分析可见，由于技术的传递和扩散，不同国家在国际贸易中的地位也在不断变化。如新技术和新产品创新在美国，而后传递和扩散到其他发达国家，再到发展中国家。

产品生命周期用以解释工业制成品的动态变化具有一定现实意义，对解释国际贸易有重要的参考作用。

（1）它引导人们通过产品的生命周期，了解和掌握出口的动态变化，为正确制定对外贸易的产品战略，市场战略提供了理论依据。

（2）它揭示出比较优势是不断在转移的，每一国在进行产品创新、或模仿引进、或扩大生产时，都要把握时机。而进行跨国经营，就可以利用不同阶段的有利条件，长久保持比较优势。

（3）它还反映出当代国际竞争的特点，即创新能力、模仿能力，是获得企业生存能力和优越地位的重要因素。

3. 规模经济的贸易理论（Economies of Scale and Trade Theory）

规模经济（Economies of Scale）是指在企业生产扩张的开始阶段，企业由于扩大生产规模而使经济效益得到提高。规模经济贸易理论是由著名经济学家克鲁格曼（Paul Krugman）在与艾瀚南（Helpman Elhanan）在 1985 年合著的《市场结构与对外贸易》一书中提出的学说。其主要观点为：规模收益递增为国际贸易直接提供了基础，当某一产品的生产发生规模收益递增时，随着生产规模的扩大，单位产品成本递减而取得成本优势，由此导致专业化生产并出口这一产品。

传统贸易理论认为，国际贸易格局的形成取决于各国的资源禀赋、技术水平甚至需求偏好这类基本的经济特征，各国为了充分发挥以这些基本特征的国际差异为基础所形成的比较利益而进行贸易。但实践表明，发达工业化国家之间的贸易，特别是资本、技术密集型产品贸易，并不是以这些基本经济特征的差异为基础的。从当代国际贸易的发展看，规模经济、不完全竞争、产品差异已跃居成当代国际贸易发展的主导因素。特别是在区域内、产业内贸易中，规模经济的作用甚至超过了常规的比较利益，这已是不争的事实。

规模经济因素被抽象出来作为国际贸易的决定因素，在理论上具有极高的价值，它标志着传统国际贸易理论向当代新贸易理论的转变。

二、自由贸易理论的要点

自由贸易论者认为，自由贸易可以有以下好处：

（一）可以形成互相有利的国际分工

在自由贸易下，各国可以按照自然条件（亚当·斯密）、比较利益（大卫·李嘉图）和要素丰缺（俄林）进行分工，集中资源生产其最有利和有利较大或不利较小的产品。这种国际分工可以带来下列利益：①增进各国各专业的特殊生产技能；②使生产要素（土地、劳动与资本等）得到最优化的配置；③节省社会劳动时间；④促进发明和市场的发育。各国参与分工的范围愈广，市场就越大，生产要素配置就越合理，获取的利益也就越多。

（二）扩大国民真实收入

自由贸易理论认为，在自由贸易环境下，每个国家都发展最擅长的生产部门，劳动和资本等要素就会得到合理配置。通过贸易就能增加国民财富。据 WTO 估计，仅 1994 年乌拉圭回合贸易协议就为世界带来了 1090 亿美元至 5100 亿美元的收入。同时欧盟估计，1989 年至 1993 年间欧盟的收入较从前增长了 1.1% ~1.5%。显而易见，贸易可以促进收入的增加。

（三）减少国民消费开支

世界上每个人都是消费者，食品、衣服、生活必需品和奢侈品等的价格无时无刻不受贸易政策的影响。保护主义必然带来价格的上涨。自由贸易使进口商品变得便宜起来，生产成本降低，商品和服务的价格也同时下降，最终使人们的生活成本降低，平抑物价。

（四）可以阻止垄断，加强竞争

企业在自由贸易条件下，要与外国同行进行竞争，这样就会消除或削弱垄断势力，提高经济效益，从长远看，能促进一国经济增长。某一进口产品或服务反过来会刺激本国的生产商参与竞争，于是消费者可以选择的品牌和服务增加，本国商品和服务的范围也会变多。

（五）有利于提高利润率，促进资本积累

李嘉图认为，随着社会的发展，工人的名义工资会不断上涨，从而引起利润率的降低。由于对外贸易的扩张，或由于机器的改良，劳动者的食物和必需品能按降低的价格送上市场，利润就会提高。①

① 李嘉图：《政治经济学及赋税原理》，中译本，商务印书馆，1996 年版，第 112 ~113 页。

三、贸易自由化的深化

20 世纪 80 年代以后，随着世界经济的好转和经济全球化的加速，贸易自由化在已有基础上进一步向纵深发展，成为世界各国对外贸易政策的主流。

为了推动贸易自由化，1983 年 11 月关贸总协定总干事邓克尔邀请了 7 名国际知名专家、学者，组成 7 人小组对国际贸易制度及其面临的问题进行了研究。历时近两年的时间，对世界贸易制度和政策进行深入研究，写出了名为《争取较好未来的贸易政策》的报告。报告从正反两方面审查了自由贸易政策和贸易保护主义。该报告指出保护主义只顾眼前利益，其代价是长期的、昂贵的，而“开放性的国际贸易是经济持续延长的关键”。其理由是：“贸易可以使各国集中从事于效益最佳的生产；贸易对工人和资本进行最有成效的使用不断地给予指导，因为贸易是作为传递新技术和其他形式革新的媒介（从而促进储蓄和投资）；开放和扩大贸易意味着缓和国家间的摩擦，并有助于其他领域的国际合作；贸易可以帮助世界经济进行变革”。

第二节　保护贸易理论与政策

一、重商主义的贸易主张和政策

重商主义是 15 ~ 17 世纪西欧资本主义生产方式准备时期代表商品资本利益的经济思想和政策体系。随着新大陆和新航线的发现，商品活动的费用空前扩大，西欧对美洲、非洲、亚洲的殖民掠夺，使大量金银流入西欧各国，积累了巨额的货币财富，导致了商品货币经济的蓬勃发展和封建自主经济的迅速瓦解。社会财富的中心由土地转向金银货币，社会各阶层的经济生活对商品资本都有很大的依赖。货币财富成为各阶层共同追逐的对象，成为社会经济生活的支配力量，赤裸裸的拜金主义成了社会风尚。社会经济的这种剧烈变化主要反映到上层建筑中来，在经济思想和政策方面，就表现为重商主义的兴起。

重商主义保护政策主要有：

（一）货币政策

贸易差额论的货币政策不是主张严禁金银出口，想设法吸收外国金银，而是寓对货币的追求于贸易顺差的追求之中。

（二）对外贸易垄断政策

葡萄牙和西班牙在 16 世纪实行对外贸易垄断。葡萄牙国王直接掌握并垄断对东方的贸易，西班牙则垄断它和美洲殖民地的贸易，不许外国人插手经营。通过贸易垄断，西欧国家在其殖民地取得廉价的原料，运回本国加工制成成品，高价向殖民地或其他国家出售。

（三）奖出限入政策

为扶植本国货对外国货的竞争力，可以退还原来对其原料征收的税款，必要时国家给予补贴。阻止原料或未成品出口，奖励制成品出口，并且认为输出廉价原料再用高价购买制成品是一种愚蠢的行为。另外，国家还用现金奖励在国外市场上出售本国产品的商人。

（四）保护关税政策

对进口货物几乎都要征收重税，其税负往往高到使人不能购买的地步，对原料则免税进口，同时，对出口的制成品则减免关税，或退回进口原料时征收的关税。

（五）发展本国航运业政策

贸易差额论者认为，建立一支强大的商船队和渔船队是一个国家经济力量的重要组成部分。因此，应禁止外国船只从事本国沿海航运和殖民地之间的航运。

（六）发展本国工业政策

为了实现贸易顺差，必须多卖商品。因此，他们认为应该发展本国工业，使本国产品在世界市场上有竞争能力，保持出口优势。为此，各国都制定了鼓励本国工业发展的政策。如有些国家高薪酬聘请外国工匠，禁止熟练技术工人外流和机器设备输出，给工场手工业者发放贷款和提供各种优惠条件。

二、保护幼稚工业的理论与贸易政策

19 世纪资本主义自由竞争时期，当英国推行自由贸易政策时，美国与德国却先后实行了保护幼稚工业的贸易政策。

（一）保护幼稚工业贸易政策的实践

美国建国后，第一任财政部长汉密尔顿（A · Hamilton，1757 ~ 1840）代表独立发展美国经济的资产阶级的要求，在 1791 年 12 月提出的“制造业报告”（Report on Manufacture）中认为，为使美国经济自立，应当保护美国的幼稚工业，其主要的方式是提高进口商品的关税。

德国在 19 世纪 70 年代以后，新兴的产业资产阶级为避免外国工业品的竞争，使之能充分发展，便不断要求实施保护贸易措施。1879 年，德国首相俾斯麦改革关税，对钢铁、纺织品、化学品、谷物等征收进口关税，并不断提高关税率；而且与法国、奥地利、俄国等进行关税竞争。1898 年，又通过修正关税法，提高关税，使德国成为欧洲高度保护贸易的国家之一。

（二）保护幼稚工业贸易政策的理论依据

李斯特的保护幼稚工业的贸易理论很具有代表性。

李斯特（F · List，1789 ~ 1846）是德国历史学派的先驱者，早年在德国提倡自由主义。1825 年作为外交官出使美国，受汉密尔顿的影响，以及亲眼所见美国实施保护贸易政策的成效，转而提倡贸易保护主义。他在 1841 年出版的《政治经济学的国民体系》一书中，系统地阐述了保护幼稚工业的贸易学说。

1. 对古典学派自由贸易理论提出批评

（1）指出“比较成本说”不利于德国生产力的发展

李斯特认为，从外国购买廉价商品，表面看起来合算，但却不可能使德国工业得到发展，反而会导致长期处于落后和从属于外国。如果德国采取保护关税政策，一开始会使工业品的价格提高，但经过一段时期，德国工业得到充分发展，生产力将会提高，商品生产费用将会下跌，商品价格甚至会低于外国进口的商品价格。

（2）指出古典学派自由贸易学说忽视了各国历史和经济上的特点

李斯特认为，自由贸易学说是一种世界主义经济学，它抹煞了各国的经济发展与历史特点，错误地以“将来才能实现”的世界联盟作为研究的出发点。

李斯特根据国民经济发展程度，把国民经济的发展分为五个阶段，即“原始未开化时期、畜牧时期、农业时期、农工业时期、农工商业时期”①，各国经济发展阶段不同，所采取的贸易政策也应不同。处于农业阶段的国家应实行自由贸易政策，以利于农产品和工业品的自由输出和输入，促进本国农业的发展，并培育工业化的基础。处于农工业阶段的国家，尽管本国已有工业发展，但并未发展到能与外国产品相竞争的地步，故必须实施保护关税制度。而处于农工商业阶段的国家，由于国内工业产品已具备国际竞争能力，故应实行自由贸易政策。

李斯特认为英国已达到最后阶段（农工商业时期），法国在第四阶段与第五阶段之间，德国与美国均在第四阶段，葡萄牙与西班牙则在第三阶段。因此李斯特主张当时德国应实行保护幼稚工业政策，促进德国工业化，以提高其产品竞争力。

2. 主张国家干预对外贸易

（1）李斯特把国家比喻为国民生活中如慈父般的有力指导者

他认为，国家的存在比个人的存在更为重要。国家存在是个人与人类全体的安全、福利、进步以及文化等的第一条件。因此，个人的经济利益应从属于国家的真正的财富的增加与维持。他认为，国家在必要时可限制一部分国民经济活动，以保持其整体的经济利益，主张在国家干预下实行保护幼稚工业贸易政策。

（2）保护的对象与时间

李斯特保护贸易政策的目的是促进生产力的发展。他认为大规模机器的制造工业的生产力远远大于农业。他认为着重农业的国家，人民精神萎靡，一切习惯与方法偏于守旧，缺乏文化福利与自由；而着重工商业的国家则不然，其人民充满增进身心与才能的精神。因此，他提出保护对象的条件是：农业不需要保护。只有那些刚从农业阶段跃进的国家，距离工业成熟时期尚远，才适宜于保护。一国工业虽然幼稚，但在没有强有力的竞争者时，也不需要保护。只有刚刚开始发展且有强有力的外国竞争者的幼稚工业才需要保护。李斯特提出的保护时间以 30 年为最高限期。

（3）保护幼稚工业的主要手段

通过禁止输入与征收高关税的办法来保护幼稚工业，以免税或征收轻微进口税方式鼓励复杂机器进口。为保护幼稚工业，李斯特提出“对某些工业品可以实行禁止输入，或规定的税率事实上等于全部、或至少部分地禁止输入”，同时，对“凡是在专门技术与机器制造方面还没有获得高度发展的国家，对于一切复杂机器的输入应当允许免税，或只征收轻微的进口税”。

① 李斯特：《政治经济学的国民体系》，中译本，商务印书馆，1961 年版，第 155 页。

“保护幼稚工业”理论并不是对自由贸易的完全否定，也不是对全部产业的保护，而是指出了适当保护贸易政策对经济发展的必要性，反映了当时德国工业资产阶级力图对抗英法强大的竞争力量从而发展民族经济的愿望。该理论对发展中国家是有重大参考价值的。

李斯特保护贸易理论的提出，确立了保护贸易理论在国际贸易体系中的地位，标志着保护贸易理论和自由贸易理论的完全形成。李斯特所倡导的保护贸易政策在当时的德国资本主义的发展过程中曾起到积极的作用，使德国在短期内有了迅速的发展。同时，该理论的许多观点对各国制定对外贸易政策有一定的借鉴作用。

三、超保护贸易理论与政策

在第一次世界大战与第二次世界大战之间，资本主义经济出现了以下特点：垄断削弱了自由竞争；国际经济制度发生了巨大变化；1929～1933 年资本主义世界发生空前严重的经济危机，使市场问题进一步尖锐化。

在大危机的冲击下，许多资本主义国家都提高了关税，通过外汇限制和数量限制等办法限制进口；同时，国家积极干预外贸，鼓励出口。英国也抛弃了自由贸易政策，超保护贸易政策在全球掀起。

（一）超保护贸易政策的理论依据

各国经济学者提出了各种支持超保护贸易政策的理论依据，其中有重大影响的是凯恩斯的学说。凯恩斯（John Maynard Keynes，1883～1946）是英国经济学家，他的代表作是《就业、利息和货币通论》（The General Theory of Employment，Interest and Money），于 1936 年出版。在 1929～1933 年资本主义大危机以前，凯恩斯是一个自由贸易论者。当时，他否认保护贸易政策会有利于国内的经济繁荣与就业。在大危机以后，凯恩斯改变了立场，他认为保护贸易政策能够保证经济繁荣，扩大就业，缓和危机。

1. 鼓吹贸易顺差以扩大有效需求

对古典派自由贸易理论提出批评。凯恩斯认为传统的国际贸易理论不适用于现代社会。首先，20 世纪 30 年代，大量失业存在，自由贸易理论“充分就业”的前提条件已不复存在。其次，古典派自由贸易论者虽然以“国际收支自动调节说”说明贸易顺、逆差最终均衡的过程，但忽略了在调节过程中对一国国民收入和就业所产生的影响。凯恩斯认为贸易顺差能增加国民收入，扩大就业，而贸易逆差则会减少国民收入，加重失业。凯恩斯指出，一国总投资包括国内投资和国外投资。国内投资额由“资本边际效率”和“利息率”决定，对外投资量由贸易顺差大小决定。贸易顺差可为一国带来黄金，扩大支付手段，降低利息率，刺激物价上涨，扩大投资，有利于缓和国内危机和扩大就业量。

2. 对外贸易乘数（Foreign Trade Multiplier）论

对外贸易乘数论是凯恩斯投资乘数在对外贸易方面的运用。为证明增加新投资对就业和国民收入的好处，凯恩斯提出了投资乘数理论。

凯恩斯把反映投资增长和国民收入扩大之间的依存关系称为乘数或倍数理论。它的意思是说，新增加的投资引起对生产资料的需求增加，从而引起从事生产资料的人们（企业主和工人）的收入增加；他们收入的增加又引起对消费品需求的增加，从而又导致从事消费品生产的人们收入的增加。如此推演下去，结果由此增加的国民收入总量会大于原增加投资量的若干倍。

凯恩斯认为，增加的倍数取决于“边际消费倾向”。如果“边际消费倾向”为零，那么国民总收入就不会增加。如果“边际消费倾向”为1，那么国民收入增加的倍数将为1+1+1+1……到无限大。如果“边际消费倾向”介于零与1之间，即人们将增加的收入以1/2或1/3或1/4用于消费，则国民收入增加的倍数将在1和无限大之间（$1<$倍数$<\infty$）。乘数K的计算公式是：

$$K=1/(1-b)\ 或\ \Delta Y=\Delta I/(1-b) \quad (1)$$

其中：b为边际消费倾向，ΔY为收入改变量，ΔI为投资支出改变量。

例如：投资增加100元，边际消费倾向是0.8，则投资的增加使得国民收入的增加量为

$$\Delta Y=\Delta I/(1-b)=100/(1-0.8)=500\ (元)$$

投资乘数为$K=1/(1-b)=1/(1-0.8)=5$

即增加1单位的投资支出可增加5单位的国民收入。

此公式也可以表示为：

$$K=1/(1-\Delta C/\Delta Y)=1/(1-消费增量/收入增量) \quad (2)$$

在国内投资乘数理论的基础上，凯恩斯的支持者们引申出对外贸易乘数理论。他们认为，一国的出口和国内投资一样，有增加国民收入的作用；一国的进口，则与国内储蓄一样，有减少国民收入的作用。当商品和劳务出口时，从国外得到的货币收入，会使出口产业部门收入增加，消费也增加。它必然会引起其他产业部门生产增加，就业增多，收入增加……如此反复下去，收入增加量将为出口增加量的若干倍。当商品和劳务进口时，必然向国外支付货币，于是收入减少，消费随之下降，与储蓄一样，成为国民收入中的漏洞。他们得出结论，只有当贸易为顺差或国际收支为顺差时，对外贸易才能增加一国就业量，提高国民的收入。此时，国民收入的增加量将为贸易顺差的若干倍。这就是对外贸易乘数理论的涵义。

如何计算对外贸易顺差对国内就业和收入影响的倍数呢？凯恩斯的支持者们提出许多公式，仅举一式说明。

设ΔY代表国民收入的增加额，ΔI代表投资的增加额，ΔX代表出口的增加额，ΔM代表进口增加额，K代表乘数，则计算对外贸易顺差对国民收入的影响倍数公式为：

$$\Delta Y=\{\Delta I+(\Delta X-\Delta M)\}\cdot K$$

在ΔI与K为一定时，则贸易顺差越大，ΔY越大；反之，如贸易差额是逆差时，则ΔY要缩小。因此，一国越是扩大出口，减少进口，贸易顺差越大，对本国经济发展作用越大。由此，凯恩斯支持者的对外贸易乘数理论为超保护贸易政策提供了理论依据。

对外贸易顺差在一定条件下可以增加国民收入、增加就业。但如果为了追求贸易顺差，不加节制地实行“奖出限入”政策，势必导致关税、非关税壁垒盛行，使贸易环境恶化，从而阻碍国际贸易的发展。

四、新贸易保护主义

新贸易保护主义是对贸易自由化而言的。1973～1974年世界性经济危机爆发，市场问题相对紧张，出现了新贸易保护主义。

（一）新贸易保护主义的主要特点

1. 保护的商品不断增加

被保护的商品从传统产品、农产品转向高级工业品和服务部门。

2. 贸易保护措施多样化

包括按照有效保护税率设置阶梯关税；加强征收“反补贴税”和“反倾销税”；非关税壁垒不断增高；通过“有秩序地销售安排”（Orderly Marketing Arrangement，OMA）等“灰色区域措施”（Grey Area Measures）规避关贸总协定的基本原则。

3. 贸易保护制度更为系统化

发达国家实行的保护贸易措施，随着政府管理贸易而不断充实和调整，成为对外贸易体制中的组成部分。以美国对钢铁行业的保护为例。为了限制钢铁的进口，美国加强了反倾销和反贴补措施，实行“启动价格”机制等措施。加强贸易法规的制订，把贸易保护法律化。

4. 保护的程度不断提高

从1980年到1983年，在整个制成品中受限制商品的比重，美国从6%提高到13%，欧洲联盟从11%提高到15%。在整个发达国家制成品的消费中，受限制商品从1980年的20%提高到1983年的30%。

（二）支持新贸易保护主义的各种观点

1. 对付国内市场扭曲

该理论主张当国内市场由于外部经济、工资差额、生产要素的非移动性等“扭曲”的存在，使价格机制未能充分发挥作用，在发生阻碍资源最佳利用的情况时，根据“次佳原理”（Second Best Theory），采取保护措施。

2. 改善贸易条件

进口国家课征关税或实行数量限制时，可能使出口国家的价格下跌，从而改善进口国家贸易条件。在下列条件下，改善贸易条件的效果尤为显著：第一，课征关税或实施数量限制措施国家的进口额，占世界该商品进口总额的比重较大；第二，该商品的输出供给弹性甚小。

3. 维持国内高水平工资

一些工资水平高的国家认为，经济发展比较落后而劳动力相对丰富国家的工资水平较低，故其生产成本也较低。如自由进口这些国家的产品，其结果会使本国员工难以维持较高的工资水平与生产水平。为了维持本国较高的工资水平，必须实施保护关税。

4. 增加国内就业

对外国产品课征保护关税，可减少进口，因而可以刺激国内生产，增加国内就业机会。

5. 保证公平竞争

如发现别国进行倾销和补贴时，为了免受倾销和补贴的伤害，进行公平竞争，需要采取反倾销和反补贴等贸易救济措施。

6. 改善贸易收支或国际收支

征收关税与限制进口措施，可减少一国的进口，有助于改善贸易收支或国际收支。在贸易收支或国际收支逆差较大时，或在通货膨胀与金融危机时，此种保护理由最为流行。

7. 保护知识产权

科学技术、发明已成为各国发展生产力的基础，为了鼓励和保护科研成果，防止盗版、伪造、冒牌，需要对知识产权加以保护。

8. 作为报复和谈判的手段

当一国出口，因其他国家违反已有贸易协议或出现歧视性贸易行为时，可采取报复手段，保护受到伤害的行业和企业。

9. 为了国家安全和保护生态环境

自由贸易使各国经济相互依存，一旦发生战争，致使国外供给剧减或断绝时，其国防力量必大受影响，因而对有关生产战略物资的产业要加以保护，以维护国家安全。此外，为了保护生态环境，防止他国输出污染，也需要采取保护措施。

10. 支持战略产业发展

20 世纪 80 年代以后，一些发达国家面对居高不下的失业率和国外产品竞争的加剧，加强了对本国战略性产业的支持，以使其获得竞争优势，为此，一些经济学家提出“战略性贸易政策”的理论。所谓战略性贸易政策是指国家从战略性的高度，用关税、出口补贴等措施，对现有或潜在的战略性产业进行支持和资助，使其取得竞争优势，提高经济效益和国民福利。

（三）新贸易保护主义对国际贸易发展的影响

1. 保护的程度不断提高

在整个发达国家制成品的消费中，受限制商品从 1980 年的 20% 提高到 1983 年的 30%。加重了消费者的开支。

2. 保护措施扭曲了贸易流向

数量限制影响了产品贸易的竞争力，改变了进口的地理方向。

3. 贸易限制推动价格上涨

歧视性的数量限制对价格产生扭曲影响。首先，受限最多的国家和地区是那些成本最低的国家和地区，不能发挥成本优势；其次，进口商品价格的提高成为进口国家同类产品生产厂商的“价格保护伞”。

4. 进口限制未能有效地维持就业

首先，即使是在最直接受国际竞争影响的产业，贸易对就业水平只起次要作用；其次，由于贸易转向，歧视性的限制对整个进口量有一定的限制作用；再次，以进口替代国内生产的范围受到限制。

5. 使发达国家付出了巨大代价

以农产品为例，发达国家对农业生产的支持和贸易政策不仅限制了外国供应者，扭转了贸易流向，而且造成了诸如糖、肉类、谷物、奶制品等产品的大量剩余。为了削减日益增加的储存成本，防止变质和浪费，发达国家采取了出口价格补贴，进行销售援助，按加工程度提高农产品进口壁垒，为此，发达国家付出了巨大的代价。

6. 伤害了发展中国家和社会主义国家

对发展中国家的消极影响程度大于发达国家，在发达国家除燃料外的所有商品进口中，受到非关税壁垒限制的比重，发达国家从 1981 年的 17. 2% 上升到 1986 年的 21. 1%；而同期，发展中国家从 25. 3% 上升到 26. 2%；社会主义国家从 30. 9% 升到 33. 3%。发达国家对来自发展中国家和社会主义国家的制成品和纺织品与服装实行的非关税壁垒措施影响的程度，均大于来自发达国家的同类产品。

表 1. 1　　发达国家非关税壁垒影响的程度（%）

贸易伙伴	除燃料以外的所有产品		制成品		纺织品和服装	
	1981 年	1986 年	1981 年	1986 年	1981 年	1986 年
全体	19. 6	22. 7	18. 6	20. 5	54. 8	55. 8
发达市场经济国家	17. 2	21. 7	15. 4	17. 8	21. 3	28. 2
发展中国家	25. 3	26. 2	31. 3	31. 0	71. 8	73. 4
成品出口国家	28. 3	28. 9	31. 3	30. 0	76. 5	76. 7
最不发达国家	12. 4	12. 1	28. 0	27. 2	36. 5	235. 2
其他国家	23. 0	24. 2	31. 5	34. 6	64. 7	68. 9
社会主义国家	30. 9	33. 3	41. 3	43. 0	74. 5	75. 2

资料来源：1987 年 3 月 2 日贸发会议秘书处的报告。

7. 加重了发展中国家的债务负担

由于发达国家贸易保护主义的加强，影响了发展中国家的出口。据统计，只要发达国家减少对肉类、糖、小麦和玉米等关税和非关税壁垒，发展中国家就可多出口 96 亿美元。由于出口减少，发展中国家债务占出口比重从 20 世纪 70 年代的 15% ~16% 提高到 1982 ~1983 年的 24%。

第三节　世贸组织贸易理论与贸易政策的取向

一、世贸组织的定位

世界贸易组织秘书处在其编著的《贸易走向未来》中指出：“世贸组织有时被称为

‘自由贸易’组织，但这并不完全准确。更确切地说，这是一个致力于开放、公平和无扭曲竞争的规则体制。”① 所谓开放，是指世贸组织成员按照世贸组织协定与议定书履行义务，相互进行货物贸易、服务贸易逐步自由化，扩大市场准入度；所谓公平，是指贸易对象在市场经济条件下，通过供求形成的实际成本进行贸易，对知识产权加强保护；所谓无扭曲，是指贸易企业不借助垄断和特权等行为进行业务经营活动。为达到此目标，必须对以 1947 年为基础的旧贸易体制下出现的不公平的竞争行为和背离现象，进行改革和赋予新的内容。

二、世贸组织下贸易政策的特点

（一）把贸易自由化作为实现世贸组织宗旨的重要途径

1. 在世贸组织有关的文件中反复表明，世贸组织接受 1947 年关贸总协定所实现的贸易自由化的成果。

2. 把贸易自由化作为实现世贸组织目标的重要途径。世贸组织追求的目标是“提高生活水平、保证充分就业、保证实际收入和有效需求的大幅度增长以及扩大货物和服务的生产及贸易”。

3. 有关世贸组织建立和负责实施管理的贸易协定与协议中的基本原则体现了自由贸易的思想。

（二）贸易自由化范围受到局限

世贸组织贸易自由化的范围局限在货物与服务领域，而与贸易有关的知识产权却不列入贸易自由化的范围。国际货物和服务贸易基本上是指跨越国界而形成的交易，而知识产权的保护受到一定的地域限制。世贸组织负责实施管理的《与贸易有关的知识产权协定》指出其目的是“期望减少对国际贸易的扭曲和阻碍，并考虑到需要促进对知识产权的有效和充分保护，并保证实施知识产权的措施和程序本身不成为合法贸易的障碍”。当然，货物与服务贸易自由化的程度关系到能否抓住利用国外知识的机会，这些知识包含于货物贸易和服务贸易中。

（三）贸易自由化政策的实施要结合两大因素

1. 贸易自由化与可持续发展有机结合，即“依照可持续发展的目标，考虑对世界资源的最佳利用，寻求既保护和维护环境，又以与它们各自在不同经济发展水平的需要和关注相一致的方式，加强为此采取的措施。”

2. 防止发展中国家边缘化，在自由化过程中，还要“保证发展中国家、特别是其中的最不发达国家，在国际贸易增长中获得与其经济发展需要相当的份额”。

（四）允许自由贸易与正当保护贸易并存

1. 与贸易有关的知识产权排除在贸易自由化之外。

2. 允许世贸组织成员按照经济发展阶段和经济发展水平作出不同程度的保护。

3. 允许世贸组织成员根据产业发展情况和竞争能力的水平作出不同程度的保护。

---

① 世界贸易组织：《贸易走向未来》，中译本，法律出版社，1999 年版，第 8 页。

4. 允许世贸组织成员出于可持续发展和保护国民身体健康等原因，实施保护措施。

5. 允许世贸组织成员以关税作为保护措施。

6. 在世贸组织负责实施管理的贸易协定与协议中，保留了许多例外，这些例外涉及非歧视、最惠国待遇、国民待遇等，对诸边贸易协议可自愿接受等。

7. 在因履行义务，导致进口激增，使国内产业受到严重伤害时，可采取保障措施等。

三、贸易自由化政策的确定与途径

（一）政策要做到互惠互利，即通过对外贸易求得双赢局面。

（二）削减关税和其他贸易壁垒，消除国际贸易关系中的歧视待遇。

四、世贸组织贸易自由化理论基础——李嘉图的比较优势学说

大卫·李嘉图（David Ricardo，1772－1823），是英国工业革命深入发展时期的经济学家，也是古典学派的代表人物。其代表著作是1817年出版的《政治经济学及赋税原理》，他在该书第七章中提出了比较优势学说。

（一）比较优势学说的产生

1815年英国政府为维护地主贵族阶级利益而修订实行了“谷物法”。“谷物法”颁布后，英国粮价上涨，地租猛增，它对地主贵族有利，而严重地损害了产业资产阶级的利益。昂贵的谷物使工人货币工资被迫提高，成本增加，利润减少，削弱了工业品的竞争能力；扩大了英国各阶层的吃粮开支，减少了对工业品的消费。“谷物法”还招致外国以高关税阻止英国工业品对他们的出口。总之，“谷物法”大大伤害了英国产业资产阶级的利益。出于发展资本、提高利润率的需要，英国产业资产阶级迫切要求废除“谷物法”，从而与地主贵族阶级展开了激烈的斗争。

李嘉图认为，英国不仅要从外国进口粮食，而且要大量进口，因为英国在纺织品生产上所占的优势比在粮食生产上优势还大。故英国应专门发展纺织品生产，以其出口换取粮食，取得比较利益，提高商品生产数量。为此，李嘉图在进行废除“谷物法”的论战中，提出了比较优势理论（Theory of Comparative Advantage）。

（二）比较优势理论的主要内容

李嘉图认为每个国家不一定要生产各种商品，而应集中力量生产那些利益最大或不利较小的商品，然后通过国际交换，在资本和劳动力不变的情况下，生产总量将增加，如此形成的国际分工和贸易对贸易双方都有利。

李嘉图认为，在资本与劳动力在国际间不能自由流动的情况下，按照比较优势理论进行国际分工和国际贸易，可使劳动力资源配置更合理，可增加生产总额，对贸易各国均有利。但这种贸易利益实现的多寡与自由贸易程度密切相关。李嘉图的比较优势理论的核心是“两优取最优，两劣取次劣”。

（三）比较优势说在国际贸易发展中的作用

1. 它揭示了世界各国获取最大贸易利益的途径，反映了价值规律这只“无形手”在国际贸易中的作用。它成为在国家存在的前提下，各国发展对外贸易，求得最大效益的规

律性的理论。

2. 随着世界经济和各国经济的发展，比较优势应用的范围在扩大，即从两个国家、两种商品模式向外延伸。出现了国家整体的比较优势，地区间的比较优势，产业间的比较优势，产业内产品的比较优势和人们行为的比较优势。

3. 就产业而言，比较优势是通过产品的成本和价格及非价格因素的比较来体现的。

4. 产品成本的构成基础在变化，开始是自然条件，后来是生产要素的禀赋，进而是科学技术等。因此，随着成本构成的变化，比较优势不是固定不变的，而是在不断变化，在动态中发展。

5. 比较优势成为世界各国贸易政策确立的主要理论基础，也成为世贸组织贸易协定与协议在某个时期达成，而又要不断修正的原因，也是达成新协议的推动力量。

6. 多边贸易体制的建立、发展与完善取决于世界各国对比较优势学说的承认、妥协和抗拒，成为世贸组织成员矛盾的产生与解决的基础，它决定着贸易自由化深化和广化的程度。

思考题

1. 自由贸易理论包括哪些内容？
2. 简述亚当·斯密的绝对成本理论内容。
3. 自由贸易理论的主要观点有哪些？
4. 大卫·李嘉图的比较成本理论有何意义？
5. 传统贸易理论和新理论有何区别？
6. 为什么说世贸组织确立和发展的理论基础是有节制的自由贸易？

第二章 世界贸易组织的建立

内容提要

本章主要分析和介绍从1947年关贸总协定到1995年世界贸易组织的发展历程，两者有何渊源和区别，以世贸组织为基础的多边贸易体制如何得到加强与完善，以及世界贸易组织的管辖范围等。

第一节 1947年关税与贸易总协定

一、1947年关贸总协定的产生

世界贸易组织的前身是1948年1月临时生效的关税与贸易总协定。世界贸易组织正式运行之前，1947年关税与贸易总协定是协调、处理缔约方之间关税与贸易政策的主要多边协定。其宗旨是：通过削减缔约方之间的关税及其他贸易壁垒，消除国际贸易领域的歧视待遇，以充分利用世界资源，扩大商品生产和交换，保证充分就业，增加实际收入和有效需求，提高生活水平。

（一）产生背景

20世纪30年代，随着世界经济陷入危机，资本主义国家之间爆发了关税战。美国国会通过《1930年霍利—斯穆特关税法》，将关税提高到历史最高水平，其他国家也纷纷效仿。高关税阻碍了商品的国际流通，造成国际贸易额大幅度萎缩。

为扭转困境，扩大国际市场，1934年美国国会通过了授权总统签署互惠贸易协定的法案。随后，美国与21个国家签订了一系列双边贸易协定，将关税水平降低30%～50%，并根据最惠国待遇原则，把这些协定扩展到其他国家。这一举措对于缓解当时的经济危机起到了重要作用。

第二次世界大战期间，许多国家面临经济衰退、黄金和外汇储备短缺等问题。美国为在战后扩大世界市场份额，试图从金融、投资、贸易三个方面重建国际经济秩序。1944年7月，在美国提议下召开了联合国货币与金融会议，分别成立了国际货币基金组织和国际复兴开发银行（又称世界银行）；同时，倡导组建国际贸易组织，以便在多边基础上，通过相互减让关税等手段，逐步消除贸易壁垒，促进国际贸易的自由发展。

1946 年 2 月，联合国经济及社会理事会成立了筹备委员会，着手筹建国际贸易组织。同年 10 月，在伦敦召开了第一次筹委会会议，讨论美国提出的《国际贸易组织宪章》草案，并决定成立宪章起草委员会对草案进行修改。1947 年 1 月至 2 月，该宪章起草委员会在纽约召开专门会议，根据《国际贸易组织宪章》草案中的贸易规则部分，完成了关税与贸易总协定条款的起草工作。

1947 年 4 月至 8 月，美国、英国、法国、中国等 23 个国家在日内瓦召开了第二次筹委会会议。会议期间，参加方就具体产品的关税减让进行了谈判，这次谈判后来被称为关税与贸易总协定第一轮多边贸易谈判。谈判的结果达成了《关税与贸易总协定》（General Agreement on Tariffs and Trade，简称 GATT）。《关贸总协定》从 1948 年 1 月 1 日临时实施一直到 1995 年 1 月 1 日世界贸易组织成立，共存在了 47 年。

1947 年 11 月至 1948 年 3 月，在哈瓦那举行的联合国贸易和就业会议，审议并通过了《国际贸易组织宪章》，又称《哈瓦那宪章》。

《哈瓦那宪章》的目标是，建立一个全面处理国际贸易和经济合作事宜的国际组织。该宪章共 9 章和 1 个附件，主要内容有：宗旨与目标、就业和经济活动、经济发展与重建、一般商业政策、限制性贸易措施、政府间商品协定、国际贸易组织的建立、争端解决、一般规定等。

由于美国国会认为《哈瓦那宪章》中的一些规定，限制了美国的立法主权，不符合美国的利益，因而美国国会没有批准《哈瓦那宪章》。受其影响，56 个《哈瓦那宪章》签字国，只有个别国家批准了《哈瓦那宪章》，建立国际贸易组织的计划因此夭折。

（二）近半个世纪“临时适用”的协议

第二次世界大战给世界经济造成了很多困难，大多数国家希望尽快排除战争时期产生的贸易障碍，早一点实施 1947 年关税谈判的成果。

因此，在联合国贸易与就业会议期间，美国联合英国、法国、比利时、荷兰、卢森堡、澳大利亚和加拿大，于 1947 年 11 月 15 日签署了关税与贸易总协定《临时适用议定书》，同意从 1948 年 1 月 1 日起实施关税与贸易总协定的条款。1948 年，又有 15 个国家签署该议定书，签署国达到 23 个。这 23 个国家成为关税与贸易总协定创始缔约方，它们是：澳大利亚、比利时、巴西、缅甸、加拿大、锡兰（今斯里兰卡）、智利、中国、古巴、捷克斯洛伐克、法国、印度、黎巴嫩、卢森堡、荷兰、新西兰、挪威、巴基斯坦、南罗得西亚（今津巴布韦）、叙利亚、南非、英国、美国。各缔约方还同意，《哈瓦那宪章》生效后，以宪章的贸易规则部分取代关税与贸易总协定的有关条款。

由于绝大多数国家最终没有批准《哈瓦那宪章》，关税与贸易总协定一直以临时适用的多边协定形式存在。从 1947～1994 年，关税与贸易总协定共进行了八轮多边贸易谈判，缔约方之间的关税水平大幅度下降，非关税措施受到约束。在第八轮多边贸易谈判（“乌拉圭回合”）基础上，建立了世界贸易组织。截至 1994 年底，关税与贸易总协定共有 128 个缔约方。

二、关税与贸易总协定前七轮多边贸易谈判

1947 年至 1994 年，关贸总协定共举行了八个回合的多边贸易谈判。

前七轮多边贸易谈判的简况如下：

（一）第一轮多边贸易谈判

1947 年 4 月至 10 月，关税与贸易总协定第一轮多边贸易谈判在瑞士日内瓦举行。根据国际贸易组织筹委会伦敦会议所制定的关税减让谈判原则，进行削减关税谈判。关税减让的原则是坚持互惠、互利并在缔约方之间平等、非歧视的基础上加以实施。谈判规则规定，谈判参加方只考虑对另一参加方提出减让要求的主要产品部分予以关税减让。关贸总协定的 23 个创始缔约方参加了谈判，并正式创立了关贸总协定。

下调关税的承诺是第一轮多边贸易谈判的主要成果。23 个缔约方在 7 个月的谈判中，就 123 项双边关税减让达成协议，涉及应税商品 45 000 项，影响近 100 亿美元的世界贸易额，使占进口值约 54% 商品的关税水平平均降低 35%。在双边基础上达成的关税减让，无条件地、自动地适用于全体缔约方。这轮谈判第一次实施 GATT 的规则，涉及了大范围的商品项目，达成了较大幅度的关税减让协定，为战后世界经济、贸易的恢复和发展扫清了道路，创立了大规模多边关税谈判的成功先例。

（二）第二轮多边贸易谈判

1949 年 4 月至 10 月，关税与贸易总协定第二轮多边贸易谈判在法国安纳西举行。这轮谈判的目的是，给处于创始阶段的欧洲经济合作组织成员提供进入多边贸易体制的机会，促使这些国家为承担各成员之间的关税减让作出努力。这轮谈判除在原 23 个缔约方之间进行外，又与丹麦、多米尼加、芬兰、希腊、海地、意大利、利比里亚、尼加拉瓜、瑞典和乌拉圭等 10 个国家进行了加入谈判，9 个国家加入关贸总协定。这轮谈判总计达成 147 项关税减让协议，增加关税减让 5 000 多项，使占应税进口值 5.6% 的商品关税水平平均降低 35%。

（三）第三轮多边贸易谈判

1950 年 9 月至 1951 年 4 月，关税与贸易总协定第三轮多边贸易谈判在英国托奎举行，共 32 个国家参加。这轮谈判的一个重要议题是，讨论奥地利、联邦德国、韩国、秘鲁、菲律宾和土耳其的加入问题，又有 4 个国家加入关贸总协定。黎巴嫩、叙利亚及利比里亚不再是关贸总协定成员，中国台湾当局非法地以中国的名义退出了关贸总协定。由于缔约方增加，关税与贸易总协定缔约方之间的贸易额已超过当时世界贸易总额的 80%。

在关税减让方面，美国与英联邦国家（主要指英国、澳大利亚和新西兰）谈判进展缓慢。英联邦国家不愿在美国未作出对等减让条件下，放弃彼此间的贸易优惠，使美国与英国、澳大利亚和新西兰未能达成关税减让协议。这轮谈判共达成 150 项关税减让协议，关税水平平均降低 26%。

（四）第四轮多边贸易谈判

1956 年 1 月至 5 月，关税与贸易总协定第四轮多边贸易谈判在瑞士日内瓦举行，日本加入了关贸总协定。美国国会认为，前几轮谈判，美国的关税减让幅度明显大于其他缔

约方，因此对美国政府代表团的谈判权限进行了限制。在这轮谈判中，美国对进口只给予了9亿美元的关税减让，而其所享受的关税减让约4亿美元。英国的关税减让幅度较大。该轮谈判所达成的关税减让只涉及25亿美元的贸易额，共达成3 000多项商品的关税减让，使应税进口值16%的商品关税水平平均降低15%。

（五）第五轮多边贸易谈判："狄龙回合"（Dillon Round）

1960年9月至1962年7月，关税与贸易总协定第五轮多边贸易谈判在瑞士日内瓦举行，共有45个参加方。这轮谈判由美国副国务卿道格拉斯·狄龙倡议，故称为"狄龙回合"。谈判分两个阶段：前一阶段从1960年9月至12月，着重就欧洲共同体建立所引出的关税同盟等问题，与有关缔约方进行谈判。后一阶段于1961年1月开始，就缔约方进一步减让关税进行谈判。这轮谈判结果达成了4 400多项商品的关税减让，涉及49亿美元的贸易额，使占应税进口值20%的商品平均降低关税税率20%，但农产品和一些敏感性商品被排除在协议之外。欧洲共同体六国统一对外关税也达成减让，关税水平平均降低6.5%。

（六）第六轮多边贸易谈判：肯尼迪回合（Kennedy Round）

1964年5月至1967年6月，关税与贸易总协定第六轮多边贸易谈判在瑞士日内瓦举行，共有54个缔约方参加。由于是当时美国总统肯尼迪根据1962年美国贸易扩大法提议举行的，故称"肯尼迪回合"。美国提出缔约方各自减让关税50%的建议，而欧洲共同体则提出"削平"方案，即高关税缔约方多减，低关税缔约方少减，以缩小关税水平差距。这轮谈判使关税水平平均降低35%。从1968年起的五年内，美国工业品关税水平平均降低了37%，欧洲共同体关税水平平均降低了35%。

这轮谈判首次涉及非关税壁垒。尽管谈判主要涉及美国的海关估价制度及各国的反倾销法，但毕竟在非关税措施方面迈出了第一步。在海关估价制度方面，美国承诺废除以美国国内市场最高价格作为标准征收关税的制度。在反倾销措施方面，尽管《关税与贸易总协定》第6条规定了倾销的定义、征收反倾销税的条件和幅度，但各国为保护本国产业，滥用反倾销措施的情况时有发生。在吸收各国反倾销立法的经验和教训的基础上，各国最终达成《反倾销协议》，并于1968年7月1日生效。美国、英国、日本等21个国家签署了该协议，为《关贸总协定》第6条反倾销规定的实施提供了坚实的基础。

这轮谈判时，关贸总协定缔约方的组成发生了较大变化，发展中国家和最不发达国家缔约方占了大多数。为使发展中国家承担与其经济发展水平相适应的义务，在这轮谈判期间，《关税与贸易总协定》中新增"贸易与发展"条款，列在《1965年关贸总协定》的第四部分，规定了对发展中缔约方的特殊优惠待遇，明确发达缔约方不应期望发展中缔约方作出对等的减让承诺，旨在通过给予发展中国家一定的贸易优惠待遇而促进其贸易和经济的发展。这轮谈判还吸收波兰参加，开创了"中央计划经济国家"参加关税与贸易总协定的先例。

（七）第七轮多边贸易谈判："东京回合"（Tokyo Round）

1973年9月至1979年4月，关税与贸易总协定第七轮多边贸易谈判在瑞士日内瓦举行。因发起这轮谈判的贸易部长会议在日本东京举行，故称"东京回合"。共有73个缔约方和29个非缔约方参加了谈判。

1. 启动这轮谈判的背景

启动这轮谈判的背景是，“肯尼迪回合”结束后，总体关税水平大幅度下降，但非关税贸易壁垒彰显。其主要表现在：

（1）发达缔约方对从发展中缔约方进口的一些重要工业品，仍维持高关税。

（2）产品加工程度越深，关税税率越高，深加工产品的有效保护率大大高于名义关税税率。

（3）农产品贸易中非关税壁垒增多，进一步提高了贸易保护程度。而在以往的多轮谈判中，农产品一直被排除在一般降税商品范围之外。

（4）非关税措施不断增加，发展中国家纺织品出口受到更严的歧视性配额限制，对多边贸易体系构成威胁。

2. 谈判成果

这轮谈判历时5年多，取得的主要成果有：

（1）开始实行按既定公式削减关税，关税越高减让幅度越大。从1980年起的8年内，关税削减幅度为33%，减税范围除工业品外，还包括部分农产品。这轮谈判最终关税减让和约束涉及3 000多亿美元贸易额。

（2）产生了只对签字方生效的一系列非关税措施协议（通常称为“东京回合”守则），包括补贴与反补贴措施、技术性贸易壁垒、进口许可程序、政府采购、海关估价、反倾销。另外还达成牛肉协议、国际奶制品协议、民用航空器贸易协议等。

（3）通过了对发展中缔约方的授权条款，允许发达缔约方给予发展中缔约方普遍优惠制待遇，发展中缔约方可以在实施非关税措施协议方面享有差别和优惠待遇，发展中缔约方之间可以签订区域性或全球性贸易协议，相互减免关税，减少或取消非关税措施，而不必给予非协议参加方这种待遇。关税与贸易总协定前七轮谈判的有关情况，如表2.1所示。

表2.1　关税与贸易总协定前七轮关税谈判情况

谈判回合	谈判时间	谈判地点	参加方（个）	关税减让幅度（%）	影响贸易额（亿美元）
第一轮	1947.4～10	瑞士日内瓦	23	35	100
第二轮	1949.4～10	法国安纳西	33	35	–
第三轮	1950.9～1951.4	英国托奎	39	26	–
第四轮	1956.1～5	瑞士日内瓦	28	15	25
第五轮	1960.9～1962.7	瑞士日内瓦	45	20	49
第六轮	1964.5～1967.6	瑞士日内瓦	54	35	400
第七轮	1973.9～1979.4	瑞士日内瓦	102	33	3 000

资料来源：世界贸易组织秘书处。

第二节　GATT 的作用及局限性

一、GATT 的作用

（一）促进了战后国际贸易的快速增长

战后世界贸易增长迅速，1945～1960 年年均增长 6%，1960～1970 年增长 8.2%，1970－1973 年增长 8%，1973～1979 年增长 4.5%，1979～1988 年增长 4%，总体上从 1945～1988 年年均增长近 5%。世界贸易的快速增长与 GATT 所作的努力是分不开的。

1. 通过多边贸易谈判，大幅度削减了关税，促进了国际贸易的增长。GATT 成立以来共举行了八个回合的多边谈判，使得缔约方的平均关税水平有了持续和大幅度的下降。在前七个回合的谈判中发达国家的平均关税从 1948 年的 36% 下降到 5%，发展中国家和地区的平均关税同期下降到 13%。"乌拉圭回合"的谈判更进一步地削减了关税，有些甚至削减至零。

2. 限制和消除各种非关税壁垒和措施。GATT 第六轮多边贸易谈判"肯尼迪回合"中第一次包括非关税壁垒的内容，第七轮谈判"东京回合"中非关税壁垒的谈判开始占重要地位。第八轮谈判"乌拉圭回合"也将"非关税措施"列入议题。在农产品方面取得了重大进展，使得农产品非关税进口限制措施全部关税化。30% 以上的农产品原来受制于配额或者进口限制，基本上改成了关税调节。

（二）促进了战后世界经济的增长

战后世界经济增长迅速，而世界贸易的增长远远超过了世界生产的增长。据统计 1963～1988 年间，世界贸易量增长了 275%，而世界生产只增长了 150%，可见贸易是世界经济增长的引擎。GATT 致力于贸易自由化，对促进世界经济增长具有重要作用。第一，国际贸易会促进市场范围的扩大，参加国通过国际专业化分工，使资金、人才、技术等资源得到有效配置，促进劳动生产率的提高，进而促进贸易各方的经济增长；第二，国际贸易会带来规模经济利益，一国国内市场相对来说是狭小的，出口扩大克服了国内市场的狭小，生产规模可以扩大以实现经济规模，即生产达到平均单位成本最小的规模，从而提高了产品的利润率，节省了资源；第三，一国出口的扩大意味其进口能力的提高，而许多进口货物尤其是先进的技术设备往往对本国的经济增长有着重要意义，能提高进口国的技术水平，促进产业结构升级；第四，进行国际贸易使本国企业参与世界市场的竞争，会促进国内出口产业以及相关产业降低成本、改进质量，从而促进国内产业的发展。另外，进行国际贸易还有利于国内市场的发育和完善。总之，国际贸易会带来动态利益，即随着贸易的发展，通过一系列的动态转换过程，把经济增长传递到国内各经济部门，从而带动国民经济的全面增长。

（三）为缔约方提供了对话和谈判场所，缓解了缔约方之间的矛盾

减少贸易纠纷，减少彼此的误会是 GATT 产生的重要原因之一，GATT 为缔约方提供

了一个论坛，为他们解决贸易争端、消除误会提供了必要的场所，对战后国际贸易体系的发展起到了重要作用。磋商、调解和争端解决是解决缔约方之间贸易争端的主要方法，也是 GATT 的一项根本性的工作。缔约方的多数争端都由双方磋商解决，但当他们无法通过磋商方式解决时，就由有关理事会成立专家小组来解决。

（四）形成了一套有关国际贸易改革的规则

GATT 所确定的各项基本原则，如无条件最惠国待遇原则、国民待遇原则、非歧视原则、互惠与平等的关税减让原则、透明度原则、禁止采用进口数量限制原则等，以及在历次多边贸易谈判中所达成的一系列协定，形成了一套指导各缔约方贸易政策的行动准则。这些规则是各缔约方处理它们之间贸易关系的依据。例如，“最惠国待遇”原则，这是 GATT 中最重要的基本原则之一。它要求所有缔约方都有义务在实行和管理进出口关税和非关税方面相互实施给予相当于对任何国家的优惠待遇，各方都处于同等地位并分享降低贸易壁垒所带来的利益。“国民待遇原则”要求一旦商品进入市场，它们的待遇不能低于相应的国内生产的商品。“关税减让”原则是各缔约方彼此作出互惠与平等的让步。这些都较为有效地抑制了关税率水平的普遍上升。取消进口数量限制也是 GATT 的一个重要原则。按照 GATT 的规定，各缔约方对本国工业只能通过关税加以保护，至于进口限额及许可证制度等保护措施均在禁止之列。GATT 要求在国际贸易中实行开放、公平和无扭曲的竞争，制定了“反倾销守则”和《反倾销法》，反对各国政府在外国市场上的倾销，保证了国际贸易在正常秩序下进行。还有，一旦缔约方之间发生贸易摩擦或纠纷，GATT 确立了解决缔约方之间争端的磋商调解机制，通过磋商来保持缔约方之间权利与义务的平衡，寻求当事各方均能接受的解决争端的方法。

总之，在 GATT 所确定的各项基本原则下，逐步形成了一整套指导国际贸易的准则和行为规范，为国际贸易的稳定发展奠定了法律基础。

此外，GATT 还关注了发展中国家的利益，特别是“肯尼迪回合”之后，使发展中国家享受了较多的优惠，鼓励了发展中国家参与多边国际经济组织，加快了发展中国家开放市场的进程，同时发展中国家在开放中也享有一些好处。GATT 所取得的成绩为加强全球国际经济贸易事务的协调管理增强了信心，为 WTO 的创立奠定了基础。

二、GATT 的局限性

关贸总协定总体上有利于世界贸易的发展，建立了一套协调管理国际贸易的多边体制，但其成效与它的目标宗旨相差甚远，存在一定的局限性。

（一）GATT 具有的临时性质不利于发挥其职责

GATT 是在 ITO 夭折后产生的一项“临时协定”，尽管已经发展成为一个准国际经济组织，并在协调全球贸易方面取得了较多的成绩，但其“临时性质”严重影响了缔约方参与活动的决心，影响它的威信，进而影响了 GATT 处理国际贸易事务的效率。

（二）GATT 规则既不系统也不严密，在执行上存在漏洞

1947 年 GATT 主要是奠定了法律框架，随后通过多边贸易谈判对法律条文进行了修改和补充，试图使之更具体并具有一定的可操作性，但 GATT 的各规则显得比较零乱，缺

乏系统性，一些国家按照对自己有利的原则去理解条文，GATT 又缺乏强有力的监督机制，影响了 GATT 严肃性。

（三）GATT 管辖的范围远远不能满足时代的需要

一方面，GATT 所管辖的货物贸易中的农产品和纺织品长期游离在外，少数国家实行数量限制使农产品和纺织品出口国家受重大损失，使这两类产品“回归”到 GATT 范围是当务之急；另一方面，除货物贸易外，服务贸易发展十分迅速，投资措施和知识产权保护也备受全世界关注，GATT 面临大量的新领域，现实要求 GATT 扩大其管辖范围。

（四）“灰色区域措施”和区域贸易集团威胁着 GATT 体制

关税的不断降低，使得一国限制进口的余地越来越小，一些缔约方纷纷绕开 GATT 利用“灰色区域措施”来限制进口，这些措施往往具有歧视性，违背了 GATT 非歧视的基本精神，对 GATT 体制产生了巨大的威胁。GATT 第 24 条，规定了“关税同盟”等区域集团的例外，20 世纪 70 年代以来迅速发展的区域贸易集团的现实扭曲了 GATT 的规则，使区域集团成为贸易保护壁垒。

此外，GATT 争端解决机制的软弱，导致许多国际贸易纠纷不能得到及时解决，影响了 GATT 体制的效力。

第三节　“乌拉圭回合”与世界贸易组织的建立

20 世纪 80 年代，世界贸易变得更加复杂和更为重要，西方国家陷入较严重的经济衰退之中，贸易保护主义抬头，同时，GATT 存在不少缺陷和漏洞，客观上要求进行一轮新的贸易谈判以遏制日益增长的贸易保护主义倾向。

一、“乌拉圭回合”（Uruguay Round）

关税与贸易总协定第八轮多边贸易谈判，从 1986 年 9 月开始启动，到 1994 年 4 月签署最终协议，历时共 7 年。这是关税与贸易总协定的最后一轮谈判。因发动这轮谈判的贸易部长会议在乌拉圭埃斯特角城举行，故称“乌拉圭回合”。参加这轮谈判的国家，最初为 103 个，到 1993 年底谈判结束时有 117 个。

（一）“乌拉圭回合”启动的背景、目标和主要议题

进入 20 世纪 80 年代，以政府补贴、双边数量限制、市场瓜分等非关税措施为特征的贸易保护主义重新抬头，80 年代初曾出现世界贸易额下降现象。为了遏制贸易保护主义，避免全面的贸易战发生，力争建立一个更加开放、持久的多边贸易体制，美国、欧洲共同体、日本等共同倡导发起了这轮多边贸易谈判。1986 年 9 月，各缔约方和一些观察员的贸易部长们在乌拉圭埃斯特角城，经过激烈争论，最终同意启动这轮谈判。

在启动“乌拉圭回合”的部长宣言中，明确了这轮谈判的主要目标：

（1）为了所有缔约方的利益特别是欠发达缔约方的利益，通过减少或取消关税、数量限制和其他非关税措施，改善市场准入条件，进一步扩大世界贸易。

（2）加强《关税与贸易总协定》的作用，改善建立在《关税与贸易总协定》原则和规则基础上的多边贸易体制，将更大范围的世界贸易置于统一的、有效的多边规则之下。

（3）增加《关税与贸易总协定》体制对不断演变的国际经济环境的适应能力，特别是促进必要的结构调整。

（4）促进国内和国际合作，增强《关税与贸易总协定》同有关国际组织的联系，加强贸易政策和其他影响增长和发展经济政策之间的协调，改善国际货币体制的职能，促进资本要素向发展中国家流动。

乌拉圭回合多边贸易谈判分两部分15项议题展开，谈判内容包括传统议题和新议题。传统议题涉及关税、非关税措施、热带产品、自然资源产品、纺织品服装、农产品、保障条款、补贴和反补贴措施、争端解决等。新议题涉及服务贸易、与贸易有关的投资措施、与贸易有关的知识产权（包括冒牌货贸易）等。服务贸易又涉及5个方面的问题：服务贸易的定义和统计，以服务贸易的原则和规则（包括各部门可能的原则）为基础的广泛概念，服务贸易多边框架所包括的范围、现存的国际原则和安排，对服务贸易的扩大起作用和有限制的措施及惯例等。

上面15项议题按其性质可分为四大类：（1）有关市场准入和贸易自由化的议题。包括关税、非关税壁垒、热带产品、自然资源产品、纺织品和服装、农产品等6项议题。（2）有关贸易竞争规则的议题。包括保障条款、补贴与反补贴措施等2项议题。（3）有关加强GATT多边贸易体制和程序的议题。包括关贸总协定条款、多边贸易谈判协定与安排、争端解决、GATT体制的作用等4项议题。（4）有关关贸总协定没有涉及的“新领域”议题。包括与贸易相关的知识产权，与贸易相关的投资措施与服务贸易等3项议题。

（二）“乌拉圭回合”的主要成果

乌拉圭回合贸易谈判，各个谈判组共召开了400多次正式会议和大量的非正式会议，审议了大约1500个谈判提案和工作文件。乌拉圭回合谈判达成的最后文本厚达550页，包括建立WTO、市场准入、农业贸易、服务贸易、知识产权、贸易争端解决机制等45个文件，其中包括28个契约性协定和法律文件。“乌拉圭回合”经过7年谈判，取得了一系列重大成果：多边贸易体制的法律框架更加明确，争端解决机制更加有效与可靠；进一步降低关税，达成内容更广泛的货物贸易市场开放协议，改善了市场准入条件；就服务贸易和与贸易有关的知识产权达成协议；在农产品和纺织品服装贸易方面，加强了多边纪律约束；成立世界贸易组织，取代临时性的关税与贸易总协定。

1. 在货物贸易方面

“乌拉圭回合”有关货物贸易谈判的内容，包括关税减让谈判和规则制定谈判。

（1）关税减让

发达成员国承诺总体关税削减幅度在37%左右，对工业品的关税削减幅度达40%，加权平均税率从6.3%降至3.8%，见表2.2。

发达成员承诺关税减让的税号占其全部税号的93%，涉及约84%的贸易额。其中，承诺减让到零关税的税号占全部关税税号的比例，由“乌拉圭回合”前的21%提高到32%，涉及的贸易额从20%上升至44%；税率在15%以上的高峰税率占全部关税税号的比例，由23%下降为12%，涉及贸易额约5%，主要是纺织品和鞋类等。从关税约束范围看，发达成员承诺关税约束的税号占其全部税号的比例，由78%提升到99%，涉及的贸易额由94%增加为99%。

表 2.2　　乌拉圭回合前后各发达国家成员工业品的加权平均关税

单位：百分比

发达成员	贸易加权平均关税（%）	
	乌拉圭回合前	乌拉圭回合后
发达国家	6.3	3.8
澳大利亚	20.1	12.2
奥地利	10.5	7.1
加拿大	9.0	4.8
欧盟	5.7	3.6
芬兰	5.5	3.8
冰岛	18.2	11.5
日本	3.9	1.7
新西兰	23.9	11.3
挪威	3.6	2.0
南非	24.5	17.2
瑞典	4.6	3.1
瑞士	2.2	1.5
美国	5.4	3.5

资料来源：International Trade Centre UNCTAD/ WTO，Business Guide To the UruguayRound，p245 。（不含石油）

发展中成员承诺总体关税削减幅度在24%左右。工业品的关税削减水平低于发达成员，加权平均税率由20.5%降至14.4%；约束关税税号比例由21%上升为73%，涉及的贸易额由13%提高到61%。“乌拉圭回合”后，大部分发展中成员扩大了约束关税的范围，如印度、韩国、印度尼西亚、马来西亚、泰国等约束关税的比例在90%左右。见表2.3和表2.4。

表 2.3　　乌拉圭回合前后各转型经济成员工业品的加权平均关税

单位：百分比

转型经济成员	贸易加权平均关税（%）	
	乌拉圭回合前	乌拉圭回合后
转型经济体	8.6	6.0
捷克共和国	4.9	3.8
匈牙利	9.6	6.9
波兰	16.0	9.9
斯洛伐克共和国	4.9	3.8

资料来源：同表 2.2，p247。（不含石油）

表 2.4　　乌拉圭回合前后各发展中国家成员工业品的加权平均关税

单位：百分比

发展中国家	贸易加权平均关税（%）	
	乌拉圭回合前	乌拉圭回合后
阿根廷	38.2	30.9
巴西	40.6	27.0
智利	34.9	24.9
哥伦比亚	44.3	35.1
哥斯达黎加	54.9	44.1
萨尔瓦多	34.5	30.6
印度	71.4	32.4
韩国	18.0	8.3
马来西亚	10.2	9.1
墨西哥	46.1	33.7
秘鲁	34.8	29.4
菲律宾	23.9	22.2
罗马尼亚	11.7	33.9
新加坡	12.4	5.1
斯里兰卡	28.6	28.1
泰国	37.3	28.0
土耳其	25.1	22.3
委内瑞拉	50.0	30.9
津巴布韦	4.8	4.6

资料来源：同表 2.2，p246。（不含石油）

关于削减关税的实施期，工业品从1995年1月1日起5年内结束，减让表中另有规定的除外。

在乌拉圭回合中，发达国家间在药品、医疗器械、建筑、矿山钻探机械、农用机械、部分酒、家具等产品部门达成零关税的协议；在纺织品、化学品方面达成了协调关税协议。这些发达国家包括美国、欧盟、日本、加拿大、澳大利亚、奥地利、捷克、芬兰、挪威、斯洛伐克、瑞典、瑞士等。

无论发达成员还是发展中成员，均全面约束了农产品关税，并承诺进一步减让。农产品关税削减从1995年1月1日开始，发达成员的实施期为6年，发展中成员的实施期一般为10年，也有部分发展中成员承诺6年的实施期。

（2）非关税壁垒减少或受到约束

乌拉圭回合达成了12个全球性与削减非关税壁垒有重大关系的协定。它们是：农业协定、关于实施卫生和植物卫生的协定、纺织品和服装协定、贸易技术壁垒协定、与贸易有关的投资措施协定、关于实施《1994年关税与贸易总协定》第6条的协定，关于实施《1994年关税与贸易总协定》第7条的协定、装运前检查协定、原产地规则协定、进口许可证程序协定、关于补贴和反补贴措施协定和保障条款协定。其中规定，农产品的非关税措施全部予以关税化并进行约束和削减。纺织品的歧视性配额限制在10年内逐步取消。

（3）规则制定

“乌拉圭回合”制定的规则体现在以下四组协议中。

第一组是《1994年关税与贸易总协定》（简称GATT 1994），它包括《1947年关税与贸易总协定》的各项实体条款，1995年1月1日以前根据《1947年关税与贸易总协定》作出的有关豁免、加入等决定，“乌拉圭回合”中就有关条款达成的6个谅解，以及《1994年关税与贸易总协定马拉喀什议定书》。

第二组是两项具体部门协议，即《农业协议》和《纺织品与服装协议》。主要目的是将农产品贸易和纺织品与服装贸易纳入到正常的贸易规则管辖之下。

第三组包括《技术性贸易壁垒协议》、《海关估价协议》、《装运前检验协议》、《原产地规则协议》、《进口许可程序协议》、《实施卫生与植物卫生措施协议》、《与贸易有关的投资措施协议》等7项非关税措施协议。

第四组包括《保障措施协议》、《反倾销协议》、《补贴与反补贴措施协议》等3项贸易救济措施协议。

2. 在服务贸易方面

“乌拉圭回合”之前，关税与贸易总协定谈判只涉及货物贸易领域。随着服务贸易不断扩大，服务贸易在国际贸易中的重要性日益增强，但许多国家在服务贸易领域采取了不少保护措施，明显制约了国际服务贸易的发展。为推动服务贸易的自由化，在“乌拉圭回合”中，发达国家提出，将服务业市场准入问题作为谈判的重点。经过8年的讨价还价，最后达成了《服务贸易总协定》（General Agreement on Trade in Service，GATS）并于1995年1月1日正式生效。

《服务贸易总协定》将服务贸易分为跨境交付、境外消费、商业存在（跨境设立商业或专业机构)、自然人流动等四种形式。《服务贸易总协定》包括最惠国待遇、透明度原则、发展中国家更多的参与、国际收支限制、一般例外、安全例外、市场准入、国民待遇、逐步自由化承诺等主要内容。《服务贸易总协定》还承认发达成员和发展中成员之间服务业发展水平的差距，因此，在发展中国家更多参与原则中体现了对发展中国家的特殊考虑：第一，发达国家对于发展中国家服务贸易的发展要给予自由准入的优先权；第二，允许发展中国家对服务业的适当保护，使其服务业的开放享有一定的灵活性；第三，发展中国家开放服务贸易时可以设置条件。乌拉圭回合在服务贸易领域取得的成果，是自1948 年关税与贸易总协定生效以来，多边贸易体制在单一部门取得的最重要进展。

3. 在与贸易有关的知识产权方面

知识产权是一种无形资产，是个人或单位基于智力创造性活动的成果所产生的权利，包括专利权、商标权、版权和商业秘密等。随着世界经济的发展，国际贸易范围的不断扩大，以及技术开发的突飞猛进，知识产权与国际经济贸易的关系日益密切，但已有的国际知识产权保护制度缺乏强制性和争端解决机制，对知识产权未能实行有效保护。在发达国家强烈要求下，关税与贸易总协定将与贸易有关的知识产权纳入了“乌拉圭回合”的谈判之中。

“乌拉圭回合”达成了《与贸易有关的知识产权协定》(Agreement on Trade – Related Aspects of Intellectual Property Rights，TRIPS)。该协定明确了知识产权国际法律保护的目标和动机；扩大知识产权保护范围，加强相关的保护措施，强化了对仿冒和盗版的防止与处罚；强调限制垄断和防止不正当竞争行为，减少对国际贸易的扭曲和阻碍；作出了对发展中国家提供特殊待遇的过渡期安排；规定了与贸易有关的知识产权机构的职责，以及与其他国际知识产权组织之间的合作事宜。《与贸易有关的知识产权协定》是“乌拉圭回合”一揽子结果的重要组成部分，所有世界贸易组织成员都受其规则的约束。

4. 完善和加强多边贸易体制

“乌拉圭回合”突破了原有谈判的议题，根据国际贸易发展需要，达成《建立世界贸易组织协定》，通过建立世界贸易组织，取代1947 年关贸总协定，完善和加强了多边贸易体制，为执行“乌拉圭回合”谈判成果，奠定了良好的基础。这是“乌拉圭回合”取得最突出的成就。

关于乌拉圭回合谈判结果的核心内容，请见表 2.5。

表 2.5　　乌拉圭回合谈判结果核心内容简表

议　题	主　要　内　容
非农产品	平均关税最低削减 35%
农产品	非关税措施关税化； 削减关税和出口补贴； 减少国内农业支持； 确定最低市场准入配额。

（续表）

议 题	主 要 内 容
纺织和服装	2005 年之前“多种纤维协定”（MFA）完全回归 GATT； 过渡期保证配额的增长率。
服务业	市场准入承诺； 实行国民待遇和最惠国待遇原则； 承诺通过磋商实现更广泛的自由化。
知识产权	承诺实行国民待遇和最惠国待遇原则； 承诺遵守并有效执行现行国际规则。
反倾销、补贴与反补贴和保障	实行反倾销行动有更为严格的要求； 禁止与贸易有关的和可申诉补贴； 反倾销和反补贴的最低损害要求规定； 保障措施的规定。
其他	争端解决机制的加强； 与贸易有关的技术贸易壁垒的削减； 装船前检验措施； 贸易决策的透明度承诺等。

资料来源：WTO 秘书处。

二、世界贸易组织的建立

世贸组织成立于 1995 年 1 月 1 日，是一个独立于联合国的永久性国际组织，负责管理世界经济和贸易秩序，总部设在瑞士日内瓦莱蒙湖畔。1996 年 1 月 1 日，它正式取代关贸总协定临时机构。世贸组织是具有法人地位的国际组织，在调解成员争端方面具有更高的权威性。它的前身是 1947 年订立的关税及贸易总协定。与关贸总协定相比，世贸组织涵盖货物贸易、服务贸易以及知识产权贸易，而关贸总协定只适用于货物贸易。

（一）建立世界贸易组织的背景

1986 年“乌拉圭回合”启动时，谈判议题没有涉及建立世界贸易组织问题，只设立了一个关于完善关税与贸易总协定体制职能的谈判小组。在新议题的谈判中，涉及服务贸易和与贸易有关的知识产权等非货物贸易问题。这些重大议题的谈判成果，很难在关税与贸易总协定的框架内付诸实施，创立一个正式的国际贸易组织的必要性日益凸显。因此，欧洲共同体轮值主席国意大利提出建立多边贸易组织（ Multilateral Trade Organization ，MTO）的倡议。于 1990 年初首先提出建立一个多边贸易组织的倡议，该倡议后来得到美国、加拿大等国的支持。

1990 年 12 月，在乌拉圭回合布鲁塞尔贸易部长会议同意就建立多边贸易组织进行协商。经过一年的紧张谈判，1991 年 12 月形成了一份关于建立多边贸易组织协定的草案。时任关税与贸易总协定总干事的阿瑟·邓克尔将该草案和其他议题的案文汇总，形成“邓克尔最后案文（草案）”。这一案文成为进一步谈判的基础。1993 年 11 月，根据美国的动议，把“多边贸易组织”改为“世界贸易组织”。1993 年 12 月 15 日，乌拉圭回合谈判胜利结束。

1994 年 4 月 15 日，在摩洛哥的马拉喀什召开的关贸总协定部长会议上，乌拉圭回合谈判的各项议题的协议均获通过，并采取“一揽子”方式（无保留例外）加以接受。经 104 个参加方政府代表签署，“乌拉圭回合”参加方在摩洛哥马拉喀什通过了《建立世界贸易组织马拉喀什协定》，简称《建立世界贸易组织协定》。

（二）《建立世界贸易组织协定》的构成

《建立世界贸易组织协定》由其本身案文 16 条和 4 个附件所组成。条文本身并未涉及规范和管理多边贸易关系的实质性原则，只是就世界贸易组织的结构、决策过程、成员资格、接受、加入和生效等程序性问题作了原则规定。事实上有关协调多边贸易关系和解决贸易争端以及规范国际贸易竞争规则的实质性规定均体现在 4 个附件中。附件 1 由 3 个次附件构成，即：附件 1A：货物多边贸易协定，其中包括 13 个协定与协议。它们是：《1994 年关税与贸易总协定》、《农业协议》、《实施卫生与植物卫生措施协议》、《纺织品与服装协议》、《技术性贸易壁垒协议》、《与贸易有关的投资措施协议》、《关于实施 1994 年关税与贸易总协定第 6 条的协议》、《关于实施 1994 年关税与贸易总协定第 7 条的协议》、《装运前检验协议》、《原产地规则协议》、《进口许可程序协议》、《补贴与反补贴措施协议》、《保障措施协议》。附件 1B：《服务贸易总协定》。附件 1C：《与贸易有关的知识产权协定》。附件 2：《关于争端解决规则与程序的谅解》。附件 3 ：《贸易政策审议机制》。附件 4：诸边贸易协议，其中包括：《民用航空器贸易协议》、《政府采购协议》、《国际奶制品协议》、《国际牛肉协议》。此外，还有部长决定与宣言等。

（三）世界贸易组织和关税与贸易总协定的关系

1995 年 1 月 1 日建立的世界贸易组织（WTO）与 1947 年关贸总协定（GATT）具有一脉相承的密切关系，既有其合理的历史继承性，又具有明显的实质性区别。

1. WTO 与 GATT 的继承性

世贸组织的成立并不意味着关贸总协定的终结。WTO 虽然作为一个独立法人的国际经济组织取代了作为事实上国际经济组织的 GATT，但世贸组织在组织结构、管理职能以及法律规范等方面实际上仍然继承了关贸总协定的衣钵。因此，关贸总协定仍将在 WTO 的框架下继续发挥其应有的作用，或者说它是以世贸组织的名义发挥着在推进贸易自由化方面的不可替代的作用。

（1）内在的历史继承性

世界贸易组织继承了关贸总协定的合理内核，包括其宗旨、职能、基本原则及规则等，而且还将这些原则和规则推广到服务贸易、知识产权保护、与贸易有关的投资措施等领域。

（2）组织机构的保留性

世界贸易组织保留了关贸总协定的秘书处，负责世界贸易组织的日常工作；关贸总协定最后一任总干事继续担任世界贸易组织总干事；世界贸易组织的部长级会议也是从关贸总协定的部长级缔约方全体大会发展而来的。

（3）对1947GATT及其附件的保留

世界贸易组织将1947年关贸总协定及其附件作为1994年关贸总协定的重要组成部分予以保留，仍然是管辖各成员间货物贸易关系的核心规范和准则，并指导其他相关协定、协议的制定。此外，世界贸易组织还保留了1947年关贸总协定达成的几个诸边贸易协议，如《政府采购协议》、《民用航空器协议》等。

（4）争端解决机制的继承性

在运行机制上，世界贸易组织继承了1947关贸总协定的争端解决机制，并继续主张通过多边方式解决成员之间的贸易争端和纠纷。

2. 世界贸易组织和关税与贸易总协定的区别

世界贸易组织不仅是对1947年关贸总协定的继承，而且是创造性的发展。二者的主要区别主要体现在如下几个方面：

（1）法律地位不同

世贸组织是根据《维也纳条约法公约》正式批准生效成立的国际组织，具有独立的国际法人资格，是一个常设性、永久性存在的国际组织。关贸总协定从未得到成员国立法机构的批准，其中也没有建立组织的条款。仅是“临时适用”的协定，不是一个国际组织。

（2）管辖范围不同

世贸组织管辖范围广泛。关税与贸易总协定仅管辖货物贸易，而世贸组织不仅补充、完善和强化了对货物贸易管辖的各个方面，而且发展到将服务贸易、与贸易有关的投资措施、与贸易有关的知识产权保护等领域纳入多边贸易体制的管辖范围；世贸组织还努力通过加强贸易与环境保护的政策对话，强化各成员对经济发展中的环境保护和资源的合理利用。因此，世贸组织将货物、投资、服务、知识产权融为一体，置于其管辖范围之内。

（3）成员承担的义务不同

世贸组织成员承担的义务是统一的。世贸组织成员不分大小，对其所管辖的多边协议一律必须遵守，以“一揽子”方式接受世贸组织的协定、协议，不能选择性地参加某一个或某几个协议，不能对其管辖的协定、协议提出保留。但是，关贸总协定的许多协议，则是以守则式的方式加以实施的，缔约方可以接受，也可以不接受。

（4）争端解决机制不同

世贸组织争端解决机制以法律形式确立了权威性。[①] 与关贸总协定相比，世贸组织的争端解决机制在法律形式上更具权威性。由于一国参加世贸组织是由其国内的立法部门批准的，所以世贸组织的协定、协议与其国内法应处于平等的地位。世贸组织成员需遵守世

① 张汉林、刘光溪著：《经济全球化 世贸组织与中国》，北京大学出版社，2000年8月，第157页。

贸组织各协定、协议的规定，执行其争端解决机构作出的裁决。并且，争端解决机构作出决策是按“除非世贸组织成员完全协商一致反对通过裁决报告”，否则视为“完全协商一致”通过裁决，这就增强了争端解决机构解决争端的效力。加之对争端解决程序规定了明确的时间表，使其效率大大提高，权威性得以确立。与过去关贸总协定争端解决机制中的“完全协商一致”的含义完全不同，在关贸总协定体制下，只要有一个缔约方（最可能的就是“被申诉人”或“被告”）提出反对通过争端解决机构的裁决报告，就认为没有“完全协商一致”，则关贸总协定不能作出裁决，自然大大削弱了关贸总协定争端解决机制的权威性、有效性。

（5）世界贸易组织更具有广泛性

关贸总协定从1947年成立到1995年，有成员128个，世界贸易组织成立至2011年底，其成员已达到154个，另外还有许多国家和地区正在积极申请加入世界贸易组织。目前，世界贸易组织成员的贸易额已占世界贸易总额的97.6%以上。

3.《1947年关贸总协定》转化为《1994年关贸总协定》，成为世贸组织负责实施管理的多边货物贸易协定，不再具有“准国际贸易组织”的职能，不再是多边贸易体制的组织和法律基础。

第四节　以世界贸易组织为基础的多边贸易体制的特点

一、多边贸易体制的含义

多边贸易体制是“为各国相互处理贸易关系时必须遵守的一系列国际规则的集合”。世界多边贸易体系建立于20世纪40年代，其组织基础和法律基础是1948年起生效的关税与贸易总协定；1995年1月1日世界贸易组织（以下简称世贸组织）建立，取代原关税与贸易总协定（以下简称关贸总协定），成为新的世界多边贸易体系的组织基础和法律基础。

二、以世贸组织为基础的多边贸易体制的特点

以世贸组织为法律和组织基础的多边贸易体制与以1947年关贸总协定为基础的原多边贸易体制相比，具有如下的特点。

（一）以世贸组织为基础的多边贸易体制更为完整

1. 世界贸易组织的历史使命高于1947年关贸总协定

1947年关贸总协定未明确提出建立多边贸易体制的目标。而世界贸易组织则把建立新的多边贸易体制作为它的主要目标。《马拉喀什建立世界贸易组织协定》在序言中指出，世界贸易组织就是“决定建立一个完整的、更可行的和持久的多边贸易体制，以包含《关税与贸易总协定》以往贸易自由化努力的结果以及乌拉圭回合谈判的全部成果”。1994年4月15日，《马拉喀什宣言》进一步指出：“世界贸易组织的建立开创了全球经济

合作的新纪元，反映了各国为其人民的利益和幸福而在更加公平和开放的多边贸易体制中运作的普遍愿望。”

2. 世界贸易组织的法律地位高于1947年关贸总协定

1947年关贸总协定只是临时性生效的多边贸易协定。它从来没有经过缔约方立法机构法律批准，而且没有组织创立的规定。而世界贸易组织则与它有原则性的不同。世界贸易组织是国际法人，是个永久性的国际组织，可订立一个总部协定。

3. 世贸组织组织结构健全、职能明确

1947年关贸总协定只有一个缔约方会议和秘书处。而世界贸易组织机构相当健全，最高权力机构是部长级会议，就世贸组织决策作出决定；下有总理事会，在部长级会议休会期间，代表部长级会议行使职能，还有处理解决争端的机构和贸易政策评审机构；又下设货物贸易理事会、服务贸易理事会和与贸易有关的知识产权理事会，履行各自协定和总理事会制定的职能；各理事会可设立附属机构。日常工作由总干事领导的秘书处负责，总干事由部长级会议任命。

世界贸易组织的职能明确。《建立世界贸易组织协定》规定世界贸易组织有五大职能：应便利世界贸易组织建立协定和多边贸易协定的实施、管理和运用，并促进其目标的实现，还应为诸边贸易协定提供实施、管理和运用的体制；为世界贸易组织成员就多边贸易关系进行的谈判和进一步的谈判提供场所，并提供实施此类谈判结果的体制；管理《争端解决谅解》；管理《贸易政策审议机制》；酌情与国际货币基金组织和国际复兴开发银行及其附属机构进行合作。

4. 世贸组织负责实施管理的贸易协定覆盖面大

由于历史原因，1947年关贸总协定只涉及货物贸易。前5个回合谈判均以关税减让谈判为主，第6回合和第7回合在关税谈判的基础上，开始加入非关税壁垒。而世界贸易组织负责实施管理的贸易规则从货物的关税和非关税壁垒延伸到服务贸易、知识产权和投资领域。

5. 世贸组织对成员的约束力强

世贸组织成员，必须全部接受世界贸易组织负责实施管理的多边贸易协定与协议。而且，强调世贸组织成员各国内相关政策法规要与这些协定保持一致。建立世界贸易组织协定第16条规定，世贸组织“每一成员应保证其法律、法规和行政程序与所附各协定对其规定的义务相一致。”“不得对本协定的任何条款提出保留。”

6. 世贸组织成员广泛

世贸组织成员广泛，包括国家和单独关税区。参加世贸组织的成员资格既包括国家，也包括单独关税区。《建立世界贸易组织协定》第12条明确规定：“任何国家或在处理对外贸易关系及在本协定和在多边贸易协定规定的其他事项方面拥有完全自主权的单独关税区，可按它与WTO议定的条件加入本协定。”

（二）以世贸组织为基础的多边贸易体制具有更强的可行性

1. 体制目标与实现目标途径全面深刻

1947年关税与贸易总协定的序言提出的目标是：“提高生活水平、保证充分就业、保证实际收入和有效需求的大幅度稳定增长、实现世界资源的充分利用以及扩大货物的生产和交换”，实现目标的途径是“通过达成互惠互利安排，实质性削减关税和其他贸易壁垒，消除国际贸易中的歧视待遇。”对发展中国家的关心与待遇只字未提，1965年后才把有关发展中国家的待遇通过第36到38条加进关贸总协定的条款。而世界贸易组织所建立的新世界多边贸易体制的目标除包括1947年关贸总协定的目标，还进行了实质性的扩大。第一，把服务的生产和贸易加进多边贸易体制。第二，把可持续发展的目标纳入多边贸易体制。第三，强调关注发展中国家特别是最不发达国家的贸易发展。第四，提出多边贸易体制的特点是：完整的、更可行的和持久的多边贸易体制。第五，明确提出世贸组织就是要维护多边贸易体制的基本原则的决心。

《建立世界贸易组织协定》序言指出：“在处理……贸易和经济领域的关系时，应以提高生活水平、保证充分就业、保证实际收入和有效需求的大幅度增长以及扩大货物和服务的生产和贸易为目的，同时应依照可持续发展的目标，考虑对世界资源的最佳利用，寻求既保护和维护环境，又以与它们各自在不同经济发展水平的需要和关注相一致的方式，加强为此采取的措施。”“进一步认识到需要作出积极努力，以保证发展中国家、特别是其中的最不发达国家，在国际贸易增长中获得与其积极发展需要相当的份额。”“期望通过达成互惠互利安排，实质性削减关税和其他贸易壁垒，消除国际贸易关系中的歧视待遇，从而为实现这些目标作出贡献。”“因此决定建立一个完整的、更可行的和持久的多边贸易体制，以包含《关税与贸易总协定》，以往贸易自由化努力的结果以及乌拉圭回合多边贸易体制的全部成果。”“决心维护多边贸易体制的基本原则，并促进该体制目标的实现。”

2. 使世贸组织成员各方利益兼顾、权利义务整体平衡

以世贸组织为基础的多边贸易体制兼顾各方面的利益，求得整体的平衡。

（1）在世贸组织决策上，实行“协商一致”与投票决定相结合的办法。在世贸组织决策中，力求“协商一致”，在世贸组织成员协商不能一致的情况下，诉诸表决，在表决时，世贸组织成员各拥有一票表决权。

（2）贸易自由化与正当保护并存。世贸组织在鼓励世贸组织成员在货物、服务自由化的同时，强调要加强对知识产权的保护；允许世贸组织根据经济发展水平、产业竞争能力、人民身体健康和环保的需要对成员国本身市场实施正当的保护。

（3）多边贸易体制与地区经济一体化并存。世界贸易组织一方面致力于建立“一个完整的、更可行的和持久的多边贸易体制”，同时也允许经贸集团成员参加世贸组织或世贸组织成员相互成立的经贸集团，其前提是不违背非歧视原则。

（4）履行义务与暂时中止义务相结合。世贸组织要求世贸组织成员如实履行承诺的义务，但在履行义务过程中，如出现大量贸易逆差、国际收支赤字严重、产业受到严重伤害时，也可通过谈判，采取保障措施，暂时中止义务的履行。

（5）允许世贸组织成员自愿加入与自愿退出。

（6）允许世贸组织成员相互采取“互不适用”办法，保留本身的意见。

(三)以世贸组织为基础的多边贸易体制更能持久

1. 体制基础比较牢固

世贸组织有如下的地位:

(1)世贸组织具有法人资格,世贸组织每个成员均应给予世贸组织履行其职能所必需的法定资格。

(2)世贸组织每个成员均应给予世贸组织履行其职能所必需的特权和豁免。

(3)世贸组织每个成员应同样给予世贸组织官员和各成员代表独立履行与世贸组织有关职能所必需的特权和豁免。

(4)世贸组织每个成员给予世贸组织、其官员及其成员的代表的特权和豁免应与1947年11月21日联合国大会批准的《专门机构特权及豁免公约》所规定的特权和豁免相似。

(5)世贸组织可订立总部协定。

2. 争端解决能力强于原多边贸易体制

(1)以1947年关贸总协定为基础的旧贸易体制争端解决机制存在许多缺陷。①完成争端解决程序时间过长,一些案件久拖不决。②争端解决程序进行上障碍过多。由于采取"一致同意原则",败诉方可以阻止专家小组报告的通过,使争端解决程序不通畅。③争端解决适用的规则不统一。在1947年关贸总协定的第七轮(东京回合)谈判中,达成了9项新的协议和守则。后来在争端解决中,是以关贸总协定条款,还是以新守则的规定为准,缔约方经常发生争执。④争端解决局限于货物贸易领域,而且把纺织品和农产品排除在外。⑤未设置强有力的争端裁决执行机构。专家组的报告通过后,没有强制执行的效力。争端解决能力的软弱,使1947年关贸总协定缔约方之间的贸易争端久拖不决,大大降低了它的权威性。

(2)世贸组织中的贸易争端解决机制对上述缺陷,进行了有力的改革。①设立了争端解决机构,隶属于世贸组织总理事会下,负责整个争端解决的事宜。②建立统一的争端解决程序,且覆盖到世贸组织负责实施管理的所有多边和诸边的贸易协定。③引入自动程序。世贸组织争端解决机制对争端解决的各个阶段都确定了具体的工作时间。④增设上诉机构和程序。任一当事方均有上诉权,上诉机构可维持、修改或推翻专家组的结论。⑤加大了裁决的执行力度。⑥引入交叉报复的做法。⑦设立对最不发达成员的争端解决的特别程序。

(3)世贸组织"关于争端解决的规则与程序的谅解"。"关于争端解决的规则与程序的谅解"指出:

①"世贸组织的争端解决制度是保障多边贸易体制的可靠性和可预见性的核心因素"。②世贸组织成员承诺,不应采取单边行动以对抗其发现的违反贸易规则的事件,而应在多边争端解决制度下寻求救济,并遵守其规则与裁决。③世贸组织总理事会作为争端解决机构(DSB)召集会议,以处理根据乌拉圭回合最后文件中的任何协议提起的争端。这样,争端解决机构具有独断的权力以建立专家小组,通过专家小组作出上诉报告,保持对裁决和建议的执行的监督,在建议得不到执行时授权采取报复措施。④"谅解"强调,

争端的迅速解决对于世贸组织有效的运作是基本的要求。因此，它非常详细地规定了解决争端所应遵循的程序和时间表。世贸组织争端解决机制的目的在于“为争端寻求积极的解决办法”。

因此，对于成员之间的问题，它鼓励寻求与世贸组织规定相一致的、各方均可接受的解决办法。通过有关的政府之间的双边磋商，找到解决办法。因此，争端解决的第一阶段要求进行这样的磋商。如果磋商失败了，并经双方同意，在这个阶段的案件可以提交给世贸组织的争端解决机构。

3. 监督能力高于原多边贸易体制

除了提供争端解决机制之外，世贸组织还是对成员贸易政策进行定期审议的场所。这些审议具有双重目的。首先，了解成员在多大程度上遵守和实施多边协议（在可能的情况下，包括诸边协议）的纪律和承诺。通过定期审议，世贸组织作为监督者，要确保其规则的实施，以避免贸易摩擦。其次，提供更大的透明度，更好地了解成员的贸易政策和实践。

贸易政策审议的频率取决于各成员在世界贸易中所占的份额。最大的四方每两年审议一次，接下来的 16 个成员每四年审议一次，其余成员每六年审议一次，最不发达国家审议间隔期限更长。

下列文件的提供成为审议的基础：由接受审议的成员准备的全面报告；由秘书处根据自己的职权准备的报告，报告中包括有关成员提供的情况及其他通过访问该成员得到的有关情况。

总理事会承担贸易政策审议机构工作。在审议结束后，公布成员报告和秘书处准备的报告，以及讨论的记录。

4. 影响力大于原多边贸易体制

（1）世贸组织与有关成员的政府和国际组织合作，提高新世界贸易体制的决策力和影响力。①世贸组织总理事会“应就与职责上同世贸组织有关的政府间组织进行有效合作”，“可就与涉及世贸组织有关事项的非政府组织进行磋商和合作”。②世贸组织与国际货币基金组织和世界银行的合作，以实现全球决策的更大的一致性。

（2）世贸组织可以给成员带来十大利益。①有利于世贸组织成员之间的经贸合作。②世贸组织运行是基于规则而非强权，有利于发展中国家免受歧视性待遇。③比较客观公正地解决世贸组织成员间的贸易争端，减少贸易战。④有利于世贸组织成员比较优势的发挥，使资源得到合理配置。⑤有利于知识产权的保护和科技成果的传播。⑥有利于世贸组织成员之间展开“开放、公平和无扭曲竞争”，提高经济效率。⑦有利于世贸组织成员实际收入的提高，使需求变成有效需求。⑧使世贸组织成员的消费者成为真正的“上帝”。⑨有利于世贸组织成员参与经济全球化。⑩有利于世贸组织成员政府管理水平的提高。

第五节 世界贸易组织的管辖范围

根据《建立世界贸易组织协定》第2条的规定，世界贸易组织应当为其所有成员制定一套普遍适用的贸易规则，这些规则将涉及国际货物贸易、服务贸易、与贸易有关的知识产权和国际投资领域。此外，世界贸易组织还将建立一套行之有效的争端解决机制，解决成员方之间在执行上述规则过程中发生的争议。根据上述规定，各成员方在乌拉圭回合谈判中达成的多边贸易协议以附件形式成为《建立世界贸易组织协定》的组成部分，受世界贸易组织所管辖。这些附件的具体内容包括：

一、附件一

附件一包括三个部分，即货物贸易规则、服务贸易规则和与贸易有关的知识产权规则。

（一）多边货物贸易规则

多边货物贸易规则是在《1947年关贸总协定》及8次多边贸易谈判基础上建立的，是《建立世界贸易组织协定》中最成熟的部分，也是包含内容最多、最全面的部分。具体包括以下协议：

1. 《1994年关税与贸易总协定》。《1994年关贸总协定》是《1947年关贸总协定》的继承和发展，它包括三个部分：《1947年关贸总协定》的各项条款；《建立世界贸易组织协定》生效之前在关贸总协定下生效的法律文件的各项条款；乌拉圭回合就《1947年关贸总协定》若干条款达成的谅解。

2. 《农产品协议》。在关贸总协定的运作过程中，农产品贸易一直是个复杂的问题，虽然每次谈判都涉及这一问题，但在前7轮谈判中始终未就农产品贸易达成一项协议，关贸总协定确定的若干货物贸易规则也始终不适用于农产品贸易。乌拉圭回合谈判中，经过多方努力，最终就农产品贸易问题达成一致，各成员方就农产品的市场准入、国内支持措施、出口补贴等主要方面作出承诺，极大地推动了农产品贸易自由化的进程。

3. 《纺织品与服装贸易协议》。纺织品、服装贸易是另一个一直游离于关贸总协定之外的国际货物贸易领域。在乌拉圭回合谈判前，国际纺织品、服装贸易主要受《多种纤维协定》的约束，各国主要通过签订双边协议，以纺织品配额形式约束进出口行为，这种非关税措施的实施严重阻碍了纺织品、服装贸易的发展。乌拉圭回合谈判中，发展中国家作为纺织品、服装的主要出口国，强烈要求将纺织品、服装贸易纳入多边自由贸易体制之下。经过艰苦的谈判，最终达成了《纺织品与服装贸易协议》，作为乌拉圭回合一揽子协议的一部分，纳入世界贸易组织统一管辖之下。

4. 《关于履行1994年关贸总协定第七条的协议》，即《海关估价协议》。一直以来，海关估价方法都是各国管理对外贸易活动的主要措施，但实践中存在的对海关估价方法的畸形使用，却使海关估价成为阻碍国际贸易发展的一项壁垒。关贸总协定体制下的《海关估价协议》最早产生于1979年东京回合谈判，在乌拉圭回合谈判中进一步得到补充和修改。

5.《装运前检验协议》。该协议是乌拉圭回合谈判达成的新协议。20世纪80年代以来，发展中国家为了保障国际贸易中的利益不受损失、雇用私人公司对从发达国家进口的货物在装船前进行检验。发达国家出口商认为这是一种不公正的做法，有碍国际货物贸易的发展。为此，乌拉圭回合谈判中，就装运前检验行为制定了统一的纪律，使这一行为受到有关法律、法规的约束。

6.《进口许可程序协议》。进口许可证的使用是各国管理对外贸易的另一项主要措施，对于保护某些特定行业具有一定意义，但其滥用则会成为阻碍国际贸易发展的障碍。为了统一规范各成员方的进口许可制度，减少其对国际贸易的负面影响，1979年东京回合达成了《进口许可程序协议》，该协议在乌拉圭回合谈判中得到进一步的改进和完善。由于该协议也是作为一揽子协议的一部分，其适用的成员方范围得到了扩大。

7.《原产地规则协议》。在国际贸易中，各国通过制定和实施原产地规则一方面方便进出口贸易和消费者选购商品，另一方面通过对原产于不同国家和地区的商品给予不同的待遇，也易产生不公正的贸易歧视做法。为了规范各国采取原产地措施的行为，乌拉圭回合谈判中达成了《原产地规则协议》。

8.《关于履行1994年关贸总协定第六条的协议》，即《反倾销协议》。20世纪70年代以来，特别是进入80年代后，随着关税的不断降低和某些非关税措施的减少，世界各国越来越多地采取反倾销措施对他国以低价倾销方式进口的商品予以处罚，以保护国内相关产业。反倾销措施同其他管制进出口的措施一样，也具有双重作用，它可以制止低价进口的倾销行为，保护成员方国内相关产业的发展，但对它的过度使用又会阻碍国际贸易自由化的进程。因而，在东京回合谈判中，各缔约方就反倾销问题达成一项协议。在乌拉圭回合谈判中，根据国际贸易发展的新形势、新问题，又对该协议进行了修改、补充，形成现行有效的、所有成员方均应遵守的《反倾销协议》。（详细内容见第九章第一节）

9.《补贴与反补贴措施协议》。世界各国政府往往通过对国内某些产品的生产和出口提供补贴，以达到扶持某些产业部门、发展本国经济的目的。一般来说，补贴会对国际贸易发展产生扭曲和限制作用。因而，东京回合谈判中各方达成了《补贴与反补贴措施协议》，规范各缔约方采取补贴措施的行为。但由于只有20多个缔约方接受该协议，其适用范围大受影响，实际作用不大。乌拉圭回合谈判中，该协议经补充、修改后，作为一揽子协议的一部分对所有世界贸易组织成员方生效，扩大了它的适用范围，对贸易产生了促进作用。

10.《贸易技术壁垒协议》。贸易技术壁垒是指各国通过技术法规、技术标准、产品认证、环保要求等对进口产品予以限制，这一措施的滥用也将导致对国际贸易的阻碍。东京回合谈判中，各缔约方就此问题已达成协议，乌拉圭回合在原有协议基础上经过修改和补充，形成了新的《贸易技术壁垒协议》。

11.《实施卫生与动植物检疫措施协议》。从广义上讲，动植物卫生检疫应属于贸易技术壁垒的一种。从适用对象上说，它主要适用于农畜产品的进出口。由于农产品贸易在国际贸易中的敏感性和重要性，动植物卫生检疫措施成为各国保护本国农业、畜牧业发展的一项重要措施。为了防止这一措施的滥用，乌拉圭回合谈判就此问题达成协议，对所有成员方广泛适用。

12.《保障措施协议》。关贸总协定自其产生时起，就包含了许多的“例外”，这些“例外”可以使某些缔约方不承担关贸总协定规定的某些义务，保障条款就是这许多“例外”之一。为了规范各国采取保障措施的行为，使其发挥应有的作用，防止对它的过度滥用，谈判各方最终达成了《保障措施协议》。

13.《与贸易有关的投资措施协议》。这是乌拉圭回合谈判达成的新协议，是第一次将与贸易有关的投资措施纳入关贸总协定多边贸易体制中。该协议通过确定与贸易有关的投资领域的国民待遇原则、取消数量限制原则、透明度原则等规范投资东道国采取的投资措施。

（二）服务贸易规则

服务贸易规则体现在一个协议中，即《服务贸易总协定》。服务贸易领域在乌拉圭回合中第一次被纳入世界贸易组织体系之中，这与近年来服务贸易的迅速发展不无关系。进入20世纪90年代以来，国际服务贸易额每年达8100多亿美元，约占世界贸易总额的20%。由于以往关贸总协定调整的范围仅限于国际货物贸易，因而服务贸易领域内所制定的各种政策、措施不受关贸总协定确定的贸易自由化原则约束，这些政策、措施不同程度地影响了外国服务业的进入，限制了国际服务贸易的自由流动。在服务贸易较发达的国家的极力倡导下，乌拉圭回合就服务贸易问题达成了一项协议，即《服务贸易总协定》，将这一重要贸易领域纳入世界贸易组织的多边规则管辖之下。

（三）与贸易有关的知识产权规则

与贸易有关的知识产权规则体现在《与贸易有关的知识产权协议》中。国际知识产权保护本不属关贸总协定管辖范围，国际社会为保护知识产权已订立了多项国际协议。但随着科技的发展，知识产权保护对贸易的影响越来越大，关贸总协定的各缔约方特别是科技领先的发达国家要求就知识产权保护达成协议，将与贸易有关的知识产权问题也纳入多边贸易体制之中。在它们的努力下，乌拉圭回合谈判最终达成了《与贸易有关的知识产权协议》。该协议作为一揽子协议文件之一，适用于世界贸易组织所有成员方。

二、附件二

《建立世界贸易组织协定》附件二是《关于争端解决规则与程序的谅解》。《1947年关贸总协定》只在第22条和第23条规定了有关贸易争端解决的程序，由于它们只是一些原则性规定，作为解决争端的程序规则显然不具有可操作性。关贸总协定在其运行的47年间，虽形成了一套有关争端解决的实际做法，但并未达成一项专门的协议。乌拉圭回合通过的《关于争端解决规则与程序的谅解》第一次就争端解决问题制定了专门的规定。世界贸易组织建立后，其解决国际贸易争端的能力与以往相比得到了加强，通过严格遵守争端解决规则，提高了争端解决的效率，增强了有关裁决的强制力。

三、附件三

《建立世界贸易组织协定》附件三是《贸易政策审议机制》。对各国贸易政策的审议是世界贸易组织的三大职能之一。通过对各成员方贸易政策的审议，一方面提高了各成员方贸易政策的透明度，另一方面通过审议纠正各成员方贸易政策中与世界贸易组织规则不相符的内容，保证有关规则的贯彻执行。

四、附件四

《建立世界贸易组织协定》附件四包括 4 个诸边贸易协议：《民用航空器贸易协议》、《政府采购协议》、《国际奶制品协议》和《国际牛肉协议》。所谓诸边贸易协议，是指并不包括在一揽子协议中、并不自动地对全体成员方生效的协议，它们只对明确表示接受协议的成员方有效。由于这些协议适用范围有限，并且其中有些协议现在已经失效（《国际奶制品协议》和《国际牛肉协议》已于 1997 年底终止），本书将不再详细解释其具体内容。

第六节　关税减让谈判

一、关税减让的含义

关税与贸易总协定和世界贸易组织所指的关税“减让”，具有很广泛的含义。一是削减关税并约束减让后的税率，如承诺将某产品的关税从 30% 减为 10%，并加以约束；二是约束现行的关税水平，如某一产品现行的实施关税为 10%，谈判中承诺今后约束在 10%；三是上限约束税率，即将关税约束在高于现行税率的某一特定水平，各方的实施税率不能超出这一水平；四是约束低关税或零关税。

二、关税减让谈判的基础

关税减让谈判必须有两个基础：一是商品基础，二是税率基础。

（一）商品基础

关税谈判的商品基础是各国的海关进口税则。在谈判中常以协调税则税号确定商品范围，使谈判具有共同语言。

（二）税率基础

税率基础是关税减让的起点，每一次谈判的税率基础是不同的，一般是以上一次谈判确定的税率即约束税率，作为进一步谈判的基础。对于没有约束税率的商品，谈判双方要共同确定一个税率。如在“乌拉圭回合”中，对于没有约束力税率的工业品，以 1986 年 9 月关税与贸易总协定缔约方的实施税率，作为“乌拉圭回合”关税谈判的基础税率；对于农产品，发展中缔约方可以自己对部分产品提出一个上限约束水平作为基础税率。

加入世界贸易组织时关税谈判的基础税率，一般是申请方开始进行关税谈判时国内实际实施的关税税率。

三、关税减让谈判的原则

根据《1994年关税与贸易总协定》的规定，世界贸易组织成员应在互惠互利基础上进行谈判，实质性地削减关税和其他进口费用的总体水平，特别是应削减阻碍最低数量进口的高关税。在谈判中，坚持如下的原则。

（一）互惠互利

互惠互利是关税谈判的指导思想，各方只有在互惠互利的基础上才能达成协议。互惠互利应从整个国家的贸易发展而不能仅局限在具体的关税谈判上。互惠互利也并不意味着在所有的关税谈判中，谈判双方都要作出减让承诺，如在加入世界贸易组织谈判时，承诺减让的只有申请加入的一方。申请方加入世界贸易组织后，可以从成员方在多边谈判中已作的关税减让承诺中得到利益。

（二）应考虑对方的需要

关税谈判应充分考虑每个成员、每种产业的实际需要；充分考虑发展中国家使用关税保护本国产业，以及增加财政收入的特殊需要；还应顾及各成员经济发展等其他方面的需要。

（三）对谈判情况予以保密

一般情况下，一个成员要与若干个成员进行关税谈判，但具体的谈判是在双边基础上进行的。因此，双方对谈判承诺的情况保密，以避免其他成员在谈判中互相攀比要价。只有在所有双边谈判结束后，才可将汇总后的双边谈判结果多边化，让其他成员知晓。在谈判中，谈判一方如果有意透露双边谈判的情况，则应受到谴责。

（四）按照最惠国待遇原则实施

关税谈判达成的谈判结果，应按照最惠国待遇原则，对世界贸易组织所有成员实施。

四、关税减让谈判权的确定

根据世界贸易组织规定，只有享有关税谈判权的成员才可参加关税谈判。凡具备以下条件之一者，可享有关税谈判权。

（一）产品主要供应利益方

在谈判前的一段合理期限内，一个世界贸易组织成员如果是另一个世界贸易组织成员进口某项产品的前三位供应者，则该成员对这项产品享有主要的供应利益，被称为有主要供应利益方，通称主要供应方。主要供应方有权向对方提出关税谈判的要求。与主要供应方进行谈判，可以较准确地对减让作出评估。

另外，对于一项产品，如某个成员的该产品出口额占其总出口额的比重最高，该成员虽不具有主要供应者的利益，但应被视为具有主要供应利益，与主要供应方一样，也有权要求参加关税减让谈判。

（二）产品实质供应利益方

在谈判前的一段合理期限内，一个世界贸易组织成员某项产品的出口在另一方进口贸易中所占比例达到10%或10%以上，则该成员对这项产品享有实质供应利益，被称为有实质供应利益方。它有权向被供应方提出关税谈判的要求。

在实际谈判中，一个世界贸易组织成员对某项产品目前不具有主要供应利益，也没有实质供应利益，但这项产品在该成员的出口中处于上升的发展阶段，今后可能成为该成员有主要供应利益或有实质供应利益的产品；或者这项产品在世界其他国家已成为该成员具有主要供应利益的产品，则该成员一般视为具有“潜在利益”。它也有权要求进行关税谈判，但是否与之谈判由进口方决定。

（三）最初谈判权方

一个世界贸易组织成员与另一方就某项产品的关税减让进行了首次谈判，并达成协议，则该成员对这项产品享有最初谈判权，通常称为有最初谈判权方。当作出承诺的一方要修改或撤回这项关税减让时，应与有最初谈判权方进行谈判。

最初谈判权的规定，是为了保持谈判方之间的权利与义务的平衡。最初谈判权方一般都具有主要供应利益，但具有主要供应利益方，不一定对某项产品要求最初谈判权。

在双边谈判中，有些国家对某项产品并不具有主要供应利益或实质供应利益，但这些国家认为，他们对该产品有潜在利益，因而要求最初谈判权，此时，谈判的另一方不得拒绝。给予最初谈判权的产品品种的多少，由双方谈判确定。这种情况一般出现在非世界贸易组织成员加入时的关税谈判中。

五、关税减让谈判的类型

关税谈判大体可分为三种类型，即多边关税谈判，加入时的关税谈判，修改或撤回减让表的关税谈判。不同类型的关税谈判具有不同的谈判程序，享有谈判权的资格条件也不相同。

（一）多边关税谈判

多边关税谈判是指，由所有关税与贸易总协定缔约方或世界贸易组织成员参加的，为削减关税壁垒而进行的关税谈判。多边关税谈判可邀请非缔约方或成员参加。关税与贸易总协定主持下的八轮多边贸易谈判中的关税谈判都属于多边关税谈判。

多边关税谈判的程序如下：

1. 由全体缔约方或成员协商一致发起，并确定关税削减的最终目标。

2. 成立谈判委员会，根据关税削减的最终目标确定谈判方式，一般采用部门减让，或者线性减让与具体产品减让相结合的方式。

3. 将谈判结果汇总成为多边贸易谈判的一部分，参加方签字后生效。

多边关税谈判是相互的，任何缔约方或成员，均有权向其他缔约方或成员要价，也有义务对其他缔约方或成员的要价作出还价，并根据确定的规则作出对等的关税减让承诺。

但是，就具体产品减让谈判而言，有资格进行谈判的，主要是对该项产品具有主要供应利益，或对该项产品具有实质供应利益，或已享有最初谈判权的缔约方或成员。

（二）加入世界贸易组织时的关税谈判

任何一个加入世界贸易组织申请方都要与原成员方进行关税谈判，谈判的目的是为了削减并约束申请方的关税水平，作为加入后享受多边利益的补偿。

加入时的关税谈判程序如下：

1. 由申请方向成员方发出关税谈判邀请。

2. 各成员根据其产品在申请方市场上的具体情况，提出各自的关税要价单，一般采用产品对产品的谈判方式。

3. 申请方根据对方的要价，并考虑本国产业情况进行出价，谈判双方进行讨价还价。这一过程一般要经过若干次谈判。

4. 谈判双方签订双边关税减让表一式三份，谈判双方各执 1 份，交世界贸易组织秘书处 1 份。

5. 将所有双边谈判的减让表汇总形成为加入方的关税减让表，作为加入议定书的附件。

加入时的关税谈判，减让是单方面的。申请方有义务作出关税减让承诺，无权向成员方提出关税减让要求。

加入时的关税谈判资格，一般不以是否有主要供应利益或实质供应利益来确定。任何成员均有权向申请方提出关税减让要求，是否与申请方进行谈判，由各成员自行决定；要求谈判的成员也可对某些产品要求最初谈判权，申请方不得拒绝。

（三）修改或撤回减让表的关税谈判

修改或撤回减让表的关税谈判是指，一个世界贸易组织成员修改或撤回已作出承诺的关税减让，包括约束税率的调整或改变有关税则归类，与受到影响的其他成员进行的谈判。这种谈判以双边方式进行。修改或撤回减让表的关税谈判程序如下：

1. 通知世界贸易组织货物贸易理事会，要求修改或撤回某项产品的减让，理事会授权该成员启动关税谈判。

2. 与有关成员进行谈判，确定修改或撤回的减让幅度，给予补偿的产品及关税减让的水平等。一般来说，补偿的水平应与撤回的水平大体相同。

3. 谈判达成协议后，应将谈判的结果载入减让表，按照最惠国待遇原则实施。

4. 若谈判未能达成一致，申请方可以单方采取行动，撤回减让；但其他有谈判权的成员可以采取相应的报复行动，撤回各自减让表中对申请方有利益的减让。

有资格参加修改或撤回减让的关税谈判成员，包括有最初谈判权的成员、有主要供应利益或实质供应利益的成员。但获得补偿的成员，不是所有有资格谈判的成员，申请方仅对具有主要供应利益或实质供应利益的成员给予一定的补偿。对有最初谈判权的成员，如果在申请方提出申请时，既不具有主要供应利益，也不具有实质供应利益，则该成员虽可要求与申请方进行谈判，但申请方可以以该成员没有贸易利益为由，而不给予补偿。

六、关税减让谈判的方式

关税谈判的方式主要有三种，即产品对产品谈判、公式减让谈判和部门减让谈判。

（一）产品对产品谈判

产品对产品谈判是指，一个世界贸易组织成员根据对方的进口税则产品分类，向谈判方提出自己具有利益产品的要价单，被要求减让的一方根据有关谈判原则，对其提出的要价单按其具体产品进行还价。提出要价单的一方通常称为索要方。索要方在提出的要价单中，一般包括具有主要供应利益、实质供应利益及潜在利益的产品。

（二）公式减让谈判

公式减让谈判是指，对所有产品或所选定产品的关税，按某一议定的百分比或按某一公式削减的谈判。公式减让谈判是等百分比削减关税，因而对高关税削减幅度会较大，对低关税削减幅度较小。

（三）部门减让谈判

部门减让谈判是指，将选定产品部门的关税约束在某一水平上的谈判。部门减让的产品范围，一般按照《商品名称及编码协调制度》的 6 位编码确定。在部门减让谈判中，将选定产品部门的关税统一约束为零，该部门称为零关税部门；将选定产品部门的上限关税税率统一约束在某一水平，该部门称为协调关税部门。

在关贸总协定和世界贸易组织的关税谈判中，这几种谈判方式交叉使用，没有固定模式，通常是以部门减让及产品对产品谈判方式为主。通过部门减让谈判，解决成员方关心的大部分产品问题；通过产品对产品谈判，解决个别重点产品问题。产品对产品谈判在双边基础上进行，是关税与贸易总协定的传统谈判方式。部门减让及公式减让主要在多边基础上进行，有时也用于双边谈判。

七、关税减让表

关税谈判的结果一般有三种情况：一是谈判结果为所有成员接受并形成减让表；二是谈判结果形成一个诸边协议；三是谈判未达成一致，谈判失败。关税减让表是各成员关税减让结果的具体体现，减让结果应体现在各成员的税则中。在“乌拉圭回合”后，各成员的减让表均作为附件列在“乌拉圭回合”最后文件中，是世界贸易组织协定的组成部分。减让表也成为一国加入世界贸易组织议定书的附件。

关税谈判结果的税率与各成员实施的税率是不同的。谈判结果的税率是约束税率，而实施税率是各成员公布的法定适用税率。各成员实施的关税水平，均不得高于其在减让表中承诺的税率以及逐步削减的水平。如要将某产品的关税税率提高到约束水平以上，或调整关税约束的产品范围，均应按有关条款规定的程序进行谈判。经过谈判确定的修改结果，重新载入减让表。

思考题

1. 1947 年关贸总协定为何成立？
2. 1947 年关贸总协定前七个回合谈判取得了什么成果？
3. 乌拉圭回合举行的背景是什么？
4. 1947 年关贸总协定与世贸组织有何不同？
5. 以世贸组织为基础的多边贸易体制有何特点？
6. 世界贸易组织的管辖范围有哪些？
7. 关税减让谈判的基础是什么？

第三章
世界贸易组织的宗旨、地位与职能

内容提要

本章介绍《建立世界贸易组织协定》所确立的世贸组织的宗旨、国际法人地位的表现、具体的职能、作用、比较健全的组织机构以及世界贸易组织的成员。

第一节　世界贸易组织的宗旨

在乌拉圭回合通过的《建立世界贸易组织协定》的前言部分，集中地表达了WTO的宗旨："本协定缔约方，认识到在处理其贸易和经济领域的关系时，应当是为了提高生活水平，保证充分就业和大幅度稳步提高实际收入和有效需求，扩大商品和服务的生产与贸易，同时考虑根据持续发展的目标而有效地使用世界资源，寻求既保护和维持环境又以符合不同经济发展水平的各自需要和利益的方式加强这样的措施；进而认识到需要积极努力以确保发展中国家，特别是其中的最不发达国家，在国际贸易增长中享有一个与其经济发展需要相适应的份额；热切希望达成互惠和互利的安排，大量减少关税和其他贸易壁垒，消除国际贸易关系中歧视性待遇的目标而作出贡献；为此决定制定一套完整、更加适用和持久的多边贸易体制，包括关税与贸易总协定、以往贸易自由化努力的结果以及多边贸易谈判乌拉圭回合的各项成果，决心维护关税与贸易总协定的基本原则并促进多边贸易体制的各项目标。"

这些宗旨一方面是秉承了《关贸总协定》在过去所遵循的准则，另一方面又依据国际经济贸易领域的新趋势作出了重要的创新和发展。

世贸组织的宗旨可归纳为以下六个方面：

一、提高生活水平

所谓提高生活水平，是指提高各成员全体人民的生活水平，而不是指某个成员或地区人民的生活水平。世贸组织将"提高生活水平"放在其宗旨的首位，极其鲜明地昭示了WTO的目的不是自由贸易，提高各国人民生活水平才是其根本。事实上，在《建立世界贸易组织协定》的序言中并没有明确提及"自由贸易"，而是通过"互惠和互利的安排，大量减少关税和其他贸易壁垒，消除国际贸易关系中歧视性待遇”来表达自由贸易的理论与思想，并以“贸易自由化努力的成果”的表述来明确其发展方向。显然，贸易自由化不过只是实现提高人民生活水平的基本途径与手段。

因此，世贸组织在推进自由贸易的过程中，就注意和审议自由贸易给人们带来的实际效果，是否切实有利于各国生产力的发展和经济与社会的进步，这些发展与进步是否切实为各国人民所享受。在贸易自由化的过程中，一些国家长期牺牲本国人民的生活福利，以便取得在国际贸易中的竞争优势，这种经济发展战略与价值取向并不完全符合 WTO 的宗旨；如果全球经济一体化与贸易自由化的结果，只是给少数发达国家带来利益，而使另外一些国家特别是发展中国家利益受到损害，这同样也不是世贸组织及其多边贸易体制所期望的结果。

从实践来看，无论是 GATT 还是 WTO，其多边贸易规则的制定及其所进行的相应活动，基本上都是紧密围绕这一宗旨而开展运作的。

二、保障充分就业、实际收入和有效需求的持续增长

保障充分就业是实现提高人民的生活水平的基础，也是一个国家宏观经济政策的重要目标。政府所采取的各项宏观政策与措施，都应有利于实现充分就业。就业不充分，必将导致人民实际收入水平和生活水平的下降。

保障实际收入的持续增长是提高人民生活水平的具体体现，其进一步的含义是要求政府在实现经济发展的过程中，不仅要保障充分就业，而且更要保证实际收入的相应增长。实际收入不能保持增长，也必然会影响人民生活水平的提高，导致有效需求不足，进而影响经济的持续发展。

稳定地提高有效需求是一个国家经济发展的基本前提，是不断提高人民生活水平的动力。这里的有效需求不仅是指利用国际贸易来扩大外部的需要，而且更重要的是通过扩大国内需求来实现经济的发展。WTO 显然更提倡后者，因为国内有效需求的扩大不仅会为本国经济的发展提供机遇，也会吸引外国产品的进入，从而促进国际贸易的发展。而实现有效需求的稳定提高，不仅要以经济发展为依托，而且经济发展的效果一定要体现在人民生活水平的提高上，保障充分就业和实际收入水平的提高。

显然，有效需求、实际收入和充分就业实际上既是影响生活水平提高的三个因素，也是实现生活水平提高的基本途径。从某种意义上说，WTO 要求围绕“提高生活水平”为核心，去实现“保障充分就业、实际收入和有效需求的持续增长”的社会发展目标。即为推进贸易自由化而进行的一切商业活动，都应该以满足人民日益增长的物质和文化需要为出发点和归宿。世贸组织宗旨的第二个层次内容，进一步明确了它所推进的贸易自由化的目的。不仅仅是为实现商业目标创造条件，而且要使所实现的这种商业目标落实到有利于社会发展与进步上。因此，在贸易自由化的过程中，世贸组织既要通过多边贸易规则清除影响自由与公平竞争的各种障碍，实现各种经济资源按市场机制导向进行配置，适时地进行经济结构调整，从而创造更多的经济发展机遇与就业机会，也要赋予各国以一定的权利，对那些运用倾销和出口补贴等不正当竞争行为采取必要的措施，以抵消这些滥用自由

贸易行为给各国产业所造成的损害；同时，在特殊的情况下，对于通过公平竞争而仍然给进口国产业带来的损害，允许其按照世贸组织的规则采取紧急措施。事实上，保障有效需求的持续增长是使经济能够持续发展的重要因素。通过对外贸易和以出口为导向的经济发展战略，只是发展中国家某一个时期的战略选择，而不可能是各国始终如一的战略方针。各国只有努力扩大本国市场的有效需求，才能够更好地利用贸易自由化的环境发展本国的经济，实现社会进步与人民福利水平的提高。WTO 的多边贸易规则及其所推进的贸易自由化，也必须围绕“保障充分就业、实际收入和有效需求的持续增长”这一社会发展目标的实现。

三、扩大货物、服务的生产和贸易

商品和服务是提高生活水平的物质基础，是实现就业、收入增长和有效需求的载体。没有商品、服务的生产与贸易扩大，不可能提高人民的生活水平，也就不可能保障充分就业、实际收入和有效需求的持续增长。但是扩大商品和服务的生产与贸易，必须建立在有效需求的稳定提高上，这可以说是市场经济条件的基本法则。就人类的生存与发展的实践来看，不断地扩大商品和服务的生产与贸易，以满足日益增长的需要，始终是人类活动的主要内容。将扩大商品和服务的产生与贸易作为其宗旨的一部分，则进一步表明 WTO 所致力于的全部活动之目的，贸易自由化仅仅是实现这个目的的最佳选择。

在 20 世纪，货物贸易是全球国际贸易最重要的内容，是带动全球经济发展的“引擎”。但在经济全球化进程迅速发展的今天，服务贸易已经逐渐发展成为国际贸易中举足轻重的组成部分。近年来，全球服务贸易的增长率平均每年为 11% ，超过了同期货物贸易每年 8% 的增长速度。有鉴于此，世贸组织成员方“认识到服务贸易对世界经济增长和发展具有日益增长的重要性”，将服务贸易与货物贸易并列对待，从而极大地扩展了国际贸易的内涵，有利于服务贸易的进一步发展。

在《关贸总协定》乌拉圭回合中，服务贸易是各国代表讨论的焦点问题之一。经过认真、充分的讨论，达成了“服务贸易总协定”（GATS），对服务贸易的市场准入等一系列问题作出了明确的规范，其制定标志着多边贸易体制正逐步趋于完善，为全球服务贸易的发展提供了新的平台。

四、坚持走可持续发展之路

可持续发展（Sustainable Development）是联合国近年提出的发展新观念，强调对世界资源必须合理利用（Optimal Use），而不是充分利用（Full Use），要切实保护自然环境，才能既避免造成资源浪费，影响国际贸易的发展，又防止资源的过度利用，造成资源枯竭，以至危及人类的生存。世贸组织序言的表达与关贸总协议有很大的变化，总协议序言规定“发展世界资源的充分利用”（developing the full use of the resources of the world），而世贸组织章程的措辞是“根据可承受发展之目标，最适宜地利用世界资源”（optimal use of the world's resources in accordance with the objective of sub stainable development）。因此世贸组织的这一表述更具有科学性，它还同时考虑到资源利用与环境保护的合理关系和资源利用与不同经济发展水平的适当关系。从关贸总协定对世界资源的充分利用，演变为世贸组织对世界资源的合理利用，反映出世贸组织寻求的人类对资源利用能力的扩大，主要表现在对资源利用质的提高，而非对资源利用量的扩大。

《建立世界贸易组织协定》旗帜鲜明地将可持续发展写入前言，作为一个重要的宗旨，这是对关贸总协定宗旨的重大发展。在发展国际贸易的过程中牢记可持续发展的重大目标，是着眼于全球的长远利益和子孙后代的幸福，防止片面追求眼前利益的倾向，防止由于一味地追求某一时期生产与贸易的发展，而造成对环境的污染和生态的破坏，以至从根本上动摇国际贸易的基础，降低人类的生活水平。这是具有战略意义的根本大计，对今后全球的稳定和繁荣具有重大而深远的意义。

五、保证发展中国家贸易和经济的发展

在关贸总协定过去一系列文件中，包括最不发达国家在内的发展中国家的经贸发展逐步受到重视，1965 年后在《1947 年关贸总协定》中加入了第四部分“贸易与发展”，通过 3 个条款促进发展中缔约方的贸易发展，第 36 条明确指出：“发展中国家和其他国家之间的生活水平有一个很大的差距”，“单独和联合行动对促进发展中的各缔约国的经济发展，并使这些国家的生活水平得到迅速提高是必要的”。

上述第 36 条同时还明确地作出下列向发展中国家实行政策倾斜的规定：“有必要作出积极努力，以保证发展中的缔约各国在国际贸易中能占有与它们经济发展需要相适应的份额”；“对与发展中的缔约各国目前或潜在的出口利益特别有关的某些加工品或制成品，要在有利条件下，尽最大可能增加其进入市场的机会”；“减轻发展中的缔约各国在发展经济中的负担”；“发达的缔约各国对它们在贸易谈判中对发展中的缔约各国的贸易所承诺的减少或撤除关税和其他壁垒的义务，不能希望得到互惠。”

上述措施和规定在世贸组织中得到加强，在《建立世界贸易组织协定》的前言中公然申明。世贸组织成员“进一步认识到需要作出积极努力，以保证发展中国家，特别是其中的最不发达国家，在国际贸易增长中获得与其经济发展需要相当的份额”。在世贸组织负责实施管理的贸易协定与协议中都对发展中国家给予特殊和差别待遇，确认了发达国家必须承担的义务，有助于发展中国家成员方经济和贸易的发展。

六、建立更加完善的多边贸易体制

创始于 1947 年的《关贸总协定》，虽然初步构建了多边贸易体制，但它只是一个临时性的协定，使所依据的多边贸易体制相当不完善。农产品、纺织品贸易长期游离于《关贸总协定》的体制之外，就是典型的一例。《建立世界贸易组织协定》明确确立的一个宗旨，是要巩固和发展《关贸总协定》项下 48 年贸易自由化和“乌拉圭回合”多边谈判的所有成果，从而建立“完整的、更具有活力和永久性的多边贸易体系”。

这是具有战略眼光的定位，比《关贸总协定》前进了一大步。上述定位不仅解决了长期存在的农产品和纺织品问题，而且还扩大了协定的管辖领域，将与贸易有关的知识产权和投资等方面的内容都涵盖其中，有利于今后世贸组织的顺利运作。世贸组织成立以

来，努力保证上述宗旨的实现，使世贸组织影响力大增。

第二节 世界贸易组织的法律地位

一、1947 年关贸总协定不是“国际法人”

第二次世界大战后，以美国为首的各有关国家曾设计成立国际货币基金组织（IMF）、世界银行（World Bank）和国际贸易组织（ITO），并将这三个机构作为国际经济秩序的三大支柱。1946 年 2 月，联合国经济及社会理事会成立了筹委会，着手筹建国际贸易组织。同年 10 月，筹委会成立了宪章起草委员会，对美国提出的《国际贸易组织宪章》草案（以下简称《ITO 宪章》）进行讨论。1947 年初，根据《ITO 宪章》的贸易规则部分，宪章起草委员会完成了关税与贸易总协定条款的起草工作，并交同年 4 月在日内瓦召开的第 2 次筹委会讨论。会议期间，参加方就具体产品的关税减让进行了谈判，并于 1947 年 11 月 15 日签署了关税与贸易总协定《临时适用议定书》，同意从 1948 年 1 月 1 日起实施《关税与贸易总协定》（以下简称《关贸总协定》）的条款。后来由于美国的阻挠，国际贸易组织未能成立，但《关贸总协定》却以临时适用的多边协定的形式存在了 47 年。因此，“关贸总协定”算不上一个正式的国际组织，也谈不上具有独立的“法律人格”。

二、世贸组织具有国际法人资格条件

有独立国际法人资格的世界贸易组织，是根据《维也纳条约法公约》正式批准生效成立的，是一个常设性、永久性存在的国际组织。根据国际法院在关于“履行联合国职务中遭受损害之赔偿”的“咨询意见”中应用的客观方式，国际法院提出了国际组织具备法律人格的必要前提条件：第一，为达到共同目标而设立的比协调各国行为的中心更高级的组织；第二，建立本身的机构（Infrastructure）；第三，具有特定的任务；第四，独立于其成员，能表达其本身的意志。

确定某国际组织具有法律人格的主要结果是，该国际组织成为国际法主体，能独立行使国际权利和承担国际义务。国际组织具有法律人格，一般具体表现为具有缔约、取得和处置财产以及进行法律诉讼的能力，并享有特权和豁免权。

按照《建立世界贸易组织协定》第 8 条的规定，世界贸易组织明确规定了其法律人格，因此，世界贸易组织的法律地位可归纳为以下几点：

1. 世界贸易组织具有法人资格，其成员应当赋予世界贸易组织在行使职能时必要的法定能力。这是世界贸易组织依据国际法采取行动，享有国际法规定的特权和豁免权的基础。这意味着世界贸易组织在国际上可以缔结条约；可以提起国际损害赔偿诉讼；可以享受特权及豁免权；可以在成员范围内订立契约、取得财产、处置财产和提起诉讼等。

2. 世界贸易组织每个成员方向世界贸易组织提供其履行职责时所必需的特权与豁免

权。这些特权和豁免应与1947年11月21日联合国大会通过的《专门机构特权和豁免公约》所规定的特权与豁免相同。具体包括：任何形式的法律程序豁免（包括不受起诉、不被逮捕等），财产豁免，所有的直接税、关税豁免以及公务用品和出版物的进出口限制豁免等。

3. 世界贸易组织官员和各成员方的代表在其独立执行与世界贸易组织相关的职能时，也享有每个成员提供的必要的特权与豁免权。

4. 每个成员方给予世界贸易组织官员、成员方代表的特权与豁免权，等同于联合国大会于1947年11月21日通过的特殊机构的特权与豁免公约所规定的特权与豁免权。根据这一公约，与联合国一样，世界贸易组织可以享有如下特权和豁免：任何形式的法律程序豁免，财产、金融及货币管制豁免，所有的直接税、关税豁免及公务用品和出版物的进出口限制豁免等。

5. 世界贸易组织可以缔结总部协议，与其他国际组织进行较密切的协商和合作。世界贸易组织总理事会要作出适当安排，与那些其职责与世界贸易组织之职责相关的其他政府间组织如国际货币基金组织、海关合作理事会、世界知识产权组织等进行有效的合作。同时，世界贸易组织总理事会可以作出适当安排，与那些其所涉及的事项与世界贸易组织之事项相关的非政府间组织进行协商和合作。

第三节　世界贸易组织的职能和作用

一、世界贸易组织的职能

1. 实施和管理协议

世界贸易组织首要的和最主要的职能是促进《建立世界贸易组织协定》及各项多边贸易协定的执行、管理、运作及目标的实现，同时对各诸边贸易协定的执行、管理和运作提供组织机制。即“便利本协定和多边贸易协定的履行、管理和运用，并促进其目标的实现”，并对诸边贸易协议如《信息技术产品协议》、《政府采购协议》、《民用航空器贸易协议》的执行、管理和运作提供框架和组织保障。这表明世界贸易组织具有行政组织的管理职能。但是，对多边贸易协议和对诸边贸易协议的管理是有区别的，诸边贸易协议虽然在世界贸易组织框架内，但却不能期望获得与多边贸易协议同样程度的支持。

2. 提供多边贸易谈判场所

世界贸易组织为各成员方进行的多边贸易关系谈判提供了场所。世界贸易组织为谈判提供场所和为谈判提供一个场所是有区别的：

（1）各成员方就世界贸易组织之附属协定的有关事项所进行的多边贸易关系谈判，即对《关贸总协定》和“乌拉圭回合”已涉及议题的谈判，这是专门为世界贸易组织设立的。

（2）各成员方就其多边贸易关系所进行的进一步谈判，并且按部长级会议可能作出的决定为这些谈判结果的执行提供组织机制。①

前一类谈判是指对现有协定事项的谈判，而后一类则不局限于此，是指对新的课题甚至是新一轮的谈判。

为扩大国际贸易自由化领域的谈判，世界贸易组织可以提供使谈判结果生效的框架。其谈判职能的行使主要围绕这两个核心内容进行。

3. 解决成员方之间的贸易争端

世界贸易组织根据《建立世界贸易组织协定》附件 2 所列的安排，负责管理实施“乌拉圭回合”达成的《关于争端解决的规则与程序的谅解》，这是世界贸易组织关于争端解决的基本法律文件。协调解决成员间在货物贸易、服务贸易和知识产权领域及其相互之间出现的贸易纠纷与争端。世界贸易组织行使贸易争端“国际法院”的职能。因为，它的争端解决机制比关贸总协定的主要以道德约束力为手段的机制更具权威性和“法院”裁决的意义。

各成员方之间如就《1994 年关税与贸易总协定》及其附属协议、《服务贸易总协定》以及《与贸易有关的知识产权协定》产生争端，经双方协商不能解决的，均应统一诉诸世界贸易组织提供的争端解决机制。世界贸易组织将按该谅解的规则与程序主持并处理各项争端。例如中美钢铁案。2002 年 3 月 20 日，美国实施进口钢铁保障措施调查案最终救济方案，即对钢坯、钢材等主要进口钢铁产品实施为期 3 年的关税配额限制或加征 30% 的关税，引起中国、日本、韩国和欧盟等成员的强烈反对。中国马上与美国在世界贸易组织保障措施项下进行磋商，未果。稍后，中国正式向美国提出要在世界贸易组织《关于争端解决的规则与程序的谅解》机制下进行磋商。这样，中美钢铁案便进入了 WTO 争端解决程序。

WTO 争端解决机制对所有世界贸易组织成员来说，都提供了一种解决国际贸易争端的重要途径。争端解决机制的作用是双重的：它既是一种保护成员方权益的手段，又是督促其履行应尽义务的工具。

4. 审议各国的贸易政策

世界贸易组织根据《建立世界贸易组织协定》附件 3 所列的安排，审议各成员的贸易政策。建立贸易政策审议机制的目的是使世界贸易组织成员的贸易政策和实际操作更加透明和更被了解，并使各成员更好地遵守多边贸易体制的原则和规则，以及他们对这一体制的承诺，从而使多边贸易体制能顺利运作。贸易政策审议职能无疑对严肃“国际贸易统一法”的法律规则，规范各成员国内的贸易立法，以使其符合“统一法”具有重要意义。

在《建立世界贸易组织协定》附件 3 中，确认世界上前 4 个贸易实体每两年审议一次，其后的 16 个贸易实体每 4 年审议一次，其他成员每 6 年审议一次，但可对最不发达国家成员确定更长的期限。

---

① 《马拉喀什建立世界贸易组织协定》第 3 条，第 2 款。

5. 与有关机构的合作

为达到全球经济决策的更大一致性，世界贸易组织将以适当的方式与国际货币基金组织、世界银行及其附属机构、世界知识产权组织等国际组织进行合作，以更好地协调制定全球经济政策。世界贸易组织成立后，与上述国际组织进行了协商，做出了临时安排，内容包括相互给予对方观察员资格，相互提供有关文件与数据，就国际收支平衡、货币兑换以及其他财政金融事项进行协商。

6. 提供技术支持和培训

世界贸易组织对发展中国家成员，尤其是最不发达国家成员提供技术支持和培训。具体是：

（1）技术援助方面，与发展中国家的研究教育机构合作，开展有关世界贸易组织的教育培训，为发展中国家培养有关师资力量，通过互联网或电视开展远程教育等。

（2）培训方面，世界贸易组织在瑞士日内瓦历年均举办培训活动，包括例常举办的为期3个月的贸易政策培训班和其他短期培训课程。这些培训课程的对象主要是各国派驻世界贸易组织的外交官，和发展中国家处理世界贸易组织事务的政府高级官员。

从上述规定中我们可以看出，世界贸易组织的目标是非常宏伟的，管辖范围是广泛的，其职责也相对具体和明确。

二、世界贸易组织的作用

世界贸易组织的成立是国际经济贸易机构体制的重大变革。从关贸总协定到世界贸易组织的转变，对世界经济贸易的影响意义深远。从《建立世界贸易组织的协议》和三大协定及其各项附属协议的内容、范围和体制职能以及对今后国际经济贸易发展的影响看，与1947年关贸总协定相比较，它在强化和完善世界多边贸易体制职能作用和规范国际贸易竞争规则方面取得了许多新的进展。其作用主要表现在6个方面：

（一）成为三足鼎立的国际经济机构之一

作为一个正式负责国际经济贸易政策、法律与争端解决的国际组织，世界贸易组织构成世界新多边贸易体制得以有效运转的基础。它与负责稳定国际货币金融体系的国际货币基金组织（IMF）和为发展经济与生产提供资本的世界银行（IBRD）一起构成世界经济的完整体系，形成三足鼎立的、各司其职、协调配合的世界经济与贸易的国际经济机构。

（二）确立了比较完整的国际贸易的法律框架

世界贸易组织的一系列协议被世界上绝大多数的国家和地区接受，这套贸易规则成为世界各国从事国际贸易所不得不遵守的国际规范，是各国制定相关法律、法规和政策措施的最基本的参考依据。在经济全球化不断发展的今天，即使不是世界贸易组织成员的国家，只要从事国际贸易活动，也不得不被动地遵守这套规则。这标志着一套比较完整的国际贸易法律体系的确立，也基本可以说形成了国际贸易统一法。

（三）拓宽了世界贸易组织的职责范围

世界贸易组织扩大和拓宽了多边贸易体制的协调领域和范围，不仅把以协调货物贸易（除农产品和纺织品外）为宗旨的关贸总协定多边贸易体制的管理权限扩展到服务贸易、知识产权、与贸易有关的投资措施以及农产品和纺织品等领域，而且将传统商品领域发展到高新技术产品和电子商务以及环境保护等领域，还要不断地向新的与国际贸易有一定直接或间接关系的领域拓展。

增强和延长了世界贸易组织在世界多边贸易关系中的管理"触角"，即新多边贸易体制不仅调整与进出口贸易有关的关税与非关税的边境措施，而且还涉及到各成员的宏观调控措施，在货物、服务、投资、知识产权以及产业与税收、财政与货币政策等方面的国内政策与国内法律法规的制定与执行。

世界贸易组具有健全的机构和组织规则，各项工作，如现有协议的修改，新协议的谈判等可以持续不断地进行。这种机制对随时推动开放市场，拓展贸易，及时处理国际经济贸易中的重大问题，进而为健全国际贸易制度提供了充分的条件和机会。

（四）强化了解决成员间贸易争端的体制

世界贸易组织的争端解决机制健全，适用范围广泛，负责审理争端的专家条件严格，具有明确的、统一的程序、规则和时间限制，审理较为公正、迅速，呈现出多边化和司法化趋势。反向协商一致通过的规则，有利于评审组的成立、上诉机构裁决的通过，报复和补偿相当于自动通过、生效，从而增强了世界贸易组织争端解决机制的权威。

（五）完善了贸易政策审议制度

世界贸易组织进一步完善了贸易政策审议机制，使之制度化、法律化，增强了各成员贸易政策的透明度，减少贸易摩擦，有利于维护多边贸易体制的稳定性。世界贸易组织成员间的相互审议，鼓励各成员政府更加严格地遵守世界贸易组织的规则和纪律，并履行其承诺。实际上审议已取得两个明显的效果，一方面使外界能够理解一成员的政策和情况，另一方面又为受审议的成员提供了关于其在贸易体制中表现的反馈。

（六）考虑了发展中国家成员的利益

世界贸易组织的各项协议在一定程度上反映和体现了发展中国家特别是最不发达国家在经济发展水平和资金贸易方面的需要，就发展中国家的特殊和差别优惠待遇作了较明确的法律表述。

第四节　世界贸易组织的组织结构

根据《建立世界贸易组织协定》的规定，世界贸易组织对该组织内部的机构设置、职责范围以及议事规则等都作了十分明确的规定。其组织结构如图 3－1 所示。①

一、部长级会议（Ministerial Conference）

部长级会议是世界贸易组织的最顶级决策机构，由世界贸易组织的所有成员组成，也

① 石广生，《中国加入世界贸易组织知识读本（一）：世界贸易组织基本知识》，人民出版社，2001 年，第 45 页。

是各成员方最重要的谈判场所。根据《建立世界贸易组织协定》，部长级会议至少每两年举行一次，所有成员方的代表都有资格参加会议，“有权对多边贸易协议下的所有事项作出决定”。部长级会议应全权“履行 WTO 的职能，并为此采取必要的行动”。在关贸总协定时期，虽然也召开部长级会议，但并不定期限，也无议事范围与规则。世界贸易组织成立后则更加制度化，职责明确，也提高了国际贸易在国际政治事务中的地位。

根据《建立世界贸易组织协定》，部长级会议具有下述具体职能：

1. 部长级会议设立贸易与发展委员会、国际收支限制委员会以及预算、财务和管理委员会。在适当情况下，“可设立具有其认为适当职能的其他委员会”。

2. 任命总干事并制定有关规则，确定总干事的权力、职责、任职条件和任期以及秘书处工作人员的职责及任职条件。

3. 对《建立世界贸易组织协定》及其附件作出解释和修改。

4. 豁免某成员方在特定情况下承担的义务，并对超过 1 年的豁免按规定进行审议，决定对豁免的延长、修改或终止。

5. 审议成员方提出的对《建立世界贸易组织协定》或多边贸易协定进行修改的动议。

6. 决定将某一贸易协定补充进诸边贸易协定或将其从该协定之中删除。

7. 决定加入世界贸易组织的国家或具有单独关税区地位的地区。

8. 审议互不适用多边贸易协定的执行情况并提出适当建议。

9. 决定《建立世界贸易组织协定》、多边贸易协定生效的日期以及这些协定在经过生效后两年可继续开放接受的决定。

自世界贸易组织成立以来，已经召开过八次部长级会议。

（一）新加坡会议

第一次部长级会议于 1996 年 12 月 9 日至 13 日在新加坡召开，来自 128 个成员和 30 个申请加入 WTO 的观察员的 120 位部长参加了这次会议。会议主要审议了世贸组织成立以来的工作及上一轮多边贸易谈判即“乌拉圭回合”协议的执行情况，并决定成立贸易与投资、贸易与竞争政策、政府采购透明度 3 个工作组，同时将贸易便利化纳入了货物理事会的职责范围。会议最后通过了《新加坡部长宣言》。

（二）日内瓦会议

第二次部长级会议于 1998 年 5 月 18 日至 20 日在瑞士日内瓦举行。会议主要讨论了已达成的贸易协议的执行情况、既定日程和未来谈判日程等问题以及第三次部长级会议举行的时间和地点。会议的主要目的是为第三次部长级会议启动新一轮多边贸易谈判做准备。

（三）西雅图会议

第三次部长级会议于 1999 年 11 月 30 日至 12 月 3 日在美国西雅图召开。由于非政府组织的示威游行和干扰所产生的压力以及成员间在一系列重大问题上的意见分歧，会议未能启动拟议中的新一轮多边贸易谈判，最终以失败告终。

（四）多哈会议

第四次部长级会议于 2001 年 11 月 9 日至 14 日在卡塔尔首都多哈举行。会议启动了被称为“多哈发展议程”即“多哈回合”的新一轮多边贸易谈判。会议最后通过了《部长宣言》等3个文件。

（五）坎昆会议

第五次部长级会议于2003年9月10日至14日在墨西哥坎昆举行。由于发达国家在削减农业补贴和农产品关税问题上不肯做出实质性让步，会议无果而终。会议仅通过了《部长会议声明》。

（六）香港会议

第六次部长级会议于2005年12月13日至18日在中国香港举行。与会者围绕多哈回合议题经过6天谈判发表了《部长宣言》，在取消棉花出口补贴和农产品出口补贴以及向最不发达国家开放市场问题上取得了进展，但多哈回合谈判仍未全面完成。此外，世界贸易组织总理事会正式批准太平洋岛国汤加加入世贸组织。

（七）日内瓦会议

第七次部长级会议于2009年11月30日至12月1日在瑞士日内瓦举行。本次会议围绕“世界贸易组织、多边贸易体系和当前全球经济形势”这个主题回顾和审议了世贸组织的工作。虽然根据安排，会议没有就多哈回合展开谈判，但多哈回合仍是各方讨论的焦点。

（八）日内瓦会议

第八次部长级会议于2011年12月15日至12月17日在瑞士日内瓦举行。部长级会议传达出这样的信息：世界贸易组织与多哈谈判是不同的，它比多哈谈判具有更广泛的意义。此次会议对多哈谈判中所涉及的问题进行了磋商。此外，该次会议还接纳俄罗斯入世。

二、总理事会（General Council）

总理事会是世界贸易组织的常设机构，负责世界贸易组织的日常会议和工作。由世界贸易组织全体成员的代表组成，主要是在部长级会议休会期间履行部长理事会的职责，通常每年召开6次左右会议，向部长级会议报告。在总理事会之下分别设立货物贸易理事会（Council for Trade in Goods）、与贸易有关的知识产权理事会（Council for Trade - Related Intellectual Property Rights）和服务贸易理事会（Council for Trade in Services），并在各分理事会下设立有关的专门委员会。具体说来，货物贸易理事会监督1994年关贸总协定及其附件的运作；服务贸易理事会监督服务贸易总协定的运作；与贸易有关的知识产权理事会监督与贸易有关的知识产权协定的运作。

根据《建立世界贸易组织的协议》和规定，总理事会具有如下一些职权：

（1）指导各分理事会的工作，批准各分理事会的议事规则；

（2）履行争端解决机构的职责；

（3）履行贸易政策审查机构的职责；

（4）给部长会议设立的贸易与发展委员会、国际支付差额限制委员会和预算、财务和行政委员会分配工作；

（5）定期听取各诸边贸易协定机构汇报其活动；

（6）为世贸组织与其他政府间组织和非政府间组织的合作作出适当安排；

（7）制定世贸组织的财政规章，并批准世贸组织的年度预算议案。各分理事会在总理会的指导下，专门负责乌拉圭回合各多边贸易协定的实施。

总理事会的职权具有双重性。当然，它首先是世贸组织的最高执行机关，对《建立世界贸易组织的协议》和各多边贸易协定的实施负主要的职责。同时，它又是一个权力机关，在部长会议闭会期间，代行这一最高权力机关的职能。部长会议一般每两年才举行一次会议，而总理事会活动的经常性决定了后者具有广泛的审议和决策权力。

总理事会和分理事会的成员资格对所有成员的代表开放。这是因为：第一，世贸组织的法律规则和纪律均涉及各成员方的实质性经济和贸易利益，各成员方都不会轻易放弃其在拥有广泛职权的总理事会中的席位。即使是各分理事会，甚至是专门委员会，由于它们在相应的部门领域拥有实际的管辖权，各成员方也自然坚持其参与权。第二，总理事会既是一个主要的执行机关，又是一个常设的决策机关。成员方不会允许仅少数几个国家代表决定世贸组织的任何重大事项。因此，世贸组织的总理事会及分理事会在组成方面充分体现了成员方主权平等的原则。但是，总理事会及分理事会毕竟主要是执行机关，一个国际组织的执行机关过于臃肿，势必影响其应有的效率，特别是会制约其快速反应的能力。

总理事会还有两个具体职能：《建立世界贸易组织的协议》要求总理事会作为“争端解决机构”与“贸易政策审议机构”召开会议。实际上，总理事会是“一个机构三个牌子”，根据不同的职权范围召开不同的会议。总理事会和各分理事会应各自制定其程序规则，但分理事会的程序规则须经总理事会批准。各分理事会应建立其认为必需的附属机构。这些附属机构也应制定各自相应的程序规则，但须经其相应的分理事会批准。

三、理事会（Council）

理事会为总理事会的附属机构。世界贸易组织为使各项制度及协定得到圆满执行，成员方之间发生的争端得到迅速有效解决，在部长级会议或总理事会之下又设立了一系列常设理事会、委员会。其中负责世界贸易组织主要职能的货物贸易理事会、服务贸易理事会和知识产权理事会为最重要的理事会，由所有成员方代表组成，每一理事会每年至少举行8次会议。

（一）货物贸易理事会（Council for Trade in Goods）

货物贸易理事会下设12个专门委员会，包括市场准入委员会、农业委员会、实施卫生与植物卫生措施委员会、技术性贸易壁垒委员会、补贴与反补贴措施委员会、反倾销措施委员会、海关估价委员会、原产地规则委员会、进口许可程序委员会、与贸易有关的投资措施委员会、保障措施委员会以及纺织品监督机构，各委员会具体负责各专项协议的执行。涵盖了《建立世界贸易组织协定》附件1A所列的全部协定，其中，主要负责监督《1994年关税与贸易总协定》及其附属的12个协议的执行。

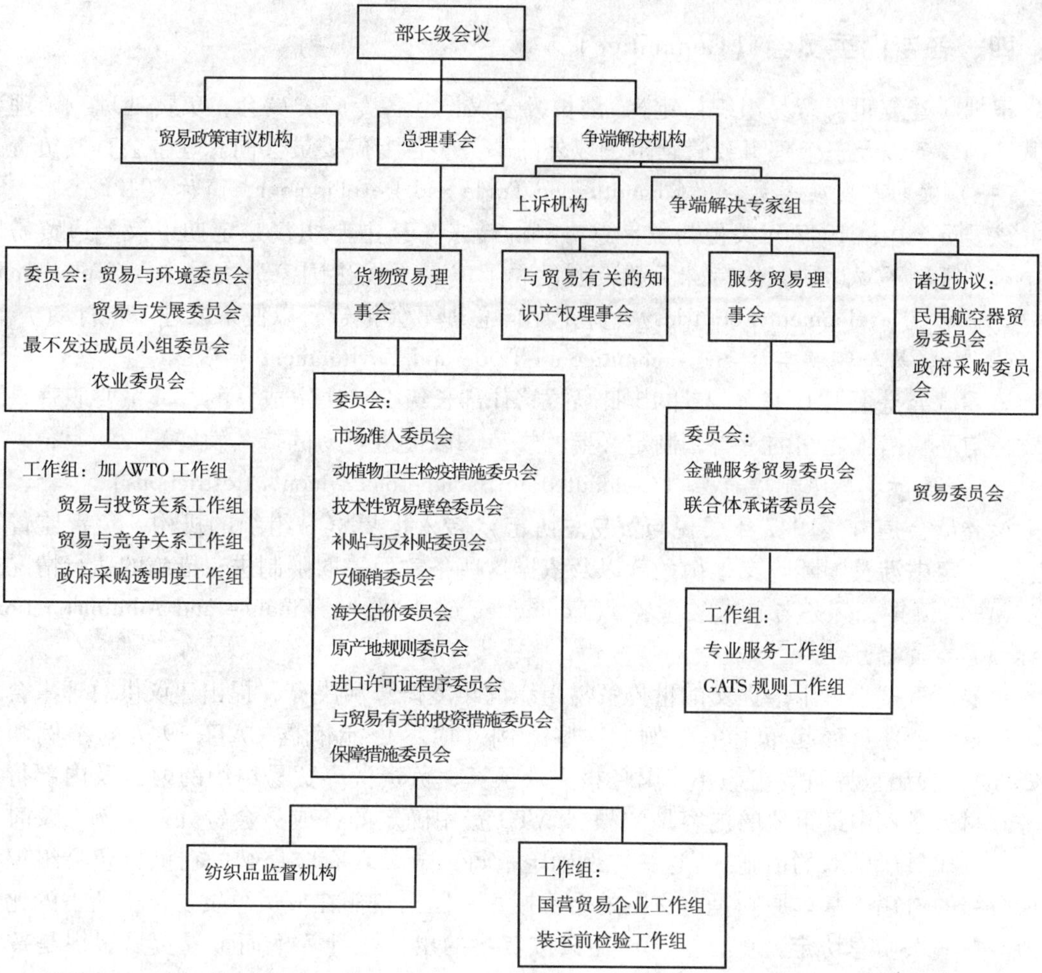

图 3-1　世界贸易组织的组织结构

资料来源：WTO秘书处。

（二）服务贸易理事会（Council for Trade in Services）

服务贸易理事会负责监督服务贸易协定的运作和履行总理事会赋予的其他职责。服务贸易理事会可以根据需要制订自己的程序规则，报总理事会批准，也可以设立委员会或其他附属机构来监督已达成的有关协定的运作，并负责批准它们的程序规则。

（三）与贸易有关的知识产权理事会（Council on Trade - related Aspects of Intellectual Property Rights）

主要负责管理、监督世界贸易组织《与贸易有关的知识产权协定》的执行（其中包括冒牌货贸易在内），而在该协定中，最关键的是规定了所有成员都必须达到的最低标准，明确了实施该标准的法律义务，把知识产权问题列入世界贸易组织争端解决机制的调整范畴。

四、各专门委员会（Committee）

根据《建立世界贸易组织协定》，部长级会议设立各专门委员会，负责处理三个理事会共性的事务以及三个理事会管辖范围以外的事务。各专门委员会向总理事会直接负责。

（一）贸易与发展委员会（Committee on Trade and Development，简称 CTD）

该委员会由《1947 年关税与贸易总协定》转来，其主要职责是定期审议多边贸易协定中有利于最不发达国家的特殊条款，还设立了“最不发达国家分委员会”（Subcommittee on Least - Development Countries），并定期向总理事会报告，以便采取进一步行动。

（二）贸易与环境委员会（Committee on Trade and Environment ）

该委员会是根据 1994 年 4 月 15 日马拉喀什部长级会议决定成立的，其主要职责是协调贸易与环境措施之间的矛盾，制定必要的规范，以促进贸易的持久发展。

（三）国际收支限制委员会（Committee on Balance of Payments Restrictions）

该委员会是由《1947 年关税与贸易总协定》转入世界贸易组织的机构，负责监督审查有关协定中涉及国际收支平衡条款以及依据这些条款而采取限制进口措施的执行情况。

（四）预算、财务与行政委员会（Committee on Budget，Finance and Administ ration，简称预算委员会）

主要负责接受总干事提交的世界贸易组织的年度概算和决算，提出建议供总理事会通过。该委员会还负责起草财务条例，这些条例“应尽可能依据 GATT 1947 的条例和做法”，负责提出世界贸易组织年度财务报告及预算，负责世界贸易组织的财产及内部行政事务。财务条例中最重要的内容是“根据 WTO 费用确定的各成员会费分摊比例，及时对拖欠会费成员所采取的措施”。这一比例确定了每一成员政府应交纳的在世界贸易组织费用中分摊的份额。基本原则是，交纳的会费按每一国出口额在成员总贸易额中所占的比例分摊。在《关贸总协定》中，这一份额只按货物的出口额计算，而世界贸易组织是按货物和服务的总出口额计算。最少的分摊比例为 0.03%，这一比例对贸易额在世界贸易组织成员总贸易额所占份额不足 0.03% 的成员适用。

（五）区域贸易协议委员会（Committee on Regional Trade Agreements）

该委员会于 1996 年 2 月，根据总理事会的决定设立，其职能为审查所有双边、区域和诸边优惠贸易协定，并审议此类协定和区域性倡议对多边贸易体制的影响。

五、争端解决机构（Dispute Settlement Body，DSB）

争端解决机构是 WTO 的一个常设机构，负责处理 WTO 成员间的贸易争端，争端解决机构可以根据需要建立自己的程序规则，设有自己的主席。争端解决机构通过争端解决专家小组（Dispute Settlement Panels）和上诉机构（Appellate Body）来处理争端。

六、贸易政策审议机构（Trade Policy Review Body，TPRB）

贸易政策评审机构是部长会议下又一重要机构，它负责对成员方的贸易政策进行综合性定期检查，目的是增加贸易政策与措施的透明度，并就此做出指导。

七、秘书处（Secretariat of the WTO）和总干事（Director General）

《建立世界贸易组织的协议》第6条规定，应设立由一名总干事领导下的世贸组织秘书处。世贸组织的总干事应由部长会议任命，其权力、职责、任职条件和期限均由部长会议通过的规章来确定。秘书处的所有职员则由总干事任命，并由总干事依照部长会议通过的规章确定职员的职责和任职条件。总干事和秘书处职员的职责应具有排他的国际性质。总干事和秘书处职员在行使职责的过程中，不得寻求或接受来自世贸组织以外的任何政府或任何其他权威机构的指示。总干事和秘书处职员不得作出可能消极影响其作为国际官员（international officials）地位的任何行动。世贸组织各成员方应尊重总干事和秘书处职员的职责的国际性质，并不得在他们履行职责的过程中施加影响。为此，《建立世界贸易组织的协议》为他们规定了特权与豁免。世贸组织的总干事是世贸组织的行政首长，其任命为各成员方重视和关注。

WTO设立秘书处负责日常工作，由一位总干事和四位副总干事领导。秘书处的职责包括向WTO成员提供谈判和实施协定等所需要的服务；有责任对发展中成员，特别是最不发达成员提供技术援助；WTO的经济学家和统计学家为各成员提供贸易实绩和贸易政策分析；其法律专家帮助解决贸易争端，包括对WTO规则和惯例进行解释；为新成员的加入谈判提供服务和为考虑加入WTO的成员政府提供咨询等职责。WTO秘书处设在日内瓦，大约有550名工作人员。

世界贸易组织的第一任总干事为皮特·萨瑟兰（北爱尔兰人）。自1995年5月1日起经所有成员方协商一致，任命雷纳托·鲁杰罗（意大利前贸易部长）为世界贸易组织的第二任总干事。第三任总干事是新西兰前总理麦克·穆尔，第四任总干事为泰国前副总理素帕猜·巴尼巴滴，第五任和第六任总干事是帕斯卡尔·拉米（见表3.1）。

表3.1　世界贸易组织历任总干事

时间	任职时间	国籍	人名
1995.1.1～1995.4.30	4个月	爱尔兰	皮特·萨瑟兰
1995.1.1～1999.4.30	4年	意大利	雷纳托·鲁杰罗
1999.9.1～2002.8.31	3年	新西兰	麦克·穆尔
2002.9.1～2005.8.31	3年	泰国	素帕猜·巴尼巴滴
2005.9.1～2009.8.31	4年	法国	帕斯卡尔·拉米
2009.8.31～	4年	法国	帕斯卡尔·拉米

第五节　世界贸易组织的成员

《建立世界贸易组织的协议》对世界贸易组织创始成员、加入与退出作出了规定。世界贸易组织的成员根据地位的不同分为：创始成员、加入成员及观察员。

一、世贸组织成员的来源

（一）创始成员（Original Member）

创始成员是指在《建立世界贸易组织协定》生效时，GATT 的缔约方和欧共体成员，凡接受《建立世界贸易组织协定》，将关税减让表和承诺附于 GATT 1994，承担《服务贸易总协定》特别承诺者，均可成为 WTO 的创始成员。即世贸组织的创始成员必须具备以下条件：①属于 GATT 的缔约方或欧共体成员；②按照《建立世界贸易组织协定》规定，履行《建立世界贸易组织协定》和多边贸易协定的本国批准程序；③按照多边贸易协定的要求，将各种关税减让表和非关税承诺附于《1994 年关税与贸易总协定》项下；④必须在服务贸易领域作出具体的市场准入承诺，并附于 GATS。这里特别值得注意的是，欧共体可以作为单独的一方成为 WTO 的创始成员，从而显示了世贸组织将区域性组织纳入贸易自由化与经济一体化进程的努力。

几乎所有符合条件的缔约方，都在 1996 年底前成为世界贸易组织的创始成员，惟一的例外是刚果（布）到 1997 年 3 月才成为创始成员。

我国香港和澳门都应是 1947 年关贸总协定缔约方，按世界贸易组织上述规定，1995 年 1 月 1 日，它们都成为世贸组织创始成员。

（二）新加入成员（Acceding Member）

新加入成员是指任何在对外商业关系及在《建立世界贸易组织协定》和多边贸易协定规定的事务中，享有充分自主权的国家或单独关税领土，根据它与 WTO 协商的条件而加入《建立世界贸易组织协定》的成员。《建立世界贸易组织协定》第 12 条规定："任何国家或在处理对外贸易关系及本协定和多边贸易协定规定的其他事项方面拥有完全自主权的单独关税区，可按它与世界贸易组织协议的条件加入本协定。"依照该项条款，中国作为主权国家可以申请加入世界贸易组织，中国台湾作为单独关税区也有资格申请加入世界贸易组织，在世贸组织第四次部长级会议上，均先后成为世界贸易组织成员。国际组织本身可以和 WTO 有一定的关系，但不能以缔约方的资格申请加入 WTO。个人或民间国际社团以及类似的个人集团也无权申请加入 WTO，不得成为 WTO 的成员方。

（三）观察员（Observer）

已申请加入世界贸易组织的国家或单独关税区可以申请成为世界贸易组织的观察员，未申请加入世界贸易组织的国家或单独关税区也可以申请，经批准后成为世界贸易组织的观察员（但 5 年内必须开始进行加入世界贸易组织的谈判），观察员可以列席世界贸易组织的一些会议和谈判。国际组织也可以申请经批准成为观察员，世界贸易组织总理事会及其下属机构各有数量不等的国际组织观察员，它们参加相关议题的会议和讨论。预算财务和行政管理委员会、争端解决机构和加入世界贸易组织工作组没有国际组织观察员。

二、世界贸易组织的加入

（一）加入世界贸易组织的程序

加入世界贸易组织的程序，大体可分为四个阶段。

1. 提出申请与受理

申请加入方首先要向世界贸易组织总干事递交正式信函，表明加入世界贸易组织的愿望。世界贸易组织秘书处负责将申请函散发给全体成员，并把审议加入申请列入总理事会会议议程。总理事会审议加入申请并设立相应工作组，所有对申请加入方感兴趣的世界贸易组织成员都可以参加工作组。总理事会经与申请加入方和工作组成员磋商后，任命工作组主席。例如，中国政府 1986 年 7 月正式申请恢复关贸总协定缔约方地位，关贸总协定代表理事会于 1987 年 6 月成立专门工作组审议中国的申请，主席为 P. L · 吉拉德。

2. 对外贸易制度的审议和双边市场准入谈判

申请加入方应向工作组提交对外贸易制度备忘录、现行关税税则及有关法律、法规，由工作组进行审议。工作组成员通常会以书面形式要求申请加入方进一步说明和澄清对外贸易制度的运作情况，申请加入方需作出书面答复。工作组将根据需要召开若干次会议，审议申请加入方的对外贸易制度及有关答复。

在对外贸易制度审议后期，申请加入方同有关成员开始双边货物贸易和服务贸易的市场准入谈判。凡是提出双边市场准入谈判要求的成员，申请加入方都要与其进行谈判。一般情况下，谈判双方需要在申请加入方加入前达成双边市场准入协议。

3. 多边谈判和起草加入文件

在双边谈判的后期，多边谈判开始，工作组着手起草“加入议定书”和“工作组报告书”。加入议定书包括申请加入方与工作组成员议定的加入条件。并附有货物贸易和服务贸易减让表。工作组报告书包括工作组讨论情况总结。在工作组举行的最后一次正式会议上，工作组成员协商一致通过上述文件，达成关于同意申请加入方加入世界贸易组织的决定，提交部长级会议审议。

4. 表决和生效

世界贸易组织部长级会议对加入议定书、工作组报告书和决定草案进行表决，需经2/3的多数成员同意方可通过。申请加入方以签署或其他方式向世界贸易组织表示接受加入议定书。在世界贸易组织接到申请加入方表示接受的文件之日起第 30 天，有关加入文件开始生效，申请加入方成为世界贸易组织正式成员。

（二）加入世界贸易组织的重要环节

关税减让谈判是贯穿 WTO 加入全过程的不可缺少的重要环节，它也是 WTO 最基本、最核心的问题。因为 WTO 的目的就是要通过相互削减关税和消除其他各种非关税壁垒，达到国际贸易的充分自由化，实现提高生活水平、保证充分就业等目标。一个新加入的成员可以通过最惠国待遇条款的适用，得到在其之前加入总协定的老成员所作出的一切关税减让的好处。而其他成员同样有理由从新加入成员那里得到相应的回报，并使其对整个国际贸易自由化作出相应的贡献。为此，老成员要求新加入成员承诺大幅度削减关税，制订关税减让表，这个减让表将被列入总协定的一个附件并作为构成 WTO 一个组成部分的已有的减让表中。因此，关税减让谈判是加入 WTO 最重要的环节。

除了关税减让谈判以外，非关税措施也是国际贸易中的一个重要问题。它已被列入谈判的审查事项之中，WTO 要求申请加入者尽可能少地利用非关税措施限制其进口，如要使用，只能在规定的条件下按总协定允许的程度实施。这种谈判常以多边“回合”的形式出现，以达成协议，由新加入方酌情“接受”。

（三）加入世界贸易组织的方式特点

由于市场经济发达国家、发展中国家和中央计划经济国家的政治、经济、贸易有各自的特点，所以它们加入的方式特点和所签订的“加入议定书”的内容不同。

1. 市场经济的发达国家

WTO 是建立在市场原则和市场机制基础上的，这对市场经济的工业化发达国家的加入一般不会造成太大的困难。但具体到每个国家加入 WTO 的具体条件，则需在加入议定书中加以明确规定，以确保权利和义务的平衡。

2. 市场经济的发展中国家

它的加入谈判一般可适用发展中国家参加贸易谈判的非互惠原则。但这些国家在“加入议定书”中仍可能作出关税减让。这一方面是其他缔约方的期望或者说压力，另一方面也是为自身的经济发展着想，因为过分的关税保护反而无益于自己的工业发展。

3. 中央计划经济国家

这是 WTO 对社会主义国家的称呼。由于它与 WTO 适用的前提——市场经济相违背，所以这类国家加入 WTO 的方式极为特殊。突出表现是关税在计划经济国家的进出口决策和调整中起不到主要作用，对进口水平的影响也不大。在这种情况下，WTO 缔约方要求申请加入的这类国家改革其经济体制，向市场经济靠拢，使关税具有决定性作用，以正常的方式加入 WTO，否则要承担某些进口义务，接受有选择的保障条款，才给予相互优惠待遇。

4. 单独关税领土地区

《关贸总协定》第 26 条规定了一个很简单的申请加入方式，即通过证实程序，以“托管关系”加入。这种方法传统上适用于那些已从过去殖民关系中独立出来，并能在其对外贸易关系中行使主权的国家，或者没有政治独立的一个自治关税地区。如果原为 WTO 的成员，不必按通常的程序重新加入，而只需要前宗主国发表一项声明，对上述事实予以证实，或者写一封简单的推荐书，不用任何谈判便可获得成员资格，成为 WTO 的缔约方。如我国的香港、澳门就属于这种情况。英国政府根据中英联合声明和中英联合联络小组于 1985 年 7 月关于香港在总协定地位的讨论，以及 1986 年 3 月达成的协议，照会总协定，宣布香港被视为总协定的一个缔约方。1986 年 4 月 23 日香港正式加入总协定。同时中国政府照会总协定，声明自 1997 年 7 月 1 日起恢复对香港行使主权，设立香港特别行政区。香港特别行政区将以“中国香港”的名义继续被视为 WTO 的一个缔约方。

（四）影响加入过程的因素

1. 经济体制因素

世贸组织是以市场经济体制为基础的国际组织，因此，申请者市场经济体制确立的程度对加入时的权利与承诺的义务带来深远的影响。一般来讲，计划经济类型的国家或从计划经济体制转向市场经济体制的申请者较市场经济的申请者所承诺的义务要多。

2. 经济发展阶段与经济发展水平

申请者的经济发展阶段和经济发展水平对加入条件的谈判有重大影响。在加入谈判中，对发展中国家的加入条件的要价一般低于较发达国家，而对最不发达国家的谈判要价更低于一般的发展中国家。

3. 申请者谈判成员的谈判水平

诸如谈判成员对世贸组织规则的掌握程度，对本身经贸竞争力和比较优势的确切了解，谈判技巧和人际关系等。

上述因素决定了加入谈判时间的长短、谈判义务承诺的多少和加入议定书和减让表内容的多寡。比如，中国从 1986 年申请"复关"，到 2001 年 12 月才成为世贸组织成员，长达 15 年的马拉松式的谈判就是上述因素作用的结果。

三、世界贸易组织成员退出

根据《建立世界贸易组织协定》第 15 条的规定，任何成员都可以退出世界贸易组织。对其退出没有实体条件的约束，但应符合程序条件，即在世界贸易组织总干事收到书面退出通知之日的 6 个月期满后，退出生效。退出应同时适用于《建立世界贸易组织协定》和其他多边贸易协定。退出以后，与其他世贸组织成员的经贸关系从多边回到双边，不再享受世贸组织成员的权利，同时也解除了作为世贸组织成员应尽的义务。截至目前，世界贸易组织的成员方还没有退出的先例。

四、世界贸易组织成员的互不适用

由于政治或其他原因，一些成员不同意相互之间适用世界贸易组织协定，即互不适用。《建立世界贸易组织协定》规定，"任何成员，如在自己成为成员时或在另一成员成为成员时，不同意在彼此之间适用本协定及附件 1 和附件 2 所列多边贸易协定，则这些协定在该两成员之间不适用。"

采取互不适用的条件是：第一，是在成为世贸组织成员时，双方均可作出互不适用的决定。第二，原关贸总协定缔约方转变成世贸组织创始成员已采取的互不适用可以沿用。第三，对新加入成员，在部长级会议批准前已通知部长级会议的前提下，可以使用。第四，诸边贸易协议参加方的互不适用，按该协议的规定执行。此外，互不适用可以撤消，但不得重新启用。尽管世界贸易组织允许这种做法，但并不鼓励。

五、世界贸易组织成员的权利和义务

《建立世界贸易组织的协议》本身虽然只对成员规定了 2 项义务：即所有成员需要交

纳在世界贸易组织费用中分摊的份额，并保证其法律、法规和行政程序符合《建立世界贸易组织的协议》所附各项协议所规定的义务。但世界贸易组织是契约式的贸易组织，成员的权利和义务基本上是平衡的。一成员享受其他成员给予市场准入的特权以及贸易规则所提供的权利，反过来他必须承诺开放自己的市场，并具有遵守规则的义务，承诺是在成员资格或加入谈判中形成的结果。按照世界贸易组织各项协议的规定和加入谈判的条件，综合起来，成员应享受的权利和应尽的义务主要有：

（一）世界贸易组织成员享有的基本权利

1. 在所有成员中享受多边的、无条件的、稳定的最惠国待遇和国民待遇的权利；

2. 享受其他世界贸易组织成员提供的货物与服务市场准入、关税和非关税减让措施的权利；

3. 享受其他成员提供的知识产权保护的权利；

4. 利用世界贸易组织的体制，采取“豁免”与紧急行动，实施保障措施的权利；

5. 利用世界贸易组织的贸易争端解决规则与程序，同有关成员进行磋商，公平、客观、合理地解决与其他成员的贸易争端的权利；

6. 享有世界贸易组织成员利用各项规则、采取促进本国经贸发展的权利；

7. 获取其他成员的贸易政策和措施等信息资料的权利；

8. 参与审议其他成员的贸易政策是否符合世界贸易组织规则的权利；

9. 参加世界贸易组织及其附属机构各项活动的权利；

10. 发展中国家成员可享受一定范围的普惠制待遇及对发展中国家成员差别优惠待遇或过渡期安排。

（二）世界贸易组织成员应履行的基本义务

1. 在货物、服务、知识产权等方面，根据世界贸易组织规定，给予其他成员最惠国待遇和国民待遇；

2. 根据世界贸易组织有关协议规定，给予其他成员以货物、服务市场准入、关税和非关税措施减让的义务；

3. 按《知识产权协定》规定，规范知识产权的保护措施；

4. 谅解其他成员根据其情况，采取“豁免”与紧急行动，实施保障措施；

5. 根据世界贸易组织争端解决规则与程序，与其他成员公正地解决贸易争端；

6. 保证其法律、法规和行政程序符合建立世界贸易组织各项协议所规定的义务；

7. 增加贸易政策和有关法规的透明度，向世界贸易组织及其成员提供本国贸易政策和措施等信息资料；

8. 接受世界贸易组织的贸易政策审议；

9. 缴纳一定比例的会费。会费基本上按每一成员的货物与服务的出口量在成员总出口量中的比例分摊，最少的分摊比例为 0.03%，这一比例对贸易量在世界贸易组织成员总贸易量所占份额不足 0.03% 的成员适用。

六、对发展中国家成员的差别优惠待遇

世界贸易组织给予发展中国家成员以差别优惠待遇，体现在世界贸易组织的各项协议中，如《关贸总协定》、《服务贸易总协定》和《与贸易有关的知识产权协定》三大协定及其各附属协议，也有专门的部长级会议决定、宣言，或散见于世界贸易组织部长级会议的决议中。世界贸易组织的规则是发展中国家与发达国家经过长期斗争、相互妥协的产物，也是求同存异的产物。它们为发展中国家成员承担世界贸易组织的义务提供了一定的灵活性，考虑了发展中国家的利益。

（一）关贸总协定的“授权条款”

在1979年11月28日的“东京回合”谈判中，关贸总协定通过名为《差别和更加优惠的待遇、互惠和发展中国家进一步参与的决定，该决定的第一至四段即为“授权条款”。“授权条款”允许仅对发展中国家成员实行优惠待遇，以及允许发展中国家成员相互间实行优惠待遇，而不将此优惠待遇扩大到发达国家成员。

该决定第一段规定缔约方可以撇开总协定第1条各款，对发展中国家实施差别和更加优惠的待遇，而不将此种待遇给予其他缔约方。第二段规定了发达国家缔约方在以下事项方面对发展中国家的差别待遇：（1）发达国家根据普惠制对来自发展中国家产品实施的关税待遇；（2）在总协定关于非关税措施规定方面的差别和更加优惠的待遇，这些非关税措施是指在总协定下签订的多边协议所加以规定的那些措施；（3）发展中国家缔约方之间所达成的并与缔约方所规定的标准或条件相符合的旨在相互降低或取消对相互间进口的产品所征收的关税，以及相互降低或折除对相互间进口的产品的非关税壁垒的地区性或全球性安排；（4）在有利于发展中国家的一般或具体的措施方面对发展中国家中的最不发达国家的特殊待遇。第三段规定给在促进发展中国家贸易的差别待遇的实施不应构成对其他缔约方的贸易壁垒，不妨碍在最惠国待遇的基础上降低或取消关税或其他贸易限制，差别待遇的制定应符合发展中国家的需要，必要时应对它加以修改。第四段还规定了通知和磋商的一般规定。“授权条款”的通过使贸易优惠合法化，并且随着该款的通过，它便成了总协定法律框架中的一个组成部分。

《关贸总协定》第四部分“贸易和发展”鼓励发达国家成员支持发展中国家成员，确认发展中国家成员在其产品进入世界市场时，发达国家成员对涉及对发展中国家成员有特殊利益的初级产品和其他出口产品不实行新壁垒。发达国家成员承诺在减让或取消关税和其他壁垒的谈判中不要求发展中国家成员提供对等的补偿。即所谓“发达国家成员与发展中国家成员之间的非互惠”。在东京回合多边贸易谈判中达成了一项给予发展中国家成员优惠待遇的决议，名为“对发展中国家成员的差别和更为优惠的待遇、对等及更全面的参与”，该决议规定了著名的“授权条款”。该条款第一次在贸易关系方面和国际经济法方面为发达国家成员向发展中国家成员提供普遍优惠制和建立发展中国家成员之间的优惠贸易安排确定了法律基础。世界贸易组织再次作出《给予最不发达国家成员差别和优惠待遇的决定》。根据这些条款和规定，发展中国家成员可在一定限度内进行出口补贴和采取其他措施鼓励制成品的出口。

（二）关贸总协定的幼稚产业保护规定

《关贸总协定》第18条规定对于各成员，特别是那些只能维持低生活水平，处在发展初级阶段的成员（即发展中国家成员）为了加速发展或建立一个新兴的产业，或为了保护刚刚建立尚不具备竞争能力的幼稚产业而实行进口限制。但是，一般不能笼统地定义某个部门所有产业都是幼稚产业，需要视具体行业的实际情况而定。通常，幼稚产业是指那些当前还不成熟、经不起国外竞争的产业。如果采取适当保护政策扶植其竞争能力，它将来可以具有比较优势，能够出口并对国民经济发展做出贡献，那么就应该采取过渡性的保护、扶植措施，以保证这一新兴或初创产业得以健康发展。

1. 幼稚工业的范围

严格地讲，关贸总协定中无条款提及“幼稚产业”的概念，第18条中只提到“某一特定产业”。这里所指的建立特定产业范围包括：（1）某一新兴产业；（2）在现有产业中建立一项新的分支产品部门；（3）对现有产业进行重大改造；（4）对只能少量供应国内需要的现有产业进行重大扩建；（5）因战争或自然灾害遭到破坏的工业重建。

2. 幼稚工业的证据

在援引这一条款时，该成员必须提出符合下列条件的证据：（1）其目的在于提高人民的一般生活水平；（2）促进某一特定产业的加速建立；（3）为上述目的必须提供“政府援助”；（4）如采取其他规定的措施，并不能实现上述目的。

3. 保护幼稚产业的原则

关贸总协定规定，一国在对幼稚产业实施保护应遵循以下基本原则：（1）幼稚产业保护仅仅是一种暂时的，有一定期限的保护措施；（2）受保护的产业必须是有明显发展前途的；（3）如一成员对某一幼稚产业或新兴产业实施保护，该成员必须将保护实施情况通知世界贸易组织并请求批准。

一成员实行幼稚产业保护的最终目的是使本国幼稚产业产品能与国外同类产品进行竞争，对于认定的幼稚产业保护方式包括提高关税、实行进口许可证、征收临时附加税、进口配额等手段。

（三）乌拉圭回合各项协议给发展中国家成员的优惠待遇

综观乌拉圭回合各项协议的内容，关于发展中国家成员可以享受的差别（优惠）待遇概括起来有以下几类：

1. 对发展中国家总体利益的承认

世界贸易组织的目标之一是保证发展中国家成员，特别是最不发达国家在国际贸易增长中获得与其经济发展需要相当的份额。因此，世界贸易组织的大部分协议（特别是前言或序言）都对发展中国家成员的总体利益给予承认。如《服务贸易总协定》特别规定了“发展中国家成员的更多参与”，把发展中国家成员更多参与服务贸易作为《服务贸易总协定》的义务，要求发达国家成员给予优惠和技术援助。

2. 对发展中国家成员减轻义务或实行不同规则

这些规则包括：（1）与发达国家成员相比，发展中国家成员可以承诺较低水平的义务，如《补贴与反补贴措施协议》、《农业协议》、《服务贸易总协定》、《保障措施协议》

等协议中有关差别、优惠待遇的规定。（2）旨在通过扩大市场准入，以增加发展中国家成员贸易机会的规定，如《纺织品与服装协议》、《服务贸易总协定》、《技术性贸易壁垒协议》等。（3）要求发达国家成员对发展中国家成员承担义务。要求世界贸易组织成员在采取国内或国际措施时保障发展中国家成员利益的规定，如《反倾销协议》、《保障措施协议》、《技术性贸易壁垒协议》等。（4）通过各种不同方式支持发展中国家成员的规定，如帮助他们处理有关动植物健康标准的承诺、技术标准以及帮助他们增强其国内电信部门的能力等。

3. 延长实施期

发展中国家成员在实施承诺方面可有更多的时间或更长的过渡期，如《知识产权协定》的专利保护、《服务贸易总协定》、《纺织品与服装协议》、《农业协议》等大多数协议均有规定。

4. 享有某些程序上的灵活性和优惠待遇

在涉及发展中国家成员的争端解决以及贸易政策审议时享有某些程序上的灵活性和优惠待遇。

5. 给予发展中国家成员技术援助

主要有：

（1）提供法律帮助。世界贸易组织秘书处的技术合作司的法律顾问可在任何世界贸易组织的争端案件中为发展中国家成员提供帮助，向他们提出法律建议。

（2）为发展中国家成员举办培训班、研讨会、讲习班，所涉及的议题包括贸易政策和有效的谈判方法。

6. 设立专门机构研究发展中国家成员的发展问题

这些机构包括：

（1）贸易与发展委员会。该委员会优先处理的问题是：优惠发展中国家成员的条款如何落实、技术合作指导原则、增强发展中国家成员对贸易体制的参与以及最不发达国家成员的地位问题等。世界贸易组织还要求各成员必须通知该委员会对发展中国家成员产品给予贸易减让的计划，以及发展中国家成员间的区域安排。

（2）最不发达国家小组委员会。该小组委员会优先处理的问题是：将最不发达国家成员融入多边贸易体制的途径、技术合作。并定期检查世界贸易组织各项协议中优惠最不发达国家成员特殊规定的实施情况。

思考题

1. 世界贸易组织的宗旨有哪几个方面？

2. 与《1947年关贸总协定》相比，世界贸易组织的法律地位有些什么特点？

3. 世界贸易组织的主要职能是什么？

4. 世界贸易组织的主要作用有哪些？

5. 世界贸易组织的组织机构有哪几个?
6. 世贸组织的常设机构是什么?
7. 世界贸易组织的成员有几种?
8. 世界贸易组织成员应享受的权利和应尽的义务有哪些?
9. 世界贸易组织对发展中国家有哪些差别和优惠待遇?

第四章
世界贸易组织的运作机制

内容提要

本章介绍世界贸易组织的运作机制，它们是：决策机制、争端解决机制、贸易政策审议机制以及与其他组织的合作机制。这些机制保证了世界贸易组织能够健康和有效地运行。

第一节　世界贸易组织的决策机制

世界贸易组织的决策机制是世界贸易组织对有关事项作出决定时应遵循的程序原则，主要包括通过新协议、对协议条文的解释和修正、豁免某成员方义务以及接受新成员等决策。决策机制是 WTO 的重要机制，它涉及到成员方的权利和义务，也影响它的正常运转与发展。《WTO 协定》第 9 条“决策”和第 10 条“修正”对决策机制作了明确规定。

关税与贸易总协定成立之初实行的一国（缔约方）一票制，成为其早期运作中一个争论焦点，特别是随着 20 世纪 60 年代大批发展中成员的加入，这个问题更加突出。一国一票的决策机制很难反映国际贸易体制的实际情况，美国、日本、欧共体等发达成员在世界贸易中占了很大比重，为了维持多边贸易体制，必须反映这些国家的意见，而基于一国一票基础上的多数票通过并不一定能做到这一点。美国认为：占世界贸易总额一半以上的几个贸易大国与许多其贸易总额占不到 1% 的发展中国家小国具有同等权力是不合理的。因此，GATT 自 1960 年成立“代表理事会”以来，本着求实变通的思路，采用了协调一致的习惯做法，该理事会在 30 多年的决策中从未运用过 GATT 规定的投票表决方式，全靠协商一致作出决定。乌拉圭回合达成的《关于建立世界贸易组织的协定》，一方面继承了 GATT 协商一致的习惯做法，另一方面对其进行修改和补充，使得世界贸易组织的决策机制具有自身的特色。

世界贸易组织在进行决策时，主要遵循“协商一致”原则，只有在无法协商一致时才通过投票表决决定。

一、协商一致

《建立世界贸易组织协定》第 9 条第 1 款明确规定:“WTO 应继续实行 GATT1947 所遵循的经协商一致作出决定。除非另有规定,否则如无法经协商一致作出决定,则争论中的事项应通过投票决定。在部长级会议和总理事会会议上,WTO 每一成员拥有一票。”

1947 年关税与贸易总协定的决策惯例是,讨论一项提议或拟议中的决定时,应首先寻求协商一致。所有缔约方都表示支持,或者没有缔约方反对,即为协商一致通过。包括保持沉默、弃权或进行一般的评论等均不能构成反对意见。1995 年 11 月,世界贸易组织总理事会议定了一项有关决策规则的重要说明,强调在讨论有关义务豁免或加入请求时,总理事会应寻求以协商一致达成协议,只有在无法协商一致的情况下才进行投票表决。

根据世界贸易组织协议,下列事项除非另有规定,都要求以协商一致方式作出决定:对世界贸易组织协议及多边贸易协议(即附件一)的修改;豁免义务;对争端解决机构依照争端谅解协议作决定时,需以协商一致同意方式作出;对 WTO 协议附件四诸边贸易协议的增加;《国际奶制品协议》和《国际牛肉协议》理事会的决定等。

二、投票表决

在世界贸易组织部长级会议或总理事会表决时,每一成员拥有一票。总的原则是,部长级会议和总理事会依据成员所投票数的多数作出决定,除非《建立世界贸易组织协定》或有关多边贸易协定另有规定。

(一)关于条款解释的投票表决

世界贸易组织部长级会议或总理事会拥有解释《建立世界贸易组织协定》和多边贸易协定的专有权。对多边贸易协定和协议条款的解释,部长级会议或总理事会应根据监督实施协定的相应理事会的建议进行表决,并获得成员的四分之三多数支持才能通过。

(二)关于义务豁免的投票表决

按照《建立世界贸易组织协定》和多边贸易协定和协议的规定,任何世界贸易组织成员既享受一定的权利,也要履行相应的义务。但在特殊情况下,对某一世界贸易组织成员应承担的某项义务,部长级会议可决定给予豁免。对世界贸易组织成员提出的义务豁免请求,部长级会议应确定一不超过 90 天的期限进行审议。首先应按照协商一致原则作出决定;如果在确定的期限内未能协商一致,则进行投票表决,需由世界贸易组织成员的四分之三多数通过才能作出义务豁免决定。

世界贸易组织成员提出的义务豁免请求,若与货物贸易、服务贸易和与贸易有关的知识产权等任何一个多边贸易协定、协议及其附件有关,应首先分别提交给货物贸易理事会、服务贸易理事会和知识产权理事会审议,审议期限不超过 90 天。审议期限结束时,相应理事会应将审议结果向部长级会议报告。

世界贸易组织部长级会议作出的义务豁免决定有明确的适用期限。如义务豁免期限不超过 1 年,到期自动终止;如期限超过 1 年,部长级会议应在给予义务豁免后的 1 年内进行审议,并在此后每年审议一次,直至豁免终止。部长级会议根据年度审议情况,可延长、修改或终止该项义务豁免。

（三）关于修正案的投票表决

世界贸易组织的任何成员，均可向部长级会议提出修正《建立世界贸易组织协定》和多边贸易协定条款的提案。部长级会议应在 90 天或确定的更长期限内，首先按照协商一致原则，作出关于将修正案提请各成员接受的决定。若在确定的期限内未能协商一致，则进行投票表决，需由成员的三分之二多数通过，才能作出关于将修正案提请各成员接受的决定。世界贸易组织成员的接受书应在部长级会议指定的期限内，交存世界贸易组织总干事。

对某些关键条款的修正，必须经所有世界贸易组织成员接受方可生效。这些关键条款是：《建立世界贸易组织协定》第 9 条“决策”和第 10 条“修正”，《1994 年关税与贸易总协定》第 1 条“最惠国待遇”和第 2 条“减让表”，《服务贸易总协定》第 2 条第 1 款“最惠国待遇”，《与贸易有关的知识产权协定》第 4 条“最惠国待遇”。

除上述关键性条款的修正外，对《建立世界贸易组织协定》、《货物贸易多边协定》和《与贸易有关的知识产权协定》所列出的其他条款的修正，如果不改变各成员的权利和义务，在成员的三分之二多数接受后，对所有成员生效；如果上述修正改变了各成员的权利和义务，在成员的三分之二多数接受后，对接受修正的成员生效，此后接受修正的成员自接受之日起生效。

对《服务贸易总协定》第四部分“逐步自由化”、第五部分“机构条款”、第六部分“最后条款”及相应附件的修正，经成员的三分之二多数接受后，对所有成员生效。

对第一部分“范围和定义”、第二部分“一般义务和纪律”、第三部分“具体承诺”及相应附件的修正，经成员的三分之二多数接受后，对接受修正的成员生效，此后接受修正的成员自接受之日起生效。

对未在世界贸易组织部长级会议规定的期限内接受已生效修正的世界贸易组织成员，部长级会议经成员的四分之三多数通过作出决定，任何未接受修正的成员可以退出世界贸易组织，或经部长级会议同意，仍为世界贸易组织成员。

对《与贸易有关的知识产权协定》第 71 条第 2 款关于“修正”的要求作出的修正，可由世界贸易组织部长级会议通过，无需进一步的正式接受程序。

对《建立世界贸易组织协定》附件二《关于争端解决规则与程序的谅解》的修正，应该经过协商一致作出，经世界贸易组织部长级会议批准后，对所有成员生效；对附件三《贸易政策审议机制》的修正，经部长级会议批准后，对所有成员生效；对附件四“诸边贸易协议”的修正，按诸边贸易协议中的有关规定执行。

第二节　世界贸易组织的争端解决机制

世界贸易组织有一个独立完整的解决其成员方在 WTO 协定项下各种贸易争端的司法

系统，就是人们常说的世界贸易组织的争端解决机制。这个司法系统有其裁判所遵循的实体法和程序法，专门的裁判机构以及保证裁判能够顺利执行的机制。1947 年关贸总协定“乌拉圭回合”达成的《关于争端解决规则与程序的谅解》，是世界贸易组织关于争端解决的基本法律文件。与 1947 年关税与贸易总协定相比，世界贸易组织的争端解决机制更具强制性和约束力。

一、形成背景

世界贸易组织争端解决机制，是从 1947 年关税与贸易总协定有关条款及其 40 多年争端解决的实践发展而来的。1947 年关税与贸易总协定关于争端解决的规定，主要体现在《1947 年关税与贸易总协定》的第 22 条和第 23 条。第 22 条规定了缔约方之间进行磋商的权利；第 23 条规定了提出磋商请求的条件、多边解决争端的主要程序及授权报复等。一般认为，这两条是 1947 年关税与贸易总协定争端解决机制的主要规则和法律基础。

据统计，从 1948 年至 1995 年 3 月，1947 年关税与贸易总协定受理的争端共计 195 起（不包括根据“东京回合”各守则争端解决程序所受理的 22 起争议）。其中，提交专家组调查的 98 起争议，有 81 起通过了专家组报告。

但是，1947 年关税与贸易总协定争端解决机制存在一些严重缺陷。例如，在时间上，由于没有明确的时限规定，争端解决往往久拖不决；在程序上，由于奉行“协商一致”的原则，被专家组裁定的败诉方可借此规则阻止专家组报告的通过。这些问题损害了缔约方对关税与贸易总协定争端解决机制的信心，影响了多边贸易体制的稳定性。

在此背景下，“乌拉圭回合”将争端解决纳入谈判，达成《关于争端解决规则与程序的谅解》，建立了世界贸易组织争端解决机制。该机制适用于多边贸易体制所管辖的各个领域，并克服了旧机制的缺陷，通过迅速有效地解决成员方之间的贸易争端，使多边贸易协定的遵守和执行得到更大的保障。

《关于争端解决规则与程序的谅解》包括 27 个条款、4 个附件。世界贸易组织总理事会同时作为负责争端解决的机构，履行成员方之间争端解决的职责。

二、世界贸易组织争端解决机制的特点与管辖范围

（一）世界贸易组织争端解决机制的特点

1. 鼓励成员通过双边磋商解决贸易争端

根据《关于争端解决规则与程序的谅解》的规定，争端当事方的双边磋商是世界贸易组织争端解决的第一步，也是必经的一步。即使是争端进入专家组程序后，当事方仍可通过双边磋商解决争端。世界贸易组织鼓励争端当事方通过双边磋商达成相互满意的解决方案。当然，这种解决方案不得违反世界贸易组织的有关规定，也不得损害第三方的利益。①

① 赵春明主编：《国际贸易学》，石油工业出版社，2003 年 1 月，第 372 页。

2. 以保证世界贸易组织规则的有效实施为优先目标

争端解决机制的目的是使争端得到积极有效的解决。争端各方可通过磋商，寻求均可接受并与世界贸易组织有关协定或协议相一致的解决办法。在未能达成各方满意的解决办法时，争端解决机制的首要目标是确保成员撤销被认定违反世界贸易组织有关协定或协议的措施。如该措施暂时未能撤销，应申诉方要求，被诉方应与之进行补偿谈判，但补偿只能作为一项临时性措施加以援用。如在规定时间内未能达成满意的补偿方案，经争端解决机构授权，申诉方可采取报复措施。

3. 严格规定争端解决的时限

迅速解决争端是世界贸易组织争端解决机制的一项重要原则，为此，争端解决程序的各个环节均被规定了严格、明确的时间表。这既有利于及时纠正成员违反世界贸易组织协定或协议的行为，使受害方得到及时的救济，也有助于增强各成员对多边争端解决机制的信心。

4. 实行“反向协商一致”的决策原则

世界贸易组织争端解决机制引入了“反向协商一致”的决策原则。在争端解决机构审议专家组报告或上诉机构报告时，只要不是所有的参加方都反对，则视为通过，从而排除了败诉方单方面阻挠报告通过的可能。

5. 禁止未经授权的单边报复

世界贸易组织要求，争端当事方应按照《关于争端解决规则与程序的谅解》的规定妥善解决争端，禁止采取任何单边的、未经授权的报复性措施。

6. 允许交叉报复

如果世界贸易组织成员在某一领域的措施被裁定违反世界贸易组织协定或协议，且该成员未在合理期限内纠正，经争端解决机构授权，利益受到损害的成员可以进行报复。报复应优先在被裁定违反世界贸易组织协定或协议的措施的相同领域进行，称为平行报复；如不可行，报复可以在同一协定或协议下跨领域进行，称为跨领域报复；如仍不可行，报复可以跨协定或协议进行，称为跨协议报复。例如，某成员对农产品进口实施数量限制的措施，违反了《1994年关税与贸易总协定》关于普遍取消数量限制的规定，经争端解决机构授权，利益受损害的成员应优先考虑针对从该成员进口农产品进行报复；如不可行，也可在其他产品的进口方面进行报复；如仍不可行，则可在其他任何协定或协议所管辖的领域进行报复。

（二）世界贸易组织争端解决机制的管辖范围

《关于争端解决规则与程序的谅解》第1条，对世界贸易组织争端解决机制的管辖范围作了详细规定。

1. 世界贸易组织争端解决机制，适用于各成员根据世界贸易组织各项协定、协议（包括《关于争端解决规则与程序的谅解》）所提起的争端。

2. 特别规则优先。《关于争端解决规则与程序的谅解》附录2，列出了所有含有特别规则和程序的协议，如《实施卫生与植物卫生措施协议》、《纺织品与服装协议》、《技术性贸易壁垒协议》、《反倾销协议》、《海关估价协议》、《补贴与反补贴措施协议》、《服务贸易总协定》及有关附件等。《关于争端解决规则与程序的谅解》，并不排斥上述协定或协议中特别规则和程序的适用，而且在特别规则与一般规则发生冲突时，特别规则具有优先适用的效力。

3. 对适用规则的协调。当某一争端的解决涉及多个协定或协议，且这些协定或协议的争端解决规则和程序存在相互冲突时，则争端各当事方应在专家组成立后的 20 天内，就适用的规则及程序达成一致。如不能达成一致，争端解决机构主席应与争端各方进行协商，在任一争端当事方提出请求后的 10 天内，决定应该遵循的规则及程序。争端解决机构主席在协调时应遵守"尽可能采用特别规则和程序"的指导原则。

三、世界贸易组织争端解决的基本程序

世界贸易组织争端解决的基本程序包括磋商、专家组审理、上诉机构审理、裁决的执行及监督等。除基本程序外，在当事方自愿的基础上，也可采用仲裁、斡旋、调解和调停等方式解决争端。

（一）磋商

《关于争端解决规则与程序的谅解》规定，一成员方向另一成员方提出磋商要求后，被要求方应在接到请求后的 10 天内作出答复。如同意举行磋商，则磋商应在接到请求后 30 天内开始。如果被要求方在接到请求后 10 天内没有作出反应，或在 30 天内或相互同意的其他时间内未进行磋商，则要求进行磋商的成员方可以直接向争端解决机构要求成立专家组。如果在接到磋商请求之日后 60 天内磋商未能解决争端，要求磋商方（申诉方）可以请求设立专家组。在紧急情况下（如涉及容易变质的货物），各成员方应在接到请求之日后 10 天内进行磋商。如果在接到请求之日后 20 天内磋商未能解决争端，则申诉方可以请求成立专家组。

要求磋商的成员方应向争端解决机构、有关理事会和委员会通知其磋商请求。磋商情况应当保密，而且不得损害任何一方在争端解决后续程序中的权利。

如果第三方认为与拟议举行的磋商有实质性的贸易利益关系，可在争端解决机构散发该磋商请求后 10 天内，将加入磋商的意愿通知各磋商成员方和争端解决机构。若磋商成员方认为该第三方要求参与磋商的理由充分，应允许其参加磋商。如加入磋商的请求被拒绝，则第三方可根据有关规定向磋商成员方另行提出直接磋商的请求。

（二）专家组审理争端

1. 专家组的成立和授权

（1）专家组的成立

在前述磋商未果，或经斡旋、调解和调停仍未解决争端的情况下，投诉方可以向争端解决机构提出成立专家组的请求。一旦此项请求被列入争端解决机构会议议程，专家组最迟应在这次会后的争端解决机构会议上予以设立，除非争端解决机构一致决定不成立专家组。由于世界贸易组织争端解决机制实行反向协商一致原则，争端解决机构有关会议一致反对成立专家组的可能性很小，因此专家组的设立几乎不会成为问题，这就使得 1947 年关税与贸易总协定机制下专家组的设立经常被拖延的问题迎刃而解。

如果一个以上的成员就同一个事项请求成立专家组，则尽可能由一个专家组审查这些申诉。若成立一个以上专家组审查与同一事项有关的各种申诉，则各专家组应该尽可能由相同的人士组成，各专家组的审理进度也应该进行协调。

（2）专家组的组成

专家组通常由 3 人组成，除非争端当事方在专家组设立之日起 10 天内同意设立 5 人专家组。专家组的成员可以是政府官员，也可以是非政府人士，但这些成员均以个人身份工作，不代表任何政府或组织，世界贸易组织成员不得对他们作出指示或施加影响。为便于指定专家组成员，世界贸易组织秘书处备有一份符合资格要求的政府和非政府人士的名单。世界贸易组织成员可以定期推荐建议列入该名单的政府和非政府人士。

《关于争端解决规则与程序的谅解》第 8 条规定，除非争端当事方有令人信服的理由，否则不得反对秘书处向他们提出的专家组成员人选。如果自决定设立专家组之日起 20 天内，争端当事方仍未能就专家组的人员组成达成一致，应任何一个争端当事方的请求，世界贸易组织总干事在与争端解决机构主席、有关理事会或委员会主席及争端各方磋商以后，任命最合适的人选。这些规定避免了当事各方在专家组人员组成问题上，可能出现的无休止的争论。

《关于争端解决规则与程序的谅解》第 8 条第 3 款还规定，当事方和有利益关系的第三方公民不得担任与该争端有关的专家组成员（各争端当事成员方另有约定的除外）。

在专家组的组成方面，世界贸易组织也考虑到了发展中国家的特别利益。《关于争端解决规则与程序的谅解》规定，当争端发生在发展中成员与发达成员之间时，如发展中成员提出请求，相应的专家组至少应有一人来自发展中成员方。

（3）专家组的职权范围

《关于争端解决规则与程序的谅解》第 7 条第 1 款，用标准格式规定了专家组的职权范围，即根据争端各方所援引协定或协议的规定，对申诉方的请求予以审查，并提交调查报告，以协助争端解决机构提出建议或作出裁决。

在专家组成立后 20 天内，若争端各当事方对专家组的职权有特别要求，争端解决机构也可以授权其主席与争端各方磋商，在遵守《关于争端解决规则与程序的谅解》第 7 条第 1 款规定的前提下，确定专家组的职权。

2. 专家组的审理程序

在案件的审理过程中，专家组要调查案件的相关事实，对引起争议的措施是否违反相关协定或协议作出客观评价，就争端的解决办法提出建议。

专家组一旦设立，一般应在 6 个月内（紧急情况下 3 个月内）完成全部工作，并提交最终报告。如专家组认为不能如期提交报告，则应书面通知争端解决机构，说明延误的原因和提交报告的预期时间，但最长不得超过 9 个月。应申诉方的请求，专家组可以暂停工作，但期限不得超过 12 个月。如超过 12 个月，设立专家组的授权即告终止。

通常情况下，专家组首先听取争端各方陈述和答辩意见。然后，专家组将报告初稿的叙述部分（事实和理由）散发给争端各方。

在专家组规定的时间内，争端各方应提交书面意见。待收到各方的书面意见后，专家组应在调查、取证的基础上完成一份中期报告，并向争端各方散发，再听取争端各方的意见和评议。中期报告的内容应包括叙述部分、调查结果和结论。争端各方可以书面要求专家组在提交最终报告前对中期报告进行审查。如有此要求，专家组应与争端各方举行进一步的会谈。如专家组在规定时间内未收到争端各方对中期报告的意见，则中期报告应视为专家组的最终报告，并迅速散发给各成员方。

为完成最终报告，专家组有权从他们认为适当的任何个人或机构获取资料和专门意见。专家组在向成员方管辖的个人或机构索取资料和意见前，应通知该成员方政府。对于争端中涉及的科学或技术方面的问题，专家组可以设立专家评审组，并要求他们提供书面咨询报告。

如争端当事方以外的成员认为该争端与自身有实质性的利益关系，则在向争端解决机构作出通知后，可以以第三方身份向专家组陈述意见，并有权获得争端各方提交专家组首次会议的陈述材料。

3. 专家组报告的通过

《关于争端解决规则与程序的谅解》第 16 条规定，为使各成员有足够时间审议专家组最终报告，只有在报告散发给各成员方 20 天后，争端解决机构方可考虑审议通过。对报告有反对意见的成员方，应至少在召开审议报告会议 10 天前，提交供散发的书面反对理由。在最终报告散发给各成员方的 60 天内，除非争端当事方正式通知争端解决机构他们的上诉决定，或争端解决机构经协商一致决定不通过该报告，否则该报告应在争端解决机构会议上予以通过。

（三）上诉机构审理

上诉机构的设立，是世界贸易组织较 1947 年关税与贸易总协定在争端解决机制方面的又一个创新，其目的是使当事方有进一步申诉案情的权利，并使世界贸易组织争端解决机制更具有准确性与公正性。

1. 上诉机构的组成及职权范围

《关于争端解决规则与程序的谅解》第 17 条规定，争端解决机构设立常设上诉机构，受理对专家组最终报告的上诉。常设上诉机构由 7 人组成，通常由其中的 3 人共同审理上诉案件。上诉机构成员由争端解决机构任命，任期 4 年，可连任一次。为保证上诉机构的权威性和公正性，其成员应是法律、国际贸易和世界贸易组织协定或协议方面的公认权威，并且具有广泛的代表性。上诉机构成员不得从属于任何政府，也不得参与审议可能对他们有直接或间接利益冲突的争端。1995 年 11 月 29 日，争端解决机构从 23 个国家所推荐的 32 位候选人中，任命了常设上诉机构的 7 名成员。

上诉机构只审理专家组报告所涉及的法律问题和专家组所作的法律解释。上诉机构可以维持、修改或推翻专家组的结论。

2. 上诉机构对案件的审理

上诉机构的审议，自争端一方提起上诉之日起到上诉机构散发其报告之日为止，一般不得超过 60 天。如遇有紧急情况，上诉机构应尽可能地缩短这一期限。上诉机构如果认为不能在 60 天内提交报告，则应该将延迟的原因及提交报告的预期时间书面通知争端解决机构，但最长不得超过 90 天。

3. 上诉机构报告的通过

争端解决机构应在上诉机构报告散发后的 30 天内通过该报告，除非争端解决机构经过协商一致决定不予通过。

（四）争端解决机构裁决的执行及其监督

专家组报告或上诉机构报告一经通过，其建议和裁决即对争端各当事方产生约束力，争端当事方应该无条件地接受。

1. 裁决的执行

《关于争端解决规则与程序的谅解》第 21 条规定，在专家组或上诉机构报告通过后 30 天内举行的争端解决机构会议上，有关成员应将执行争端解决机构建议和裁决的意愿通知该机构。有关建议和裁决应该迅速执行，如果不能迅速执行，则应该确定一个合理的执行期限。“合理期限”由有关成员提议，并需经过争端解决机构批准；如未能够获得批准，由争端各方在建议和裁决通过后 45 天内协商确定期限；如果经过协商也无法确定时，则由争端各方聘请仲裁员确定。如果被诉方的措施被认定违反了世界贸易组织的有关规定，且它未能在合理的期限内执行争端解决机构的建议和裁决，则被诉方应申诉方的请求，必须在合理期限届满前与申诉方进行补偿谈判。补偿是指被诉方在贸易机会、市场准入等方面给予申诉方相当于它所受损失的减让。

根据《关于争端解决规则与程序的谅解》第 22 条第 1 款的规定，补偿只是一种临时性的措施，即只有当被诉方未能在合理期限内执行争端解决机构的建议和裁决时，方可采用。如果给予补偿，应该与世界贸易组织有关协定或协议一致。

2. 授权报复

如申诉方和被诉方在合理期限届满后 20 天内未能就补偿问题达成一致，申诉方可以要求争端解决机构授权对被诉方进行报复，即中止对被诉方承担的减让或其他义务。争端解决机构应该在合理期限届满后 30 天内给予相应的授权，除非争端解决机构经协商一致拒绝授权。根据所涉及的不同范围，报复可分为平行报复、跨部门报复和跨协议报复三种。被诉方可以就报复水平的适当性问题提请争端解决机构进行仲裁。

报复措施也是临时性的。只要出现以下任何一种情况，报复措施就应终止：①被认定违反世界贸易组织有关协定或协议的措施已被撤销；②被诉方对申诉方所受的利益损害提供了解决办法；③争端当事各方达成了相互满意的解决办法。

3. 监督执行

争端解决机构应该监督已通过的建议和裁决的执行情况。在建议和裁决通过后，任何成员都可随时向争端解决机构提出与执行有关的问题，以监督建议和裁决的执行。除非争端解决机构另有决定。在确定了执行的合理期限 6 个月后，争端解决机构应该将建议和裁决的执行问题列入会议议程，并进行审议，直至该问题得到解决。在争端解决机构每一次会议召开的 10 天前，有关成员应向争端解决机构提交一份关于执行建议和裁决的书面报告。

四、仲裁、斡旋、调解和调停

（一）仲裁

《关于争端解决规则与程序的谅解》第 25 条规定，仲裁可以作为争端解决的另一种方式。如果争端当事方同意以仲裁方式解决，则可在共同指定仲裁员并议定相应的程序后，由仲裁员审理当事方提出的争端。

在世界贸易组织的争端解决机制中，仲裁可用于不同的目的和争端解决的不同阶段，如审理争端、裁定执行的合理期限、评估报复水平是否适当等。

（二）斡旋、调解和调停

斡旋是指第三方促成争端当事方开始谈判或重开谈判的行为。在整个过程中，进行斡旋的一方可以提出建议或转达争端一方的建议，但不直接参加当事方的谈判。

调解是指争端当事方将争端提交一个由若干人组成的委员会，该委员会通过查明事实，提出解决争端的建议，促成当事方达成和解。

调停是指第三方以调停者的身份主持或参加谈判，提出谈判的基础方案，调和、折衷争端当事方的分歧，促使争端当事方达成协议。

在世界贸易组织争端解决中，斡旋、调解或调停是争端当事方经协商自愿采用的方式。争端的任何一方均可随时请求进行斡旋、调解或调停。斡旋、调解或调停程序可以随时开始，随时终止。一旦终止，申诉方可以请求设立专家组。如果斡旋、调解或调停在被诉方收到磋商请求后的 60 天内已经开始，则申诉方只能在该 60 天届满后请求设立专家组。但是，如争端当事方均已认为已经开始的斡旋、调解或调停不能解决争端，则申诉方可以在该 60 天内请求设立专家组。在争端进入专家组程序后，如果争端当事方同意，斡旋、调解或调停程序也可同时继续进行。当事方在斡旋、调解或调停中所持的立场应予保密，而且任何一方在争端解决后续程序中的权利不得受到损害。

世界贸易组织总干事可以以他所任职务身份进行斡旋、调解或调停，以协助成员方解决争端。

第三节　世界贸易组织的贸易政策审议机制

一、贸易政策审议机制的含义与目的

WTO 贸易政策评审机制（Trade Policy Review Mechanism，简称 TPRM）是指世界贸易组织成员集体对各成员的贸易政策及其对多边贸易体制的影响，定期进行全面审议。实施贸易政策审议机制的目的，是促使成员方提高贸易政策和措施的透明度，履行所作的承诺，更好地遵守世界贸易组织规则，从而有助于多边贸易体制平稳运行和国际贸易环境的改善。

二、贸易政策审议机制的产生

如何在体制上增强多边贸易体制的监督职能，确保有效地监督各缔约方的贸易政策及其对多边贸易体制规则和法律的遵守，一直是关贸总协定中一个十分薄弱的环节。“乌拉圭回合”谈判发起时，各参加方提出应对各国贸易政策进行定期审议，以弥补 GATT 的这一缺陷。1988 年 12 月，在其他重要领域谈判没有实质性进展的时候，谈判代表们就建立定期审议贸易政策与措施的制度达成了协议，这就是 WTO 的贸易政策审议机制，由关税与贸易总协定理事会负责实施，1989 年开始运行。世界贸易组织正式成立后，贸易政策审议职责由世界贸易组织总理事会承担，即总理事会同时也是贸易政策审议机构。

三、贸易政策审议机制的主要内容

（一）贸易政策审议机制的对象及范围

贸易政策审议对象主要是世界贸易组织各成员的全部贸易政策和措施，审议范围从货物贸易扩大到服务贸易和知识产权领域。贸易政策审议机制还要求对世界贸易环境的发展变化情况进行年度评议。贸易政策审议的结果，不能作为启动争端解决程序的依据，也不能以此要求成员增加新的政策承诺。

贸易政策审议机构的审议有别于世界贸易组织各专门机构的审议。世界贸易组织专门机构，如纺织品监督机构、补贴与反补贴措施委员会等，只负责审议成员执行特定协议的情况，包括在成员提交通知的基础上，对通知涉及的具体贸易政策和措施进行审议。

（二）贸易政策评审的周期

成员方接受贸易政策审议机构审议的频率，取决于该成员对多边贸易体制的影响程度。确定这种影响程度的主要依据，是成员在世界贸易中所占的份额。成员方占世界贸易的份额越大，接受审议的次数就越多。按照贸易份额的多少，WTO 成员方的贸易政策评审被分为三种不同的周期。对在世界贸易额中排名前 4 位的成员每两年审议一次，居前 5~20名的成员每 4 年审议一次，其他成员每 6 年审议一次，最不发达国家成员可以有更长的审议间隔时间，以确保各成员贸易政策符合世界贸易组织的规则。此外，1996 年审议机制修改后，两次审议之间增加了 6 个月的灵活余地。但当某一成员方贸易政策和实践发生变化，并对其贸易伙伴产生重大影响时，贸易政策评审机构在与该成员方磋商后，可提前进行下一次评审，以便评估贸易政策变化带来的影响。

（三）贸易政策评审的程序

根据 1996 年成员会议达成的谅解，《贸易政策审议机制》做了几项程序性的修改。贸易政策审议机构审议时应制订一个基本计划，并与有关成员磋商并确定审议方案。每一次审议都是在接受审议成员按规定提供的“政策声明”和世界贸易组织秘书处独立准备的一份详细报告两份文件的基础上进行的。

1. 秘书处的报告

秘书处的报告包括：“意见摘要”，经济环境，贸易与投资政策制定机制，贸易政策与做法（按措施划分和按部门划分）等四部分。报告要经过有关成员核对有关事实是否准确，但秘书处对报告负最终责任。秘书处的报告是在有关成员提供的信息，问卷调查，与接受审议成员政府各部和其他相关机构进行讨论，以及向私营企业、中介机构（如制造商协会、商业协会）、有关研究机构进行咨询的基础上编写的。

2. 成员政府提交的“政策声明”

各成员应按规定向贸易政策审议机构提交本国贸易“政策声明”，内容主要是概述贸易政策的目标和主要方向，具有前瞻性，全面阐述其实施的贸易政策和做法；也可以包括对经济形势、主要趋势和问题的简要介绍，如在国外市场上遇到的问题等。内容应尽可能地与多边贸易协议和适用的诸边贸易协议条款中的通知要求协调一致。报告应按贸易政策审议机构规定的内容和格式提交。

3. 具体审议

真正的审议由贸易政策审议机构进行，审议对所有成员开放，从成员中选择 2 位讨论人，以便进行辩论。这 2 人以个人身份参加会议，不代表各自的政府。

贸易政策审议机构在审议成员的贸易政策报告时应遵照审议目的的原则，重点是成员的贸易政策和实践，在相关限度内，既以有关成员的外部环境为背景，也以其广泛的经济和发展需要、政策和目标为背景。

审议会议结束后，将接受审议成员和秘书处提供的报告及秘书处的会议记录以英、法和西班牙文出版，并将这些文件提交部长级会议。

四、贸易政策审议机制的作用

贸易政策审议机制的作用主要体现在以下几个方面：

1. 为世界贸易组织审议各成员的贸易政策，以及评估国际贸易环境的发展变化提供了场所和机会，有助于增加多边贸易体制的透明度。

2. 接受审议的成员对其贸易及相关政策进行解释和说明，有助于增进成员方的相互了解，减少或避免贸易争端。

3. 各成员参与审议和评估，可以为接受审议的成员在贸易政策制定和改进方面提供一些意见或建议，有助于督促其履行作为世界贸易组织成员的义务。

五、对世界贸易环境的评议

贸易政策审议机制要求世界贸易组织总干事以年度报告的形式，对影响多边贸易体制的国际贸易环境变化情况进行综述。该报告要列出世界贸易组织的主要活动，并且指出可能影响多边贸易体制的重大政策问题。最初几次世界贸易环境评议的经验表明，这种评议提供了一个重要的机会，特别是在不举行部长级会议的年份里，使世界贸易组织成员可以对国际贸易政策和贸易环境发展趋势进行总体评估。

六、世界贸易组织贸易政策评审机制的特点

（一）具有制度性

与关贸总协定本身一样，关贸总协定有关监督各缔约方贸易的做法具有临时色彩，因

此，其所起的实际作用有限。世贸组织成立后，形成了一项长期的制度，并得到了各成员方的认可和赞同。

（二）评审效果具有一定的保障

首先，制度性保证是实际效果的前提；其次，设有专门的贸易政策评审机构，负责评审制度的落实；另外，还对如何评审的具体做法作了规定。贸易政策评审协议要求各成员方既要考虑贸易政策的国内透明度问题，又要考虑向各成员方公布和通知贸易政策的变化，贸易政策评审机构有权组织对成员方的贸易政策进行审查，并作出评估，这样做是为了保证成员方不致因为受国内贸易保护主义的压力而作出不利于贸易自由化的贸易政策决策，否则，既损害有关贸易方的利益，又不利于国内经济的长期发展，更有损于世贸组织的贸易自由化目标。

（三）实行国别审查的形式，具有针对性和灵活性

世贸组织贸易政策评审机制改变了关贸总协定临时适用的召开理事会特别会议形式审查贸易政策的做法，取而代之的是根据成员方的贸易地位和影响进行周期不同的国别式审查，如美国、中国、日本和欧盟占世界贸易额的绝大部分，它们每两年评审一次，紧接着的 16 个成员方每四年评审一次，其他成员方每六年评审一次。这种做法克服了原关贸总协定笼统做法的缺点，考虑了成员方的实际影响和效果，兼顾了成员方贸易不平衡的现实。同时，成员方可以提出要求提前评审另一成员方的贸易政策，因为其贸易政策的变化会对另一方的贸易产生重大影响，这体现了一定的灵活性。

（四）评审的标准具有法律性质

世贸组织贸易政策评审协议本身并没有说明评审标准的法律性质，贸易政策评审协议和世贸组织的其他协议一样，都得到了成员方的承诺，成员方在评审中所作的答辩和贸易政策评审机构所作的报告都是依据贸易政策评审协议的精神而作出的。目的是贯彻和落实各成员方作出的贸易政策承诺以增强多边贸易体制，因此，评审标准具有法律性质。

第四节 世界贸易组织与其他组织的合作机制

一、世界贸易组织与其他组织合作的必要性

世界贸易组织所管辖的范围涉及国际经济贸易的各个方面，从农业到工业，从货物运输到自然人流动，甚至基因产品也在其议事日程之内。尽管世界贸易组织主要处理的是贸易或与贸易有关的问题，但是，其他问题如果确实影响到世界贸易的正常发展，就需要与其他组织密切配合，协调解决。作为第二次世界大战后世界经济的主要支柱，世界银行（World Bank，WB）和国际货币基金组织（International Monetary Fund，IMF）在国际经济领域发挥着重要作用。世界贸易组织与其他组织的合作，主要是与政府间国际组织的合作。近年来，随着市民社会（Civil Society）概念的兴起，与非政府组织（Non – Governmental Organization，NGO）的合作成为世界贸易组织工作日程中越来越重要的部分。

为了与其他组织进行有效地合作，在世界贸易组织有关的协定和文件中都做了一些规定。在《建立世界贸易组织协定》第 5 条中对此作出了原则规定。《建立世界贸易组织协定》第 5 条对世界贸易组织与其他组织关系的总括性规定，共分两款：第一款规定“总理事会应就与职责上与世界贸易组织有关的政府间组织进行有效合作做出适当安排”；第二款规定“总理事会可就与涉及世界贸易组织有关事项的非政府组织进行磋商和合作做出适当安排”。根据这些原则规定，世界贸易组织负责实施管理的贸易协定与协议又作出了一些具体规定。

二、与国际货币基金组织和世界银行的关系

世界贸易组织与国际货币基金组织和世界银行并称当今世界经济秩序的三大支柱。它们分别在国际贸易、国际金融、国际投资领域发挥着至关重要的作用。

（一）与国际货币基金组织的关系

1. 国际货币基金组织的宗旨

国际货币基金组织是根据 1944 年布雷顿森林会议上通过的《国际货币基金协定》而建立起来的一个政府间的国际金融组织。它于 1945 年 12 月 27 日正式成立，1947 年 3 月 1 日开始办理业务，同年 11 月 15 日成为联合国的专门机构。国际货币基金组织的宗旨是：

（1）通过设置一常设机构就国际货币问题进行磋商与协作，从而促进国际货币领域的合作。

（2）促进国际贸易的扩大和平衡发展，从而有助于提高和保持高水平的就业和实际收入以及各成员国生产性资源的开发，并以此作为经济政策的首要目标。

（3）促进汇率的稳定，保持成员国之间有秩序的汇兑安排，避免竞争性通货贬值。

（4）协助在成员国之间建立经常性交易的多边支付体系，取消阻碍国际贸易发展的外汇限制。

（5）在具有充分保障的前提下，向成员国提供暂时性普通资金，以增强其信心，使其能有机会在无需采取有损本国和国际繁荣措施的情况下，纠正国际收支失调。

（6）缩短成员国国际收支失衡的时间，减轻失衡的程度。

从其宗旨中可以看出，国际货币基金组织和世界贸易组织的宗旨有相似和一致之处，这决定了它们之间合作的必然性。

2. 关贸总协定与国际货币基金组织的历史关系

从历史上讲，国际货币基金组织与关贸总协定长期以来一直是有密切业务关系的两个机构。关贸总协定的历届多边贸易谈判在涉及非关税措施的有关各缔约方的货币金融、外汇汇率、对外收支平衡等问题时，主要依靠国际货币基金组织的配合。根据乌拉圭回合上通过的《关于世界贸易组织与国际货币基金组织关系的宣言》的规定：“除非在最后文本中另有规定，在世界贸易组织协定附件 1A 的多边贸易协定范围内的世界贸易组织与国际货币基金组织关系问题，应以缔约方全体和关贸总协定 1947 与国际货币基金组织关系的已有规则为准。”关贸总协定与国际货币基金组织的合作，在《1947 年关贸总协定》第

15 条“外汇安排”中有明确规定：“缔约方全体应谋求与国际货币基金组织合作，以便在基金所主管的外汇问题和缔约方全体所主管的数量限制或其他贸易措施方面，缔约方全体与基金可以执行一个协调的政策。”“缔约方全体如果被请求考虑或处理有关货币储备、国际收支或外汇安排的问题，它们应与国际货币基金组织进行充分的协商。”“缔约各方不得以外汇方面的行动，来妨碍本协定各项规定的意图的实现，也不得以贸易方面的行动妨碍国际货币基金组织各项规定的意图的实现。”“如缔约方全体认为，某缔约方现行的有关进口货物的支付和转账方面的外汇限制与本协定对数量限制的例外规定不符，则缔约方全体应将这一情况向基金组织报告。”

3. 国际货币基金组织与世界贸易组织合作的协议

根据《关于世界贸易组织与国际货币基金组织关系的宣言》所确立的原则和关贸总协定时期的实践，1996 年 12 月 9 日世界贸易组织与国际货币基金组织正式签订了两个组织之间的合作协议，即《国际货币基金组织与世界贸易组织合作的协议》，该协议就世界贸易组织与国际货币基金组织的合作事宜具体规定如下：

（1）相互协商

有关国际货币基金组织和世界贸易组织之间协商的规定为：

① 根据协议履行各自的职责，这是保证机构合作的基础。

② 在制定全球经济政策时，力求最大限度地协商。

③ 相互通报国际货币基金组织和世界贸易组织的各项决定，例如有关国际货币基金组织成员在国际贸易的经常项目中所制定支付和汇兑上的限制规定、歧视性的货币安排和多种货币使用以及资金外流等。

④ 规定国际货币基金组织可以在世界贸易组织的国际收支限制委员会对为保障世界贸易组织某一成员的收支地位而采取的审议措施进行协商。相互交流各自机构或各自下属组织的意见，包括争端解决专家小组以及关于相互感兴趣事宜的书面材料等。

（2）相互出席对方的各种会议

国际货币基金组织召开讨论全球或区域贸易政策的会议时，世界贸易组织秘书处人员将被邀请参加。反之，世界贸易组织也邀请国际货币基金组织的工作人员作为观察员参加世界贸易组织及其下属机构的有关国际货币基金组织管辖范围内事宜的会议。

（3）相互交换文件和信息资料

凡涉及同时是两个组织的成员，或某一组织的成员正在申请加入另一组织，经该成员同意，两组织可以按一定程序相互交换有关文件和信息、资料、观点。

（4）共同协调

国际货币基金组织人员和世界贸易组织秘书处在讨论同时是两个组织的成员的事宜时，若发生该成员根据世界贸易组织协议和《国际货币基金协定》在应尽义务上有不一致时，应先在工作人员一级上进行协调。

《国际货币基金组织与世界贸易组织合作的协议》为国际货币基金组织与世界贸易组织的合作确定了法律框架，在该框架的指导下，国际货币基金组织与世界贸易组织的合作必将获得长足发展。

（二）与世界银行的关系

世界银行是根据1944年布雷顿森林会议上通过的《国际复兴开发银行协定》建立的一个政府间国际经济组织。其宗旨是：

（1）对用于生产目的的投资提供便利，以协助会员国的复兴与开发；鼓励较不发达国家生产与资源的开发。

（2）利用担保或参加私人贷款及其他私人投资的方式，促进会员国的外国私人投资。当外国私人投资不能获得时，在条件合适的情况下，运用本身资本或筹集的资金及其他资金，为会员国生产提供资金，以补充外国私人投资的不足，促进会员国外国私人投资的增加。

（3）用鼓励国际投资以开发会员国生产资源的方法，促进国际贸易的长期平衡发展，并维持国际收支的平衡。

（4）在贷款、担保或组织其他渠道的资金中，保证重要项目或在时间上紧迫的项目，不管大小都能安排。

（5）业务中适当照顾各会员国国内工商业，使其免受国际投资的影响。

从世界银行的宗旨可以看出，它与世界贸易组织有重合和一致之处。虽然乌拉圭回合未与国际货币基金组织一样通过一个《关于世界贸易组织与世界银行关系的宣言》，但在《关于世界贸易组织对实现全球经济决策更大一致性所做贡献的宣言》中，确实提到“世界银行和国际货币基金组织在支持贸易自由化调整过程中的作用，包括对面临农产品贸易改革所产生的短期成本的粮食净进口发展中国家的支持”。该宣言最后要求“世界贸易组织总干事与国际货币基金组织总裁和世界银行行长一起，审议世界贸易组织与布雷顿森林体系机构合作的职责所产生的含义，以及此种合作可能采取的形式，以期实现全球经济决策的更大一致性”。根据宣言的要求，1996年世界贸易组织与世界银行签订了合作协议，由于其内容与《国际货币基金组织与世界贸易组织合作的协议》大同小异，在此不再赘述。

三、与联合国的关系

联合国是根据1945年6月25日旧金山会议通过的《联合国宪章》成立的一个普遍性国际组织。其宗旨是：（1）维持国际和平与安全。（2）发展各国间的友好关系。（3）促进国际合作。（4）协调各国行动。

联合国在当今国际社会发挥着独一无二的作用，其工作范围涉及政治、经济、文化、军事等各个方面，在整个国际组织体系中处于领导和核心地位。很多重要的专门性国际组织都是联合国的专门机构，例如世界银行、国际货币基金组织、世界卫生组织及国际劳工组织等。作为世界贸易组织的前身，关贸总协定虽然不是一个正式国际组织，但从它与联合国的关系及缔约国之间合作的实际程度来分析，其地位与联合国的专门机构相似。有趣的是，虽然世界贸易组织总干事于1995年11月与联合国秘书长通信，保证两组织在今后进行密切合作，但此前世界贸易组织已决定“世界贸易组织不宜寻求与联合国建立一种更为正式的专门机构的关系”。为什么世界贸易组织在与联合国的关系上会采取与其前身关贸总协定以及世界银行和国际货币基金组织大相径庭的做法呢？这里有一个时代背景的问题。联合国、世界银行、国际货币基金组织等都是第二次世界大战后不久成立的国际组织，战后的非殖民化运动使得大批新独立发展中国家加入这些国际组织，极大地改变了这些组织的性质。世界贸易组织是冷战后成立的第一个重要的国际经济组织，发达国家当然不希望它成为发展中国家的又一个舞台，更不希望联合国对它指手画脚，于是极力阻挠，世界贸易组织与联合国的关系也就仅限于普通的两个国际组织的合作而已。

四、与联合国贸易与发展会议的关系

联合国贸易与发展会议（UNCTAD）是根据联合国大会的批准于 1964 年成立的联合国常设机构，总部设在日内瓦，截至 2009 年 2 月，参加的国家和地区共有 192 个。由于其在维护发展中国家的利益方面发挥着突出的作用，被誉为“发展中国家的良心”。

联合国贸易与发展会议的宗旨是：促进国际贸易，特别是促进发展中国家的经贸发展；制定国际贸易和有关经济发展问题的原则和政策；推动发展中国家与发达国家在国际经济、贸易领域的重大问题谈判的进展；检查和协调联合国系统其他机构在国际贸易和经济发展方面的各项活动；采取行动以通过多边贸易协定；协调各国政府和区域经济集团的贸易和发展战略。

从其宗旨可以看出，贸易、发展、投资等问题是联合国贸易与发展会议和世界贸易组织共同关心的问题，可以开展有效的合作。根据世界贸易组织首任总干事鲁杰罗的工作总结，世界贸易组织与联合国贸易与发展会议的合作主要包括以下几方面：

（1）1995 年 1 月开始，每 6 个月举行一次会议，由双方轮流主持。

（2）在两个机构的各个层次上加强工作联系，如研究贸易与投资、贸易与竞争、贸易与环境及贸易与发展等领域。

（3）为了改进跨境协调并合理利用资源，在技术合作方面努力促成更广泛的合作。

五、与区域贸易集团的关系

由于区域贸易集团的成员大多数同时又是世界贸易组织的成员，这就带来一个问题：如何处理世界贸易组织与区域贸易集团的关系？世界贸易组织并不反对区域贸易集团的存在，但要求其遵守世界贸易组织的相关规定。世界贸易组织的相关规定包括：《1994 年关贸总协定》第 24 条及《关于解释 1994 年关贸总协定第 24 条的谅解》，1979 年东京回合“授权条款”及《服务贸易总协定》的有关规定，核心是《1994 年关贸总协定》第 24 条。该条允许世界贸易组织成员建立自由贸易区、关税同盟或者二者的过渡安排，并规定了建立自由贸易区、关税同盟或者二者的过渡安排应遵守的原则。

（1）建立自由贸易区和关税同盟的目的必须是促进参加成员之间更紧密的经济一体化，而且是为了增加自由贸易区或关税同盟的贸易自由提供便利，而不是增加参加成员与其他世界贸易组织成员之间的贸易壁垒（第 24 条第 4 款）。

（2）对于非自由贸易区或关税同盟的世界贸易组织成员实施的关税或其他贸易规章，不得高于或严于该自由贸易区或关税同盟建立以前的相应关税和其他贸易规章（第 24 条第5款)；如果对非关税同盟成员实施的关税高于以前的水平，应给予补偿(第24条第6款)。

(3) 对于原产于自由贸易区或关税同盟的产品实质上的贸易，应取消关税或其他限制性贸易规章(第24条第8款)。

(4) 任何决定建立自由贸易区或关税同盟或其过渡安排的世界贸易组织成员应及时通知世界贸易组织(第24条第7款)。

1996年2月6日，WTO总理事会决定成立区域贸易协议委员会(Committee on Regional Trade Agreements，CRTA)，其目的是监督区域贸易集团并对他们是否遵守世界贸易组织规则进行评估。区域贸易协议委员会的另一项任务是研究区域贸易安排对多边贸易体制的影响以及区域贸易安排与多边贸易安排的关系。目前，有110项区域贸易协定处于该委员会的审查之下。审查如此大量的区域贸易协定，对区域贸易协议委员会无疑是一项极为繁重的工作。截至2001年底，该委员会已经完成了对69项区域贸易协定的事实审查，但迄今为止，还没有形成对任何一个区域贸易协定的最终审查报告。2001年7月，区域贸易协议委员会在其向总理事会的报告中承认，区域贸易协议委员会的工作已陷入僵局。可见，尽管世界贸易组织对区域贸易集团的活动进行了规范，但要真正实现对区域贸易集团的有效监管，还有很长一段路要走。

六、与非政府组织(NGOS)的关系

(一) 关系确立的基础

根据《建立世界贸易组织协定》第5条的规定，总理事会可就与涉及世界贸易组织有关事项的非政府组织进行磋商和合作做出适当安排。1996年7月18日，总理事会通过了《与非政府组织关系安排的指导方针》，这些指导方针对世界贸易组织成员和世界贸易组织秘书处在保持与市民社会的各个组成部分开展积极的、非正式的对话方面具有工具性作用。

(二) 合作的主要形式

1. 部长级会议的出席

从1996年新加坡会议开始，世界贸易组织决定：

(1) 非政府组织可以参加部长级会议的全过程。

(2) 世界贸易组织秘书处应在《建立世界贸易组织协定》第5条第2款的基础上接受非政府组织的注册申请，只要他们能证明其活动与世界贸易组织的事务有关。

在第一届世界贸易组织部长级会议上，共有159个非政府组织登记出席，新加坡非政府组织中心为非政府组织提供了大量的会议室、计算机设备及官方活动的文件。多边贸易体制50周年庆典进一步燃起了非政府组织参与世界贸易组织事务的热情，也显示了市民社会对世界贸易组织工作的日益关注。西雅图会议的失败，使世界贸易组织从另一角度认识到：必须处理好与非政府组织的关系。

2. 座谈会

从1996年起，根据市民社会的兴趣，世界贸易组织秘书处就特定议题为非政府组织

安排了一系列座谈会，三次是关于贸易与环境问题，一次是关于贸易与发展问题，一次是关于贸易便利问题。这些座谈会以一种非正式的形式为非政府组织讨论特定议题提供了机会。

3. 日常联系

世界贸易组织秘书处每天收到大量来自世界各地的非政府组织的各种意见。世界贸易组织秘书处成员还定期与非政府组织会晤。

4. 加强信息沟通

1998 年 7 月 15 日，世界贸易组织总干事宣布采取一系列新步骤以增进与市民社会的对话。这些步骤包括给非政府组织定期提供简报和在世界贸易组织网站上开辟一个非政府组织专栏。

思考题

1. 世界贸易组织如何决策?
2. 世界贸易组织通过何种机制解决争端?
3. 世界贸易组织成员报复的条件是什么?
4. 世界贸易组织审议机制的目的是什么?
5. 世界贸易组织如何进行政策审议?
6. 世界贸易组织与哪些组织合作，其目的是什么?

第五章
世界贸易组织的原则与规则

内容提要

本章比较系统地介绍了世贸组织的基本原则、贸易规则的分类与特点，为以后学习具体的贸易协议奠定基础。

第一节 世界贸易组织的基本原则

在世界贸易组织负责实施管理的贸易协定与协议中，贯穿了一些基本原则。所谓原则是指世贸组织成员在世贸组织范围内处理整个贸易关系应遵循的准则。归纳起来，这些基本原则包括：非歧视原则、贸易自由化原则、允许正当保护原则、稳定贸易发展原则、公平竞争原则、鼓励发展和经济改革原则、地区贸易原则、例外与免责原则、透明度原则。它们是世贸组织负责实施与管理的贸易协定与协议确立的基础，这些原则又被转化为具体的贸易规则。

一、非歧视原则（Principle of Nondiscrimination）

非歧视待遇又称无差别待遇，是指在世界贸易组织管辖的领域内，各成员应公平、公正、平等地一视同仁地对待其他成员的包括货物、服务、服务提供者或企业、投资、知识产权所有者或持有者等在内的与贸易有关的主体和客体。

非歧视原则是世贸组织及其法律制度的一项首要的基本原则，也是现代国际贸易关系中最基本的准则。它是国际法上国家主权平等原则在国际贸易关系中的延伸。非歧视待遇原则是世贸组织最基本的原则之一，又称为无差别待遇原则。该原则旨在以多边贸易体制来限制经济实力战略及固有的歧视国外生产者的因素。非歧视待遇原则规定：一成员方在实施某种限制或禁止措施时，不得对其他成员方实施歧视待遇。它表明，如果成员一方对另一方不采用对任何其他国家所同样不适用的限制或禁止，即为无歧视待遇。反之，如成员一方根据公约或条约规定的某种理由（如例外情况）采用某种限制或禁止，而这种限制或禁止同样适用于其他所有国家时，也是符合非歧视待遇原则的。为确保国际经济贸易秩序的稳定性和有效性，关贸总协定自建立起就致力于通过最惠国待遇和国民待遇等规定的实施来形成非歧视的、多边国际贸易关系和体制。

非歧视待遇原则的适用面较广，除了关税减让，还在数量限制、进口配额限制、补贴、国营贸易企业以及在国内税收方面给予进口产品以不低于国内产品的待遇。此外，在海关估价、原产地标记、输出入手续、贸易条例的公布和实施等方面，无歧视待遇原则同样也适用。世界贸易组织又使非歧视原则的适用范围进一步扩展。首先，在涉及货物贸易的保障措施协定、装运前检验协定和贸易的技术壁垒协定等文件中均含有非歧视原则的规定。其次，在与货物贸易相关领域的协议（如与贸易有关的投资措施协议、与贸易有关的知识产权协议）中也规定了非歧视原则。最后，非歧视原则还是服务贸易领域最基本的准则。非歧视原则的例外主要包括在反倾销、反补贴、政府对经济发展援助、国际收支不平衡限制等规定之中。

在世贸组织中，非歧视原则由最惠国待遇和国民待遇条款体现出来。[①]

（一）最惠国待遇原则（Most Favored Nation Treatment，MFN）

1. 最惠国待遇的含义

最惠国待遇是指，一成员方将在货物贸易、服务贸易和知识产权领域给予任何其他国家（无论是否是世界贸易组织成员）的优惠待遇，立即和无条件地给予其他各成员方。

在国际贸易中，最惠国待遇的实质是保证市场竞争机会均等。它最初是双边协定中的一项规定，要求一方保证把给予任何其他国家的贸易优惠（如低关税或其他特权），同时给予对方。关税与贸易总协定将双边协定中的最惠国待遇作为基本原则纳入多边贸易体制，适用于缔约方之间的货物贸易，“乌拉圭回合”将该原则延伸至服务贸易领域和知识产权领域。

2. 最惠国待遇的要点

（1）自动性。这是最惠国待遇的内在机制，体现在“立即和无条件”的要求上。当一成员给予其他国家的优惠超过其他成员享有的优惠时，这种机制就启动了，其他成员便自动地享有了这种优惠。例如，A 国、B 国和 C 国均为世界贸易组织成员，当 A 国把从 B 国进口的汽车关税从 20% 降至 10% 时，这个 10% 的税率同样要适用于从 C 国等其他成员方进口的汽车。又如，A 国和 B 国均为世界贸易组织成员，X 国为非世界贸易组织成员，当 A 国把从 X 国进口的汽车关税税率从 30% 降至 20% 时，这个 20% 的税率也应自动地适用于从 B 国等其他成员方进口的汽车。但当 A 国降低从 B 国等成员方进口的汽车关税税率时，降低后的关税税率并不能自动地适用于 X 国，X 国只能根据与 A 国签订的双边贸易协定中的无条件最惠国待遇条款，来享有这种关税优惠。

（2）同一性。当一成员给予其他国家的某种优惠，自动转给其他成员方时，受惠标的必须相同。仍以上述 A 国、B 国和 C 国为例，A 国给予从 B 国进口的汽车的关税优惠，只能自动适用于从 C 国等其他成员方进口的汽车，而不是其他产品。在所有的最惠国条款中，都会找到“相同”字样，例如关税与贸易总协定下的“同类产品”，服务贸易总协

① 海闻：《国家贸易》，上海人民出版社，2003 年 3 月，第 382 页。

定下的“相同服务与提供服务人”，与贸易有关的知识产权协定下的“相同”专利或商标等特定知识产权种类的所有人。

（3）相互性。任何一成员既是给惠方，又是受惠方，即在承担最惠国待遇义务的同时，享受最惠国待遇权利。

（4）普遍性。指最惠国待遇适用于全部进出口产品、服务贸易的各个部门和所有种类的知识产权所有者和持有者。

3. 最惠国原则的具体体现

（1）货物贸易领域的最惠国原则

在货物贸易领域，一世界贸易组织成员方给予任何第三方产品的关税优惠或其他与产品贸易有关的优惠、优待、特权或豁免时，应立即和无条件地将这些给予所有其他世界贸易组织成员方的同类产品。该原则的适用对象是产品，但其适用范围不仅是产品的关税税率，它还适用于：①与进出口有关的任何其他费用（如海关手续费）；②征收关税和其他费用的方式；③与进出口有关的规则和程序；④国内税和其他国内费用；⑤有关影响产品销售、让售、运输、分销和使用的政府规章和要求。

（2）服务贸易领域和知识产权保护领域的最惠国原则

在服务贸易领域，一成员方应立即和无条件地将给予任何第三方的服务和服务提供者的优惠给予任何其他成员方的相同服务和服务提供者。

该原则既适用于服务，也适用于服务提供者。其适用范围包括提供服务的四种形态（即跨境交付、境外消费、商业存在和自然人流动）以及中央与地方政府所采取的影响服务贸易的措施，并且，不管一成员方是否就某个具体的服务部门作出了承诺，最惠国待遇原则仍适用于该部门。

服务贸易中的最惠国待遇原则有它的独特之处，它允许各成员方可以在谈判最初的服务贸易承诺时，将暂时不符合最惠国待遇原则的措施附在其承诺表后的《免除最惠国义务清单》，但为期时间最长不应超过 10 年。若一成员方想增加新的不符合最惠国待遇原则的措施，则需得到世界贸易组织 3/4 成员方的同意。

在知识产权领域，一成员方给予任何第三方的知识产权（包括版权、商标、地理标识、工业设计、专利、集成电路的外观设计以及未公开信息）所提供的保护水平，应立即和无条件地给予来自任何其他世界贸易组织成员方的相同的知识产权的所有人。

4. 签订最惠国待遇原则的目的

签订最惠国待遇原则的目的是消除缔约方之间在贸易、关税、航运、公民法律地位等方面的歧视，即消除特别优惠和差别待遇，使所有缔约方具有同等的贸易机会和条件，平等地进行贸易竞争，促进缔约方之间的贸易往来和经济发展，推动自由贸易的发展。

我国自建国以来，与外国缔结了许多双边贸易条约与协定，其中都采用了最惠国待遇条款。

（二）国民待遇原则（National Treatment）

1. 国民待遇的含义

国民待遇是指，对其他成员方的产品、服务或服务提供者及知识产权所有者和持有者所提供的待遇，不低于本国同类产品、服务或服务提供者及知识产权所有者和持有者所享有的待遇。

2. 国民待遇要点

（1）国民待遇原则适用的对象是产品、服务或服务提供者及知识产权所有者和持有者，但因产品、服务和知识产权领域具体受惠对象不同，国民待遇条款的适用范围、具体规则和重要性有所不同。

（2）国民待遇原则只涉及其他成员方的产品、服务或服务提供者及知识产权所有者和持有者在进口成员方境内所享有的待遇。

（3）国民待遇定义中“不低于”一词的含义是指，其他成员方的产品、服务或服务提供者及知识产权所有者和持有者，应与进口成员方同类产品、相同服务或服务提供者及知识产权所有者和持有者享有同等待遇，若进口成员方给予前者更高的待遇，并不违背国民待遇原则。

3. 国民待遇的产生与发展

从历史上来看，在奴隶社会和封建社会里，国与国之间一般都实行闭关自守的政策。在一个国家里，外国人往往被视为敌人，没有地位。历史进入到资本主义社会后，资本主义为了自身发展的需要，在同外国签订的条约中规定了“国民待遇”条款，并在国内法律上做出规定，加以确认和保护。随着资本主义的进一步发展，“国民待遇”成为它们对外进行控制和掠夺弱小国家的主要理论之一。

从形式上来看，国民待遇条款是互惠的、平等的，即国民待遇必须对等，不得损害对方国家的经济主权，并且限于一定的范围。但由于缔约方双方的经济实力和地位的不同，往往在实质上是片面的和不平等的。

从历史上看，国民待遇的适用范围是有一定限制的，它一般适用于外国自然人与法人从事商业、外国天然物产和制造品所应缴纳的国内捐税，利用铁路运输和转口过境的条件，船舶在港口的待遇，以及知识产权（如商标权、著作权和发明专利权）等。至于本国人所享有的其他某些权利，如沿海贸易权、领海捕鱼权、沿海和内河航行权、购买土地权、零售贸易权以及充当经纪人等，一般不属于国民待遇的适用范围。根据现行国际条约（如《保护工业产权巴黎公约》、《世界版权公约》）的规定和有关国家间的双边条约（例如 1962 年 11 月中国和朝鲜签订的通商航海条约）以及一些国家的国内立法，一般只有船舶遇难施救、商标注册、申请发明专利权、著作权以及民事诉讼权等，才给予外国自然人和法人以国民待遇。例如《保护工业产权巴黎公约》第 2 条规定：“任何本同盟成员国的国民，在工业产权保护方面，在其他本同盟成员内应享有各该国法律现在或今后给予该国国民的各种便利；本公约所特别规定的权利不得遭受任何损害。”该公约第 3 条还规定：“非本同盟国成员国国民，在一个本同盟成员国的领土内有永久住所或有真实的、正当的工商营业所的，应享有与本同盟成员国国民同样的待遇。”

二、贸易自由化原则

世界贸易组织倡导并致力于推动贸易自由化，要求成员方尽可能地取消不必要的贸易障碍，开放市场，为货物和服务在国际间的流动提供便利。

（一）贸易自由化原则的含义

在世界贸易组织框架下，贸易自由化原则是指通过多边贸易谈判，实质性削减关税和减少其他贸易壁垒，扩大成员方之间的货物和服务贸易。

（二）贸易自由化原则的要点

1. 以共同规则为基础。成员方根据世界贸易组织的协议，有规则地实行贸易自由化。

2. 以多边谈判为手段。成员方通过参加多边贸易谈判，并根据在谈判中作出的承诺，逐步推进贸易自由化。货物贸易方面体现在逐步削减关税和减少非关税贸易壁垒，服务贸易方面则更多地体现在不断增加开放的服务部门，减少对服务提供方式的限制。

3. 以争端解决为保障。世界贸易组织的争端解决机制具有强制性，如某成员被诉违反承诺，并经争端解决机制裁决败诉，该成员方就应执行有关裁决，否则，世界贸易组织可以授权申诉方采取贸易报复措施。

4. 以贸易救济措施为“安全阀”。成员方可通过援用有关例外条款或采取保障措施等贸易救济措施，消除或减轻贸易自由化带来的负面影响。

5. 以过渡期方式体现差别待遇。世界贸易组织承认不同成员之间经济发展水平的差异，通常允许发展中成员履行义务有更长的过渡期。

（三）贸易自由化的体现

1. 削减关税

关税透明度高，易衡量，但对进出口商品价格有直接影响，特别是高关税，是制约货物在国际间自由流动的重要壁垒。因此，世界贸易组织在允许成员方使用关税手段的同时，要求成员方逐渐下调关税水平并加以约束，以不断推动贸易自由化进程。“关税约束”是指成员方承诺把进口商品的关税限定在某个水平，不再提高。如一成员因实际困难需要提高关税约束水平，须同其他成员方再行谈判。

2. 减少非关税贸易壁垒

非关税贸易壁垒通常是指除关税以外各种限制贸易的措施。随着关税水平逐步下调，非关税贸易壁垒增多，且形式不断变化，隐蔽性强，越来越成为国际贸易发展的主要障碍。世界贸易组织就一些可能限制贸易的措施制定了专门协议，以规范成员方的相关行为，减少非关税贸易壁垒，不断推动全球贸易自由化进程。

具体体现：

（1）为使技术法规、技术标准和动植物检验检疫措施不对贸易构成不必要的障碍，《技术性贸易壁垒协议》和《实施卫生与植物卫生措施协议》规定，成员方应尽量以国际标准为依据确定检验和检疫标准。

（2）为防止海关任意估价，《海关估价协议》规定，海关应主要依据货物的实际成交价格来估价。如海关对进口商申报的成交价有疑问，可按该协议规定的顺序采用其他估价方法。

（3）为避免成员方的进口许可程序影响贸易的正常运行，《进口许可程序协议》对成员方的进口许可程序进行了规范。

（4）为使原产地规则不对国际贸易构成不必要的障碍，《原产地规则协议》规范了成员方确定原产地的标准，强调应当建立公正、透明、可预见、可操作和统一的原产地规则。

（5）为使装运前检验不对贸易造成不必要的迟延和不公平待遇，《装运前检验协议》规定了使用装运前检验制度的成员应遵循的原则与规则。

（6）为防止投资措施对贸易产生限制作用，《与贸易有关的投资措施协议》禁止成员方采取当地含量要求、贸易平衡要求、国内销售要求等投资管理措施。

（7）为防止国营贸易企业的经营活动对贸易造成扭曲影响，世界贸易组织要求成员方的国营贸易企业按非歧视原则，以价格等商业因素作为经营活动的依据，并定期向世界贸易组织通报国营贸易企业情况。

3. 服务贸易的市场准入

国际服务贸易的迅速发展，客观上要求各国相互开放服务领域。但各国为了保护本国服务业，对服务业的对外开放采取了诸多限制措施。包括限制服务提供者数量；限制服务交易或资产总值；限制服务业务总数或服务产出总量；限制特定服务部门或服务提供者的雇用人数；要求通过特定类型的法律实体提供服务；限制外国资本投资总额或参与比例以及国民待遇限制等。

这些限制影响服务业的公平竞争、服务质量的提高和服务领域的资源有效配置，不仅对服务贸易本身，而且对货物贸易乃至世界经济发展都构成了重大不利影响。

《服务贸易总协定》要求，成员方为其他成员方的服务产品和服务提供者提供更多的投资与经营机会，分阶段逐步开放商务、金融、电信、分销、旅游、教育、运输、医疗保健、建筑、环境、娱乐等服务领域。在“乌拉圭回合”的谈判中，成员方就服务领域开放作出了承诺，其中发达成员，承诺开放的部门占所有服务部门的64%，经济转型成员占52%，发展中成员占16%。成员方还承诺，将就服务部门的自由化继续谈判，世界贸易组织建立以后，成员方先后在电信服务和金融服务方面达成了进一步开放的协议，推进了这两个领域的贸易自由化。

三、允许正当保护的原则

世贸组织在鼓励世贸组织成员贸易自由化的同时，也允许世贸组织成员作出正当的保护。

（一）正当保护的含义

世贸组织允许世贸组织成员根据经济发展阶段的不同，依据货物和服务产业竞争能力的差距，考虑可持续发展的需要，维护本国国民安全和健康的要求，可以通过谈判作出正当的保护，即非歧视原则的例外。

（二）正当保护的表现

1. 发展中国家保护程度高于发达国家。表现在发展中国家关税总水平可以高于发达国家，1986年乌拉圭回合开始，发展中国家平均进口关税水平为14%～15%，发达国家平均为5%左右；在关税减让谈判中，发展中国家减让程度可以低于发达国家，在乌拉圭回合谈判中，发达国家承诺总体关税削减37%左右；而发展中国家承诺总体关税削减为4%左右；发展中国家服务业的开放度可以低于发达国家，此外发展中国家还享受特殊和差别待遇。

2. 世贸组织成员可以根据本身产业和服务业的竞争力的差距，设置不同的关税税率，对新兴产业（幼稚产业）的保护程度可以高于已经发展起来的产业；服务业没有作出承诺的服务部门，不适用国民待遇。

3. 知识产权要加强保护。与货物和服务贸易不同，根据《与贸易有关的知识产权协定》，世贸组织要求所有成员都必须达到知识产权保护最低标准。

4. 世贸组织成员为了做到可持续发展，可限制某些国内短缺的物资出口；为了保护本国国民的健康和安全，对进口产品设置技术、安全和质量标准，对达不到标准和规格的产品不许进口。

（三）正当保护的措施

1. 在货物贸易中鼓励以关税作为主要的保护措施，一般地取消数量限制。关税是由各国海关对进出口货物所征收的一种税，是各国增加财政收入，保护国内市场，调整进出口商品结构的重要手段。1947年关贸总协定和世贸组织均承认以关税保护国内市场是合法的。其理由是关税透明度高，谈判比较容易；比较容易执行；使贸易厂商容易找到价格信号，有利于市场经济的发展。而非关税贸易壁垒，尤其是数量限制的非关税壁垒实施的保护，对国际贸易的危害较大：

（1）数量限制缺乏透明度，保护效果难以估量；

（2）数量限制隐蔽，代价难以估量，使贸易容易发生扭曲；

（3）使企业缺乏正确的国际市场导向，不利于市场经济的发展；

（4）数量限制使贸易自由化的进程缓慢，谈判复杂化。

基于上述原因，世贸组织主张以关税作为各成员方的主要保护手段，提出一般地取消数量限制的原则；非关税壁垒关税化；取消的非关税壁垒不再实施。同时，规定在不得已需要实施数量限制时，要在非歧视、最惠国待遇原则基础上实施。

2. 在服务贸易上，允许世贸组织成员逐步开放；在承诺开放的部门实施国民待遇。

3. 在知识产权上通过多种方式保护，如果发现侵权盗版等行为，可以采取边境措施和刑事措施，并规定了不同的保护时间。

四、稳定贸易发展原则

（一）稳定贸易发展的含义

世贸组织所建立的多边贸易体系是要各成员方政府为各成员方的投资者，企业家，雇员和消费者提供一个良好的贸易环境。这种贸易环境有利于开拓市场，创造更多贸易与投资的机会；同时给各种消费者提供丰富的物美价廉的商品。因此，要求这种贸易环境可以预见，并稳定地发展，即要求世贸组织成员如实地履行承诺的义务。

（二）稳定贸易发展的表现

1. 按关税减让表减让关税

乌拉圭回合谈判结束，世贸组织成员都有自己的关税减让表。在关税减让表里列出税则号、水平名称，基础税率，最终税率和实施期。没有特殊原因，不能修改关税减让表和撤消关税减让表中的义务。

2. 按服务贸易具体承诺减让表履行服务市场开放义务

在服务贸易中，稳定服务贸易发展原则是通过具体承诺义务实现。各成员方通过谈判，逐一按不同的服务部分作出承诺，并明确列入各成员方的市场准入减让表。在减让表中列入对其他各成员服务提供者进入本国市场的限制条件和国民待遇限制的水平承诺和具体承诺。

3. 严格执行对知识产权的保护

根据《与贸易有关的知识产权协定》，世贸组织成员必须保证知识产权在各自的法律体系中能够得到加强，对侵权行为的处罚要足够严厉，当事人应能够请法院对行政决定进行复议。各国政府应保证知识产权所有者能够获得海关部门的帮助等。

五、透明度原则

（一）透明度原则的含义

透明度原则是指成员方有义务公布法律、法规、司法判决和一般援用的行政决定以及货物贸易与服务有关的国际协议和协定，成员方还有义务以合理公正的方式来管理这些工具。

贸易政策的透明度是世界贸易组织的三大目标之一。世界贸易组织规定：成员方有效的实施关于海关估价、税捐和其他费用的征收率，关于对进出口货物以及其转账的规定，对于服务贸易和知识产权的保护，外国投资方面的规定都应该立即公布，以便各个国家的政府和相关的人员能够熟悉它们。《世界贸易组织协定》及其附件对通报的要求和贸易政策审议作了相应的规定，目的是为了保证各个成员方在货物贸易、服务贸易、知识产权的保护过程中的贸易政策实现最大限度的透明。

（二）透明度原则的适用范围

透明度原则是世界贸易组织的一项重要的原则，根据该原则的规定，世界贸易组织的成员应该公布有效实施的现行的贸易法规有：

1. 海关法规。对海关产品的分类的准则，估价办法。货物入境时海关征收关税的税率以及其他方面的费用。

2. 对于商品的进出口管理的有关的法规和行政规章制度。

3. 有关进出口货物征收的国内税和法规、规章等。

4. 进出口商品检验、检疫的有关的法规和规章。例如，对进口的植物病虫害的检疫、动物疾病的检疫等。

5. 有关进出口货物及其支付方面的外汇的管理和对外汇管理的一般的法规和规章。

6. 利用外资的立法以及规章制度。

7. 有关知识产权的保护方面的措施和规章。

8. 有关出口加工区、自由贸易区、边境贸易区、经济特区的法规和规章。

9. 有关服务贸易的法规和规章。

10. 有关仲裁的程序规定。

11. 成员方政府以及其机构所签订的有关影响贸易政策现行的双边和多边的贸易协议。

12. 其他影响贸易行为的国内立法和行政规章等。

(三) 透明度原则的例外

1. 货物贸易领域的例外

《关税与贸易总协定》中对透明度的要求是有一定范围的。《关税与贸易总协定》第10条透明度原则并不要求成员方公开那些会妨碍法令的贯彻执行，会违反公共利益，或会损害某一公营或私营企业的正当商业利益的机密资料。也就是说，总协定允许各成员方对某些机密不予以公开。事实上，各国都有其内部掌握的国家机密，很显然这些是不属于透明度范围的。

2. 服务领域与知识产权领域的例外

服务贸易总协定也规定，不要求成员方提供那些一旦公布就会妨碍其法律实施或对公共利益不利或损害具体企业正当合法的商业利益的机密资料。类似规定在《与贸易有关的知识产权协议》以及其他协议中也同样存在。

六、公平竞争原则

世界贸易组织是建立在市场经济基础上的多边贸易体制。公平竞争是市场经济顺利运行的重要保障。

(一) 公平竞争原则的含义

世贸组织的公平竞争原则也称为公平贸易原则（Rule of Fair Trade），在世界贸易组织框架下，公平竞争原则是指成员方应避免采取扭曲市场竞争的措施，纠正不公平贸易行为，维护自由市场原则，促进各成员生产者和服务提供者之间的公平竞争。在货物贸易、服务贸易和与贸易有关的知识产权领域，创造和维护公开、公平、公正的市场环境。

公平竞争原则的第一个重要内容是各成员在发展对外贸易是建立在“比较优势”的基础之上，不应该采取不公正的贸易手段进行竞争或扭曲竞争，第二个重要内容是贸易互惠原则，第三个重要内容是全国贸易政策统一原则。

(二) 公平竞争原则的要点

1. 公平竞争原则体现在货物贸易领域、服务贸易领域和与贸易有关的知识产权领域。

2. 公平竞争原则既涉及成员方的政府行为，也涉及成员方的企业行为。

3. 公平竞争原则要求成员维护产品、服务或服务提供者在本国市场的公平竞争，不论他们来自本国或其他任何成员方。

(三) 公平竞争原则的表现

1. 货物贸易领域

在货物贸易领域的公平竞争原则主要体现在各成员不得采取不公平的贸易手段，进行或扭曲国际贸易竞争，尤其不能采取倾销和补贴的方式在其他成员市场销售产品。世界贸易组织允许使用关税，在少数情况下还允许使用其他保护形式，以谋求一个开放的、公平的、无扭曲的竞争规则。为了创立和维持公平竞争的国际贸易环境，世界贸易组织特别将倾销和补贴视为不公平竞争方式，提供了保护公平贸易的措施，允许成员政府对这两种不公平竞争形式征收补偿性关税。

出口倾销和出口补贴一直被认为是典型的不公平贸易行为。倾销是企业以低于正常价值的价格出口产品，对进口方相关产业造成损害。出口补贴是政府对本国特定出口产品提供资助，人为增加产品竞争优势，使进口方同类产品处于不平等地位，对其产业造成损害。《反倾销协议》、《补贴与反补贴措施协议》允许进口成员方征收反倾销税和反补贴税，抵消出口倾销和出口补贴对本国产业造成的实质损害。

同时，世界贸易组织也防止成员方出于保护本国产业的目的，滥用反倾销和反补贴措施，造成公平贸易的障碍。为此，《反倾销协议》、《补贴与反补贴措施协议》对成员实施反倾销和反补贴措施，规定了严格的条件和程序，包括如何认定进口产品正在倾销或享有补贴，如何认定倾销或享有补贴的进口产品正在对本国产业造成实质性损害，或构成实质性损害威胁，以及发起调查、收集信息、征收反倾销税或反补贴税等方面应遵循的程序。

2. 服务贸易领域

在服务贸易领域，世界贸易组织鼓励各成员通过相互开放服务贸易市场，逐步为外国的服务或服务提供者创造市场准入和公平竞争的机会。

为使其他成员的服务或服务提供者在本国市场上享有同等待遇，进行公平竞争，《服务贸易总协定》要求成员方实施最惠国待遇，无论有关服务部门是否列入服务贸易承诺表。对于本国的垄断和专营服务提供者，《服务贸易总协定》要求成员方保证服务提供者的行为，符合最惠国待遇原则及该成员方在服务贸易承诺表中的具体承诺。

3. 知识产权领域

在知识产权领域，公平竞争原则主要体现为对知识产权的有效保护和反不正当竞争。

《与贸易有关的知识产权协定》要求成员方加强对知识产权的有效保护，防止含有知识产权的产品和品牌被仿造、假冒、盗版。无论是本国国民的知识产权，还是其他成员方国民的知识产权，都应得到有效保护。

反不正当竞争也是知识产权保护的一个重要方面。一些限制竞争的知识产权许可活动或条件，妨碍技术的转让和传播，并对贸易产生不利影响。《与贸易有关的知识产权协定》专门对知识产权许可协议中限制竞争的行为作出了规定，允许成员采取适当措施，防止或限制排他性返授条件、强制性一揽子许可等。

4. 约束政府采购金额，扩大公平竞争机会

在“政府采购协议”中，把采购范围从货物扩展到服务、包括建筑服务，地方一级和公用事业单位的采购。而且对采购金额都作了约束，加强了保证公平和无歧视的国际竞争条件的规则。

5. 规范国营贸易企业行为

为防止国营贸易企业的经营活动对贸易造成扭曲影响，世界贸易组织要求成员方的国营贸易企业按非歧视原则，以价格等商业因素作为经营活动的依据，并定期向世界贸易组

织通报国营贸易企业的情况。

对国营贸易企业的贸易行为作了规范，防止出现与其他贸易企业竞争不公平的现象。

（1）在其有关进、出口的购买或销售活动方面要按照关贸总协定中规定的“非歧视待遇的一般原则行事”，该规定要求国营企业及特许企业在进行其有关进、出口的贸易行为中只能以商业上的考虑为根据，并为其他缔约方的企业参与这种购买或销售提供充分有效的竞争机会。

（2）要求各缔约方自愿进行谈判以限制或减少由于国营贸易企业的活动而引起的任何贸易障碍。进口垄断可通过对进口货物的转销索取加价为本国工业提供保护，在对某产品已实行关税约束的情况下，禁止某一缔约方业已建立、维持或授权的进口垄断采取这种做法以对超过该国减让表中规定的数量提供保护，除非最初谈判该减让的国家之间另有协议。

（3）实施国营贸易企业的缔约方应向关贸总协定缔约方有关委员会定期报告其国营企业或特许企业出口或进口的产品及其提供某些与其业务有关的其他资料。

（4）各缔约方不得阻止其管辖内的任何企业按非歧视原则活动。

七、鼓励发展和经济改革的原则

针对世贸组织成员大多数是发展中国家的现实以及经济转型国家已加入世贸组织和正在申请加入世贸组织的状况，为了鼓励这些国家发展和经济改革，世贸组织在负责实施管理的贸易协定与协议中对发展中国家和经济转型的国家都作出了一些鼓励措施。

世贸组织不但保留了《1947 年关贸总协定》对发展中缔约方予以照顾的原则，而且充实和丰富了原则的内容。

（一）允许发展中成员方用较长的时间履行义务，或有较长的过渡期

如在农产品关税削减上，发达国家在 6 年内使关税降低 36%，而发展中成员方在 10 年内使关税降低 24%，最不发达国家免除降税义务；在“与贸易有关的投资措施协定”中，对外资企业不可采用“当地成分”、“外汇平衡”措施，发达国家成员在 2 年内取消，发展中国家成员则可有 5 年过渡期，最不发达国家成员有 7 年过渡期。

（二）允许发展中成员方在履行义务时有较大的灵活性

如“农产品协议”规定，原则上取消并禁止进口数量限制，但在特定的条件下，对发展中成员方给予“特殊待遇”，即仍可采用进口限制措施，通常可长达 10 年之久。

（三）规定发达国家成员对发展中国家成员提供技术援助

例如，《服务贸易总协定》第 4 条规定发达国家成员要在技术获得、销售渠道、信息沟通等方面帮助发展中国家成员，并主动向发展中国家成员更多地开放自己的服务市场。又如，《与贸易有关的知识产权协定》第 67 条规定，发达国家成员向发展中国家成员提供财政和技术援助，帮助后者有效地履行知识产权协定。

对经济转型国家也给予了低于发展中国家而高于发达国家成员的待遇。

八、地区贸易原则

地区性贸易安排是指一些国家通过协议组成经贸集团，成员内部相互废除或减少进口贸易壁垒。《1947 年关贸总协定》第 24 条确认，通过更自由的贸易使成员国经济更趋一体化有其一定的价值。因此，如果符合特定的严格规定，允许这些经贸集团存在，并将其归为最惠国待遇一般的例外。其目的在于保证这些安排能便于集团内部的贸易，而又不提高对非成员方的贸易壁垒。据此，区域性一体化应当与多边贸易体系相吻合，而不是对它产生威胁或背离。

按照《1947 年关贸总协定》第 24 条规定，区域经贸集团可以采取关税同盟或自由贸易区的形式。在两种形式下，集团内成员之间的关税和其他贸易壁垒要逐步取消。在自由贸易区内，每个成员可以保留各自的对外贸易政策；而关税同盟则对非成员实行统一的关税。但无论哪种形式，影响经贸集团成员与非成员之间的贸易上的关税和规章，都不能比经贸集团建立以前更高和更加苛刻。

在《1994 年关贸总协定》第 24 条谅解与演绎中，继承并发展了《1947 年关贸总协定》第 24 条的有关规定。首先，确认自由贸易区和关税同盟等经贸集团对成员间经贸发展和对世界经贸发展的贡献。其次，把经贸集团的成立基础从货物贸易延伸到货物以外的领域，如服务贸易。再次，重申成立自由贸易区和关税同盟的约束条件，并提出具体要求：第一，确定关税同盟或自由贸易区临时协定的“合理期限”一般为 10 年，如超过 10 年，则要向货物贸易理事会作出解释。第二，两者成立的所有通知要接受世贸组织工作组的检查。第三，二者要定期向世贸组织理事会作出活动报告。

九、例外与免责原则

（一）例外与免责原则的含义

世界贸易组织要求成员方切实履行其所承担的各项义务，但也允许成员方在考虑历史传统、安全和确有困难的情况下有所例外，即不实施非歧视原则。

（二）例外的构成

包括一般例外、安全例外、发展中国家特殊待遇、地区经济一体化、知识产权、边境贸易等。

1. 一般例外

成员方如采取一般例外措施，可不受世界贸易组织规则及该成员承诺的约束，但应遵守非歧视原则。成员方援引一般例外条款采取有关措施的依据，主要有国内法和国际公约。

（1）货物贸易领域的一般例外

《1994 年关税与贸易总协定》第 20 条，具体规定了可免除成员方义务的 10 种一般例外措施：

① 为维护公共道德所必需的措施。

② 为保护人类、动植物的生命或健康所必需的措施。

③ 与黄金或白银进出口有关的措施。

④ 为保证与《1994 年关税与贸易总协定》不相抵触的国内法律、法规得到遵守所必需的措施，包括与海关执法、实行有关垄断、保护专利权、商标、版权以及防止欺诈行为等措施。

⑤ 与监狱囚犯产品有关的措施。

⑥ 为保护具有艺术、历史或考古价值的国宝所采取的措施。

⑦ 保护可用竭的自然资源的措施，但此类措施应与限制国内生产或消费一同实施。

⑧ 为履行任何政府间商品协定项下义务而实施的措施，且其他成员方对该商品协定不持异议。

⑨ 在政府实施稳定计划，将国内原料价格控制在国际价格水平以下的时期，为保证国内加工业获得基本的原料供应而采取的原料出口限制措施。但此类限制不得用于增加国内加工业的出口或保护，也不得违背非歧视原则。

⑩ 在供应短缺的情况下，为获取或分配产品所必须采取的措施。但其他成员方均有权在此类产品的供应中获得公平的份额，且实施条件不复存在时应停止此类措施。

（2）服务贸易领域的一般例外

《服务贸易总协定》第 14 条规定，成员方在不对其他成员构成歧视，或不对服务贸易变相限制的情况下，可以实施如下 6 种一般例外措施：

① 维护公共道德所必需的措施。

② 为维护公共秩序所必需的措施，但只有在社会的某一根本利益受到真正和足够严重的威胁时方可采取。

③ 为保护人类、动植物的生命或健康所必需的措施。

④ 为保证与世界贸易组织规定不冲突的国内法的执行而采取的措施，包括防止欺骗、欺诈行为的措施，处理服务合同违约后果的措施，保护与个人信息处理和传播有关的个人隐私的措施，保护个人记录和账户机密性的措施，以及有关安全的措施。

⑤ 与国民待遇不一致的措施。成员方实施这种措施，是为了保证公平、有效地对其他成员的服务或服务提供者课征直接税。

⑥ 与最惠国待遇不一致的措施。成员方实施这种措施，是为了履行避免双重征税协定，或执行其他国际协定的相关规定。

2. 安全例外

世界贸易组织沿用了关税与贸易总协定的安全例外，允许成员方在战争、外交关系恶化等紧急情况下，为保护国家安全利益采取必要的行动，对其他相关成员不履行世界贸易组织规定的义务。一般来说，采取安全例外措施的成员，是其安全利益需要的惟一判断者。换言之，国家安全利益是否要求采取贸易限制措施，如贸易禁运、限制进出口乃至解除与其他成员方的权利义务关系，只有成员方自己有决定权，其他成员方的干预能力有限，除非当事方所采取的措施明显地与国家安全无关。

3. 区域经济安排例外

区域经济安排可以分为双边形式和区域形式。双边形式，如美国和以色列签订的自由贸易协定；区域形式，如北美自由贸易区。世界贸易组织成员可参加此类区域经济一体化安排，对相互间的货物贸易或服务贸易实质上取消所有限制，而区域外的世界贸易组织成员则不能享受这些成果。当然，区域内部的成员，不能对区域外成员设立高于其参加一体化安排之前的贸易限制水平。

4. 发展中成员的特殊和差别待遇

为帮助发展中国家成员贸易得到发展，世贸组织继承并强化了对发展中国家成员的特点和差别待遇，并把它们作为例外。

1979 年，关贸总协定“东京回合”通过了《关于有差别与更优惠待遇、对等与发展中国家充分参与的决定》，通称“授权条款”。根据授权条款，发达国家可以通过制定“普遍优惠制方案”，对发展中国家出口的制成品、半制成品和某些初级产品，提供普遍的、非互惠的、比最惠国待遇更为优惠的关税待遇；发展中国家之间可以订立区域性或全球性贸易协议，相互给予关税优惠，或取消非关税措施；发展中国家在履行多边达成的非关税措施协方面，可享受差别和更为优惠的待遇。“东京回合”制定的非关税措施守则，对签署守则的发展中缔约方如何履行其义务作了特殊规定。

发展中成员享有的特殊和差别待遇，在“乌拉圭回合”各个协议中都得到了不同程度的体现。例如，在知识产权领域，发展中成员可享有更长的过渡期；在服务贸易领域，发展中成员可以根据本国服务业的发展情况，确定在多大范围和多大程度上开放其服务市场等。

5. 知识产权领域的例外

在知识产权领域，成员方给予任何其他国家的知识产权所有者和持有者的下述一些权利，可不适用最惠国待遇原则，即可不给予世界贸易组织其他成员方的知识产权所有者和持有者。

① 在一般司法协助的国际协定中享有的权利。

②《与贸易有关的知识产权协定》未作规定的有关表演者、录音制品制作者和广播组织的权利。

③ 在世界贸易组织正式运行前已生效的国际知识产权保护公约中规定的权利。

6. 诸边贸易协议的例外

世贸组织的基本原则只在签署诸边贸易协议的成员方之间实施，非签署成员不得享受其中的权利与义务。

7. 边境贸易例外

在世界贸易组织框架下，边境贸易是指毗邻两国边境地区的居民和企业，在距边境线两边各 15 公里以内地带从事的贸易活动，目的是方便边境线两边的居民互通有无。世界贸易组织允许成员方为便利边境贸易而只对毗邻国家给予优惠。

（三）免责

世界贸易组织协定和协议中的免责规定，包括紧急限制进口措施、保护幼稚产业措施、国际收支限制措施、有关承诺修改或撤回、义务豁免。

1. 紧急限制进口措施

紧急限制进口措施也称保障措施。《1994 年关税与贸易总协定》第 19 条规定，世界贸易组织成员方在符合规定的紧急情况下，可暂停实施对有关进口产品作出的关税减让和其他承诺。紧急情况是指，成员方实施关税减让和其他承诺的过程中，出现了作出减让和承诺时未能预料的情况，导致某产品进口大量增加，对本国相关产业造成严重损害或构成严重损害威胁。

服务贸易中的保障措施，在“乌拉圭回合”未达成协议。

2. 保护幼稚产业措施

《1994 年关税与贸易总协定》第 18 条规定，允许成员为促进建立某一特定产业而背离承诺，实施关税保护和数量限制的措施。这就是所谓的“保护幼稚产业条款”。

建立某一特定产业的含义是指：建立一项新的产业；在现有产业中建立新的分支生产部门；现有产业的重大改建；只占国内供应相对较小份额的现有产业重大扩建；因战争或自然灾害而遭到破坏的产业重建。为促进建立某一产业，成员方可修改或撤回业已承诺的某些关税减让项目。如果采取上述关税措施仍无法达到促进建立某一产业的目的，世界贸易组织允许成员方采取非歧视性的数量限制措施，但应与受影响的成员方进行磋商。

3. 国际收支限制措施

世界贸易组织允许成员方因国际收支困难而中止关税减让和其他承诺。成员方因国际收支困难而实施限制时，不得超出防止外汇储备严重下降所必需的程度。随着国际收支状况的改善，成员方应逐步放宽直至取消限制。对成员方国际收支状况，世界贸易组织依据国际货币基金组织的结论认定。所实施的限制措施，对其他成员方应一视同仁。

《服务贸易总协定》也允许成员方在国际收支恶化的情况下，对业已承诺开放的某服务贸易部门采取限制措施，或对与该服务贸易有关的支付或转移实施限制。

4. 有关承诺修改或撤回

《1994 年关税与贸易总协定》第 28 条规定，每隔 3 年，成员可就修改或撤回业已作出的进口产品关税减让承诺进行谈判。特殊情况下，经世界贸易组织批准，可随时进行此类谈判。拟修改或撤回关税减让的成员方，须与受影响的成员方协商达成协议。

《服务贸易总协定》对成员方修改或撤回承诺义务也有规定，其实体规则和程序要求与上述类似。

5. 义务豁免

成员方可根据豁免条款，申请免除某项或某些义务。申请豁免，须说明义务豁免要达到的目的，以及用尽了符合世界贸易组织规定的措施仍不能达到此目的。豁免申请须向世界贸易组织有关理事会提出，有关理事会在 90 天内进行讨论，并提交部长级会议作出决定。

十、透明度原则

（一）透明度原则的含义

透明度原则是指，成员方应公布所制定和实施的贸易措施及其变化情况（如修改、增补或废除等），不公布的不得实施，同时还应将这些贸易措施及其变化情况通知世界贸易组织。成员方所参加的有关影响国际贸易政策的国际协议，也在公布和通知之列。

（二）贸易措施的公布

公布有关贸易措施，是世界贸易组织成员最基本的义务之一。如果不公布有关贸易措施，成员方就很难保证提供稳定的、可预见的贸易环境，其他成员就难以监督其履行世界贸易组织义务的情况，世界贸易组织一系列协议也难以得到充分、有效的实施。世界贸易组织要求，成员方应承担公布和公开有关贸易措施及其变化情况的义务。

根据透明度原则，世贸组织成员需公布有效实施的、现行的贸易政策法规主要有：（1）海关法规。即海关对产品的分类、估价方法的规则；海关对进出口货物征收的关税税率和其他费用；（2）进出口管理的有关法规和行政规章制度；（3）有关进出口商品征收的国内税、法规和规章；（4）进出口商品检验、检疫的有关法规和规章；（5）有关进出口货物及其支付方面的外汇管理和对外汇管理的一般法规的规章；（6）利用外资的立法及规章制度；（7）有关知识产权保护的法规和规章；（8）有关出口加工区、自由贸易区、边境贸易区、经济特区的法规和规章；（9）有关服务贸易的法规和规章；（10）有关仲裁的程序规定；（11）成员方政府及其机构所签订的有关影响贸易政策的现行双边或多边协定、协议；（12）其他有关影响贸易行为的国内立法或行政规章。以上这些规则的公布应该是迅速的，但如果公开后会妨碍法令执行，违反公共利益，或损害某一公私企业的利益，则可以不要求公开。这构成透明度原则的例外。透明度原则对公平贸易和竞争的实现起到了十分重要的作用。

关于公布的时间，世界贸易组织规定，成员方应迅速公布和公开有关贸易的法律、法规、政策、措施、司法判决和行政裁定，最迟应在生效之时公布或公开，使世界贸易组织其他成员和贸易商及时得以知晓。

在公布之前不得提前采取措施，如提高进口产品的关税税率或其他费用；对进口产品或进口产品的支付转账实施新的限制或禁止措施等。此外，还承担应其他成员要求提供有关信息和咨询的义务。

（三）贸易措施的通知

世界贸易组织对成员方需要通知的事项和程序都作了规定，以保证其他成员能够及时获得有关成员在贸易措施方面的信息。

世界贸易组织关于通知的规定是在实践中不断完善的。关税与贸易总协定建立时就明确，缔约方应公布有关贸易措施的所有信息，但当时并没有要求把这些信息都通知关税与贸易总协定，只是要求通知由国营贸易经营的进出口产品清单，或者缔约方决定参加某个关税同盟或自由贸易区的意向等少数事项。“东京回合”结束后，关税与贸易总协定的管辖范围扩展到了非关税领域，缔约方的义务变得更加广泛和具体。

“东京回合”通过的《关于通知、磋商、争端解决和监督的谅解》，要求缔约方最大可能地通知所采取的贸易措施。关税与贸易总协定还建立了专门的委员会进行监督，要求“东京回合”守则的每个签署方，定期向关税与贸易总协定通知有关贸易措施的制定、实施和变化情况。

“乌拉圭回合”的谈判结果，进一步强化了世界贸易组织成员方承担的通知义务，通知的范围从货物贸易扩大到服务贸易和知识产权领域。《关于通知程序的部长决定》作为“乌拉圭回合”一揽子协议的一部分，重申了上述谅解中规定的一般性通知义务，成立了由世界贸易组织秘书处负责的通知登记中心，负责记录收到的所有通知，向成员方提供有关通知内容，并提醒成员方履行通知义务。

为了指导成员方履行通知义务，《关于通知程序的部长决定》附件列出了一份例示性清单，包含需要通知的 19 项具体措施和有关多边协议规定的其他措施。这 19 项主要是影响货物贸易的措施，基本上涵盖了所有货物贸易协议规定的通知内容，它们是：关税；关税配额和附加税；数量限制；许可程序和国产化要求等其他非关税措施，以及征收差价税的情况；海关估价；原产地规则；政府采购；技术性贸易壁垒；保障措施；反倾销措施；反补贴措施；出口税；出口补贴、免税和出口优惠融资；自由贸易区的情况，包括保税货物的生产情况；出口限制，包括农产品等产品的出口限制，世界贸易组织限期取消的自愿出口限制和有序销售安排等；其他政府援助（包括补贴和免税），国营贸易企业的作用；与进出口有关的外汇管制；政府授权进行的对销贸易。

为便于成员方履行通知义务，世界贸易组织相继制定了 100 多项有关通知的具体程序与规则，包括通知的项目、通知的内容、通知的期限、通知的格式等。

各项协议对通知的期限作出了不同的规定，有的要求不定期通知，有的要求定期通知。

不定期通知主要适用于法律、法规、政策、措施的更新，如《技术性贸易壁垒协议》要求，只要成员方国内通过了新的技术法规和合格评定程序，就要立即通知。

定期通知包括两种情况。一种是一次性通知，如《装运前检验协议》要求，在《建立世界贸易组织协定》对有关成员生效时，一次性通知其国内有关装运前检验的法律和法规；《海关估价协议》要求，发展中成员方如要推迟实施该协议，加入时就应通知其意向。另一种是多次通知，有的要求半年通知一次，大部分则要求每年通知一次，如《农业协议》要求，成员方应每年通知对国内生产者提供的补贴总量。

成员方还可进行“反向通知”，监督有关成员履行其义务。反向通知是指，其他成员方可以将某成员理应通知而没有通知的措施，通知世界贸易组织。

世界贸易组织的通知要求比较复杂，成员方履行这些义务，工作量相当大，需要准确理解世界贸易组织的各项协议，并具备健全的信息统计系统。

世界贸易组织不要求成员方公布的信息，同样也不要求成员方通知世界贸易组织。

此外，为提高成员方贸易政策的透明度，世界贸易组织要求，所有成员的贸易政策都要定期接受审议。这已成为世界贸易组织的一种机制，即贸易政策审议机制。贸易政策审议的内容，一般为世界贸易组织成员最新的贸易政策，它可从一个侧面反映出被审议成员履行世界贸易组织义务的情况。

第二节 世界贸易组织贸易规则的分类

一、世贸组织贸易规则的意义

世贸组织原则通过世贸组织负责实施管理的贸易协定与协议转化为具体的货物、服务贸易和与贸易有关的知识产权规则，使世贸组织原则更加具体化，以便于实施和操作。

二、世贸组织贸易规则的分类

（一）按规则涉及领域划分

世贸组织规则包括三大领域，即货物贸易领域规则、服务贸易领域规则、与贸易有关的知识产权领域规则。

（二）按贸易规则层次和解决问题划分

世贸组织贸易规则分为框架规则和具体规则。框架规则被称为协定，如《1994 年关贸总协定》，《服务贸易总协定》，《与贸易有关的知识产权协定》，它们确定了各自领域中的能体现世贸组织基本原则的框架规则，作为具体协议确立的基础，带有指导性。具体规则体现在贸易协议上，是在贸易框架规则下就某个具体问题达成的具体协议，协议客体不同，协议内容也各有差异。如在《1994 年关贸总协定》下达成的具体规则的协议就有：《农业协议》，《纺织品与服装协议》，《海关估价协议》，《装运前检验协议》，《技术性贸易壁垒协议》，《进口许可程序协议》，《原产地规则协议》，《与贸易有关的投资措施协议》，《反倾销协议》，《补贴与反补贴协议》，《保障措施协议》。

（三）按照解决问题，多边的贸易协议可以分为三类

第一大类是贸易自由化的贸易协定与协议，如《1994 年关贸总协定》，《服务贸易总协定》和《与贸易有关的投资措施协议》。第二类是“回归”到贸易自由化的贸易协议，如《农业协议》和《纺织品与服装协议》，因为二者都是在 1947 年关贸总协定时背离了贸易自由化原则，在世贸组织下，通过这两个协议，逐步取消数量限制，回到自由贸易体制。第三类是规范非关税措施的协议，如《海关估价协议》，《装运前检验协议》，《技术性贸易壁垒协议》，《进口许可程序协议》，《原产地规则协议》。这些协议不是取消这些要求，而是把这些要求规范化和合理化，不使它们构成国际贸易的障碍。第四类是公平竞争和补救的贸易协议，如《反倾销协议》，《补贴和反补贴协议》和《保障措施协议》。第五类是加强保护的贸易协定，如《与贸易有关的知识产权协定》。

（四）按规则接受的局限程度划分

世贸组织贸易规则分为多边、诸边和展边规则三种。多边的贸易规则是指世贸组织成员必须全部接受的贸易协定与协议所确立的规则，如《1994 年关贸总协定》与下属的各种货物贸易协议；《服务贸易总协定》和具体的协议；《与贸易有关的知识产权协定》。诸边的贸易规则是指世贸组织成员自愿接受的贸易协议中确立的规则，该协议的接受者受到

这些具体规则的约束，该协议不接受者则不受这些具体协议规则的约束，如《政府采购协议》，《民用航空器贸易协议》，对参加者这些协议的规则适用，非参加成员不受这些协议规则的约束。展边的贸易规则是指世贸组织和申请加入世贸组织尚未成为世贸组织成员的国家和地区均可自愿加入的贸易协议，该协议规则对参加者有约束，对不参加者没有约束力。如世贸组织建立后达成的《信息技术协议》规定，任何世贸组织成员及申请加入世贸组织的国家或单独关税区均可参加该协议，但需要提交关税减让表、产品清单等文件，并获得该协议已有成员的审议通过。

三、世贸组织规则的特点

（一）转化性

这些贸易规则是从世贸组织的基本原则转化而来，其范围受制于基本原则本身的变化，贸易规则要体现基本原则的内涵。

（二）层次性

贸易协定属于框架式的规则，是本领域达成具体贸易协议的指导规则；而贸易协议的规则是具体的，它附属与于贸易协定中的规则。

（三）结合性

贸易规则是世贸组织基本原则与世贸组织涉及的各种领域的具体情况结合的成果，领域不同，结合的表达方式有所不同。

（四）协调性

这些贸易规则是通过多边贸易谈判，在相互妥协的基础上达成的，随着世贸组织成员竞争能力的变化和谈判技巧的提高，这些规则也随着调整和变化。

（五）延伸性

1. 这些规则随着国际贸易交换内容的多样化，将进一步向新的领域延伸和细化，与货物贸易领域相比，服务贸易领域尚有很大的延伸和细化的余地。

2. 接受这些贸易规则从世贸组织成员向非世贸组织成员扩展。

（六）介入性

根据建立世贸组织协定，世贸组织成员国内的相关贸易法规要与所接受的世贸组织贸易规则逐步接轨。因此，世贸组织的贸易规则成为世贸组织成员国内相关贸易立法和规则确立的重要依据，对世贸组织成员国内的相关立法和法规的影响日益加大。

思考题

1. 世贸组织的基本原则有哪些？
2. 非歧视原则是由什么待遇条款构成的？
3. 世贸组织规则如何分类？
4. 世贸组织规则的特点是什么？

第六章

1994 年关贸总协定

内容提要

本章比较全面系统地介绍了《1994 年关贸总协定》的地位、构成和主要修正，基本原则与例外，以及其他主要内容。

第一节 1994 年关贸总协定与 1947 年关贸总协定

一、1994 年关贸总协定（GATT1994）的地位

1994 年关贸总协定在法律上区别于 1947 年 10 月 30 日签订的关税与贸易总协定，成为《建立世界贸易组织协定》的组成部分，以多边货物贸易协议形式纳入附件一。它成为其余多边货物贸易协议的法律与原则基础。这些协议有：农产品协议、实施动植物卫生检疫措施的协议、纺织品与服装协议、技术性贸易壁垒协议、与贸易有关的投资措施协议、关于履行 1994 年关税与贸易总协定第六条的协议、关于履行 1994 年关税与贸易总协定第七条的协议、装运前检验协议、原产地规则协议、补贴与反补贴措施协议、保障措施协议。这些协议的法律基础与坚持的原则应与 1994 年关税与贸易协定的规定一致。但是，当其某一规定与上述协议的“另一协定的条款产生抵触，则以该另一协定的条款为准”。

此外，1994 年关贸总协定中提出了一些基本原则，也延伸到服务贸易总协定和与贸易有关的知识产权协定中。在乌拉圭回合多边贸易谈判中，1947 年关贸总协定缔约方达成了市场准入承诺，纳入 1994 年关贸总协定。

二、1994 年关贸总协定的构成

1994 年关贸总协定由四部分构成。

（一）1947 年 10 月 30 日的关税与贸易总协定的各项规定（不包括临时适用议定书），《建立世界贸易组织协定》生效前所实施的法律文件核准修正和修正的文本。

（二）在《建立世界贸易组织协定》生效之前，根据 1947 年关贸总协定生效的下列

法律文件，计有：有关关税减让的议定书或证明书；加入议定书；在《建立世界贸易组织协定》生效之日仍在生效的根据《1947 年关贸总协定》第 25 条授予的豁免义务的决定；1947 年关贸总协定缔约方全体作出的其他规定。

（三）1994 年关贸总协定作出的谅解。其中包括：关于解释第二条第 1 款（b）项的谅解；关于解释第十七条的谅解；关于国际收支条款的谅解；关于解释第二十四条的谅解；关于豁免义务的谅解；关于解释第二十八条的谅解。

（四）1994 年关贸总协定马拉喀什议定书。

三、1994 年关贸总协定对 1947 年关贸总协定的主要修正

《1994 年关贸总协定》继承了《1947 年关贸总协定》的整体，但对《1947 年关贸总协定》的某些细节进行了修正。《1947 年关贸总协定》由 4 个部分、38 个条款组成。《1994 年关贸总协定》改进和加强了以规则为基础的多边国际货物贸易体制，目的在于促进国际贸易平稳和有序地发展，有关修正也是基于上述考虑作出的。在《1994 年关贸总协定》解释性以下说明中，对有关修正作了说明：

（一）称谓的修正

1994 年关贸总协定对 1947 年关贸总协定的名称作了修正。修正内容见表 6.1。

表 6.1　《1994 年关贸总协定》对《1947 年关贸总协定》中名称和概念的修正

1947 年关贸总协定	1994 年关贸总协定
缔约方	成员
欠发达缔约方	发展中国家成员
发达缔约方	发达国家成员
执行秘书	世界贸易组织总干事
缔约方联合行动	世界贸易组织

资料来源：根据《乌拉圭回合多边贸易谈判结果最后文件》附件一（1）编制。

（二）条款内涵修正

1994 年关贸总协定通过解释的谅解方式对 1947 年关贸总协定的一些条款内涵作了修正。

1. 对第 2 条（减让表）第 1 款（b）项的补充

核心内容是将该条款中所指的“其他税费”载入减让表，以使其有稳定性和透明度。

2. 对第 17 条（国营贸易企业）内容的修正

主要更加严格了对国营贸易企业及其活动情况的通报要求。若成员方发现他方有不实之通报，可自己反向通报。对国营贸易企业，1994 年确定的定义为“被授予包括法定的和宪法规定的权力在内的专有权、特殊权利或特权的政府和非政府企业，包括销售局，在

行使这些权力时，它们通过其购买或销售影响进出口的水平或流向”。①

3. 对有关国际收支条款的谅解

谅解所指的国际收支条款系指第 12 条（为保障国际收支而实施的限制），第 18 条（政府对经济发展的援助）第 2 节和 1979 年关于国际收支措施的宣言。总的精神是更加严格使用国际收支条款的纪律和要求。它要求实施国际收支限制要尽快公布取消限制的时间表；实施国际收支限制要采取价格措施，例如进口附加费和进口押金等，而不要采取新的数量限制措施。实施国际收支限制要负举证责任和说明理由，并明确进行限制的产品及这种限制的标准。对国际收支委员会主持的国际收支限制磋商，谅解也规定了一系列严格的要求。

4. 对第 24 条（适用的领土范围、边境贸易、关税同盟和自由贸易区）的修正

修正的主要内容是加严了建立关税同盟的纪律，包括重申第 24 条关于建立关税同盟引起约束关税变动，须履行第 28 条的谈判程序，以及建立关税同盟要有透明性。成立工作组对关税同盟和自由贸易区进行审议；关税同盟和自由贸易区组成成员应定期向世贸组织货物贸易理事会报告，报告有关协议的执行情况。

5. 关于第 28 条（减让表的修改）的谅解

谅解的主要内容是：在修改或撤销关税减让时，若在出口国中占第一位的出口产品受到影响，则该出口国被视同与主要供应者一样的关税谈判权。谈判新产品的关税修改或撤销时，对新产品前身所在的税目享有初谈权的国家仍被视为有初谈权。

第二节 1994 年关贸总协定的基本原则与例外

为国际货物贸易制定多边规则的关贸总协定，其基本目标是建立一个自由与开放的贸易体制，以便为其不同成员的工商企业进行国际贸易提供一个稳定的、可预见的、公平与公正的竞争环境。这一开放和自由的贸易体制有望通过增加贸易来促进投资、生产和就业，从而加速所有成员的经济发展。

《1994 年关贸总协定》是一整套规范国际贸易的庞大而系统的多边法律体系。国际货物贸易至今仍主导着世界贸易，尽管服务贸易正以前所未有的速度在发展。从《1994 年关贸总协定》及其附属各项具体协议来看，各项原则和规则覆盖面广，法律规定趋向详细、具体、完善。但是，万变不离其宗，所有协议都是遵循自《1947 年关贸总协定》到《1994 年关贸总协定》的一些基本的原则制定而成的。这些基本原则是关贸总协定的核心原则，也是关贸总协定的整个法律框架形成、发展和完善的基础。这些基本原则就是：最惠国待遇原则、国民待遇原则、关税减让原则、禁止数量限制原则、透明度原则和公平竞

① 1994 年关税与贸易总协定关于解释第七条的谅解，载：《乌拉圭回合多边贸易谈判结果最后文件》，法律出版社 1995 年版，第 30 页。

争原则。

一、1994 年关贸总协定的基本原则

1994 年关贸总协定的法律体系十分庞杂，但其核心主要由一些简单而基本的原则所组成，主要包括：

（一）最惠国待遇原则

最惠国待遇原则是关贸总协定的基本原则之一。最惠国待遇原则要求成员方之间相互给予最惠国待遇，即：一个成员给予另一个成员方的贸易优惠和特许必须自动给予所有其他成员。作为关贸总协定的一项最基本、最重要的原则，最惠国待遇原则对规范成员方间的货物贸易，推动国际贸易的扩大和发展起到了重要的作用。

最惠国待遇原则的基本要点是：要求在世贸组织成员间进行贸易时彼此不得实施歧视待遇，大小成员一律平等，只要其进出口的产品是相同的，则享受的待遇也应该是相同的，不能够附加任何条件，并且这种相互给予的平等的最惠国待遇应当是永久性的。例如，日本、韩国、欧盟都是世贸组织的成员，则其相同排气量的汽车出口到美国时，美国对这些国家的汽车进口要一视同仁，不能在它们中间搞歧视待遇。如果美国的汽车进口关税是 5%，则这几个国家的汽车在正常贸易条件下，美国均只能征收 5% 的关税，不能对日本征收 5%，而对韩国、欧盟征收高于或低于 5% 的关税。

1. 最惠国待遇原则的分类

在长期的国际贸易实践中，逐渐形成的具有不同法律形式和法律效果的最惠国待遇，通常可以分为下列几类：

（1）有条件的最惠国待遇与无条件的最惠国待遇

无条件的最惠国待遇是指缔约一方现在或将来给予任何第三方的一切利益、优惠、豁免或特权应立即无条件地、无补偿地自动地适用于缔约对方。无条件的最惠国待遇由于最早在英国与其他国家签订的通商条约中使用，所以又叫做“欧洲式”的最惠国待遇条款。有条件的最惠国待遇是指缔约一方已经或将来要给予任何第三方的利益、优惠、豁免或特权是有条件的，缔约另一方必须提供“相应的补偿”才能享有这种利益、优惠、豁免或特权。有条件的最惠国待遇最先是在美国与他国签订的贸易条约中采用的，所以又叫“美洲式”的最惠国待遇条款。由此可见，有条件的最惠国待遇和无条件的最惠国待遇的区别在于授予第三方的利益、优惠、豁免或特权是否附有条件，亦即受惠国享有利益、优惠、豁免或特权是否需要提供某种条件。因而“有条件的”最惠国待遇中的条件并不是有人认为的给予最惠国待遇是以对方给予为条件，你不给我，我也不给你。而是提供最惠国待遇是否要求对方“相应的补偿”作为获得最惠国待遇的前提，如果缔约一方享受缔约方给予的各种优惠待遇并不要求提供“相应的补偿”，则为无条件的最惠国待遇，否则是有条件的最惠国待遇。

（2）无限制的最惠国待遇与有限制的最惠国待遇

无限制的最惠国待遇是指对最惠国待遇的适用范围不加以任何限制，不仅适用于商品进出口征收的关税及手续和方法，也适用于移民、投资、商标、专利等各个方面。有限制

的最惠国待遇是将其适用范围限制在经济贸易关系的某些领域，规定仅在条约规定的范围内适用，在此范围外则不适用。

（3）互惠的与非互惠的最惠国待遇

互惠的最惠国待遇是指缔约双方给予的最惠国待遇是相互的、同样的。非互惠的最惠国待遇则是指缔约一方有义务给予缔约另一方以最惠国待遇，即单方面给予，而无权从另一方享有最惠国待遇。

2. 最惠国待遇原则的特点

《1994 年关贸总协定》最惠国待遇原则具有以下特点：

（1）普遍性。所谓普遍性，是指最惠国待遇适用于一切符合规定的产品的贸易，适用于所有根据关贸总协定成为贸易伙伴的成员间的相同产品的贸易。

（2）互惠性。互惠性是指最惠国待遇是贸易条约成员方之间相互给予的，不是单方面提供或享受的。最惠国待遇通常是通过双边或多边国际条约相互给予彼此在一定范围内，如贸易、投资、航海、服务等领域的利益、优惠、特权或豁免，而不是单方面只承担义务即只为对方提供各种优惠而不享受相应的权利。

（3）优惠性。优惠性是指这种待遇的性质是以提供利益、优惠、特权或豁免为内容，得到最惠国待遇的国家或进出口产品可以为有关国家或企业带来利益。

（4）无条件性。无条件性是指关贸总协定最惠国待遇的提供应当不附加任何条件。这里的无条件的最惠国待遇是与有条件的最惠国待遇相对应的。

这里的“条件”是指“相应的补偿”，换言之，受惠国若想要享受给惠国现在或将来给予任一第三国的各种优惠或特权，受惠国必须提供“相应的补偿”回报给惠国，否则就享受不到各种优惠或特权。而关贸总协定的最惠国待遇原则强调无条件的最惠国待遇，即受惠国在享受各种优惠或特权时不需要提供“相应的补偿”，只要符合最惠国待遇原则的规定，就可以自动地得到有关优惠或特权。

3. 最惠国待遇原则的适用范围

根据《1994 年关贸总协定》的规定，货物贸易最惠国待遇原则主要适用于下列范围：

（1）关税和有关费用。根据第 1 条第 2 款的规定，一切与进出口商品有关的关税和费用，适用最惠国待遇原则。除关税外，这些费用包括：①对进出口本身征收的任何形式的费用，如进口附加费、变动关税或出口税等；②与进出口相关的任何形式的费用，如海关手续费、领事发票税、质量检验费等。

（2）与进出口有关的国际支付转账所征收的关税和费用。如由政府对进出口国际支付征收的一些税金或费用。

（3）征收上述税、费的方法。例如征收关税时需要对进口商品的价值进行评估，所使用的评估标准、程序和方法均应以相同的待遇标准在所有成员间平等地实施。

（4）与进出口相关的所有规章与手续方面。如对进出口在一定时间内规定特定的信息披露要求或说明。一旦规定这种要求，就必须是对所有成员的平等的要求。

（5）与进出口商品有关的国内税或其他国内费用的征收，如销售税、由当地政府征收的有关费用等。

（6）任何影响进口商品在进口国国内销售、购买、提供、运输、分销等方面的法律、规章及要求等。如对进口产品的品质证书的要求，对进口产品移动或运输或储藏或零售渠道的要求，对产品的特殊包装及使用的限制等。

总之，《1994 年关贸总协定》货物贸易最惠国待遇原则意味着各成员方同意提供最惠国待遇，在成员方间开展贸易，加强经济往来和合作中秉承非歧视的原则，并且在涉及货物贸易的所有问题上也不给予一个成员方较另一个成员方更优惠的待遇。

4. 最惠国待遇的例外

《1994 年关贸总协定》以货物贸易协定的形式规定一成员方必须主动给予关贸总协定其他成员方无条件的、永久的、普遍的、多边的最惠国待遇。但是，随着世界经济集团化、全球化和一体化的发展，各国经济的相互依存达到前所未有的水平，发达国家和发展中国家经济不平衡发展状况加剧。为了适应经济全球化形式下的新特点，减轻各国经济发展不平衡带来的问题，各成员方认识到：在特定情况下，尤其是发展中国家成员和少数成员为了特殊利益的需要，可以对最惠国待遇提出例外请求，经世界贸易组织许可后，暂时背离最惠国待遇原则。这就形成了最惠国待遇的例外。

（1）历史性安排

历史性安排主要体现在《1994 年关贸总协定》第 1 条第 2、3、4 款之中，即《1994 年关贸总协定》附件一至附件六所列国家和关税领土之间实施的优惠待遇。具体指：①英联邦内的特惠安排；②法兰西联邦内的特惠安排；③美国与其海外领土之间的特惠安排；④比、荷、卢关税同盟及其联系国之间的特惠安排；⑤智利与阿根廷、玻利维亚和秘鲁之间的优惠安排；⑥黎巴嫩、叙利亚与巴基斯坦和外约旦之间的优惠安排。

这些安排属于从《1947 年关贸总协定》继承下来的既有规定，现大部分已失去意义或改变了原来的性质。

（2）发达国家对发展中国家提供的单方面优惠

① 普惠制——根据 1979 年 11 月 28 日关贸总协定缔约方全体大会《关于差别和更优惠的待遇、互惠及发展中国家的进一步参与》的决定，发达国家向发展中国家提供普惠制下的优惠安排有了相对长期的稳定的法律依据。发达国家根据普惠制实行单方面的自由贸易安排，对于原产于发展中国家和地区的工业制成品和半成品给予普遍的、非歧视性的、非互惠的优惠关税待遇。允许来自发展中国家的所有工业品和部分农产品适用更优惠的税率和免税待遇安排。

②《洛美协定》——欧盟成员国允许一些来自非洲和加勒比海地区及太平洋地区的最不发达国家（非加太国家）的进口货物免税进入欧盟市场。

③ 加勒比海盆地安排——美国允许免税进口来自加勒比海地区国家的货物。

此外，发达国家还在非关税措施方面给予发展中国家更为优惠的差别待遇，并允许发展中国家之间实行优惠关税而不给予发达国家。

（3）区域安排

《1994 年关贸总协定》第 24 条主要规定各种区域安排。关贸总协定认识到区域贸易协定下成员方可以在优惠的基础上削减关税和其他贸易壁垒。区域安排使得成员方间贸易所适用的更低或免税的税率并不需要扩展至关贸总协定的其他成员方。因此，区域优惠安排就构成了对最惠国待遇规则的一项重要例外。为了保护非区域安排成员方的贸易利益，关贸总协定对建立区域优惠安排限定了严格的条件。这些条件规定：①区域安排的成员方必须消除影响他们之间几乎所有贸易的关税和其他壁垒；②这种区域优惠安排不应导致对其他成员方实施新的贸易壁垒。

上述安排可采取关税同盟或自由贸易区的形式。在这两种形式下，区域安排成员方间的贸易是免税的，与区域外的关贸总协定成员方间的贸易则继续适用最惠国待遇税率。如欧盟内部成员方零关税待遇可不给予美国、加拿大等国家。在关税同盟国家与区外成员方的贸易中，对从区外进口的货物采取统一的税率。在自由贸易区内，成员方继续使用各自国别减让表中所载明的未经协调的关税税率。

此外，关贸总协定区域优惠安排还允许边境贸易优惠安排，即在指定的边境区域一定范围内，相邻国家之间相互给予的各种优惠待遇，可以不对关贸总协定其他成员方提供。

（4）一般例外

《1994 年关贸总协定》规定一成员方为保障动植物及人民的生命、健康、安全或一些特定目的对进出口采取的所有措施可以享受例外。根据《1994 年关贸总协定》第 20 条的规定，为维护公共道德所必须的措施；为保护专利权、商标及版权，以及防止欺诈行为等可以采取必要的措施均在其列。另外，《实施卫生与动植物检疫措施协议》也规定，出口成员方客观地向进口成员方表明其所采取的动植物卫生检疫措施达到了进口成员方适当的动植物卫生检疫保护水平，即使这些措施不同于进口成员方自己的措施，或不同于从事同一产品贸易其他成员方所采取的措施，各成员方也应平等地接受其他成员方的动植物卫生检疫措施。该协议第 10 条规定，根据发展中国家成员方的要求，并视其财政贸易和发展的需要，允许这些国家对于有关义务的全部或部分享有具体和有时限的例外。

（5）国家安全例外

《1994 年关贸总协定》第 21 条是安全例外条款，根据安全例外条款，当一国的国家安全受到威胁时，可不履行世界贸易组织最惠国待遇的义务。如美国对南斯拉夫联盟的经济制裁，使南联盟不能享受美国给予的最惠国待遇。

（6）关贸总协定允许采取的其他措施

其他措施主要包括反补贴、反倾销及在争端解决机制授权下采取的报复措施。有关措施的实施可以使有关国家在一定情况下背离《1994 年关贸总协定》第 1 条最惠国待遇的原则规定。如 1999 年 4 月下旬，世界贸易组织授权美国可以对欧盟的少数产品中止给予最惠国待遇关税。

（7）不属世界贸易组织管辖范围的诸边贸易协议中的义务

主要指在政府采购、民用航空器贸易等方面，世界贸易组织成员方间彼此可不给予最惠国待遇。

需要指出的是，在《建立世界贸易组织协定》中，规定对于最惠国待遇原则的修改必须经由所有世界贸易组织成员批准。

（二）国民待遇原则

国民待遇原则是关贸总协定的又一基本原则。如果说，最惠国待遇原则基于非歧视性原则的精神，要求世界贸易组织成员方相互间不能提供比给予其他成员方的更为优惠的待遇，国民待遇原则更强调的是一种平等的精神，要求根据关贸总协定国民待遇条款的规定，成员方之间相互给予对方的自然人、法人、其他经济组织、商船、产品、投资、服务、知识产权等与本国的自然人、法人、其他经济组织、商船、产品、投资、服务、知识产权等相同的待遇。所以国民待遇原则又称平等原则。

从法律理论上讲，一国对外国的产品等是否给予国民待遇以及在多大范围内给予国民待遇纯属一国主权的管辖范围，每一个国家有权按照其法律和规章的规定并依照其国情来决定在哪些领域给予外国人及其产品国民待遇。任何国家不应被迫对外国人、外国产品给予国民待遇。然而，当今的世界是一个开放的世界，是一个各国经济相互依存不断加深的世界，是一个经济发展日益一体化的世界。这种趋势使得在国家与国家的经济贸易交往中，相互给予国民待遇成为必然趋势。虽然，由于经济发展水平差异的存在，各国给予贸易伙伴的国民待遇范围和领域可以有所不同，但是，无论如何，在相互的贸易和其他形式的经济联系活动中，实施国民待遇已经成为一项基本原则，国民待遇通过国内立法和国际条约加以规定，也已经为各国普遍认同和接受。当然，在有些领域是不能实施国民待遇的，如政治领域，因为这是国际法上国家主权原则的必然要求。

《1994年关贸总协定》国民待遇原则集中体现在协定第3条的规定，又称国内税与国内规章的国民待遇。根据该协定第3条第1款，世界贸易组织各成员方承诺：国内税和其他国内费用，影响产品的国内销售、推销、购买、运输、分配或使用的法令、条例和规定，以及对产品的混合、加工或使用须符合特定数量或比例要求的国内数量限制条例，在对进口产品或国内产品实施时，不应用来对国内生产提供保护。国民待遇原则要求成员方平等地对待进口产品和本国生产的类似产品，因此，当进口产品在一个成员方的边境支付了关税、国内税（如销售税）以后，该成员方就不能再随意对它征收高于对类似国内产品征收的税赋。同样地，在国内市场销售和购买产品时，也不能对进口产品适用更为严格的规定。

《1994年关贸总协定》在规定国民待遇原则的适用范围和规定时，也对在一定情况下，不适用国民待遇原则的情况作了例外规定。国民待遇例外规定主要集中在《1994年关贸总协定》第20条“一般例外”、第21条“安全例外”和第3条“国内税与国内规章的国民待遇”中的例外。

（1）政府采购的例外

《1994年关贸总协定》第3条第8款a项规定，国民待遇规定不适用于有关政府采购的管理法令、条例或规定，但此处的“政府采购”指的是政府日常费用的商品采购，而不是为了商业性的再出售，也不能用于商业性再出售商品的生产。

（2）祖父条款的例外

美国国内法有关保护已获得的既得权利的立法内容，使之不受其后立法影响的法律规定，被称作“祖父条款”或“祖父权利”。关贸总协定为使更多的国家参加该协定，也借鉴了“祖父条款”，并作为其他一些条款执行的前提。“祖父条款”的基本含义是，各成员在申请加入关贸总协定时，其议定书指定之日前现有正式立法并具有措辞或明文表达的普遍强制性的法律、法规若与关贸总协定的规定相冲突，前者优先适用。

《1994 年关贸总协定》第 3 条第 3 款、第 6 款均为“祖父条款”。这两个条款的主要内容是依照“祖父条款”的有关精神，分别规定了：在一定时间前已经实行的国内税如果与关贸总协定国民待遇原则有抵触，可以推迟实施国民待遇条款（第 3 款）；或在某些特定日期前已经实施的国内数量限制条例，如果与国民待遇原则相违背，不应采取损害进口货物利益的办法加以修改，而应当把它们当做关税来进行谈判后取得一致意见再实行国民待遇原则（第 6 款）。不过，在乌拉圭回合中，各成员方已经采取一揽子方式接受了乌拉圭回合通过的协议，这表明，这些协议一旦生效后，就在各成员方具有宪法性正式法律效力。这也意味着，当各成员方国内法的规定与世界贸易组织协议规定发生冲突时，世界贸易组织协议优先适用，所以，《1994 年关贸总协定》第 3 条第 3 款和第 6 款实际已失去其法律效用。

（3）差别运费的例外

《1994 年关贸总协定》第 3 条第 4 款规定了国民待遇原则不妨碍各成员方实施差别运费。但是差别运费的使用必须纯属基于运输工具的经济使用而与所运输的产品的国别无关。

（4）特殊补贴的例外

根据《1994 年关贸总协定》第 3 条第 8 款 b 项的规定，国民待遇义务并不禁止单独支付给国内生产者的补贴，包括从按照国民待遇原则的规定征收国内税费所得收入中以及通过政府购买国产品的办法，为国内生产者提供补贴。这种补贴不是对国内生产的产品进行直接销售或生产补贴，而是对生产者给予补贴，补贴的目的往往是让生产者改善环境，消除自然环境污染，鼓励生产者向特定地区或产业投资，属于间接性补贴，因而不能视为违背了关贸总协定中的国民待遇原则。

（5）电影片的例外

《1994 年关贸总协定》第 3 条第 8 款规定，如果成员方建立或维持有关电影片的国内数量限制条例，并且，这种数量限制符合《1994 年关贸总协定》第 4 条内容的要求，国民待遇原则不禁止这种数量限制。

基于电影片作为商业产品的特殊性，关贸总协定允许各成员方对其他成员方的电影片实施国内数量限制，免除其国民待遇义务。根据《1994 年关贸总协定》第 4 条的规定，各成员对进口电影片实施数量限制，应当采取符合以下要求的放映限额办法：①放映限额可以规定，在一定时期（通常为 1 年）国产电影片的商业性放映时间在所有电影片放映时间内的一定最低比例；放映限额以每年或其相当时间内每一电影院的放映时间作为计算基础。②确立了国产影片的放映限额后（放映时间比例的最低限额），其他的放映时间不能依照影片的不同来源进行分配。③任一成员方应对来自其他任一成员方的影片保留一定最低比例的放映时间。④放映限额的限制、放宽或取消，须经过谈判确定而且要遵守最惠国待遇的规定。

（三）以关税作为保护国内产业的手段

《1994年关贸总协定》并不禁止对国内工业实行保护，但要求这些保护应通过关税进行，而不要采取其他行政手段。关税保护透明度高，便于成员方之间进行减让谈判，从而减少保护对贸易形成的扭曲。关税优于进口数量限制的原因如下：

与进口数量限制相比，关税在管理贸易方面具有以下好处：

1. 关税使国内外同类产品价格保持自动联系，使国内外生产商的竞争地位显而易见，而配额、许可证等进口数量限制则切断这种联系，极易导致生产商寻求过度保护，陷入保护的陷阱之中。

2. 所有世贸组织成员非歧视地征收关税，而数量限制则极易导致对不同国家的歧视，尤其是配额、许可证的发放不确定性、随意性较大。

3. 关税更具透明度，一旦公布，所有世贸组织成员的贸易商容易判断其产品进入市场的难易程度。进口数量限制的透明度较差，会导致贸易商采取不公正手段获取配额或许可证，这在发展中国家更为突出，从而使贸易政策工具的有效性降低并助长贿赂、犯罪等。

4. 关税是政府财政收入的重要来源，而进口数量限制带来的利润会因其发放的方式不同，在进、出口商、中间商或有关政府部门之间，甚至个人之间形成不同的利益分配。在大多数情况下并没有起到保护具体产业的目的，相反影响了政府关税收入。

5. 关税针对的是某一产品的所有进口商，而不是某一特定的企业或产业群体。进口数量限制则直接使某些企业或少数产业受惠，形成阻碍关税自由化改革的利益集团，增加国家间的贸易摩擦。

基于上述分析，世贸组织极力主张其成员将关税作为惟一的保护手段。

（四）贸易壁垒递减原则

成员方之间通过谈判降低各自的关税水平，并将这些减让的税目列入各国的关税减让表，使其“约束”起来，从而为发展成员方之间的贸易打下一个稳定和可预见的基础。由于列入减让表的已约束税率在三年内不得提升，三年后如要提升也要同当初进行对等减让的成员国家协商，并为其造成的损失给予补偿，因此约束后的关税难以发生回升现象。

表6.2　乌拉圭回合关税削减完成前后加权平均关税水平的变化（%）

	世界贸易组织所有成员	发达国家	发展中国家	经济转轨国家
乌拉圭回合前	9.9	6.2	20.5	8.6
乌拉圭回合后	6.5	3.7	14.4	6.0
降低幅度	34.3	40.3	29.7	30.2

资料来源：刘力、刘光溪：《世界贸易组织规则读本》，中国对外贸易出版社1999年版，第31页。

在关税减让表中，各成员将其愿意进行关税减让承诺的产品及约束税率水平列在各自的关税减让表中。减让表是世贸组织的有机组成部分。对大多数发达国家来说，关税减让表中约束关税占全部税号的比例很高，接近 99%，并且约束税率位于或接近实际征收的税率水平。在世贸组织成立以前，大多数发展中国家约束关税的产品范围很小，有的甚至不受约束，发展中国家平均约 22% 的税目受约束，世贸组织成立后提高到 72%，约束税率下的进口产品总额所占比例从世贸组织前的 14% 上升为 59%（见表 6.3）。另外，转型经济国家约束税比例从 73% 上升到 98%。

表 6.3　世贸组织前后工业产品（不包括石油）关税约束对照表

国家集团或地区	税号数量（个）	进口额（10 亿美元）	受约束税号所占比例（%）		约束税率下的进口产品所占比例（%）	
			前	后	前	后
主要国家集团						
发达经济国家	86968	737.2	78	99	94	99
发展中国家	157805	360.2	22	72	14	59
转型经济国家	18962	34.7	73	98	74	96
主要地区						
北美洲	14138	325.7	99	100	99	100
拉丁美洲	64136	40.4	38	100	57	100
西欧	57851	239.9	79	82	98	98
中欧	23565	38.1	63	98	68	97
亚洲	82545	415.4	17	67	36	70

注：以上数据包括了 26 个发展中经济体的情况，这 26 个经济体的进口额占参加乌拉圭回合谈判的所有发展中国家进口额的 4/5。

资料来源：关贸总协定《乌拉圭回合结果：货物与服务市场准入》。

各成员国之间的关税结构差别很大，高关税常见于发展中国家。到 2000 年，所有工业品的加权平均节税水平，发达国家需从 6.3% 降至 3.8%；发展中国家需从 15.3% 降至 12.3%；转型经济国家从 8.6% 降至 6%。

自世贸组织协议实施以来，欧盟将近 1/4 的制成品进口是免税的，还有约 40% 的进口制成品的关税低于 5%，只对极其微小的一部分制成品进口征收 25% 以上的关税。

美国对 80% 的进口都实行免税，只有少于 3% 的进口产品的关税高于 10%。高关税常常会存在于一国不再生产的产品项目上。这些项目可能是过去受到关税保护的地方产业，随着技术进步或消费偏好的改变而逐渐消失。虽然产业有兴衰存亡，但关税制定过程的政治及经济等方面的考虑很难自动去废除已经衰亡的产业的关税税率。任何一个国家的关税结构都存在这种现象。因而我们可以看到，虽然美国 20 世纪 80 年代末的平均关税水平已降到了 5% 以上，但仍有某些手表部件的关税高达 150%。

表 6.4　乌拉圭回合前后 44 个世贸组织成员的关税结构（10 亿美元,%）

地区	最惠国待遇下的进口值（不包括石油）	最惠国关税只限从价税范围内的进口比例											
		免税		0.1% ~5%		5.1% ~10%		10.1% ~15%		15.1% ~35%		35%以上	
		前	后	前	后	前	后	前	后	前	后	前	后
北美洲	325.7	11	39	55	40	22	13	4	2	7	6	0	0
拉丁美洲	40.3	4	2	1	0	6	1	3	3	22	87	65	7
西欧	239.7	24	37	28	34	33	18	12	8	3	2	1	1
东欧	34.7	14	15	27	37	27	35	22	7	10	4	1	0
非洲	18.5	33	19	7	3	7	15	5	16	22	32	26	15
亚洲	459.8	40	54	17	9	11	11	5	5	21	15	7	6

（五）禁止数量限制原则

禁止数量限制是《1994 年关贸总协定》的一个基本条款。实行数量限制就是采用配额、进口许可证、自动出口限制、数量性外汇管制等行政手段限制外国产品与本国工业进行竞争。它是国际贸易中一种十分迅速有效的限制进出口的非关税壁垒，客观上抑制了国际贸易的顺利发展。作为行政措施，数量限制本身缺乏透明度，容易导致贸易保护主义措施的滥用，因而被《1994 年关贸总协定》所禁止。在某些例外情况下，《1994 年关贸总协定》也允许采取数量限制。但根据《1994 年关贸总协定》第 13 条，采取这种数量限制时，必须遵守非歧视原则，不得厚此薄彼，具有国别针对性。

1. 一般禁止数量限制

《1994 年关贸总协定》第 11 条第 1 款规定，任何成员除征收关税或其他税费外，不得设立或维持配额、进口许可证或其他措施以限制或禁止其他成员方领土的产品的输入，或者禁止或限制向其他成员方领土输出或销售出口产品。关贸总协定禁止数量限制原则因此又可称为一般禁止数量限制原则。

2. 非歧视性地使用数量限制

在关贸总协定一般禁止数量限制原则基础上，对于按照关贸总协定的规定，确需实行数量限制的，各成员方在实施有关行政管理措施时，也必须遵循非歧视性原则。《1994 年关贸总协定》第 13 条第 1 款规定，除非对所有第三国的相同产品的输入或对相同产品向所有第三国的输出予以禁止或限制以外，任何成员方不得限制或禁止另一成员方领土的产品的输入，也不得禁止或限制产品向另一成员方领土输出。

3. 实施数量限制必须遵循关贸总协定的规定和要求

在根据关贸总协定对禁止数量限制的例外规定对来自其他成员方的进口产品实施数量限制时，必须遵循关贸总协定规定的具体实施规定，主要包括下述几个方面：① 在可能时，各成员方应固定其准许进口的配额（无论是否在供应国成员方之间分配），并应按本条款的有关规定对外公告其数额（《1994 年关贸总协定》第 13 条第 2 款 a 项）。②如不能采用配额办法，可采用无配额的进口许可证或进口凭证方式（《1994 年关贸总协定》第 13 条第 2 款 b 项）。③如果配额是在各成员方之间进行分配，实施限制的成员方应就配额分配方案与有关利益各方达成协议。如果不能采取这种办法，在考虑了可能已经影响或正在影响有关产品的贸易特殊因素的情况下，有关成员方应根据前一有代表性的时期供应产品的成员方在扩大这种产品进口总量或进口总值中所占的比例，将配额分配给与供应该产品有利害关系的供应成员方。此外，除这一份额应在配额所定的限制内进口以外，有关成员方不得设立任何条件或手续来阻碍任何其他成员方充分利用其从这一总额或总值中所分得的份额（《1994 年关贸总协定》第 13 条第 2 款 d 项）。④除了按该条款有关规定分配配额外，各成员方不得只规定从某一特定国家或来源输入有关产品须用进口许可证或进口凭证《（1994 年关贸总协定》第 13 条第 2 款 c 项）。

4.《1994 年关贸总协定》对禁止数量限制的例外规定

禁止数量限制条款考虑国际贸易的一些特殊情况和要求，以该条款不适用于某些情况的形式规定了禁止数量限制的例外。这些例外规定集中在第 11 条第 2 款。此外，在第 12 条，规定了为保障一国国际收支和发展中国家的某些特别需要可以在一定情况下实施数量限制。

（1）三种一般例外

根据《1994 年关贸易总协定》第 11 条第 2 款的规定，在下述情况下，各成员方可以不适用禁止数量条款的规定：

① 为防止或缓和输出成员方的粮食或其他必需品的严重缺乏而临时实施的禁止出口或限制出口。

② 出于下述目的对任何形式的农渔产品有必要实施的进口限制：限制相同的本国产品允许生产或销售的数量，或者，如果相同的本国产品产量不大，限制能够直接代替进口产品的本国产品的允许生产或销售数量的政府措施；通过采取免费或低于现行市场价格的办法，将剩余产品供国内某些阶层消费以消除相同的本国产品的暂时过剩，或者，在相同的本国产品的产量不大的情况下，能够消除直接代替进口产品的本国产品的暂时过剩的政府措施；限制生产全部或主要地直接依赖于进口原料而生产的动物产品的数量的政府措施，如果本国生产的那种原料的数量可以忽略不计。

③ 为实施国际贸易商品分类、分级和销售的标准及条例而必须实施的禁止进出口或限制进出口。这里的“商品”为天然形态的农、林、渔、矿产品，或者习惯上在国际贸易中要经过加工才能销售的上述产品。由于各国（或地区）为了便于对进出口贸易进行管理，通常都对商品给予分类、分级，若进出口商品不符合要求，应该被禁止或限制。

（2）为保障国际收支而实施的限制

《1994 年关贸总协定》第 12 条规定，虽然有本协定第 11 条的规定，但是，任何成员方为了维持其对外金融地位和平衡国际收支，可以限制商品准许进口的数量或价值，但须遵守下述的规定，即一成员方建立、维持或加强的进口限制，不得超过：①为了预防货币储备严重下降的迫切威胁或制止货币储备严重下降所必须的程度；②对货币储备很低的成员方，为了使储备合理增长所必须的程度。该条款还规定，在以上两种情况下，对可能正在影响这一成员储备或其对储备的需要的任何特殊因素，包括在能够得到特别国外信贷或其他资源的情况下，安排适当使用这种信贷或资源的需要，都应加以适当考虑。

为了不让各成员方滥用该条款，该条第 2 款还规定，成员方在其国际收支已经改善时，应该逐步放宽限制，若已无必要建立或维持限制，就应立即取消限制。

在实施限制过程中，成员方还要承担相应的义务：①对任何其他成员方的贸易或经济利益，避免造成不必要的损害；②实施的限制不应无理地阻碍任何完全禁止其输入即会损害正常贸易渠道的那种最低贸易数量的输入；③实施的限制不阻碍商业货样的输入或阻碍专利权、商标、版权或类似程序的遵守。

（3）发展中国家为保障国际收支平衡和建立特定工业可实施数量限制

通常在国际贸易实践中，因保障国际收支平衡而实施数量限制，发达国家引用《1994 年关贸总协定》第 12 条、而发展中国家引用第 18 条作为其依据。第 18 条第 2 款规定，为了实施目的在于提高人民一般生活水平的经济发展计划和政策，发展中国家成员方可能有必要采取影响进口的保护措施或其他措施。而且，只要这些措施有助于实现本协议的宗旨，它们就有存在的理由。因此，各成员方同意，发展中国家应该享受额外的便利，即包括在充分考虑他们的经济发展计划可能造成的持续高水平的进口需求的条件下，能够为国际收支目的而实施数量限制。第 18 条第 3 款和第 4 款还规定，一个经济处于发展阶段的成员方，为了提高人民的一般生活水平，允许为加速建立某些特定工业而实施进口数量限制，这种数量限制的作用相当于促进其经济发展的一种政府援助。

（4）在意外情况下的限制

在《1994 年关贸总协定》第 19 条第 1 款中规定，如因意外情况的发生或因一成员方承担本协议义务（包括关税减让在内）而产生的影响，使某一产品输入到这一成员方领土的数量大为增加，对这一领土内相同产品或与它直接竞争的产品的国内生产者造成重大的损害或产生重大的威胁时，这一成员方在防止或纠正这种损害所必须的程度和时间内，可以对上述全部产品或部分地暂停实施其所承担的义务，或者撤消或修改减让。

《1994 年关贸总协定关于国际收支平衡条款的谅解》要求成员方避免采取数量限制保障其国际收支平衡地位。谅解要求，无论是发达国家或发展中国家成员，在发生国际收支困难时应优先采取价格措施而不是数量限制，因为针对进口货物价格的措施，如进口附加税、进口押金等，要求是透明的和可衡量的。只有当国际收支出现紧急情况，价格机制不能抑制对外支付状况的急剧恶化时，才可以求助于数量限制措施。

（六）透明度原则

透明度原则是指各成员方一切影响贸易活动的政策和措施都必须及时公开，以便于各成员方政府和企业了解和熟悉。关贸总协定和世界贸易组织都把透明度原则作为其基本原则之一，要求各成员方严格遵守，以在公平、公正的基础上发展相互之间的经济贸易关系，组织和从事有关贸易交易活动。

《1994 年关贸总协定》第 10 条“贸易条例的公布与实施”是关贸总协定透明度原则的主要规则。

按照《1994 年关贸总协定》的规定，海关有关规定诸如产品分类、估价、税捐和其他费用的征收率等，影响货物销售、分配、保险、仓储等的法规以及政府机构之间缔结的影响国际贸易政策的规定都必须及时公布。不公布的贸易政策，不得实施。各成员方应该维持并尽快建立司法的、仲裁的法庭和程序，并向所有成员方提供有关调查程序的详细资料。

透明度原则的具体要求有：

1. 根据第 10 条第 1 款的规定，成员方有效实施的关于海关对产品的分类或估价，关于税捐和其他费用的征收率，关于对进出口货物及其支付转账的规定、限制和禁止，以及关于影响进出口货物的销售、分配、运输、保险、存仓、检验、展览、加工、混合或使用的法令、条例与一般援用的司法判决及行政决定，都应迅速公布，以便各国政府及贸易商了解和熟悉。根据该条第 2 款的规定，各成员方采取的按照既定统一办法提高进口货物关税或其他费用的征收率，或者对进口货物及其支付转账实施新的或更严的规定、限制或禁止的普遍适用的措施，非经正式公布，不得实施。

2. 根据第 10 条第 1 款的规定，一成员方政府或政府机构与另一成员方政府或政府机构之间缔结的影响国际贸易政策的现行协定，也应予以公布。

3. 根据第 10 条第 3 款 a 项的规定，各成员方应以统一、公正和合理的方式实施与贸易有关的法令、条例、判决和决定。

4. 根据第 10 条第 3 款 b 项的规定，各成员方应维持或尽快建立司法的、仲裁的或行政的法庭或程序，以便对涉及海关事项的行政行为迅速进行检查和纠正。并且，这种法庭或程序应独立于负责行政实施的机构之外。由上述法庭或经过上述程序作出的决定，除进口商于规定上诉期间向上级法院或法庭提出申诉以外，应由上述这些机构予以执行，并作为今后实施的准则。

5. 根据第 10 条第 3 款 c 项的规定，如果在成员方领土内实施的某一程序事实上能够对行政行为提供客观公正的检查，即使这种程序不是全部或正式的独立于负责行政实施的机构以外，该成员可以继续使用这种程序。但在被请求的情况下，有关成员方应向成员方全体提供有关这一程序的详细资料，以便成员方全体决定这种程序是否符合关贸总协定透明度原则的规定和要求。

6. 根据第 10 条第 1 款的规定，各成员方可以不公开那些妨碍法令的贯彻执行、违背公共利益或损害某一公私企业的正当商业利益的机密资料。

（七）公平竞争原则

1994 年关贸总协定允许在一定情况下利用关税或其他行政措施对本国工业实行保护，从这一角度来说，1994 年关贸总协定实行的并非纯粹的自由贸易政策。但 1994 年关贸总协定强调开放和公平的竞争，反对不公平的贸易做法，主要指倾销和补贴措施。所谓倾销，是指企业以低于国内市场价或低于其成本的价格向国外出口产品。在这种情况下，1994 年关贸总协定允许进口国在关税之外再加征反倾销税，以抵消倾销对国内产品造成的损害。另外一种不公平贸易做法是政府对出口给予补贴。无论出口补贴还是国内可申诉的补贴均被视为对 1994 年关贸总协定的违背。因此，1994 年关贸总协定对征收“反补贴税”也作了规定。

二、1994 年关贸总协定的主要例外条款

像所有贸易协定一样，《1994 年关贸总协定》也为其基本原则规定了一些例外。这些例外条款主要包括：

（一）对禁止数量限制的例外

《1994 年关贸总协定》第 12 条允许成员方在其国际收支平衡发生困难时实行数量限制。同时规定，实行的这种限制不能超过保护国际收支平衡所必要的限度，随着国际收支状况的改善，这种限制应逐步减少直至取消。《1994 年关贸总协定》第 18 条对发展中成员作了更为灵活的规定，允许它们为避免外汇储备急剧下降而实施数量限制。此外，第 18 条还允许发展中成员采取数量限制对其幼稚工业实行保护。对于幼稚工业，《1994 年关贸总协定》并无明确定义，通常是指新建或扩建的尚不具备竞争能力的产业部门。

（二）保障条款

《1994 年关贸总协定》第 19 条允许成员方在其某一产业受到进口骤增的冲击造成严重损害，如严重开工不足、工人失业、企业亏损等情况下实行临时性进口限制或提高关税。根据保障条款采取的进口限制措施必须限于在防止或纠正上述严重损害所必要的限度和时间之内，不应长久实施；受影响的产业有义务尽快进行结构调整；采取的限制不能针对产品来源和国别，即应非歧视性实施；采取行动前应向世贸组织发出书面通知，并与利益受到影响的成员方进行磋商。在实施中，保障行动一般 3 ~4 年左右。

（三）区域性贸易安排

《1994 年关贸总协定》第 24 条，允许成员方在满足一定的严格标准的情况下，以关税同盟或自由贸易区的形式建立区域贸易集团。这种集团内成员国家间的关税及其他大量的非关税措施都要取消。关税同盟和自由贸易区的差别在于，前者对集团外国家实行统一的关税，后者则允许集团内国家对外保留各自的对外贸易政策和关税。《1994 年关贸总协定》允许上述区域贸易集团偏离最惠国待遇原则，对集团内成员间相互给予的贸易优惠可不给予集团外的国家。该条规则的目的在于通过区域性贸易安排，既促进集团内国家间的贸易，又不对集团外国家形成新的贸易壁垒。目前，世界上主要的区域性贸易集团有欧洲联盟和北美自由贸易区等。

（四）对发展中国家成员的特殊待遇

随着发展中国家数量的增加和力量的壮大，它们的利益在《1994 年关贸总协定》中也得到相应的反应。《1994 年关贸总协定》承认，发展中成员的产品进入世界市场应当享受更优惠条件；发达国家成员承诺，它们在谈判中对发展中成员做的贸易减让，不期望得到对等的回报；发展中成员可以享受发达国家成员提供的普惠制待遇；发展中成员在一定限度内可对其出口实行补贴；发展中国家成员相互进行关税减让时可以不把达成的减让给予发达国家。

（五）安全例外

允许成员方为了维护国家安全和社会公德而禁止火药、武器、毒品和淫秽出版物等的进口。

第三节 《1994 年关贸总协定》的其他主要内容

《1994 年关贸总协定》除了为国际货物贸易制定了若干基本的原则外，还对某些具体问题制定了规则。这是因为当初在起草关贸总协定时，还没有协调国际反倾销、反补贴、海关估价、原产地、保障措施等问题的具体协议，而这些问题又是国际贸易中经常会遇到的问题。因此，关贸总协定对这些影响国际贸易发展的若干问题分别作出了规定。关贸总协定中规定这些具体问题的条款后来经过 8 轮的多边谈判，有许多都逐渐发展成了单独的、内容具体完备的协议，如《反倾销协议》、《补贴与反补贴措施协议》、《保障措施协议》等，但《关贸总协定》中的有关规定不仅是形成这些具体协议的基础，而且它们本身也仍对国际贸易的实践具有指导作用。这些规定与有关的具体协议相互作用与补充，共同构成调整相关领域法律关系的规则。

一、反倾销税和反补贴税

反倾销税和反补贴税是《1994 年关贸总协定》的重要条款。针对国际贸易中倾销和补贴对贸易造成的损害，《1994 年关贸总协定》第 6 条、第 16 条第 2 款对确认倾销和补贴，征收反倾销税和反补贴税作了具体规定。

（一）对倾销的确认

根据《1994 年关贸总协定》第 6 条第 1 款的规定，倾销是指一成员方将本国产品以低于正常价值的方法挤入另一国境内，并因此对该成员方领土内已建立的某种工业造成重大损害或产生重大威胁，或者对该国国内工业的新建产生严重阻碍。各成员方认为这种倾销应该受到谴责。

认定倾销是否存在的关键在于确定产品的正常价值。按照《1994 年关贸总协定》第 6 条第 1 款的规定，出口产品的正常价值应为：（1）相同产品在出口国用于国内消费时在正常贸易情况下的可比价格；（2）相同产品在正常贸易情况下向第三国出口的最高可比价格；（3）产品在原产国的生产成本加合理的推销费用和利润。

各成员方不应以低于上述正常价值的出口价格向另一成员方出口产品。凡是以低于其出口产品正常价值的价格向另一成员方销售产品，并对有关进口国相关产业造成重大损害或产生重大损害威胁的，即构成倾销。

（二）对补贴的规定

在《1994 年关贸总协定》第 16 条第二节对出口补贴的附加规定中，该条第 2 款规定，一成员方对某一出口产品给予补贴，可能既对进口的其他成员方又对出口的其他成员方造成有害的影响，对它们的正常贸易造成不适当的干扰，并阻碍关贸总协定目标的实现。考虑到初级出口产品的特性及要求，按照第 16 条第 3 款的规定，《1994 年关贸总协定》一方面要求各成员方应力求避免对初级产品的输出实施补贴；另一方面，允许一成员方直接或间接给予某种补贴以求增加从它的领土输出某种初级产品。但又规定，可以给予补贴的“初级产品”，是指天然形态的农业、林业、渔业或矿业产品，或为要在国际贸易中能大量销售进行过按习惯需要加工的这种产品（参见《1994 年关贸总协定》附件 9 注释和补充规定对第 16 条第二节的补充说明）。并且，根据第 16 条第 3 款的规定，给予补贴的成员方在实施补贴时不应使它自己在这一产品的世界出口贸易中占有不合理的份额，应适当注意前一个有代表性的时期各成员方在这种产品的贸易中所占的份额及已经影响或正在影响这种产品的贸易的特殊因素。

根据第 16 条第 4 款的规定，对除初级产品以外的任何产品，各成员方不应再直接或间接给予使这种产品的出口价格低于同样产品在国内市场出售时的可比价格的任何形式的补贴。

（三）反倾销税和反补贴税的征收

根据《1994 年关贸总协定》第 6 条第 2 款的规定，成员方为了抵消或防止倾销，可以对倾销的产品征收数量不超过这一产品的倾销差额的反倾销税。

所谓倾销差额，是指按照第 6 条第 1 款确定的倾销价格与产品正常价值之间的价格差额。

根据《1994 年关贸总协定》第 6 条第 3 款的规定，“反补贴税”应理解为：为了抵消商品于制造、生产或输出时所直接或间接接受的任何奖金或补贴而征收的一种特别关税。

根据该条款的规定，一成员方领土的产品输入到另一成员方领土时，对这种产品征收的反补贴税，在金额上不能超过这种产品在原产国或输出国制造、生产或输出时所直接或间接得到的奖金或补贴的估计数额。一种产品在运输时得到的特别补贴，也应包括在这一数额以内。

根据《1994 年关贸总协定》第 6 条第 6 款 b 项的规定，为了抵消倾销或补贴对另一个向进口成员方领土输出某一产品的成员方的领土内某一工业造成的重大损害或产生的重大威胁，成员方全体允许这一进口成员方对有关产品的进口征收反倾销税或反补贴税。根据《1994 年关贸总协定》第 6 条第 6 款 c 项的规定，在某些例外的情况下，如果延迟会造成难以补救的损害，一成员方虽未经成员方全体事前批准，也可以为上述目的而征税。但采取行动后应立即向成员方全体报告，如未获批准，这种征税应立即予以撤销。

（四）其他有关规定

1. 防止滥用本条款的规定

为了防止滥用反倾销税，根据第 6 条第 1 款的规定，在确认某一成员方的出口是否为倾销时，应对每一具体事例的销售条件的差异、赋税的差异以及影响价格可比性的其他差异，予以适当考虑。根据《1994 年关贸总协定》第 6 条第 6 款 a 项的规定，一成员方对另一成员方领土产品的进口，除了断定倾销或补贴的后果会对国内某项已建的工业造成重大损害或产生重大威胁，或者严重阻碍国内某一工业的新建以外，不得征收反倾销税或反补贴税。

2. 不得以其他原因为由征收反倾销税或反补贴税

根据《1994 年关贸总协定》第 6 条第 4 款的规定，一成员方领土的产品输入到另一成员方领土，不得因其免纳相同产品在原产国或输出国用于消费时所需缴纳的税捐或因这种税捐已经退税，即对这种产品征收反倾销税或反补贴税。

3. 不得对同一进口产品同时征收反倾销税和反补贴税

根据《1994 年关贸总协定》第 6 条第 5 款的规定，一成员方的产品输入到另一成员方领土，不得因抵消倾销或出口补贴，而同时对其既征收反倾销税又征收反补贴税。

4. 审慎审查出口价格及必要的磋商程序

在确认一成员方出口价格是否为倾销价格或补贴价格时，应采取客观、审慎的态度。根据《1994 年关贸总协定》第 6 条第 7 款的规定，凡与出口价格变动无关，为稳定国内价格或为稳定某一初级产品生产者的收入而建立的制度，即便有时会使出口商品的售价低于相同产品在国内市场销售时的可比价格，也不应认为造成了第 6 条第 6 款所称的重大损害。如果与有关商品有实质利害关系的各成员方协商后确认存在以下情况，就不应该对该成员方的有关出口征收反倾销税或反补贴税：（1）这一制度也曾使商品的出口售价高于相同产品在国内市场销售时的可比价格；（2）这一制度的实施，由于对生产的有效管制或其他原因，不至于不适当地刺激出口，或在其他方面严重损害其他成员方的利益。

二、海关估价

《1994 年关贸总协定》第 7 条是关于海关估价的条款。海关估价条款是《海关估价协议》（又称《关于履行 1994 年关税与贸易总协定第 7 条的协议》）的原则和基础。《1994 年关贸总协定》第 7 条海关估价条款主要是对海关估价一般原则的规定。

（一）各成员方承担海关估价和海关管理的责任

《1994 年关贸总协定》第 7 条第 1 款指出：各成员方承认该条款所规定的海关估价的一般原则。而且，各成员方还承担义务，保证对所有以价值（价格，或说按从价税作为完税价格）作为输出输入征收关税和其他费用（不包括对进口产品或有关进口产品所征收的内地税或相当于内地税的费用）或实施限制的依据的产品，实施这些规则。另外，经另一成员方提出要求，各成员方应根据这些原则检查各自国家有关海关估价的法令或条例的执行情况，成员方全体可以要求各成员方就执行本条规定所采取的步骤提供报告。

（二）海关估价的一般原则

1. 以“实际价格”作为海关估价的原则

根据《1994 年关贸总协定》第 7 条第 2 款的规定，海关对进口商品的估价，应当以进口商品或相同商品的实际价格，而不得以本国产品的价格或者以武断的或虚构的价格作为计征关税的依据。另根据附件 9 对第 7 条第 2 款的注释和解释，凡以发票价格，加上正当成本（指构成价格的合理因素）的任何未列费用，再加上从一般竞争价格扣除的不正常折扣或其他削价作为“实际价格”的，应当视为符合第 7 条的规定。

2. “实际价格”的范围与标准

根据协定第 7 条第 2 款 b 项的规定，“实际价格”是指，在进口国立法确定的某一时间和地点，在正常贸易过程中，在充分竞争条件下，某一商品或相同商品出售或兜售的价格。为了进一步明确“实际价格”的范围和标准，该条款具体规定下列数量之一的价格属于“实际价格”：(1) 可比数量；(2) 与出口国或进口国贸易之间出售较大商品数量相比，不致使进口商不利的那种数量。

按照第7条第2款c项的规定，在不能按照本条款的上述有关规定确定实际价格时，海关的估价应以可确定的最为接近于实际价格的相当价格为依据。

根据附件9对第7条第2款的有关解释和补充说明，对进口商品的海关估价，允许一成员方统一以进口商品的特定出口价格为基础，或者以相同商品的一般价格水平为基础，来决定海关估价。

3. 海关估价的范围

根据第7条第3款的规定，海关对进口产品的估价，不应包括原产国或输出国所实施的但对进口产品已予免征，或已经退税，或将要予以退税的任何国内税。

4. 对海关估价货币及其汇率的规定

按照第7条第4款的规定，当一成员方为了进行海关估价，须将另一国的货币表示的价格折算成本国货币时，该成员方使用的外汇折算率，应当符合国际货币基金协定条款规定的平价或以基金认可的汇率为依据，或以符合《1994年关贸总协定》第15条要求签订的特别外汇协定规定的平价为依据。如果没有规定的平价或认可的汇率，则折算率应有效地反映这种货币在商业交易中的现行价值。对按照国际货币基金协定条款的规定可以保留多种折算率的外币，成员方全体在取得国际货币基金组织的同意后，应制定管理各成员方折算这种外币的规则。成员方为了进行海关估价，可以对这种外币实施按管理规则进行的外币折算率，以代替平价的使用。在成员方全体未通过这些有关规则以前，成员方为了海关估价的目的，可以对有关货币采用旨在有效反映这种货币在商业交易上的价值而指定的折算规则。

5. 成员方公告其海关估价规则的责任

按照协定第7条第5款规定，各成员方进行海关估价的方法和规则必须保持稳定，并应广为公告，以使贸易商能够相当准确地估计海关的估价。

三、原产地标记

原产地标记是国际贸易中的一项重要规则。几乎所有的货物贸易都涉及产品的原产地。关贸总协定的许多基本原则，如最惠国待遇原则、反倾销反补贴条款、保障条款也都离不开产品原产地的规定。《1994年关贸总协定》第9条较为详细地规定了原产国标记，为澄清和规范贸易产品原产地制定了统一的标准。

《1994年关贸总协定》第9条的主要规定包括下述方面：

(1) 在原产地标记方面应实施最惠国待遇原则。按照协定第9条第1款的规定，一成员方在有关标记规定方面对其他成员方领土产品所给的待遇，应不低于对第三国的相同产品所给的待遇。

(2) 原产地标记不应成为阻碍国际贸易发展和保护主义的工具。根据协定第9条第2款的规定，在采用和贯彻实施原产国标记的法令和条例时，应使这种措施对出口国的贸易和工业可能造成的困难及不便减少到最低程度；但应适当注意防止欺骗性的或易引起误解的标记，以保护消费者的利益。

（3）原产地标记应予以明示，易于识别。根据协定第 9 条第 3 款的规定，只要行政上许可，各成员方应允许所要求的原产国标记在进口时贴在商品上。

（4）各成员方关于原产地规则的法规合理。根据协定第 9 条第 4 款的规定，各成员方的有关进口产品标记的法令和条例，应不至于在遵守办理时会使产品受到严重损害，或大大降低它的价值，或不合理地增加它的成本。

（5）各成员方不得以不按规定办理原产地标记为由对进口产品收取额外税费。根据协定第 9 条第 5 款的规定，各成员方对于输入前未依照规定办理标记的行为，除不合理地拖延不更正，或贴欺骗性的标记，或有意不贴要求的标记以外，原则上不得征收特别税或课以特别处罚。

（6）各成员方在原产地标记方面应进行合作。根据协定第 9 条第 6 款的规定，各成员方应通力合作，制止滥用商业名称假冒产品的原产地，以致使某一成员方领土产品受到当地立法保护的特殊区域名称或地理名称受到损害。

此外，该条款还规定，每一成员方对其他成员方提出的有关对产品名称适用上述义务的要求或陈述，应予以充分考虑。

四、国营贸易企业

国营贸易是指被政府控制的企业所从事的贸易活动。国营贸易与政府采购又有所不同，对于政府采购而言，政府机构购买本国产品或进口产品是为了自己使用或消费。在国营贸易中，进口产品主要是用来在国内市场上销售，购买本国产品也是为了在本国市场上销售或对外国市场出口。

《1994 年关贸总协定》第 17 条对国营贸易企业及其贸易活动应遵循的原则作了规定。鉴于国营贸易企业与政府的特殊关系以及在贸易中的特殊地位和作用，协定中该条款的规定注重对国营贸易企业经营活动的要求和规范，注重政府对企业的管理责任的规定，注重对政府执行协定应负的有关责任和义务的规定，其目的是坚持关贸总协定与世界贸易组织的非歧视原则和透明度原则，促进贸易自由化。

《1994 年关贸总协定》第 17 条对国营贸易企业的定义、国营贸易企业在经营活动中应遵守的基本原则、政府对国营贸易企业的责任，以及政府应如何管理国营贸易企业的贸易活动都作了规定。

五、对某些产品进口的紧急措施

关贸总协定对进口产品实施临时性紧急措施的规定体现在第 19 条中，共 3 款。该条款主要规定了在何种情况下进口国成员方可以对进口实施紧急措施，进口成员方应就实施该类措施与出口成员方进行磋商的要求，以及在有关各方不能就共同行动达成协议的情况下，如何实施对进口的紧急措施。

（一）对某种进口产品实施紧急措施的条件

按照《1994 年关贸总协定》第 19 条第 1 款 a 项的规定，如因意外情况的发生或因一成员方承担本协定义务（包括关税减让在内）而产生的影响，使某一产品输入到这一成员方领土的数量大为增加，对这一领土内相同产品或与它直接竞争产品的国内生产者造成重大的损害或产生重大的威胁时，这一成员方在防止和纠正这种损害所必需的程度和时间内，可以对上述产品全部或部分地暂停实施其所承担的义务，或者撤销或修改减让。根据该条款 b 项的规定，属于优惠减让对象的某一产品，如在本款 a 项所述情形下输入到一成员方领土，并因此对目前或过去享受这种优惠的另一成员方领土内的相同产品或与它直接竞争的产品的国内生产者造成重大损害或产生重大威胁时，经过另一成员方提出请求后，输入这种产品的成员方可以在防止或纠正这种损害所必需的程度和时间内，全部或部分地对这种产品暂停实施所承担的有关减让，或者撤销或修改减让。

因此，实施紧急措施的条件可以归纳为以下四点：（1）某一产品进口大量增加；（2）进口产品的大量增加是因意外情况或与承担包括关税减让在内的关贸总协定规定的有关义务有关；（3）进口产品已经对进口成员方的有关企业造成“重大损害”或产生“重大威胁”；（4）这种“重大损害”或“重大威胁”是由于进口大量增加造成的。

尽管如此，实施紧急措施也必需严格掌握在所必需的程度和时间内，紧急措施应当是临时性的、暂时的。一旦损害消失，这类措施应立即取消，以确保关贸总协定关税减让的基本原则不受侵犯。

（二）紧急措施涉及的磋商责任

根据协定第 19 条第 2 款的规定，成员方在按规定采取行动之前，应尽可能提前书面通知全体成员，以便成员方全体及与这项产品的出口有实质利害关系的成员方，有机会与它就拟采取的行动进行协商。如涉及的是有关优惠方面的减让，在书面通知中应注明要求采取行动的成员方的名称。在紧急情况下，如果延迟会造成难以补救的损害，不经事前协商，可以采取紧急措施，但在采取行动后，必须立即进行协商。

（三）按照最惠国待遇原则实施紧急措施的安排

根据协定第 19 条第 3 款 a 项的规定，如在有利害关系的成员方之间不能就实施紧急措施达成协议，则提议采取或维持这项行动的成员方仍然可以执行紧急措施。受到影响的成员方在该项措施实施后 90 天以内，可以从成员方全体收到暂停实施减让的书面通知之日起 30 天期满以后，对采取这项行动的成员方的贸易，暂停实施本协定规定的那些大体上对等的减让或其他义务，或对对方成员属于优惠减让对象的产品，暂停实施这种减让或优惠义务。即在最惠国待遇原则基础上，紧急措施应适用于所有进口国的同类产品。但条件是成员方全体对此不表示异议。

六、适用范围

《1994 年关贸总协定》就成员方的接受、生效、登记及其规则的领土适用范围都作了具体、明确的规定，这些法律规定集中在协定的第 24 条第 1 款和第 2 款、第 26 条第 5 款以及第 33 条的有关内容。

（一）世界贸易组织成员方资格取得的三种方式

关税与贸易总协定作为一项国际多边贸易协定，由参加协定的缔约方（Contracting

Party）组成，后在世界贸易组织建立后，改为成员方（Member）。

世界贸易组织成员方资格的获得主要有以下三种形式：（1）关贸总协定创始成员方；（2）按《1994 年关贸总协定》第 33 条加入的成员方；（3）按《1994 年关贸总协定》第 26 条第 5 款加入的成员方。

（二）边境贸易

按照《1994 年关贸总协定》第 24 条第 3 款的规定，该协定的各项规定，不阻止任何成员方为便利边境贸易对毗邻国家给予某种利益；但这些利益不能与第二次世界大战后缔结的和平条约相抵触。

（三）关税同盟与自由贸易区

尽管区域经济一体化从本质上来说是违背世界贸易组织的基本原则的，特别是违背最惠国待遇原则的。但是在实际的发展中，区域经济一体化对世界经济和贸易的发展，也有着一定的积极作用，首先对区域内贸易自由化有极大的推动作用。因此，《1994 年关贸总协定》把关税同盟和自由贸易区作为一项重要例外，允许成员方成立关税同盟和自由贸易区，并且“以一个单独关税领土代替两个或两个以上的关税领土”的形式作为世界贸易组织的成员方适用总协定的各项规定。

（四）《关贸总协定》适用的领土范围

根据《1994 年关贸总协定》第 24 条第 1 款的规定，《关贸总协定》的各项规定，应适用于成员方本国的关税领土，适用于按照第 26 条接受本协定（如前所述，即按照“继承方式”加入的成员方）或按照第 33 条或《临时适用议定书》实施本协定的任何其他单独关税领土。

《1994 年关贸总协定》第 24 条第 2 款规定，本协定所称的关税领土，应理解为一个与其他领土之间的大部分贸易保持着单独税率或其他单独贸易规章的领土。

因此，《关贸总协定》的适用范围，包括所有成员方的关税领土范围。无论这一成员方是创始成员方，还是根据《关贸总协定》有关条款的要求后来申请加入的，还是根据第 26 条的规定以“继承的方式”加入的。所谓关税领土范围，既可以是一个主权国家的全部关税领土，也可以是一个主权国家中享有单独处理对外贸易关系及其事务自主权的单独关税区。在关贸总协定基础上发展和建立的世界贸易组织，虽然由关贸总协定这样一个临时适用的多边贸易协定，发展成为一个比较完整的包括货物、服务、与贸易有关的投资及知识产权等在内的更具活力、更持久的多边贸易体系或曰国际经济组织，其加入该国际经济组织的各方也由关贸总协定的“缔约方”转变成为“成员方”，但世界贸易组织规则的领土适用范围与关贸总协定一致，仍是“各成员方”的关税领土范围。

七、发展中国家的优惠待遇

给予发展中国家差别和更优惠的待遇，经历了一个演变的过程。在《1947 年关贸总协定》中，提出给予“只能维持低生活水平，经济处于发展初级阶段”的缔约方，在关税减让和数量限制方面具有一定的酌处权，从整个总协定的结构来看，第 18 条规定是关贸总协定诸项基本原则的一种例外规定。1965 年，关贸总协定增补第四部分“贸易与发展"，鼓励发达国家支持发展中国家。第 36 条明文规定发达国家成员方对他们在贸易谈判中对发展中国家成员方贸易所承诺的降低或消除关税及其他贸易壁垒的义务不能指望互惠，即所谓"发达国家与发展中国家之间的非互惠安排"。1979 年东京回合多边贸易谈判达成《对发展中国家的差别和更为优惠的待遇、对等及更全面的参与》的协议，确立和通过了著名的"授权条款"。"授权条款"的实施使对发展中国家实行"差别和更优惠的待遇"作为最惠国待遇的一项重要例外而在关贸总协定的法律框架内取得了合法地位。在乌拉圭回合中，由于广大发展中国家的共同努力，最后达成的一揽子协议，使得由关税与贸易总协定第四部分和"授权条款"等有关规定所确立的对发展中国家实行差别和更优惠待遇的原则得到了更广泛、更全面的体现。几乎每个多边贸易协议都明确规定了给予发展中国家以优惠待遇。

《1994 年关贸总协定》第 18 条是关于发展中国家政府对经济发展的援助的条款。该条款规定，发展中国家政府对经济发展，尤其是对特定工业的兴建和发展可以提供援助。

思考题

1. 1994 年关贸总协定与 1947 年关贸总协定相比，有何特点？
2. 乌拉圭回合谈判后，发达国家成员关税出现了什么变化？
3. 发展中国家可以得到哪些特殊待遇？
4. 海关估价的一般原则是什么？
5. 1994 年关贸总协定的主要例外条款有哪些？

第七章
纺织品与服装协议和农业协议

内容提要

本章介绍了《纺织品与服装协议》和《农业协议》产生的背景，两个协议的主要内容和两类产品自由化的进程。

“乌拉圭回合”首次达成了《纺织品与服装协议》和《农业协议》，这是针对具体产品的多边协议。从此，纺织品与服装和农产品贸易被纳入多边贸易体制的有效约束之中，开始了自由化进程。

第一节 纺织品与服装协议

《纺织品与服装协议》是一个阶段性协议。其主要目的是，在1995年1月1日至2004年12月31日的10年有效期内，逐步取消纺织品与服装贸易限制，长期背离多边贸易规则的纺织品与服装贸易，最终纳入世界贸易组织规则的框架之内，从而进一步推动纺织品与服装领域的贸易自由化。

一、产生背景

纺织品与服装贸易在世界货物贸易中占有重要的地位。长期以来，美国等发达国家对竞争力逐渐衰退的本国纺织品与服装产业，实行贸易保护主义政策。由于他们的压力和推动，从1961年开始，在1947年关税与贸易总协定范围内，先后形成了《短期棉纺织品协议》和《长期棉纺织品贸易协议》，1974年又扩大到《多种纤维协议》，并成立了专门的纺织品监督机构。该机构负责监督《多种纤维协议》的执行，处理参加方之间的争端。《多种纤维协议》一直实行到1995年1月1日世界贸易组织成立为止。

在长达20多年的时间里，发展中国家和地区对发达国家的纺织品与服装的贸易，就是在《多种纤维协议》规则的框架内进行的。《多种纤维协议》规定，如果进口的某一纺织或服装产品，对进口方相关产品的市场产生扰乱或扰乱威胁，进口方可以采取选择性进口数量限制，即针对特定国家实行进口配额限制。这是对《1947 年关税与贸易总协定》非歧视原则和禁止数量限制原则的严重背离。

随着发展中国家在《1947 年关税与贸易总协定》中的地位与作用不断加强，他们对发达国家纺织品与服装进口的歧视性体制表示出强烈不满。1981 年 11 月，发展中国家和地区在哥伦比亚召开协调会，发表了《波哥大宣言》，强调在未来的谈判中加强团结与合作，并首次提议将纺织品与服装贸易纳入《1947 年关税与贸易总协定》规则中。在他们的努力下，《1947 年关税与贸易总协定》对纺织品与服装贸易问题日益关注，于 1984 年发表了《世界经济中的纺织品与服装》研究报告，同时专门成立了一个纺织品与服装工作组，研究和审议放宽纺织品与服装贸易限制，乃至使它们纳入关税与贸易总协定框架的可能性。

1984 年，中国加入《多种纤维协议》，并于 1990 年成为纺织品监督机构的成员。1986 年，发展中国家和地区在北京召开协调会议，发表了《北京宣言》，进一步敦促发达国家开放纺织品与服装市场。

“乌拉圭回合”把纺织品与服装贸易列为 15 个谈判议题之一，并确定将纺织品与服装贸易纳入关税与贸易总协定规则的谈判目标。经过发展中国家和地区的不懈努力和坚决斗争，发达国家被迫作出较大妥协，谈判各方终于在 1993 年 12 月达成了《纺织品与服装协议》。该协议用来取代《多种纤维协议》，为最终取消配额限制制定了过渡性安排。《纺织品与服装协议》是世界贸易组织各项协议中惟一规定了自行废止内容的协议。

二、主要内容

《纺织品与服装协议》有 9 个条款，1 个附件。主要包括适用产品的范围，分阶段取消配额限制，过渡性的保障措施，非法转口的处理，设立纺织品监督机构等。

（一）适用产品范围

在《纺织品与服装协议》的附件中，列明了逐步取消配额限制的产品范围，包括毛条和纱、机织物、纺织制品、服装等四个组，涉及《商品名称及编码协调制度》中第 50 ~ 63章的全部产品和第 30 ~ 49 章、第 64 ~ 96 章的部分产品，依照海关 6 位数编码共约 800 个税号，囊括了成员方根据《多种纤维协议》已实行进口数量限制的全部产品，也包括少量的非《多种纤维协议》数量限制产品。

（二）分阶段取消配额限制

《纺织品与服装协议》要求，成员方不得设立新的纺织品与服装贸易限制，并逐步取消已有的限制。这一规定通常称为“经济条款”。具体做法是，按比例逐步取消附件中所列产品的配额限制，对尚未取消限制的产品逐步扩大进口配额。

对于不符合《1994 年关税与贸易总协定》规定的、《多种纤维协议》以外的限制，由成员方自行决定，可以在《建立世界贸易组织协定》生效 1 年内取消，或者在 10 年过渡期内逐步取消。

1. 配额限制被逐步取消的产品

《纺织品与服装协议》第 2 条规定，对于其附件中所列产品，应在 10 年内分四个阶段取消进口数量限制。

第一阶段，1995 年 1 月 1 日至 1997 年 12 月 31 日。成员方在 1995 年 1 月 1 日取消配额限制的产品比例，不低于 1990 年该成员方进口附件中所列产品总量的 16%。

第二阶段，1998 年 1 月 1 日至 2001 年 12 月 31 日。成员方在 1998 年 1 月 1 日取消配额限制的产品比例，不低于 1990 年该成员方进口附件中所列产品总量的 17%。

第三阶段，2002 年 1 月 1 日至 2004 年 12 月 31 日。成员方在 2002 年 1 月 1 日取消配额限制的产品比例，不低于 1990 年该成员方进口附件中所列产品总量的 18%。

第四阶段，2005 年 1 月 1 日，成员方取消所有剩余产品（占 1990 年该成员方进口附件中所列产品总量的 49%）的配额限制，届时《纺织品与服装协议》自行终止。

在符合规定比例的前提下，每个成员可自主决定各个步骤中取消配额限制的具体产品类别，但必须包括以下四组产品：毛条和纱、机织物、纺织制品、服装。成员方在各个步骤取消配额限制的产品清单，应提前一年通知世界贸易组织。

2. 逐步增加配额数量

对尚未取消配额限制的产品，要逐步放宽限制，增加配额数量。具体做法是，以《多种纤维协议》达成的双边协议中的现行配额数量为基础，从 1995 年 1 月 1 日起，通过提高配额年度增长率的方式，逐年增加配额数量。

提高配额年增率的具体步骤是：从 1995 年 1 月 1 日起，在《多种纤维协议》规定的年增长率基础上增加 16% ，作为第一阶段的年增长率；从 1998 年 1 月 1 日起，在第一阶段年增长率的基础上再增加 25%，作为第二阶段的年增长率；从 2002 年 1 月 1 日起，在第二阶段年增长率的基础上又增加 27%，作为第三阶段的年增长率；第四阶段于 2005 年 1 月 1 日完全取消配额。

对于结转（本年度剩余配额转入下年度）、类转（各个配额类别之间进行数量转移）和预借（下年度配额提前到本年度使用）等灵活条款的混合使用，不实行比例的限制。

《纺织品与服装协议》将逐步取消配额限制的进程，与各成员在“乌拉圭回合”其他领域所作的影响纺织品与服装贸易的承诺挂钩。所有成员应采取削减和约束关税，减少或取消非关税壁垒等措施，改善纺织品与服装的市场准入；在反倾销措施、补贴和反补贴措施以及知识产权保护等方面，保证实施可使纺织品与服装贸易以公平、公正进行的政策；在由于总体贸易政策原因采取措施时，避免对纺织品与服装进口造成歧视。

如果任何成员认为另一成员未采取上述措施，使《纺织品与服装协议》项下的权利和义务的平衡受到破坏，该成员可向世界贸易组织的争端解决机构提出申诉。如争端解决机构裁决被诉方未遵守《纺织品与服装协议》，可以授权申诉方对被诉方原本自动享受的下一阶段配额的年度增长率进行调整。

分阶段取消配额限制的情形，如表 7.1 所示。

表 7.1　　实施《纺织品与服装协议》的四个阶段

阶段	纳入《1994 年关税与贸易总协定》的产品比例（%）	剩余配额的年增长率（%）
第一阶段（1995 年 1 月 1 日至 1997 年 12 月 31 日）	16	6.96
第二阶段（1998 年 1 月 1 日至 2001 年 12 月 31 日）	17	8.7
第三阶段（2002 年 1 月 1 日至 2004 年 12 月 31 日）	18	11.05
第四阶段（2005 年 1 月 1 日《纺织品与服装协议》终止）	49	配额全部取消

注：（1）表中“纳入《1994 年关税与贸易总协定》的产品比例”，以 1990 年进口量为基数。
（2）表中“剩余配额的年增长率”，以 1994 年《多种纤维协议》下使用的年增长率 6% 为基础。实际上，由于被限制的国别和产品不同，所适用的基础年增长率也有所不同。

（三）过渡性保障措施

过渡性保障措施，是指某项纺织品或服装的配额限制取消之前，若进口方证明该产品进口数量剧增，对国内有关产业造成严重损害或有严重损害的实际威胁，并且自单个国家的进口出现急剧和实质性的增加，则可针对该出口方采取保护行动。

过渡性保障措施只允许针对尚未纳入《1994 年关税与贸易总协定》规则的产品使用，而已纳入《1994 年关税与贸易总协定》的产品应采用世界贸易组织的保障措施。

过渡性保障措施可以在双方磋商同意后采取，磋商未能达成协议也可以单方面采取，但均须接受纺织品监督机构的审议。进口限制水平，应不低于提出磋商请求当月的前两个月之前的 12 个月的实际进口或出口水平。过渡性保障措施可以维持 3 年，不得延长，当该产品纳入《1994 年关税与贸易总协定》约束时，即自行终止。过渡性保障措施的实施时间超过一年，则随后各年的进口限制水平，应在第一年限制水平基础上每年至少增长 6%，除非向纺织品监督机构提出其他正当理由。

在使用过渡性保障措施的规定时，应给予最不发达国家、小供应国、新进入市场的国家等以更优惠的待遇。

任何成员欲保留使用过渡性保障措施的权利，应在规定的时间内通知纺织品监督机构。绝大多数世贸组织成员保留了这一权利，并同时提交了逐步取消纺织品与服装限制的方案。只有少数几个世贸组织成员放弃了这一权利，这些成员被认定已将附件所列产品全部纳入《1994 年关税与贸易总协定》，提前实现了自由化。

（四）非法转口的处理

非法转口又称“舞弊”，是指通过转运、改道、谎报原产地或原产国、伪造文件来规避协议的规定和逃脱配额管理的做法。只要有纺织品与服装贸易的配额制度存在，就有可能出现非法转口。不仅进口方关注打击非法转口问题，出口方以及中转方也都重视并防止产生非法转口问题。在处理此类问题时，有关各方要进行磋商，并充分合作开展调查。

如有足够的证据说明进口产品属非法转口，进口方在与涉及非法转口的出口方以及其他有关参与方进行磋商之后，可以采取适当行动，包括拒绝清关，如产品已经入境，则可以扣除有关出口方相应数量的配额。

《纺织品与服装协议》还规定，所有世贸组织成员应在符合本国法律和程序的情况下，制定必要的法规和行政措施来处理并打击非法转口行为。

（五）纺织品监督机构

世界贸易组织专门设立纺织品监督机构，发挥调解和准司法的作用。该机构是一个常设机构，由 1 名独立主席和 10 名成员组成。成员的组成应具有广泛的代表性，还应按适当的间隔期进行轮换。纺织品监督机构的成员，由货物贸易理事会指定的世界贸易组织成员任命，他们以个人身份履行职责，以协商一致方式作出决定。

纺织品监督机构负责监督《纺织品与服装协议》的实施，审查成员所采取的措施是否符合协议的规定，包括各成员的纺织品与服装贸易自由化方案，以及所采取的过渡性保障措施等，并就这些事项提出建议或作出裁决。各成员应尽量全面接受这些建议或裁决，如不能接受，应说明理由，纺织品监督机构在审议后，再次提出建议；如仍未解决问题，有关成员可以通过世界贸易组织争端解决机制处理。在过渡期的每一个阶段结束时，纺织品监督机构还须向货物贸易理事会提交一份全面报告。

第二节 农业协议

《农业协议》主要从市场准入、国内支持、出口竞争等方面对成员作出了约束。这是《1994 年关税与贸易总协定》的基本原则和规则在国际农产品贸易领域的具体应用。

一、谈判背景

农产品贸易作为一个特殊的领域，一直游离于关税与贸易总协定规则的有效约束之外，农业保护深深地植根于发达国家的农业政策之中，以至于在《1947 年关贸总协定》“肯尼迪回合”以后的多边贸易谈判中，尽管试图将农产品贸易问题纳入关税与贸易总协定的管理框架，但都未能如愿以偿。由于不能对农业保护主义进行有效的约束，发达国家利用《1947 年关税与贸易总协定》的体制缺陷，一方面极力推行农业支持和进口限制政策，造成农产品生产过量和结构严重失衡；另一方面又为缓解库存压力，处理剩余产品，通过巨额出口补贴向国际市场大量销售农产品。这些做法导致国际农产品贸易冲突在 20 世纪 80 年代初不断升级，严重扭曲了国际农产品市场。

1986 年“乌拉圭回合”启动时，农产品贸易问题被列为该轮谈判的中心议题之一。

农业谈判主要在三大利益集团之间展开。三大利益集团是美国、欧洲共同体和凯恩斯集团（由澳大利亚、加拿大、阿根廷、巴西、智利、新西兰、哥伦比亚、斐济、匈牙利、印度尼西亚、马来西亚、菲律宾、泰国和乌拉圭组成）。谈判的目标是，减少农业补贴和保护，建立一个公正的、以市场为导向的国际农产品贸易体系，从根本上纠正国际农产品市场中存在的扭曲现象。由于农产品贸易谈判各方利益冲突，谈判曾数度陷入破裂的边缘。经过艰苦的努力，参加方终于在1993年12月15日达成了《农业协议》。

二、主要内容

《农业协议》分为13个部分，有21个条款和5个附件。包括适用的产品范围，农产品贸易规则，给予发展中成员特殊和差别待遇，以及在世界贸易组织中建立农业委员会等内容。

（一）适用的产品范围

以《商品名称及编码协调制度》为基础，《农业协议》定义的农产品范围是：

1. 《商品名称及编码协调制度》中第1~24章包括的产品（鱼及鱼产品除外）。

2. 税号2905.43（甘露糖醇）、税号2905.44（山梨醇）、税号33.01（精油）、税号35.01~35.05（蛋白类物质、改性淀粉、胶）、税号3809.10（整理剂）、3823.60（2905.44以外的山梨醇）、税号41.01~41.03（生皮）、税号43.01（生毛皮）、税号50.01~50.03（生丝和废丝）、税号51.01~51.03（羊毛和动物毛）、税号52.01~52.03（原棉、废棉和已梳棉）、税号53.01（生亚麻）、53.02（生大麻）。

（二）农产品贸易规则

有关农产品贸易的规则，主要表现在约束农产品市场准入、农业国内支持、出口补贴以及实施卫生与植物卫生措施等方面。对于发展中成员在前三个方面的义务，《农业协议》还规定了特殊和差别待遇。

1. 农产品市场准入

所谓市场准入（Market Access），是指一国允许外国的货物、劳务与资本参与国内市场的程度。针对许多国家利用关税及非关税壁垒限制农产品进口的情况，《农业协议》要求成员方将非关税措施转化为关税，并逐步降低关税，以保证一定水平的市场准入机会。

（1）非关税措施的关税化

各成员方在其承诺范围内，将采取的非关税措施转换成同等保护程度的关税措施，再加上产品原有的正常关税税率构成混合关税，然后再逐步降低混合进口税率。这里的非关税措施包括进口数量限制、进口许可、自动出口限制以及通过国营贸易维持的非关税措施等。如果某一成员方不将其实施的非关税措施转换成关税，则其必须保证每年以较低的关税水平进口一定数量的外国农产品，称为最低市场准入机会。制定相应进口关税（从量税或从价税）的依据是关税等值。某种农产品的关税等值，等于该产品的国内市场平均价格减去该产品或相近产品的国际市场平均价格；某种农产品加工品的关税等值，等于农产品原料的关税等值乘以农产品原料占农产品加工品的比重。

在某种条件下，允许个别成员推迟进行关税化。

（2）约束关税（Bound Tariff）

约束所有农产品关税，包括关税化后的关税，即任何时期的最高关税税率都是固定的。

（3）降低关税

各成员方承诺在实施期内按一定比例逐年削减关税税率。其中，发达国家和过渡经济国家均承诺在协议实施期内（1995～2000 年）平均削减 36% 的关税；发展中国家成员方在其协议实施期内（1995～2005 年）平均削减 24% 的关税。同时，为了防止某些成员方出于保护本国特定农产品的目的，对无关紧要的产品多削减，对需要保护的产品少削减或不削减，协议还规定了每一项产品的最低削减幅度：发达国家为 15%，发展中国家为 10%，最不发达国家则不承担农产品关税削减的义务。

（4）最低市场准入量

最低市场准入量指对那些过去因高度限制没有进口或很少进口的农产品，各成员必须作出最低市场准入机会承诺，以扩大农产品的进口量，促进农产品贸易自由化。实施最低市场准入条件是以 1986～1988 年为基准期，有关成员在这一期间进口必须进行关税化的农产品，如达不到国内消费量的 5%，则应承诺最低数量的进口准入机会。在关税减让实施期的第一年，应承诺的最低进口准入数量应为基准期国内消费量的 3%，在实施期结束时应该提高到 5%。如基准期的进口数量超过国内消费量的 5%，则应维持原有的市场准入机会。通过关税配额实施最低的市场准入，配额内的进口享受较低或最低的关税，配额外的进口缴纳关税化后的关税。最低市场准入，保证了所有农产品都有贸易机会。

表 7.2　成员方部分农产品最低准入机会承诺（单位：1000 吨）

产品	在基期与实施完成期之间市场准入的扩大	
	总量	部分分类产品
谷物	1757	玉米（1065）；大麦（552）
大米	1076	
小麦	807	
奶制品	729	牛奶和奶油（305）；奶粉（147）；奶酪（132）；乳清粉
肉类	421	（83）牛肉（186）；猪肉（133）；禽肉（94）
蔬菜	355	土豆（197）；葱头、大蒜（39）；白菜（32）
糖	292	
鸡蛋	252	
水果	130	
油饼及油籽	126	柑橘（64）；苹果、梨、桃、杏、樱桃（28）；香蕉（13）
植物油	110	
棉花	61	
咖啡	21	
巧克力	19	

资料来源：世界贸易组织秘书处。

（5）特殊保障机制

根据《农产品协议》第5条的规定，成员方对将非关税措施予以关税化的进口产品，在发生下列情况时可以征收额外的附加税，作为关税化的“特别保障措施”。成员通过谈判获得使用该机制的权利，并在其承诺表中注明。启用该机制的前提条件是，某年度的进口量超过前3年进口量的平均水平（根据该成员进口量占消费量的比例确定），或者进口价格低于1986～1988年进口参考价格平均水平10%。

（6）最不发达成员列入关税化及关税约束，但免于削减关税承诺。

2. 农业国内支持

国内支持措施是世界贸易组织各成员对农产品实施的价格支持、直接支持以及其他补贴形式的国内保护措施。为消除农业国内支持措施对农产品贸易产生的不利影响，WTO《农业协议》并不笼统禁止成员对国内农业采取支持政策，而是将国内支持措施分为两种类型：一种是要求削减承诺的国内支持措施，又称为“黄箱政策”；另一种是可免除削减承诺的国内支持措施，包括：“绿箱”措施、“蓝箱”措施、微量支持措施、特殊和差别待遇等，以区别对待。

（1）“绿箱”措施（Green Box Measures）

根据世界贸易组织《农业协议》第6条第1款及附件2“国内支持：免除消减承诺的基础”规定，“绿箱”措施是指，由政府提供的、其费用不转嫁给消费者，且对生产者不具有价格支持作用的政府服务计划。这些措施对农产品贸易和农业生产不会产生或仅有微小的扭曲影响，成员方无须承担约束和削减义务。

“绿箱”措施主要包括：政府一般性农业服务支出，如农业科研、病虫害控制、培训、推广和咨询服务、检验服务、农产品市场促销服务、农业基础设施建设等；由于粮食安全目的的公共存储所需费用；粮食援助补贴；与生产不挂钩的收入补贴；收入保险计划；自然灾害救济补贴；农业生产者退休或转业补贴；农业资源储备补贴；农业结构调整投资补贴；农业环境保护补贴；落后地区援助补贴等。①

（2）“黄箱”措施（Amber Box Measures）

《农业协议》规定的“黄箱”措施是指政府对农产品的直接价格干预和补贴，包括对种子、肥料、灌溉等农业投入品的补贴，对农产品营销贷款的补贴等。这些措施对农产品贸易产生扭曲，成员方必须承担约束和削减补贴义务。

通常用综合支持量来衡量“黄箱”补贴的大小。综合支持量是指，为支持农产品生产者而提供给某种农产品，或为支持广大农业生产者而提供给非特定产品的年度支持水平，一般用货币单位表示。

《农业协议》规定，自1995年开始，以1986～1988年为基准期，发达国家成员在6年内逐步将综合支持量削减20%，发展中国家成员在10年内逐步削减13%，最不发达国家不需要削减。在此期间内，每年的综合支持量不能超过所承诺的约束水平。对特定农产品或所有农产品的支持，实行微量允许，即只要综合支持量不超过该产品生产总值或农业

① 张静河编著：《WTO农业协议：规范与承诺》，黄山书社2000年版，第30～37页。

生产总值的5%（发展中国家成员为10%），就不须削减。发展中国家成员的一些“黄箱”措施也被列入免予削减的范围。主要包括农业投资补贴；对低收入或资源贫乏地区生产者提供的农业投入品补贴；为鼓励生产者不生产违禁麻醉作物而提供的支持等。

（3）“蓝箱”措施（Blue Box Measures）

《农业协议》规定的“蓝箱”措施是指，按固定面积和产量给予的补贴（如休耕补贴，控制牲畜量）；按基期生产水平的85%或85%以下给予的补贴；按固定牲畜头数给予的补贴。这些补贴与农产品限产计划有关，成员方不须承担削减义务。

3. 出口补贴（Export Subsidies）

出口补贴又称出口津贴，是一国政府为了降低出口商品的价格，增加其在国际市场的竞争力，在出口某商品时给予出口商的现金补贴或财政上的优惠待遇。直接补贴是指政府在商品出口时，直接付给出口商的现金补贴。其目的是为了弥补出口商品的国际市场价格低于国内市场价格所带来的损失。有时候，补贴金额还可能大大超过实际的差价，这已包含出口奖励的意味。这种补贴方式以欧盟对农产品的出口补贴最为典型。据统计，1994年，欧盟对农民的补贴总计高达800亿美元。间接补贴是指政府对某些商品的出口给予财政上的优惠。如退还或减免出口商品所缴纳的销售税、消费税、增值税、所得税等国内税，对进口原料或半制成品加工再出口给予暂时免税或退还已缴纳的进口税，免征出口税，对出口商品实行延期付税、减低运费、提供低息贷款、实行优惠汇率以及对企业开拓出口市场提供补贴等。其目的仍然在于降低商品成本，提高国际竞争力。

出口补贴是一项对贸易产生严重扭曲的政策措施，《农业协议》不禁止成员对农产品出口实行补贴，但要削减出口补贴。

（1）出口补贴的减让承诺

以1986～1988年的平均数值作为基数，发达国家成员方在实施期内（1995～2000年）将农产品出口补贴金额和受补贴产品的数量分别削减36%和21%；发展中国家成员方在实施期内（1995～2005年）将农产品出口补贴金额和受补贴产品的数量分别削减24%和14%。最不发达成员不须作任何削减。各国减让的具体情况可参考表7.3：

表7.3　　农产品生产者国内支持的削减（单位：100万美元）

成员方	基数水平	最终水平	减让幅度（%）
总额	197721	162497	18
欧盟	92390	76930	17
日本	35472	28378	20
美国	23879	19103	20
墨西哥	9669	8387	13
加拿大	4650	2720	20
芬兰	4186	3349	20

（续表）

成员方	基数水平	最终水平	减让幅度（%）
波兰	4160	3329	20
韩国	4086	3543	13
瑞士	3769	3016	20
瑞典	3429	2743	20
奥地利	2534	2027	20
挪威	2247	1797	20
委内瑞拉	1305	1131	13
巴西	1053	912	13
泰国	866	745	14
捷克	717	574	20
以色列	654	596	13
新西兰	210	168	20
匈牙利	613	490	20
澳大利亚	460	368	20
斯洛伐克	435	348	20
哥伦比亚	398	345	13
冰岛	222	177	20
塞浦路斯	127	110	13
摩洛哥	93	81	13
突尼斯	76	66	13
哥斯达黎加	18	16	11
南非	3	2	13

资料来源：世界贸易组织秘书处。

（2）应实施减让的出口补贴的范围

根据《农业协议》第9条规定，下列出口补贴措施受到削减承诺的约束：视出口实绩而提供的直接补贴；以低于同类农产品的国内价格，将非商业性政府库存处置给出口商而形成的补贴；利用征收的农产品税，对相关农产品的出口补贴；农产品的出口营销补贴（发展中成员除外）；出口农产品的国内运费补贴（发展中成员除外）；视出口产品所含农产品情况，对所含农产品提供的补贴。

（3）成员方应该控制补贴的扩大，如果在基期没有对某种农产品进行出口补贴，则禁止该成员将来对这种农产品出口进行补贴。

4. 卫生与植物卫生措施

与农产品贸易有关的卫生与植物卫生措施，应遵循世界贸易组织《实施卫生与植物卫生措施协议》的规定。

5. 出口禁止与限制

根据《农产品协议》第12条的规定，如果一成员方采取禁止或限制食品出口的措施，它应遵守以下规定：

（1）它应充分考虑这一禁止或限制措施对进口成员方食品安全的影响。

（2）任一成员方在采取这类禁止或限制措施前应尽量提前以书面形式通知农业委员会，通知的内容应包括此类措施的性质及实施期限等。该成员方还应根据受此措施影响的利害关系方的请求与之进行磋商，并向对方提供必要的资料。

上述规定不适用于发展中国家成员方，但如果该成员方是有关特定食品的净出口国，则它应受此规定约束。

（三）关于继续农产品贸易改革的规定

在发达国家成员承诺实施期结束前一年，世界贸易组织成员应开始新的谈判，以继续农产品国际贸易改革进程。有关继续农产品贸易改革的规定，如表7.4所示。

表7.4 "乌拉圭回合"有关农业补贴和保护的削减比例

项目名称	发达成员（1995～2000年）	发展中成员（1995～2004年）	最不发达成员
关税 全部农产品平均削减 每项农产品最低削减	 36% 15%	 24% 10%	 0% 0%
国内支持 综合支持量削减 （基期：1986～1988年）	 20%	 13%	 0%
出口补贴 补贴额削减 补贴量削减 （基期：1986～1990年）	 36% 21%	 24% 14%	 0% 0%

注：（1）最不发达成员不须承诺削减关税或补贴。

（2）关税削减的基础税率为1995年1月1日前的约束税率；对于原未约束的关税，基础税率为1986年9月"乌拉圭回合"开始时的实施税率。

（3）《农业协议》不禁止农产品出口补贴，但要削减出口补贴。

（四）农业委员会

为便利《农业协议》的实施，世界贸易组织成立了农业委员会。农业委员会的主要职责是，审议成员方执行“乌拉圭回合”中所作承诺的进展情况，为成员方提供讨论与执行《农业协议》任何事项的机会。

思考题

1. 为何把《纺织品与服装协议》叫做阶段性协议？
2. 农业协议谈判的背景是什么？
3. 国内农业支持的三种措施含义是什么？
4. 为什么农产品的贸易保护度大于工业品？
5. 什么样的出口补贴措施受到削减承诺的约束？

第八章

非关税措施协议

内容提要

本章主要介绍世界贸易组织负责实施管理的非关税措施协议的基本内容，这些协议主要有:《实施卫生与植物卫生措施协议》、《技术性贸易壁垒协议》、《海关估价协议》、《装运前检验协议》、《原产地规则协议》、《进口许可程序协议》、《与贸易有关的投资措施协议》等。

第一节　实施卫生与植物卫生措施协议

《实施卫生与植物卫生措施协议》是“乌拉圭回合”达成的一个新协议。其宗旨是指导世贸组织各成员制定、采用和实施卫生与植物卫生措施，将这些措施对贸易的消极影响减少到最低程度。

一、产生背景

《1947年关税与贸易总协定》允许缔约方采取卫生与植物卫生措施，前提是这些措施不得对情形相同的成员构成任意或不合理的歧视，也不得构成对国际贸易的变相限制。但在实践中，一些缔约方滥用卫生与植物卫生措施，阻碍了正常的国际贸易。而《1947年关税与贸易总协定》有关条款的规定过于笼统，难以操作，不能有效地约束缔约方滥用卫生与植物卫生措施。因此，国际贸易的发展客观上要求制定一个明确和便于执行的具体规则。

在“乌拉圭回合”中，实施卫生与植物卫生措施问题起初作为《农业协议》谈判内容的一部分。当时许多缔约方担心，在农产品非关税措施被转换成关税以后，某些缔约方可能会更多地、不合理地使用卫生与植物卫生措施，阻碍国际贸易发展。为消除这种威胁，“乌拉圭回合”达成了《实施卫生与植物卫生措施协议》，同时在《农业协议》中设有专门条款，世贸组织成员方同意执行《实施卫生与植物卫生措施协议》。

《实施卫生与植物卫生措施协议》与《技术性贸易壁垒协议》有一定的联系，前者吸收了后者的文本结构。两者的根本区别在于各自的管辖范围不一样，前者仅涉及食品安全、动物卫生和植物卫生三个领域；后者涉及范围广泛，除与上述三个领域有关的实施卫生与植物卫生措施外，其他所有产品的技术法规和标准都受其管辖。例如，进口瓶装饮用水的制瓶材料是否对人无害，所装饮用水是否有污染等，属于《实施卫生与植物卫生措施协议》管辖；而瓶子的体积大小、形状是否符合超市货架摆放和展示，则属于《技术性贸易壁垒协议》管辖。

二、主要内容

《实施卫生与植物卫生措施协议》由 14 个条款和 3 个附件组成。主要内容包括：应遵循的规则；发展中成员所享有的特殊和差别待遇；卫生与植物卫生措施委员会的职能；争端解决等。

（一）卫生与植物卫生措施的含义

卫生与植物卫生措施，指成员方为保护人类、动植物的生命或健康，实现下列具体目的而采取的任何措施：

1. 保护成员方领土内人的生命免受食品和饮料中的添加剂、污染物、毒素及外来动植物病虫害传入危害。

2. 保护成员方领土内动物的生命免受饲料中的添加剂、污染物、毒素及外来病虫害传入危害。

3. 保护成员方领土内植物的生命免受外来病虫害传入危害。

4. 防止外来病虫害传入成员方领土内造成危害。

卫生与植物卫生措施包括：所有相关的法律、法规、要求和程序，特别是最终产品标准；工序和生产方法；检测、检验、出证和审批程序；各种检疫处理；有关统计方法、抽样程序和风险评估方法的规定；与食品安全直接有关的包装和标签要求等。

（二）应遵循的规则

《实施卫生与植物卫生措施协议》规定，成员在制定和实施卫生与植物卫生措施时，应遵循以下规则。

1. 非歧视地实施卫生与植物卫生措施

成员方在实施卫生与植物卫生措施时，应遵守非歧视原则。即不能在情形相同或相似的成员间，包括该成员与其他成员之间造成任意或不合理的歧视，尤其是在有关控制、检验和批准程序方面，应给予其他成员的产品国民待遇。例如，两个出口方的木质包装中都有天牛害虫，但如果他们都对出口产品的木制包装采取了检疫处理措施，达到了进口方适当的植物卫生保护水平，进口方就应当同等地接受，而不能对情形相同的两个出口方中的一方歧视。又如，成员方的某一区域已发现地中海实蝇，但对疫区水果在该成员方领土内流动不实施检疫，而以防止国外地中海实蝇传入为由，对进境国际旅客携带的水果实施检疫，这就构成了歧视。

2. 以科学为依据实施卫生与植物卫生措施

成员方应确保任何卫生与植物卫生措施都以科学为依据，不能实施或停止实施没有充分科学依据的卫生与植物卫生措施。如果在科学依据不充分的情况下采取某种卫生与植物卫生措施，只能是临时性的，并应在合理的期限内作出科学评估。美国与原欧洲共同体之间有关牛肉激素问题的争端就是一个很好的例子。原欧洲共同体以在牛饲料中添加激素会危害人体健康为由，禁止从美国进口牛肉，而美国则认为原欧洲共同体这样做没有科学依据，将原欧洲共同体诉诸世界贸易组织，结果原欧洲共同体败诉。

3. 以国际标准为基础制定卫生与植物卫生措施

为广泛协调成员方所实施的卫生与植物卫生措施，各成员应根据现行的国际标准制定本国的卫生与植物卫生措施。但世界贸易组织本身并不制定国际标准，而是由其他相关国际组织，特别是食品法典委员会、世界动物卫生组织和国际植物保护公约秘书处，制定相应的食品安全、动植物卫生等国际标准。

凡符合国际标准的卫生与植物卫生措施，被认为是保护人类、动物和植物的健康所必需的措施。但《实施卫生与植物卫生措施协议》规定，各成员方政府可以不采用国际标准。如果一成员实施或维持比现行国际标准更严的卫生与植物卫生措施，则必须有科学依据，或符合成员方根据有害生物风险分析确定的“适当的卫生与植物卫生保护水平”（也称“可接受的风险水平”），并且这些措施不能与《实施卫生与植物卫生措施协议》的规定相抵触，不能对国际贸易造成不必要的障碍。否则，该成员方政府应提供相关的科学理由，解释为什么相应的国际标准不能满足其所需的、适当的卫生与植物卫生保护水平。在没有相关国际标准的情况下，成员方采取卫生与植物卫生措施必须根据有害生物风险分析的结果。实施没有国际标准的卫生与植物卫生措施，或实施的卫生与植物卫生措施与国际标准有实质不同，且可能限制出口方产品的出口时，进口方应及早向出口方发出通知，并作出解释。

《实施卫生与植物卫生措施协议》鼓励各成员积极参与有关国际组织及其附属机构，特别是食品法典委员会、国际兽疫局和国际植物保护公约秘书处的活动，以促进这些组织制定和定期审议有关卫生与植物卫生措施的国际标准。

4. 等同对待出口成员达到要求的卫生与植物卫生措施

如果出口成员对出口产品所采取的卫生与植物卫生措施，客观上达到了进口成员适当的卫生与植物卫生保护水平，进口成员就应接受这种卫生与植物卫生措施，并允许该种产品进口，即使这种措施不同于自己所采取的措施，或不同于从事同一产品贸易的其他成员所采取的措施。

为解决世贸组织成员间的等同对待问题，《实施卫生与植物卫生措施协议》鼓励各成员进行磋商，并就此问题达成双边或多边协议。

5. 根据有害生物风险分析确定适当的保护水平

有害生物风险分析，指进口方的专家在进口前对进口产品可能带入的病虫害的定居、传播、危害和经济影响，或者对进口食品、饮料、饲料中可能存在添加剂、污染物、毒素或致病有机体可能产生的潜在不利影响，作出的科学分析报告。该报告是进口方是否进口某种产品的决策依据。

在进行有害生物风险分析时，应考虑有关国际组织制定的有害生物风险分析技术，同时考虑以下内容：可获得的科学依据；有关加工工序和生产方法；有关检验、抽样和检测方法；检疫性病虫害的流行；病虫害非疫区的存在；有关生态和环境条件；检疫或其他检疫处理方法；有害生物的传入途径、定居、传播、控制和根除有害生物的经济成本等。

《实施卫生与植物卫生措施协议》规定，成员在制定卫生与植物卫生措施时应以有害生物风险分析为基础。有害生物风险分析与进口方确定“适当的卫生与植物卫生保护水平”有直接关系，有害生物风险分析结果决定保护水平的高低。如果有害生物风险分析的结果认为风险比较高，进口方确定的“适当的卫生与植物卫生保护水平”就比较高；反之，保护水平就比较低。无论进口方确定的“适当的卫生与植物卫生保护水平”是高还是低，都应考虑将实施卫生与植物卫生措施对贸易的消极影响减少到最低程度。

6. 接受“病虫害非疫区”和“病虫害低度流行区”的概念

病虫害非疫区指没有发生检疫性病虫害，并经有关国家主管机关确认的地区。例如，疯牛病在某国的某地区没有发生，并经该国有关主管部门确认，该地区就是疯牛病非疫区。病虫害非疫区可以是一个国家的全部或部分地区，也可以是几个国家的全部或部分地区。

确定一个病虫害非疫区的大小，应考虑地理、生态系统、流行病监测及实施卫生与植物卫生措施的效果等因素。成员方在接受病虫害非疫区这一概念的同时，也应接受病虫害低度流行区的概念。病虫害低度流行区指检疫性病虫害发生水平低，已采取有效监测、控制或根除措施，并经有关国家主管机关确认的地区。与病虫害非疫区一样，病虫害低度流行区可以是一个国家的全部或部分地区，也可以是几个国家的全部或部分地区。

如果出口方声明，其关税领土内全部或部分地区是病虫害非疫区或病虫害低度流行区，该出口方就应向进口方提供必要的证据。同时，应进口方请求，出口方应为进口方提供检验、检测和其他有关程序的合理机会。

7. 保持卫生与植物卫生措施有关法规的透明度

成员应确保及时公布所有有关卫生与植物卫生措施的法律和法规。除紧急情况外，成员应在卫生与植物卫生措施有关法规的公布和生效之间留出一段合理的时间，以便让出口成员的生产商，尤其是发展中成员的生产商有足够时间调整其产品和生产方法，适应进口成员的要求。

成员方应指定一个中央政府机构负责履行通知义务，将计划实施的、缺乏国际标准或与国际标准有实质不同，并且对其他成员的贸易有重大影响的卫生与植物卫生措施通知世界贸易组织。通知的具体内容是，采取措施所涵盖的产品以及涉及的特定法规，简要说明特定法规的目标和理由。通知应在有关法规草案仍可修改的期间进行，以便其他成员方在合理的时间内（通常为 45 ~ 60 天）提出意见。如遇紧急情况或紧急情况的威胁时，成员方可以立即采取有关卫生与植物卫生措施，但应及时通过世界贸易组织秘书处通知其他成员。通知的内容，除上述一般情况外，还应包括紧急情况的性质。

成员方采取有关卫生与植物卫生措施，应允许其他成员方提出书面意见，进行商讨，并考虑这些书面意见和商讨的结果。如有成员方要求提供有关法规草案，该成员方应予提供，并尽可能标明与国际标准有实质性偏离的部分。

成员方还应设立一个咨询点，答复其他成员所提出的合理问题，并提供有关文件。咨询内容包括现行的或拟议中的卫生与植物卫生法规，任何控制和检查程序，生产和检疫处理方法，杀虫剂允许量和食品添加剂批准程序，有害生物风险分析程序，适当的卫生与植物卫生保护水平的确定，成员方或其相关机构参与国际和地区相关组织的情况，以及签署的双边和多边相关协议等。

（三）发展中成员享有的特殊和差别待遇

1. 成员方在制定和实施卫生与植物卫生措施时，应考虑发展中成员的特殊需要。如果分阶段采用新的卫生与植物卫生措施，应给予发展中成员更长的时间，使其有利害关系的出口产品符合进口方卫生与植物卫生措施要求，从而维持其出口机会。

2. 成员方同意以双边的形式，或通过适当的国际组织，向发展中成员提供技术援助。此类援助可特别针对加工技术、科研和基础设施等领域，包括建立监管机构，并可采取咨询、信贷、捐赠、提供设备和培训等方式。当发展中成员为满足进口方的卫生与植物卫生措施要求，需要大量投资时，该进口方应提供技术援助。成员方应鼓励和便利发展中成员积极参与有关国际组织。

3. 发展中成员可推迟 2 年，即从 1997 年 1 月 1 日起，开始执行《实施卫生与植物卫生措施协议》。此后，如有发展中成员提出请求，可有时限地免除其在《实施卫生与植物卫生措施协议》项下的全部或部分义务。

（四）卫生与植物卫生措施委员会的职能

为监督成员执行《实施卫生与植物卫生措施协议》，并为成员提供一个经常性的磋商场所或论坛，推动各成员采取协调一致的卫生与植物卫生措施，世界贸易组织设立了卫生与植物卫生措施委员会。

卫生与植物卫生措施委员会应加强与主管标准的国际组织的联系与合作，并制定相应程序，监督和协调国际标准的使用。该委员会还应对《实施卫生与植物卫生措施协议》的运用和实施情况进行审议。必要时，可根据该协议实施过程中的经验，向货物贸易理事会提交修正该协议文本的建议。

（五）争端的解决

成员间有关实施卫生与植物卫生措施问题的争端，应通过世界贸易组织的争端解决机制解决。如涉及科学或技术问题，则可咨询技术专家或有关的国际组织。

第二节 技术性贸易壁垒协议

《技术性贸易壁垒协议》的宗旨是，指导世贸组织成员制定、采用和实施正当的技术性措施，鼓励采用国际标准和合格评定程序，保证这些措施不构成不必要的国际贸易障碍。技术性措施指为实现合法目标而采取的技术法规、标准、合格评定程序等。合法目标主要包括维护国家基本安全，保护人类健康或安全，保护动植物生命或健康，保护环境，保证出口产品质量，防止欺诈行为等。

一、产生背景

技术性措施的出现有着深刻的社会和历史背景。人们在生产活动中，为保证产品质量，制定了许多技术标准，建立了产品质量认证制度。随着科学技术的发展，尤其是电子技术广泛应用于生产和消费之后，为保证产品安全，许多国家制定了技术法规，产品质量认证进一步完善，并逐步扩展到安全认证、管理体系认证等。

第二次世界大战后，世界经济迅猛发展，但由于对生态环境重视不够，自然环境受到严重污染，全球生态环境遭到破坏，人类生存面临威胁。针对这些问题，各国纷纷采取技术性措施，对国际贸易的发展产生了重大影响。

由于各国经济发展水平不同，技术法规和标准差别很大，给生产者和出口商造成了困难。同时，随着《1947 年关税与贸易总协定》多边贸易谈判带来的关税水平不断下降，各种形式的非关税壁垒出现，技术性措施越来越多地被用做贸易保护手段，成为贸易发展的障碍。因此，许多缔约方认识到，有必要制定统一的国际规则来规范技术性措施，消除技术性贸易壁垒。

《1947 年关税与贸易总协定》第 20 条“一般例外”规定，缔约方为保障人类、动植物的生命或健康可采取必要的措施；第 21 条“安全例外”也规定，缔约方为保护国家基本安全利益可采取必要的措施。依据这些规定，关税与贸易总协定在 1970 年成立了一个政策工作组，专门研究制定技术标准与质量认证程序方面的问题，并负责起草防止技术性贸易壁垒的协议草案。

“东京回合”通过了《技术性贸易壁垒协议》。该协议只对签署的缔约方有效。“乌拉圭回合”对该协议进一步修改和完善，使之成为世界贸易组织货物贸易多边协定的组成部分，对世贸组织所有成员都有效。

二、主要内容

《技术性贸易壁垒协议》由 15 个条款和 3 个附件组成，主要内容包括：制定、采用和实施技术性措施应遵守的规则；技术法规、标准和合格评定程序；通报、评议、咨询和审议制度等。《技术性贸易壁垒协议》适用于所有产品，包括工业品和农产品。

但政府采购实体制定的采购规则不受《技术性贸易壁垒协议》的约束。另外，该协议未涉及动植物卫生检疫措施，有关问题由《实施卫生与植物卫生措施协议》进行规范。

（一）制定、采用和实施技术性措施应遵守的规则

世贸组织成员方制定、采用和实施技术性措施，应遵守世界贸易组织的非歧视原则、透明度原则。

世贸组织成员方之间对采取的技术性措施违反非歧视原则进行申诉的一个典型例子是，委内瑞拉和美国的进口汽油争议案。1994 年 9 月，美国环保署根据《清洁空气法案》，对进口汽油的化学特性规定了比国产汽油更为严格的标准。1995 年 1 月，委内瑞拉向世界贸易组织争端解决机构提出申诉，认为美国的做法违反了非歧视原则，具有明显的歧视性。经世界贸易组织争端解决机构裁定，委内瑞拉胜诉。

当世贸组织成员方拟采取的技术性措施与国际标准有实质性不一致，并对其他世贸组织成员的贸易产生重大影响时，应通过世界贸易组织秘书处告知其他成员方，为他们留出准备书面意见的合理时间。该世贸组织成员方应考虑其他世贸组织成员方提出的书面意见，如有世贸组织成员提出要求，则应与其进行讨论，并考虑讨论结果。

世贸组织成员方应迅速公布已采用的所有技术性措施，并在公布和生效之间给予宽限期，以便有关生产者和贸易商适应其要求。

制定、采用和实施技术性措施，世贸组织成员方还应遵守以下具体规则：

1. 必要性规则

世贸组织成员方只能采取为实现合法目标所必需的技术性措施。如果世贸组织成员方采取的技术性措施对其他世贸组织成员的贸易产生重大影响，经其他世贸组织成员请求，该世贸组织成员应说明所采取措施的必要性。

2. 贸易影响最小规则

世贸组织成员方应努力采取对贸易影响最小的技术性措施，即在考虑由于合法目标不能实现可能导致的风险后，采取的技术性措施对贸易的限制，不应超过为实现合法目标所必需的限度。在评估风险时，应考虑相关因素，特别是可获得的科学和技术信息、有关的加工技术或产品的预期最终用途。如果拟实现的目标已经不存在，或由于环境、目标的改变可转用其他对贸易产生较少限制的措施，则应取消原来实施的技术性措施。

3. 协调规则

鼓励世贸组织成员为协调技术法规、标准和合格评定程序而作出努力，以减少成员间的技术性措施差异对贸易造成的障碍。成员方应在力所能及的范围内，充分参与有关国际标准化机构制定国际标准和合格评定程序指南的工作。世贸组织成员方应积极考虑接受其他世贸组织成员方的技术性措施作为等效措施，只要这些措施能够充分实现同一合法目标。为避免对产品的多重测试、检查和认证对贸易造成的不必要壁垒，减少商业成本和不确定性，《技术性贸易壁垒协议》鼓励世贸组织成员之间通过谈判，达成合格评定相互承认协议。

4. 特殊和差别待遇规则

世贸组织成员方不应期望发展中成员方采用不适合其发展、财政和贸易需要的国际标准，作为发展中成员方制定技术性措施的依据。即使存在国际标准、指南或建议，发展中成员方仍可按照特定的技术和社会经济条件，采用某些技术性措施，以保护与其发展需要相适应的本国技术、生产方法和工艺。

世贸组织成员方应采取措施，确保国际标准化机构制定对发展中成员方有特殊利益的产品的国际标准。鼓励发达成员方对发展中成员方在制定和实施技术性措施方面提供技术援助。技术性贸易壁垒委员会在接到发展中成员方的请求时，应就其承担的全部或部分义务给予特定的、有时限的例外，在这方面应特别考虑最不发达成员方的特殊问题。

（二）技术法规、标准与合格评定程序

1. 技术法规

技术法规是强制性执行的有关产品特性或相关工艺和生产方法的规定。主要包括国家制定的有关法律和法规，政府部门颁布的有关命令、决定、条例，以及有关技术规范、指南、准则、专门术语、符号、包装、标志或标签要求。一些国家也授权非政府机构制定技术法规。《技术性贸易壁垒协议》要求成员应尽可能按照产品的性能，而不是按照设计或描述特征来制定技术法规。技术法规一般涉及国家安全、产品安全、环境保护、劳动保护、节能等方面。

世贸组织成员方中央政府应采取合理措施，确保地方政府及非政府机构制定、采用与实施的技术法规，符合《技术性贸易壁垒协议》的有关规定。

如果有关国际标准已经存在或即将拟就，世贸组织成员方应采用这些标准或其中的相关部分作为技术法规的基础，除非由于基本气候因素、地理因素、基本技术问题等原因，世贸组织成员方采用这些标准或其中的相关部分无法达到合法目标。

2. 标准

标准是指经公认机构批准供通用或重复使用的、非强制执行的关于产品特性或相关工艺和生产方法的规则或指南，可包括有关专门术语、符号、包装、标志或标签要求。有关标准化机构的行为要求，体现在《技术性贸易壁垒协议》附件3《关于制定、采用和实施标准的良好行为规范》中。该规范规定，所有标准化机构应尽量采用国际标准，并充分参与国际标准化机构的工作。世贸组织各成员的中央政府标准化机构有义务接受并遵守该规范，同时世贸组织成员方有义务使其领土内的其他标准化机构行为符合这一规范。

为使《关于制定、采用和实施标准的良好行为规范》中的通知要求具体化，世界贸易组织还通过了两个决定：一是《关于世界贸易组织、国际标准化组织就标准信息系统拟定谅解的决定》，据此在日内瓦建立了“世界贸易组织标准信息服务机构”，负责收集和公布《关于制定、采用和实施标准的良好行为规范》签署方的通知；二是《关于审议国际标准化组织、国际电工委员会信息中心出版物的决定》，规定对《关于制定、采用和实施标准的良好行为规范》签署方的通知进行定期审议。

3. 合格评定程序

合格评定程序是指，任何直接或间接用以确定产品是否满足技术法规或标准要求的程序。主要包括：抽样、检验和检查；评估、验证和合格保证；注册、认可和批准；以及上述各项程序的组合。合格评定程序可分为认证、认可和相互承认三种形式。

（1）认证。认证是指由授权机构出具的证明。一般由第三方对某一事物、行为或活动的本质或特征，经对当事人提交的文件或实物审核后出具的证明，通常被称为“第三方认证”。认证可以分为产品认证和体系认证。

产品认证主要是证明产品是否符合技术法规或标准，包括产品的安全认证和合格认证等。由于产品的安全性直接关系到消费者的生命或健康，所以产品的安全认证为强制认证。例如，原欧洲共同体对玩具、锅炉、建筑用品、通信设备等二十多类产品实行安全认证，并要求加贴 CE 安全合格标志，否则不得在原欧洲共同体市场销售。又如，美国的 UL 安全认证，加拿大 CSA 安全认证等。产品的合格认证尤其是质量认证，是在自愿的基础上进行的。

体系认证是确认生产或管理体系是否符合相关法规或标准。目前，通用的国际体系认证有 ISO9000 质量管理体系认证、ISO14000 环境管理体系认证；行业体系认证有 QS9000 汽车行业质量管理体系认证、TL9000 电信产品质量体系认证；OHSASl8001 职业安全卫生管理体系认证等。

（2）认可。认可是指权威机构依据程序确认某一机构或个人具有从事特定任务或工作的能力。主要包括产品认证机构认可，质量和管理体系认证机构认可，实验室认可，审核机构认可，审核员或评审员的资格认可，培训机构注册等。

（3）相互认证。相互认证是指认证或认可机构之间通过签署相互承认协议，彼此承认认证或认可结果。《技术性贸易壁垒协议》鼓励世贸组织成员积极考虑接受其他成员的合格评定程序，并就达成相互承认协议进行谈判。世贸组织成员方应以不低于本国或其他国家合格评定机构的条件，允许世贸组织其他成员的合格评定机构参与其合格评定活动。

根据《技术性贸易壁垒协议》的规定，只要能确保符合自身的技术法规或标准，世贸组织成员方应采用国际标准化机构已经发布或即将拟就的有关指南或建议，作为合格评定程序的基础。

只要可行，世贸组织成员方应共同建立国际合格评定体系，并加入该体系或参与该体系活动；成员方还应尽可能采取合理措施，保证国内相关机构加入或参与的国际或区域合格评定体系，遵守《技术性贸易壁垒协议》的规定。

三、通知、评议、咨询、审议及争端解决

（一）通知和评议

为确保世贸组织成员方制定、采用和实施技术法规或合格评定程序具有透明度，《技术性贸易壁垒协议》规定，如果世贸组织成员方拟采用的技术法规或合格评定程序不存在相关的国际标准，或与有关国际标准中的技术内容不一致，且可能对世贸组织其他成员方的贸易有重大影响，该世贸组织成员方应履行通知义务。通知的内容包括拟采取措施的目的和理由，以及所涵盖的产品；通知的时间应在该措施还没有被批准，且可进行修改的规定期限内；通知的渠道是通过技术性贸易壁垒委员会向世贸组织其他成员方通报。该世贸组织成员方还应在已向该委员会通报的出版物上发布有关公告，使有关利害方知晓将制定某项技术法规或合格评定程序。

世贸组织成员方应无歧视地给予世贸组织其他成员方合理时间（一般至少 60 天），以便就已草拟的技术法规或合格评定程序提出书面意见。对世贸组织其他成员提出的书面意见和评议结果，该世贸组织成员方应予以考虑。如果面临涉及人类安全、健康、环境保护、国家安全等方面的紧急问题，或面临发生此类问题的威胁，该世贸组织成员可省略一些步骤，发出紧急通知。

世贸组织成员应保证迅速公布已采用的所有技术性措施。除紧急情况外，世贸组织成员应在措施公布和生效之间留出合理宽限期，使世贸组织其他成员特别是发展中成员的生产者能适应进口成员的要求。直属于中央政府的地方政府机构制定、采用和实施的技术性措施，通过中央政府进行通报。

（二）咨询

世贸组织成员应设立技术性贸易壁垒咨询点。咨询点应有能力回答世贸组织其他成员或利害关系方提出的所有合理询问，并能提供有关中央政府机构、地方政府机构及非政府机构所采用或拟议的任何技术法规、标准和合格评定程序等资料，加入或参与国际或区域标准化机构和合格评定体系等方面的情况。如果一个世贸组织成员设立一个以上的咨询点，则应完整、明确地提供有关每个咨询点职责范围的信息。

（三）审议制度及争端解决

世界贸易组织设立技术性贸易壁垒委员会，负责管理《技术性贸易壁垒协议》的执行。该委员会由全体成员代表组成，每年至少召开一次会议。联合国粮农组织、国际货币基金组织、世界银行等国际组织，作为观察员参加会议。

技术性贸易壁垒委员会对《技术性贸易壁垒协议》的运行和实施情况，包括透明度的有关规定等，自1995年开始，每3年末进行一次审议。在适当情况下，该委员会可以建议对《技术性贸易壁垒协议》进行修正。

世界贸易组织争端解决规则适用于技术性贸易壁垒的争端解决。争端解决专家组可自行或应当事方的请求，设立技术专家小组，就技术性问题提供协助。

第三节 海关估价协议

海关估价是指海关为征收关税等目的，确定进口货物完税价格的程序。“乌拉圭回合”达成的《关于实施1994年关税与贸易总协定第七条的协议》，又称《海关估价协议》。该协议的宗旨是，通过规范成员方对进口产品的估价方法，防止成员方使用任意或虚构的价格作为完税价格，确保海关估价制度的公平、统一和中立，不对国际贸易构成障碍。

一、产生背景

关税的最基本的种类是从价税（例如，按进口产品价值的20%征收关税）或从量税（例如，按进口商品每公斤或每升2美元征收关税）。对于某些商品，还征收复合或混合税，即既按从价税又按从量税征收关税（例如，按进口商品的价值的10%加每公斤2美元征收关税）。

世界上大多数国家按照从价税的方式课征关税，因而审定进出口商品完税价格成为征收关税的前提。公平的海关估价能够对国际贸易的发展起到促进作用。因为，一国海关如果出于对本国贸易利益的考虑，可能通过高估进出口商品价格，征收高额关税，形成对贸易的非关税壁垒。从另一方面来看，进出口商人为了避税，也有可能低报进出口商品价格，进行不正当的商业竞争。在这一情况下，统一海关估价程序和准则是公平地进行国际贸易的重要条件。作为关税征收的重要步骤，海关估价因此成为最早被列入关贸总协定多边谈判的议题之一，关于海关估价的规则是世贸组织众多多边协议中的一个十分重要的协议。

海关估价主要适用于实施从价关税的商品。通过估价确定的价格为完税价格，它是海关征收从价关税的依据。进口商申报的价格不是进口货物的完税价格，只有当该价格被海关接受，才能成为完税价格。

《1947 年关税与贸易总协定》规定，海关征收关税的完税价格应以进口货物或同类货物的“实际价格”为依据，不应采用同类国产品的价格及任意或虚构的价格；计价采用的汇率应符合国际货币基金组织的有关规定。由于该规定不够具体，可操作性不强，因此，在“东京回合”中，关税与贸易总协定缔约方通过谈判，达成《关于实施关税与贸易总协定第七条的协议》（亦称《海关估价守则》），对如何实施上述规定作了详细解释。缔约方可自主决定是否加入该守则。

“乌拉圭回合”在对《海关估价守则》进行修订和完善的基础上，达成了《海关估价协议》。世界贸易组织要求，每一个成员必须接受该协议。

二、主要内容

《海关估价协议》共分 4 个部分，由 24 个条款和 3 个附件组成。主要内容包括适用范围，海关估价的方法，对海关估价决定的复议，发展中成员的特殊和差别待遇，争端解决，以及海关估价委员会与海关估价技术委员会的职能等。

（一）适用范围

《海关估价协议》适用于商业意义上正常进口的货物。以下情况不适用该协议：

1. 倾销或补贴货物的进口。不能采用《海关估价协议》规定的估价方法确定倾销和补贴货物的进口价格，并以此作为征收反倾销税或反补贴税的依据。

2. 非商业性进口。包括旅客携带入境物品和行李、邮递物品等。

3. 非直接进口。主要包括暂时进口的货物，从出口加工区或保税区等特定贸易区进入到成员方关税区内的货物，退运货物，运输中损坏的货物等。成员方自行确定如何对这些货物进行估价。

（二）海关估价的方法

《海关估价协议》规定，世贸组织进口成员方海关应在最大限度内以进口货物的成交价格作为货物完税价格。这是海关估价时应首先使用的方法。但在无法使用这种方法的情况下，可使用该协议规定的其他 5 种方法：具体是指以相同货物的成交价格；以类似货物的成交价格；以倒扣价格；以计算价格；以“回顾”方法，来确定货物的完税价格。上述 6 种估价方法应严格按顺序实施。只有在前一种估价方法无法确定完税价格的情况下，才可采用后一种估价方法。海关不得颠倒 6 种估价方法的适用顺序，但进口商可以要求颠倒使用第 4 种倒扣价格方法和第 5 种计算价格方法的顺序。[①]

① 蒋国庆著：《中国经济与世界多边贸易体系》，成都科技大学出版社 1994 年版，第 91 页。

1. 以进口货物的成交价格确定完税价格

运用这一方法确定的完税价格，是指货物出口到进口方后，进口方海关根据成交情况对进口商实付或应付成交价格进行调整后的价格。海关不是在任何情况下都依据进口货物的成交价格确定完税价格，采用这种估价方法必须符合以下条件。

（1）买方对货物具有的处置或使用权不受任何限制。但下列情况除外：世贸组织进口成员方法律或政府相关机关实施或要求的限制，卖方对该货物转售地域的限制，卖方提出的对货物价格无实质影响的限制（如要求汽车买主不要在新产品年度开始日前出售或展览汽车）。

（2）卖方不得在买方购买进口货物时设定某些影响销售或价格的条件。例如，卖方不得以买方购买一定数量的其他货物为条件出售货物或确定出口价格，卖方不得依据买方向卖方销售其他货物的价格出售货物或确定出口价格，卖方不得以与进口货物无关的支付方式为条件出售货物或确定出口价格。

（3）买方不得将对货物的转售、处置或使用产生的收益直接或间接返回给卖方，除非对成交价格进行适当调整。

（4）买卖双方之间不得存在特殊关系。如果买卖双方之间有特殊关系，但进口商能证明双方的特殊关系没有影响实付或应付的价格，则可以使用该成交价格。

采用成交价格方法确定进口货物的完税价格，如果买方支付了一些费用，而这些费用未包含在其实付或应付的价格中，海关可将这些费用计入买方实付或应付的价格。这些费用具体指：佣金和经纪费（进口商付给国外代理人的购买佣金除外），与货物构成一体的容器的成本，包装费用（包括人工费用和材料费用），进口货物中包含的由买方提供的材料、零部件、工具、模具等“客供品”的费用（按进口方的公认会计原则确定），特许权使用费和许可费，转售、处置或使用进口货物后支付给卖方的收益等。

货物运抵进口地所产生的海上运输费、保险费和港口装卸费等费用，进口成员方海关可根据本国的有关法规，计入或不计入完税价格。

如果可与实付或应付的价格相区分，下列费用或成本不得计入完税价格，具体包括货物（如工业机器或设备）进口后进行基建、安装、组装、维修产生的费用或技术援助费用，货物进口后进口方境内发生的运输费，进口方征收的关税和其他税费。

2. 以相同货物的成交价格确定完税价格

在无法采用进口货物成交价格方法确定进口货物的完税价格时，世贸组织进口成员方海关可采用相同货物的成交价格确定完税价格。

相同货物指与进口货物原产国或地区、原生产者生产的货物各方面完全相同的货物。相同指物理特性、质量和声誉等方面的相同。如果该进口货物原生产者不再生产相同货物，可使用同一生产国其他生产者生产的货物作为相同货物，货物外形的细小差别可忽略不计。

采用相同货物的成交价格确定完税价格，应注意三个问题：一是相同货物必须与进口货物同时或大约同时进口；二是相同货物的成交价格必须先前已被海关接受；三是如果有两个以上相同货物的成交价格，应选用其中最低的一个作为海关完税价格。

世贸组织进口成员方海关应与进口商协商，以获得相同货物的成交价格。

3. 以类似货物的成交价格确定完税价格

在不能依次采用上述两种估价方法时，世贸组织进口成员方海关可采用类似货物的成交价格确定完税价格。

类似货物指在材料组成及特性上与进口货物原产国、原生产者生产的货物相似，具备同样功能且商业上可互换的货物。如果该进口货物原生产者不再生产类似货物时，可使用同一生产国其他生产者生产的货物作为类似货物。

采用类似货物的成交价格确定完税价格，也应注意三个问题：一是类似货物必须与进口货物同时或大约同时进口；二是类似货物的成交价格必须先前已被海关接受；三是如果有两个以上类似货物的成交价格，应选用其中最低的一个作为海关完税价格。

世贸组织进口成员方海关应与进口商协商，以获得类似货物的成交价格。

4. 以倒扣价格方法确定完税价格

在不能依次采用上述3种估价方法时，世贸组织进口成员方海关可采用倒扣价格方法确定完税价格。倒扣价格指根据进口货物或相同货物或类似货物在进口方的销售价格，扣减货物进口及销售时产生的某些特定费用。具体包括在进口方发生的佣金，利润，为推销和销售货物直接和间接产生的一般费用，运费、保险费及其有关费用，关税及其他费用和增值税等国内税。是否扣减海上运输费、保险费和港口装卸费，由进口成员方海关根据本国有关法规决定。

在进口方的销售价格，是指以最大总量将货物第一次转售给与进口商无特殊关系的买方的单位货物价格，且进口货物或相同货物或类似货物必须在进口方按进口时的原状销售。如果没有以进口时的原状销售，进口商可要求海关采用经进一步加工后的货物销售价格。

在这种情况下，相同货物或类似货物的销售时间，应与进口货物的进口时间相同或大致相同，如果时间不同，可采用这些货物在进口货物进口后90天内的销售价格。

5. 以计算价格方法确定完税价格

如不能依次采用上述4种估价方法，世贸组织进口成员方海关可采用计算价格方法确定完税价格。

计算价格指进口货物的生产成本，加上从出口方向进口方销售同级别或同种类货物通常所获得的利润，以及为推销和销售货物直接和间接产生的一般费用等。是否计入海上运输费、保险费和港口装卸费，由进口成员方海关根据本国有关法规决定。

这种方法通常在买方与卖方有特殊关系，且生产商愿意向进口方海关提供成本数据和必要审核材料的情况下采用。

6. 以“回顾”方法确定完税价格

在无法完全按照上述5种估价方法确定完税价格时，世贸组织进口成员方海关可采用“回顾”方法确定完税价格。

“回顾”方法指海关可采用其他合理的方法来估价，包括对上述各种估价方法作出灵活处理，以其中最容易计算的方式确定完税价格。例如，在采用相同货物成交价格方法时，可以采用来自第三国的相同进口货物的成交价格作为估价基础。

采用其他合理的方法，必须符合《海关估价协议》和《1994年关税与贸易总协定》的有关规定，并依据进口方可获得的数据确定。进口成员方海关不得采用进口方生产的货物在其境内销售的价格，或取两种备选价格中较高的价格，或采用进口货物在出口方境内市场上的价格，或货物向第三方出口的价格。如不采用计算价格方法，海关不得根据生产成本来估价。海关也不得以最低限价以及任意或虚构的价格来估价。

三、对海关估价决定的司法复议

海关根据《海关估价协议》规定的估价程序，审查进口商申报的价格及相关信息（包括进口商呈验的陈述书、单证、申报单）的真实性和准确性，然后根据审查结果决定采用何种方法确定完税价格。

进口商必须如实申报进口货物的价格及有关信息，并与海关进行充分合作。在审查中，如海关怀疑进口商申报价格的真实性和准确性，可要求进口商进一步提交资料或证据，以证明申报价格是经合理调整后的实付或应付价格。但海关在采取这种做法时，应向进口商陈述理由。海关应将最终的估价决定书面通知进口商。

进口商对海关估价决定有申诉的权利，并且不应为此受到处罚。不受处罚是指海关不得因进口商行使上诉权而进行罚款或威胁罚款。进口商为申诉而支付的诉讼费用和律师费用，不属于罚款范畴。

进口商的申诉权体现在两个方面：第一，可向海关内部主管复议的部门提出申诉，或向海关外部的某个独立机构提出申诉。第二，可向司法机关提出申诉。一般来讲，进口商首先向上一级海关或海关外部的某个独立机构提出申诉，要求行政复议。如对行政复议不满，进口商可向司法机关提出申诉，要求司法复议。进口商也可直接要求司法复议。

以上规定，不妨碍海关要求进口商在上诉前全额缴纳海关已估定的税款。

四、发展中成员的特殊和差别待遇

发展中成员享有的特殊和差别待遇，主要表现在以下几个方面。

（一）推迟实施《海关估价协议》

《海关估价守则》非签署方的发展中成员可自《建立世界贸易组织协定》对其生效时起，推迟5年实施《海关估价协议》。如果某些发展中成员认为5年时间不够，则可在5年过渡期结束前，提出延长过渡期的申请。如理由正当，成员方应对其延长过渡期的要求给予积极考虑。

（二）推迟采用计算价格方法

《海关估价守则》非签署方的发展中成员可自《海关估价协议》对其生效时起，推迟3年实施该协议中有关以计算价格方法确定完税价格的规定。也就是说，上述发展中成员可自《建立世界贸易组织协定》对其生效时起，推迟8年实施计算价格方法的规定。

（三）对最低限价的保留

许多发展中成员为防止税收流失，对部分进口商品规定了最低限价，海关以此进行估价。《海关估价协议》允许发展中成员对有限的商品在一定时间内实行最低限价，但应得到其他成员方的同意。

（四）对倒扣价格方法和计算价格方法适用顺序的保留

《海关估价协议》允许进口商要求颠倒倒扣价格方法和计算价格方法的适用顺序。但如果颠倒这两种方法的适用顺序给发展中成员带来困难，发展中成员有权提出保留，拒绝进口商提出的这一要求，其他成员方应予以同意。

（五）对经进一步加工货物适用倒扣价格方法的保留

《海关估价协议》规定，在适用倒扣价格方法时，如果货物没有按进口时的原状销售，应进口商的请求，海关可采用货物经进一步加工后的销售价格进行倒扣计算。但发展中成员可保留如下权利：如果货物进行了进一步加工，无论进口商是否提出请求，海关均按有关规定，根据加工后的价格来确定完税价格。其他成员方应予以同意。

（六）要求提供技术援助

发达成员应根据与发展中成员双边议定的条件，为发展中成员提供技术援助，包括培训人员，提出适用《海关估价协议》规定的建议等。

发展中成员海关在对独家代理人、独家经销人或独家受让人的进口货物进行估价时，如果遇到问题，可向海关估价技术委员会提出援助请求。该委员会应对此进行研究，寻求解决方法，发达成员应在发展中成员的请求下提供有关援助。

五、争端解决

世贸组织成员方之间因海关估价引起的争端，适用于《关于争端解决规则与程序的谅解》，即适用世界贸易组织的争端解决程序。如果一个世贸组织成员因海关估价问题请求与有关成员进行磋商，有关成员应予积极考虑，并尽可能达成双方满意的解决办法。

六、海关估价委员会和海关估价技术委员会的职能

为管理《海关估价协议》的执行，世界贸易组织设立了海关估价委员会，审议协议的实施，解决政策问题；同时，在世界海关组织设立海关估价技术委员会，解决具体技术问题，该委员会的秘书处工作由世界海关组织秘书处承担。

（一）海关估价委员会

根据《1994 年海关估价协议》第 18 条的规定，设立一个由各成员方的代表所组成的海关估价委员会。海关估价委员会由世界贸易组织各成员的代表组成。该委员会应每年审议一次《海关估价协议》的执行情况，并为世界贸易组织成员提供机会，就各成员实施的海关估价制度对该协议执行产生的影响进行磋商，以确保实现该协议的目标。

（二）海关估价技术委员会

《1994 年海关估价协议》第 18 条第 2 款规定，在海关合作理事会的主持下设立一个海关估价技术委员会。海关估价技术委员会由世界贸易组织各成员代表组成，非世界贸易组织成员的世界海关组织成员可成为观察员。既不是世界贸易组织成员，也不是世界海关组织成员的政府或政府间国际和贸易组织的代表，经该委员会主席同意，也可作为观察员

出席委员会会议。该委员会从技术角度确保《海关估价协议》适用和解释的统一，还为解决世界贸易组织成员或争端解决专家组提出的技术问题提供建议。

第四节　装运前检验协议

《装运前检验协议》的宗旨是，确保成员方实施的装运前检验制度是非歧视和透明的，避免给贸易造成不必要的障碍。

一、产生背景

进口商或进口方政府通过专业检验机构对出口产品在装运前进行检验，以确信产品符合合同中规定的条件，或符合进口方对产品的安全要求。这已成为一种被普遍接受的国际贸易惯例。

一些国家实行的装运前检验制度，却与上述检验惯例不完全相同。这些国家指定专业检验机构，在进口产品装运前对产品的质量、数量、价格（包括汇率与融资条件）以及产品的海关分类等进行检验。其中审核价格，即检查产品的实际价格与申报价格是否相符，是这种装运前检验制度的核心内容。

实施这种装运前检验制度的有 30 多个发展中国家，这些国家海关力量薄弱，外汇短缺。为保障本国的财政利益，防止商业欺诈、逃避关税和非法输出资本，他们往往聘请外国专业检验机构，如瑞士通用公证行，对进口产品进行装运前检验，并以这些公司出具的“清洁检验结果报告”，作为海关估价和发放进口用外汇的依据。但是，出口方政府认为，进口方将检验机构出具的检验报告作为海关估价依据的这种做法，违反关税与贸易总协定有关海关估价应以进口货物的成交价格为基础的规定。同时，出口方政府担心装运前检验会增加贸易商的成本，并导致交货迟延；强行改变价格的做法，还会干涉买卖双方的合同关系，从而阻碍国际贸易的正常进行。因此，有必要通过多边谈判制定相关的纪律，规范进口方政府的做法。

此外，考虑到装运前检验机构是代表进口方政府在出口方从事检验，因而也有必要就装运前检验机构如何核实价格，出口商与装运前检验机构之间的争端如何解决等问题，制定相应的规则。

为解决上述问题，“乌拉圭回合”将装运前检验列为谈判议题之一。在谈判中，实施装运前检验制度的国家要求保留这一做法；其他参加方也注意到这些国家依赖装运前检验的现状，承认他们有必要实施这一制度，但要求装运前检验不应导致不必要的迟延，或使出口商受到不公平的待遇。最后参加方达成了《装运前检验协议》，该协议适用于世界贸易组织所有成员。

二、主要内容

《装运前检验协议》由9个条款组成。包括适用范围，进口方和出口方的义务，检验机构与出口商之间争端的解决，以及世贸组织成员方之间争端的解决等。

（一）适用范围

《装运前检验协议》适用于由世贸组织成员方政府通过政府授权或政府合约的方式，指定检验机构对进口产品的质量、数量、价格（包括汇率与融资条件）以及产品的海关分类等，在出口方进行的所有装运前检验活动。

（二）进口方的义务

实施装运前检验制度的世贸组织成员进口方应承担的义务，是《装运前检验协议》的核心内容。其中最重要的是进口方在价格审核方面应遵守的规则。这些规则基本上是针对装运前检验机构的，但由于世界贸易组织主要约束政府行为，所以进口方政府承担了“应确保”检验机构遵守这些规则的义务。

1. 非歧视地从事装运前检验活动

检验程序和标准应是客观的，且平等地适用于所有有关产品的出口商，所有检验人员都应按照相同的标准从事检验。

2. 有关检验活动应在出口方进行

装运前检验活动，包括出具或不出具“清洁检验结果报告”，都应在产品的出口方进行，除非产品的性质很复杂以致无法在出口方进行，或者出口商和检验机构都同意，才可以在产品的制造地进行。

3. 检验标准应是合同中规定的标准

检验产品质量和数量的标准应是买卖双方签订的购销合同中规定的标准。如合同中未作有关规定，则应采用相关的国际标准。

4. 价格审核应遵循以下规则

（1）以合同价格为准。只有在根据下述（2）、（3）和（4）规定的标准审核了价格后，证明进口商和出口商约定的合同价格不能令人满意时，装运前检验机构才可拒绝接受合同价格。

（2）合理确定比较价格。检验机构审核价格时所用的比较价格，应是相同时间或大致相同时间来自同一个出口国家，以竞争性、可比性的销售条件，按照商业惯例销售，且扣除了任何标准折扣后的相同或类似产品的出口价格。检验机构在使用这种出口价格时，应考虑进口国和比较国的相关经济因素，不应为了任意设定最低价格而以出口到不同国家的产品价格作为比较价格。检验机构确定比较价格时，不能使用进口国生产产品在其国内的销售价格，不能使用来自另一出口国的产品价格，不能参考进口产品的生产成本，也不能采用任意或虚构的价格。

（3）按合同双方约定的运输方式审核运输费。在审核运输费时，检验机构不能对合同中标明的运输方式提出质疑，只应审核买卖双方约定的，在销售合同中标明的运输方式的价格。

（4）审核价格应考虑其他因素。在审核价格时，检验机构还应适当考虑销售合同条件，以及公认的与进出口交易有关的各种调整因素，如销售数量、交货期和交货条件、价格调整条款、质量规格、特殊设计风格、特殊装运或包装规格、订单的大小、季节影响、许可使用费或其他知识产权使用费等。同时，也应考虑影响出口价格的其他因素，如出口商和进口商之间的合同关系等。

5. 保持装运前检验的透明度

（1）世贸组织成员进口方应公布所有有关装运前检验的法律、法规及其变化，使其他成员方政府和贸易商知晓该成员方有关装运前检验的规定。进口方还应将这些法律、法规及其变化及时通知世界贸易组织。

（2）检验机构应将与装运前检验有关的要求和信息全部告知出口商。包括进口方的有关法律、法规，有关检验、价格审核和汇率审核的程序与标准，出口商享有的有关权利，检验机构内部设立的投诉程序等。

6. 应避免产生不必要的迟延

（1）装运前检验应在检验机构与出口商约定的日期进行，除非出口商妨碍检验机构按期检验，或由于不可抗力而不能按期检验。

（2）检验机构应在结束装运前检验的5天内，出具一份“清洁检验结果报告”，并将该报告尽快送达出口商或其所指定的代表处。如果检验机构不出具这样的报告，则应向出口商提供详细的书面解释，出口商可以提出书面的复检要求，检验机构应尽早进行复检。

（3）只要出口商提出请求，检验机构应在实际检验日期前，根据出口商与进口商之间签订的合同、形式发票和有关的进口许可申请书，对价格或汇率进行初步核实。如果经初步核实，检验机构接受了有关价格或汇率，则进口国应接受这种价格或汇率，除非产品不符合进口许可证或进口单证的要求。

7. 检验机构应保守商业秘密

对装运前检验过程中收到的所有未公布且未被第三方获得，或未以其他方式进入公用领域的信息，检验机构应视其为商业秘密。检验机构不应要求出口商提供下列信息：

（1）制造数据。包括有专利权或即将获得专利的工艺，未公开的工艺，被许可使用的工艺等。

（2）未公开的技术数据。但必要的用以表明符合有关技术法规或标准的数据除外。

（3）内部定价（包括制造成本）。

（4）利润水平。

（5）出口商与供应商之间订立的合同条件。

（三）世贸组织成员出口方的义务

《装运前检验协议》对出口方规定了有限的义务。

1. 出口方应保证其有关装运前检验的法律、法规以非歧视的方式实施。

2. 出口方应及时公布有关装运前检验的法律、法规。

3. 如进口方提出请求，出口方应根据双方议定的条件，向其提供有关技术援助。

（四）检验机构与出口商之间争端的解决

如果检验机构和出口商之间发生争端，世界贸易组织鼓励双方首先通过相互协商的方式解决。检验机构应在设有检验办公室的每个城市或港口设置专门人员，在办公时间受理和处理出口商的投诉。

若出口商提出投诉两天后争端仍未解决，则应根据《装运前检验协议》规定的独立审议程序来解决。由分别代表检验机构和出口商的组织联合建立一个独立实体，负责独立审议程序的运作。代表检验机构的是国际检验机构联合会，代表出口商的是国际商会。

1995 年 12 月，世界贸易组织总理事会通过决定，在世界贸易组织内建立一个解决检验机构与出口商之间争端的独立实体。该独立实体作为货物贸易理事会的附属机构，由世界贸易组织秘书处人员担任工作人员。独立实体拥有一份专家组成员名单，包括国际检验机构联合会提名的一组专家，国际商会提名的一组专家，独立实体提名的一组中立的贸易专家。

争端双方都可以将有关争端提交独立实体审议。应当事方请求，独立实体应成立由三人组成的专家组审议争端。这三个人应分别从上述三组专家中选出，并由中立的贸易专家担任主席。专家组应在当事方提出独立审议要求后的 8 个工作日内作出决定，该决定对争端双方都具有约束力。有关费用根据争端解决结果的具体情况由当事方承担。

如争端双方同意，独立实体亦可选定一名中立的贸易专家审议争端。该专家应作出必要的决定，以保证迅速解决争端。

（五）世贸组织成员方之间争端的解决

世贸组织成员方之间有关《装运前检验协议》实施产生的争端，应通过世界贸易组织正常的争端解决程序解决。

世界贸易组织没有设立专门委员会监督《装运前检验协议》的执行。该协议由货物贸易理事会直接实施监督，由部长级会议每三年审议一次。部长级会议可根据实践经验，对《装运前检验协议》进行修正。

第五节 原产地规则协议

原产地规则是指，一个国家或地区为确定货物原产地而实施的普遍适用的法律、法规及行政决定，其核心是判定货物原产地的具体标准，即原产地标准。“乌拉圭回合”达成的《原产地规则协议》的宗旨是，成员方以公正、透明、可预测和一致、中性的方式制定与实施原产地规则，使有关原产地规则的法律、法规和做法不对贸易造成不必要的障碍，以便利国际贸易的发展。

一、产生背景

货物的原产地是货物的“国籍”。在国际贸易实践中，产品的原产地通常为完整生产某项产品的国家或地区；当产品的生产涉及多个国家或地区时，产品的原产地是产品最后发生“实质性改变”的国家或地区。“实质性改变”一般是指，这种改变形成了一种完全不同的“新”产品。例如，以中国大陆的猪鬃和日本的木柄为原料，在香港生产木刷，按照“实质性改变”原则，这种木刷的原产地应为香港。因为与猪鬃和木柄相比，在香港进行的将木柄和猪鬃粘连的工序形成了一种完全不同的新产品——木刷，“实质性改变”的发生地在香港，木刷的原产地也就认定为香港。

长期以来，国际社会未能制定出一套协调一致的全球性原产地规则，而主要发达国家制定了多套不同的原产地规则。这些规则在反倾销、地区经济一体化及进口国别配额分配等方面，具有潜在的贸易保护作用，客观上对国际贸易形成阻碍，使得在国际范围内制定协调一致的原产地规则越来越重要。“乌拉圭回合”中，原产地规则问题被列为议题之一。

在“乌拉圭回合”的谈判后期，香港、日本、美国及原欧洲共同体均就原产地规则及其多边协议提交了各自的建议。在此基础上，缔约方经过谈判，最终达成了《原产地规则协议》。这是第一个协调国际贸易中货物原产地规则的多边协议，适用于世界贸易组织的所有成员。

二、主要内容

《原产地规则协议》共分 4 个部分，由 9 个条款和 2 个附件组成。主要内容包括协议的适用范围；原产地规则的协调；实施原产地规则的有关纪律；机构设置等。

（一）适用范围

《原产地规则协议》只适用于有关实施非优惠性商业政策措施的原产地规则。具体包括实行最惠国待遇，反倾销和反补贴税，保障措施，原产地标记要求，任何歧视性数量限制或关税配额，以及政府采购外国货物和贸易统计等所使用的原产地规则。

《原产地规则协议》不适用于优惠性原产地规则。优惠性原产地规则是指，成员方为确定货物是否有资格享受优于最惠国待遇的关税而实施的原产地规则，如自由贸易区内和普惠制下所实施的货物原产地规则。

（二）原产地规则的协调

原产地规则协调的目标是，建立具有以下特征的原产地规则体系。

1. 同一原产地规则适用于所有非优惠性贸易政策。
2. 原产地规则应是客观的、可理解的和可预测的，且具有连贯性。
3. 原产地规则应以一致、统一、公正和合理的方式管理。
4. 原产地规则应以肯定性标准为基础，否定性标准可用以澄清肯定性标准。

根据《原产地规则协议》的规定和世界贸易组织的授权，从 1995 年开始，世界海关组织原产地规则技术委员会负责协调世界贸易组织成员非优惠性原产地规则的工作，按照《原产地规则协议》的要求，协调工作以商品类别为基础，即按协调编码制度税则目录中的类、章所代表的商品类别进行。对世贸组织成员方原产地规则中使用的“完全制造”和“最低程度的制造或加工”，原产地规则技术委员会应提出协调一致的定义；按“实质性改变”原则确定产品的原产地标准时，原产地规则技术委员会应研究和阐明如何使用税号的改变规则，必要时应阐明税号的最低改变；对采用协调制度税号仍不能描述“实质性改变”的产品，原产地规则技术委员会应仔细考虑和阐明如何以补充或专用的形式借助其他规定，如增值百分比要求，或制造与加工工序要求，来确定产品的原产地。

原产地规则技术委员会协调工作的结果，由世界贸易组织部长级会议予以采纳，这些结果以附件的形式作为《原产地规则协议》的组成部分，并于约定之日起生效。

《原产地规则协议》要求，原产地规则协调工作应在 1995 年 7 月 1 日至 1998 年 6 月 30 日期间完成。但由于各成员方利益不同，迄今仍未就每一货物的原产地标准达成一致，因此，目前尚处于过渡期间。

（三）过渡期间的纪律

在原产地规则协调工作计划完成之前的过渡期间，世贸组织成员方暂不实行《原产地规则协议》中有关同一原产地规则适用于所有非优惠性贸易政策的规定。

在过渡期间，世贸组织成员方应遵守以下纪律：

1. 明确、中性的原产地规则

目前，大多数国家或地区在对“实质性改变”原则作出具体解释时，通常采用税号改变、增值百分比、加工工序三个标准。

（1）税号改变标准，又称税则分类变化标准。指产品经加工制造成最终产品后，其税号与所用原材料的税号不同，此加工制造地即为该产品的原产地。例如，用其他国家或地区生产的零部件组装收音机，由于收音机与零部件的税号不同，收音机的组装地即为原产地。

（2）增值百分比标准。指根据构成产品的进口原料或国内原料与产品本身的价值比来确定产品的原产地。例如，一国可规定，当产品中进口成分的价值超过产品本身价值的 30% 时，这项产品的原产地就不能确定为该国。

（3）制造或加工工序标准。指依据产品的制造或加工工序来确定产品的原产地，这种制造或加工工序必须足以赋予产品某些本质特征。产品只有在一国或地区经历规定的制造或加工工序后，方可取得该国或地区的原产地资格。例如，某国可规定“缝制地”为服装的原产地。

过渡期间世贸组织各成员发布各自的原产地规则，应具体列明所采用的原产地标准。如果采用税号改变标准，必须清楚地列明该规则所述的税则目录内的税号；如果采用增值百分比标准，必须详细地列明计算这一百分比率的方法；如果采用制造或加工工序标准，必须准确地列明能授予有关产品原产地资格的制造或加工工序。这些要求仅在过渡期内适用，过渡期后，各成员就应采用统一的协调后的原产地标准。

与此同时，原产地规则应为中性，即尽管原产地规则与政策措施或手段有联系，但世贸组织各成员不得将原产地规则用作直接或间接地追求贸易目标的工具，来达到限制国际贸易的目的。

2. 肯定性原产地标准

《原产地规则协议》要求，世贸组织各成员的原产地规则应以肯定性标准为基础。肯定性标准是指，只要产品符合进口方原产地标准，就可授予产品原产地资格。与肯定性标准相对应的是否定性标准。否定性标准指在何种情况下不能授予产品原产地资格的规定。只有在作为对肯定性标准的部分澄清，或在无需使用肯定性标准确定原产地的个别情况下，才允许使用否定性标准。

3. 原产地的评定

《原产地规则协议》规定，应出口商、进口商或持有正当理由的任何人要求，各成员方的主管机构应在接到原产地评定要求之日起的150天内，尽早公布对有关产品原产地的评定意见。评定意见的有效期一般为3年。

4. 行政行为的复议

任何与确定原产地有关的行政行为，均可由独立于原产地评定机构的司法、仲裁及行政庭或行政程序迅速进行复议。行政行为复议可以修改或推翻原评定意见。

（四）过渡期后的纪律

原产地规则协调工作计划一经完成，过渡期即告结束。在过渡期后，世贸组织成员方除应继续遵守过渡期间适用的基本原则外，还须遵守同一原产地规则适用于所有非优惠性贸易政策的规定。

（五）机构设置

根据《原产地规则协议》规定，世界贸易组织设立原产地规则委员会。该委员会由各成员方代表组成，每年至少召开一次会议，审议协议的执行情况，并根据原产地规则协调工作的结果提出必要的修正建议。

世界贸易组织秘书处行使原产地规则委员会秘书处的职责。同时，在世界海关组织设立原产地规则技术委员会，具体承担原产地规则方面的技术性工作，包括原产地规则的协调。世界海关组织秘书处行使原产地规则技术委员会秘书处的职责。

第六节　进口许可程序协议

《进口许可程序协议》的宗旨是，保证进口许可程序的实施和管理的简化、透明、公平和公正，避免对产品进口造成障碍或限制。进口许可是对进口的一种行政管理程序，既包括进口许可证制度本身的程序，也包括作为进口前提条件的其他行政管理手续。

一、产生背景

进口许可制度作为一项非关税措施，是世界各国管理进口的一种常见手段，在国际贸易中长期存在，并被广泛运用。但进口许可程序有时可能成为贸易壁垒，对贸易产生限制。

《1947年关税与贸易总协定》第8条和第13条对有关进口许可程序作了规定，但有关规定比较模糊，在实际执行中难以操作。从“肯尼迪回合”开始，如何简化进口许可程序，提高透明度，防止滥用或不适当应用进口许可程序，成为多边贸易谈判的一项重要内容。“东京回合”的主要目标之一，是制定更有效的国际规则，约束包括进口许可程序在内的各种非关税措施，减少这些措施对国际贸易的障碍或限制。经过谈判，缔约方达成了《进口许可程序守则》。《进口许可程序守则》的适用具有灵活性，缔约方可以自行选择参加。由于许多发展中缔约方的许可证制度随外汇收入和进口状况的变化而改变，他们无法肯定能否遵守《进口许可程序守则》，因此没有在该守则上签字，只是申请成为观察员，使该守则的适用范围受到较大限制。

“乌拉圭回合”对《进口许可程序守则》作了进一步修改和完善，增加了通报和审议等条款，达成了《进口许可程序协议》。该协议适用于所有世界贸易组织成员。

二、主要内容

《进口许可程序协议》由序言和 8 个条款组成，主要包括一般规则，自动进口许可制度，非自动进口许可制度，通知和审议等。

（一）一般规则

为防止因不恰当地实施行政程序而导致贸易扭曲，并考虑到发展中成员的发展及财政和贸易需要，世贸组织各成员应确保为实施进口许可制度而采用的程序符合《进口许可程序协议》。

1. 及时公布必要的信息

为使世贸组织其他成员方政府及贸易商知晓有关进口许可程序规则，成员方应在已向世界贸易组织通知的官方公报、报刊、杂志等出版物上，公布进口许可证申请程序规定及有关信息，包括个人、企业和机构提交这种申请的资格，需要接洽的行政机关，以及需要申领进口许可证的产品清单等。公布的时间应不迟于上述规定生效之日前的 21 天，特殊情况最晚不得迟于生效之日。如有其他成员方对所公布资料提出意见，成员方应予以考虑。

2. 简化申请和展期手续

申请进口许可证和进口许可证展期的程序应尽可能简化，表格应尽可能简单。但世贸组织成员方主管机构可以要求申请者提供必要的文件及信息，并至少给予申请者 21 天的合理时限。申请者原则上应只需接洽一个同申请有关的行政机关，若确有需要，所涉及的行政机关最多不应超过三个。

3. 不得因小错而拒绝批准

如果申请者提交的许可证申请文件中存在微小差错，但并未改变文件的基本数据等内容，主管部门不得因此拒绝批准申请。对于申请者在文件或程序中出现的，显然不是因企图欺诈或严重疏忽而造成的遗漏或差错，不应给予超出警告程度的处罚。货物在装船或运输等过程中发生的数量差异，只要符合正常的商业惯例，就不得以与许可证上标明的数字有微小出入为由，拒绝批准进口。

4. 不得在外汇供应上实行歧视

不管货物是否受进口许可证管理，任何进口商都应在同等条件下获得支付进口货物所需的外汇。

5. 允许安全例外和保密例外

《进口许可程序协议》允许进口方根据《1994 年关税与贸易总协定》第 21 条安全例外的规定，采取有关措施。

世贸组织成员方可以不提供会导致妨碍法律实施、损害公共利益或企业合法商业利益的保密资料。

（二）自动进口许可制度

自动进口许可制度是指，在任何情况下对进口申请一律予以批准的进口许可制度。这一制度通常用于统计和监督。

1. 世贸组织成员方只有在没有其他更合适的手段实现其管理目的，且已具备采取自动进口许可条件的情形下，才可以实施这种许可制度。

2. 实施自动进口许可制度，不得对进口货物产生限制；主管部门不得歧视许可证申请者，任何符合法律要求的申请者均有资格提出申请并获得许可证。主管部门在收到自动许可申请后，应迅速批准，审批时间最长不应超过 10 个工作日。

（三）非自动进口许可制度

非自动进口许可制度指不属于自动许可制度管理的其他进口许可制度。非自动许可制度适用于对配额及其他限制性措施进行管理。世贸组织成员方许可证签发机构在审批许可证时，可以行使签发与否的处置权。除了进口限制措施本身的影响外，非自动许可不得对进口产生额外的限制或扭曲，也不得造成更大的行政负担。

对非自动进口许可制度，《进口许可程序协议》作了如下规定：

1. 保证许可证管理的透明度

应世贸组织其他成员的要求，实行非自动进口许可管理的成员方必须提供充分的信息，包括贸易限制的管理，近期签发的进口许可证，在出口方之间分配许可证的情况，以及受进口许可证管理的产品进口数量和金额统计。对实行非自动进口许可管理的配额，应在规定的时限内，采用可使其他成员方政府和贸易商熟悉的方式，公布配额总量（数量或金额）、配额始末日期及其任何变化情况。如果配额是在出口方之间进行分配，应将分配情况立即通知所有与该产品有利益关系的成员方。

2. 及时、公正地实施许可程序

任何符合进口方法律和行政管理要求的个人、企业或机构，都具有申请许可证的同等资格。如果申请未获批准，申请者可要求主管机构告知理由，并有权要求复议或按进口方的国内法定程序上诉。若按先来先得的原则处理所有申请，审批的期限不应超过 30 天；若同时处理所有申请，审批的期限不应超过 60 天。许可证的有效期限应该合理，不应对货物进口造成障碍。在对配额实行管理时，主管机构不得阻碍对配额的充分使用。

3. 合理分配许可证

在分配许可证时，主管机构应考虑申请者的进口实绩和以往所发放许可证的使用情况，还应考虑将许可证合理地分配给新的进口商，特别是从发展中成员进口产品的进口商。如果通过许可证管理全球配额，许可证持有者可自行选择进口来源。如果通过许可证管理国别配额，许可证上应列明具体国家。

4. 对误差采取补偿措施

如果符合正常商业惯例的微小误差，导致了进口货物的数量、金额或重量超过许可证规定的水平，主管机构可在未来的许可证分配时作出补偿性调整。

（四）通知和审议

《进口许可程序协议》要求，制定或更改许可程序的成员方，应在公布有关程序后的60天内通知世界贸易组织。通知的内容主要包括：

1. 许可程序是自动的还是非自动的。若是自动进口许可程序，应说明其行政管理的目的；若是非自动进口许可程序，应说明通过许可程序所实行的措施。

2. 许可程序的预计期限。如果不能提供预计期限，要说明原因。

3. 受许可程序管理的产品清单。

4. 索取许可资格申请资料的联系点。

5. 接受申请书的行政机关。

6. 公布许可程序的出版物名称与出版日期。

如果有世贸组织成员发现其他成员未通知有关情况，该成员也可将此情况向世界贸易组织通知。

世界贸易组织成立了专门的进口许可程序委员会。该委员会由各成员方的代表组成，每两年应至少召开一次会议，审议《进口许可程序协议》的执行情况，以保证该协议各项规则得到遵守。

第七节　与贸易有关的投资措施协议

《与贸易有关的投资措施协议》的宗旨是，防止某些投资措施可能产生的贸易限制和扭曲，便利国内外投资，逐步实现贸易自由化，促进国际贸易发展。投资措施一般是指，为了促使外国投资者达到某种业绩标准而采取的政策。

一、产生背景

20世纪80年代中期以来，以发达国家跨国公司为主体的跨国直接投资规模和领域迅速扩大，发展中国家成为跨国公司实施全球发展战略的重要地区。面对跨国公司大规模的投资，绝大部分发展中国家担心本国产业、企业、市场受到过大的冲击。借鉴发达国家以往的做法，发展中国家从本国的实际情况出发，纷纷研究制定了有关投资的政策和法规。同时，部分发达国家出于增强企业竞争力的考虑，也有选择地保持和制定了保护本国企业的投资措施。虽然发达国家和发展中国家制定的投资措施各不相同，但有一个共同点，即大部分投资措施是限制进出口，特别是限制进口的与贸易有关的投资措施。

鉴于世界各国采取的投资措施对国际贸易的发展具有越来越大的影响，“乌拉圭回合”将与贸易有关的投资措施问题列入了谈判议程。但各方在谈判中存在明显的分歧。

美国、日本等少数发达国家要求，与贸易有关的投资措施谈判应包括尽可能多的内容，从而为外国资本的流动，特别是向发展中成员境内流动创造便利条件。美国最先提出的与贸易有关的投资措施清单包括 13 项内容，即当地含量要求、贸易平衡要求、外汇平衡要求、外汇管制、国内销售要求、当地生产要求、出口实绩要求、产品授权要求、生产限制、技术转让要求、许可要求、汇款限制、股比限制。

对投资措施问题谈判，大部分发展中国家并不积极，担心会削弱自身的经济主权。因此，他们坚持纳入谈判的投资措施只能是与“贸易有关的”，并应严格按照谈判启动时所规定的谈判目的和范围进行。还有一些发展中国家提出，应将跨国公司非正当竞争的行为，如转移定价、市场垄断等，列入谈判议题。

经过艰苦的谈判，“乌拉圭回合”最终达成了《与贸易有关的投资措施协议》，该协议适用于世界贸易组织所有成员方。

《与贸易有关的投资措施协议》是谈判各方妥协的结果。美国最早提出的 13 种与贸易有关的投资措施，只有 5 种作为附件内容被列入该协议；发展中国家提出的限制跨国公司非正当竞争行为的要求，未被列入该协议。

二、主要内容

《与贸易有关的投资措施协议》由 9 个条款和 1 个附件组成。该协议涉及的范围有限，仅对各成员方制定的投资措施中涉及货物贸易进出口的部分作了界定和限制。协议的主要内容包括：基本原则，禁止使用的与贸易有关的投资措施，各成员的具体义务，例外条款，发展中成员待遇，透明度要求，争端解决，管理执行机构等。

（一）基本原则

《与贸易有关的投资措施协议》规定，世贸组织各成员方实施与贸易有关的投资措施，不得违背《1994 年关税与贸易总协定》中的国民待遇原则和取消数量限制原则。该协议附有一份例示清单，具体列举了 5 种违反上述原则的与贸易有关的投资措施。无论这些投资措施是针对外国投资企业的，还是针对成员方本国企业的，都要受《与贸易有关的投资措施协议》约束。

（二）禁止使用的与贸易有关的投资措施

《与贸易有关的投资措施协议》附件例示清单中所列举的与贸易有关的投资措施，可以表现为法律、法规形式，也可以表现为政府的行政裁决形式，还可以是要求外国投资企业必须达到一些业绩标准（如一定比例的国产化率）才能获得某种优惠（如税收优惠）的政策措施。

1.《与贸易有关的投资措施协议》列举了两种违反国民待遇原则的与贸易有关的投资措施形式。

（1）要求企业购买或使用最低限度的国产品或任何国内来源的产品。具体表现是，规定有关国产品的具体名称，规定企业购买或使用国产品的数量或金额，规定企业在生产中必须使用的有关国产品的最低比例。这种形式的投资措施通常被称为当地含量要求。许多成员方要求外国投资企业的产品必须达到一定的国产化比例，就属于这种情况。比如，

1997 年印度尼西亚公布的汽车产业政策，对投资汽车产业提出了国产化要求。美国、欧洲联盟和日本根据《与贸易有关的投资措施协议》禁止使用当地含量要求的规定，对此提出了异议，并提交世界贸易组织争端解决机制。最终印度尼西亚的汽车产业政策被判定违反了《与贸易有关的投资措施协议》，印度尼西亚不得不在 1999 年 7 月取消了国产化的要求。

（2）要求企业购买或使用的进口产品数量或金额，以企业出口当地产品的数量或金额为限。这种形式通常被称为贸易平衡要求。一些成员方要求外国投资企业的进口额不能大于其出口额，就属于这种情况。

2.《与贸易有关的投资措施协议》列举了三种违反普遍取消数量限制原则的与贸易有关的投资措施形式。

（1）总体上限制企业当地生产所需或与当地生产相关产品的进口，或要求企业进口产品的数量或金额以出口当地产品的数量或金额为限。

（2）将企业可使用的外汇限制在与该企业外汇流入相关的水平，以此限制该企业当地生产所需或与当地生产相关产品的进口。

（3）限制企业出口或供出口的产品销售。如规定有关限制出口的产品的具体名称，规定限制企业出口产品的数量或金额，规定限制企业出口产品的数量或金额占该企业当地生产的产品数量或金额的比例。

（三）世贸组织成员方的具体义务

世贸组织成员方在《建立世界贸易组织协定》生效后 90 天内，将所有正在实施的，且同《与贸易有关的投资措施协议》不相符的投资措施，通知世界贸易组织货物贸易理事会。

《与贸易有关的投资措施协议》规定，自该协议生效起，发达国家成员应在 2 年过渡期内取消已向货物贸易理事会通知的与贸易有关的投资措施，发展中国家成员有 5 年过渡期，最不发达成员有 7 年过渡期；在过渡期内，各成员可以继续实施已经通知的与贸易有关的投资措施，但不得进行修改，以避免增加对贸易的扭曲；世贸组织成员方在《建立世界贸易组织协定》生效前 6 个月内已实施的与贸易有关的投资措施，不能享受过渡期的待遇。

世贸组织成员方在过渡期内设立的新企业，也可受到仍然有效的与贸易有关的投资措施的约束，以避免形成对同类新、老企业或同类产品的差别待遇，导致不公平竞争。对新投资企业实施的与贸易有关的投资措施，亦应通知货物贸易理事会。

对于上述义务，发展中成员和最不发达成员可以享受一定的灵活性。具体表现在，发展中成员和最不发达成员如果能证明实施《与贸易有关的投资措施协议》存在特殊的困难，货物贸易理事会可以考虑延长其过渡期。

（四）例外条款

《1994 年关税与贸易总协定》规定的所有例外，可酌情适用于《与贸易有关的投资措施协议》。

（五）发展中成员待遇

发展中成员有权暂时背离《与贸易有关的投资措施协议》中有关国民待遇原则和普遍取消数量限制原则的规定，但其背离的程度及采取的方式，应遵守《1994 年关税与贸易总协定》第 18 条“政府对发展经济的支助”，《关于 1994 年关税与贸易总协定国际收支条款的谅解》，以及“东京回合”通过的《关于为国际收支目的而采取的贸易措施宣言》中有关允许成员背离国民待遇和普遍取消数量限制的规定。

（六）透明度要求

《1994 年关税与贸易总协定》有关透明度和通知的规定，也适用于与贸易有关的投资措施。世贸组织成员方应将其刊载与贸易有关的投资措施的出版物，通知世界贸易组织秘书处。这些出版物中刊载的内容，应包括成员方领土内各级政府实施的与贸易有关的投资措施。

世贸组织成员方可不披露会导致妨碍执法、违背公众利益或损害特定企业合法商业利益的信息。

（七）争端解决

《1994 年关税与贸易总协定》第 22 条、第 23 条和《关于争端解决规则与程序的谅解》的规定，适用于《与贸易有关的投资措施协议》实施中产生的争端。有关争端均可提交世界贸易组织争端解决机制处理。

目前实施《与贸易有关的投资措施协议》所产生的争端不多，一般都是发达成员针对发展中成员提出的，而且并非所有案例都进入专家组最后裁决阶段。例如，美国曾就巴西的汽车产业政策提出磋商，最终通过双边协议的办法予以解决。

（八）管理执行机构

根据《与贸易有关的投资措施协议》，世界贸易组织成立了与贸易有关的投资措施委员会。该委员会负责每年向货物贸易理事会报告《与贸易有关的投资措施协议》的执行情况。货物贸易理事会在该协议生效 5 年内审议有关执行情况，并酌情向部长级会议提出修正建议。

思考题

1. 非关税措施协议的目的是什么？
2. 世贸组织成员如何设置卫生检疫和技术要求？
3. 海关估价最基本的方法是什么？
4. 装运前检验应如何规范？
5. 确定原产地的标准有几个？
6. 进口许可程序如何规范？
7. 投资自由化包括什么内容？

第九章 公平竞争与补救措施协议

内容提要

本章对“乌拉圭回合”达成的《反倾销协议》、《补贴与反补贴措施协议》和《保障措施协议》，分别进行介绍。反倾销和反补贴措施针对的是价格歧视这种不公平贸易行为，保障措施针对的则是进口产品激增的情况。

第一节 反倾销协议

世界贸易组织负责实施管理的《关于实施〈1994 年关税与贸易总协定〉第 6 条的协议》，又称《反倾销协议》，是关于反倾销的规定。该协议是在《1947 年关税与贸易总协定》第 6 条基础上逐步演变而来的。只要不与《反倾销协议》相冲突，《1947 年关税与贸易总协定》第 6 条的规定仍然有效。《反倾销协议》约束各成员方的反倾销行为，以保证采取反倾销措施的规范性。

一、产生背景

倾销一般是指一国出口商以低于产品正常价值的价格，将产品出口到另一国市场的行为。产品倾销在国际贸易中由来已久，可追溯到 20 世纪初。倾销行为一出现，就被一些国家认为是不公平的贸易做法，并通过立法采取反倾销措施予以抵制，以保护国内相关产业。

加拿大 1904 年《海关关税法》，在世界上首次系统地规定了反倾销措施。此后，新西兰、澳大利亚、荷兰、南非、美国等国家相继通过立法，抵制外国产品倾销。1948 年之前，反倾销立法基本限于国内法的范畴，缺乏统一、完善的国际规则。为了将反倾销措施限制在合理的范围和程度之内，协调国与国之间的立法冲突，减少和消除贸易壁垒，推动国际贸易自由化，各国开始谋求将反倾销措施纳入多边贸易体制。

在起草《国际贸易组织宪章》和《1947 年关税与贸易总协定》的过程中，美国以其国内法为范本，提出了反倾销条款草案。在此基础上，有关缔约方达成了一致意见，在

《1947年关税与贸易总协定》中专设第6条“反倾销与反补贴税”，第一次将反倾销纳入多边贸易规则的范围。该条款明确了倾销的基本定义，对倾销予以谴责，允许各国对倾销进行抵制。但是，《1947年关税与贸易总协定》第6条只是一些原则性规定，缺乏可操作性。

在“肯尼迪回合”中，有关缔约方首次就实施《1947年关税与贸易总协定》第6条达成了协议。该协议重新定义倾销，明确了实质损害标准，并对反倾销诉讼程序作了规定，进一步发展和充实了《1947年关税与贸易总协定》第6条的内容。该协议是“肯尼迪回合”在非关税壁垒领域达成的惟一正式协议，但签署方有限，不具备普遍约束性。

在“肯尼迪回合”的基础上，“东京回合”对反倾销规则作了重大修改和补充，达成《反倾销守则》，取代了“肯尼迪回合”的有关协议，并于1980年1月1日起生效。《反倾销守则》仅有23个签署方，约束范围也很小。

为推动缔约方普遍接受反倾销规则，促进反倾销措施公正实施，避免反倾销措施被滥用来对国内产业实行长期保护，“乌拉圭回合”仍将反倾销列为重要议题。该轮谈判对《反倾销守则》进行了较大调整。就倾销和损害的认定、调查程序及证据原则等作了较为详细的规定，以确保《1947年关税与贸易总协定》第6条确立的核心原则得到正确实施。

经过多次磋商，最终达成《关于实施〈1994年关税与贸易总协定〉第6条的协议》，即《反倾销协议》。对所有世贸组织成员适用。

二、关于反倾销的实体性规定

《反倾销协议》的实体性规定，主要包括实施反倾销措施的基本要件、反倾销措施、反倾销税的征收和价格承诺等。

（一）实施反倾销措施的基本要件

实施反倾销措施必须具备的三个基本要件是：倾销、损害、倾销与损害之间的因果关系。

1. 倾销的确定

《反倾销协议》第2条明确界定了倾销的含义。倾销是指一项产品的出口价格低于其在正常贸易中出口国供其国内消费的同类产品的可比价格，即以低于正常价值的价格进入另一国市场。[①] 这里的同类产品是指在所有方面都跟出口产品相似的产品，或虽在所有方面与出口产品不尽相同，但具有与该产品非常类似的特性的其他产品。由此可见，认定倾销是否存在取决于两个价格的比较：“正常价值”与“出口价格”。如果经调查认定倾销成立，则二者之间存在的差额即是倾销幅度。

（1）正常价值的确定

根据《反倾销协议》第2条第2款的规定，产品正常价值的确定有三种方法：一是按正常贸易过程中出口国国内销售价格，二是按出口国向第三国正常贸易中的出口价格，三是按结构价格。一般情况下，应优先采用第一种方法。只有在不能采用第一种方法时，

① 于永达、戴天宇：《反倾销理论与实务》，清华大学出版社，2004年2月，第69页。

才能采用第二或第三种方法。

正常贸易过程中出口国国内销售价格，一般是指被指控出口产品的同类产品在调查期内（通常是1年至1年半），国内市场正常贸易中的成交价（包括批发价格），或销售牌价，或一段时间内的加权平均价。

以出口国国内销售价格确定正常价值，下列情况例外：

第一，出口国国内市场的正常贸易中，不存在被指控产品的同类产品的销售。

第二，虽然被指控产品的同类产品在出口国国内市场有销售，但由于特殊的市场情形不允许作适当的价格比较，如某种情况下的关联企业之间销售或低于成本销售。

第三，虽然被指控产品的同类产品在出口国国内市场有销售，但如果“销售量低”，也不允许作适当比较。《反倾销协议》就“销售量低”作了界定。如果被调查产品的同类产品在出口国供消费的数量，等于或超过该产品向进口方销售的5%，则该数量视为足以作为确定该出口产品正常价值的销售数量。也就是说，在一般情况下，5%是确定“销售量低”的数量界限。但是，如果有证据表明较低比例的国内销售仍属于进行适当比较的足够数量，则可以不以5%为限。

出口国向第三国正常贸易中的出口价格，是指出口到适当的第三国的可比价格。选用向第三国的出口价应考虑如下因素：产品具可比性；向所有第三国销售的同类产品价格中的较高价格；向第三国的销售做法与向反倾销调查国销售此类产品的做法相类似；向第三国的销售价不能低于产品成本；向第三国的出口量一般不低于出口到反倾销调查国市场总量的5%。

结构价格是根据同类产品在原产国的生产成本（包括实际消耗的原材料、折旧、能耗和劳动力等费用），加上合理的管理费、销售费、一般费用和利润确定的。这里的生产成本费用应根据受调查的出口商或生产商存有的记录计算，这些记录应符合出口国普遍接受的会计原则，合理反映与生产有关的成本以及有关产品的销售。反倾销调查当局应考虑全部现有的成本适当分配的证据，该分配应是在历史上一直被出口商或生产商所使用的。关于管理费、销售费、一般费用和利润的计算，应以与生产有关的实际数据以及出口商或生产商在正常贸易过程中相关产品的销售为根据。

（2）出口价格的确定

出口价格是指在正常贸易中一国向另一国出口某一产品的价格，也就是出口商将产品出售给进口商的价格。具体到每一笔交易，出口价格的确定取决于交易双方使用的价格术语，不同的价格术语代表着不同的价格条件。在特定情况下，如果不存在出口价格，或是出口价格因进出口商有关联关系等原因不可靠时，可在进口产品首次转售给独立买主的价格基础上推定出口价格。如果该产品不是转售给独立买主，或不是以进口时的状态或条件转售，则进口方可以在合理的基础上确定出口价格。

（3）倾销幅度的确定

倾销幅度是对正常价值和出口价格进行适当的比较后确定的。正常价值和出口价格是两个不同市场的销售价格，不仅在贸易环节上存在差异，其交易水平和渠道也各不相同。因此，在比较这两个数据之前必须进行必要的调整，使之具有可比性。调整主要考虑如下因素：

相同的贸易水平，通常倒推至出厂前的价格水平；尽可能是在相同时间进行的销售；影响价格可比性的差异，包括销售条件、税收、销售数量和产品的物理特征等方面的差异；转售的费用；汇率；产品的同类性等。

比较正常价值和出口价格的方法有三种。

第一，加权平均的正常价值同所有可比出口交易的加权平均价格进行比较。

第二，正常价值与出口价格以逐笔交易为基础进行比较。

第三，如果因进口商、进口地或进口时间的不同，出口价格差异较大，而且进口方主管机构因这类差异不能使用上述两种方法进行比较，并对此作出解释说明，进口方可以用在加权平均基础上确定的正常价值与每笔交易的出口价格进行比较。

《反倾销协议》再次重申了《1947 年关税与贸易总协定》对第 6 条第 1 款第 2 项的补充规定。在进口产品来自贸易被完全或实质性垄断的国家，且所有国内价格均由国家确定的情况下，进行价格比较可能存在特殊困难，这时进口方可能认为与此类国家的国内价格进行严格比较不一定适当。但是，《反倾销协议》没有明确规定在这种情况下如何进行价格比较。在实践中，该款的规定往往被一些进口方利用，成为使用特殊方法判断来自“非市场经济体制国家”产品正常价值的借口。比如，选择产品成本大大高于出口国的第三国作为替代国进行价格比较，这常常导致歧视性的反倾销政策。

2. 损害的确定

《反倾销协议》中的损害分三种情况：一是进口方生产同类产品的产业受到实质损害；二是进口方生产同类产品的产业受到实质损害威胁；三是进口方建立生产同类产品的产业受到实质阻碍。

（1）实质损害

实质损害指对进口方国内生产同类产品的产业造成实质性的重大损害。对实质损害的确定应依据肯定性证据，并应审查以下内容：

第一，进口产品倾销的数量情况。包括调查期内被控产品的进口绝对数量，或相对于进口方国内生产或消费的相对数量，是否较此前有大量增长。

第二，进口产品的倾销对国内市场同类产品价格的影响。包括调查期内是否使进口方同类产品的价格大幅下降，或在很大程度上抑制价格的上涨，或本应该发生的价格增长。

第三，进口产品的倾销对国内同类产品、产业产生的影响。应考虑和评估所有影响产业状况的有关经济因素和指标，包括销售、利润、产量、市场份额、生产率、投资收益或设备利用率的实际和潜在的下降；影响国内价格的因素；倾销幅度的大小；对流动资金、库存、就业、工资、增长率、筹措资本或投资能力的实际和潜在的消极影响等。

（2）实质损害威胁

实质损害威胁指进口方的有关产业虽尚未受到实质损害，但可以明显预见倾销将对相关产业造成实质性损害，且这种情形非常迫近。对实质损害威胁的确定应依据事实，而不是依据指控、推测或极小的可能性。

（3）产业建立受阻

产业建立受阻指进口产品的倾销阻碍了新产业的实际建立过程，而不是阻碍建立一个新产业的设想或计划。产业建立受阻的确定必须有充分的证据。

（4）损害的累积评估

根据《反倾销协议》第 3 条第 3 款的规定，在一定条件下，进口方可以累积评估从不同来源进口的倾销产品对本国产业的影响，即对所有该产品的进口对国内产业造成的影响相加的总和进行评估。这些条件是：

第一，来自每个国家的产品的倾销幅度超过了 2%，即超过了“最低倾销幅度”。

第二，来自每个国家的倾销产品的进口量并非可忽略不计，一般来讲是指高于进口方对该类倾销产品进口总量的 3%；或者几个出口国各自所占份额虽低于 3%，但他们的总和超过进口方进口该倾销产品总量的 7%。

第三，这些来自不同国家的进口产品之间的竞争条件基本相同，并且这些进口产品与国内同类产品之间的竞争条件也基本相同。

3. 倾销与损害之间因果关系的认定

如果经过调查，认定即使存在倾销，没存在损害，并不能当然导致反倾销措施的实施，还应证明倾销与损害之间的因果关系。因为有时国内相关产业的损害可能是由其他原因造成的。如果损害的发生同时也受到其他因素的影响，这种损害不能单单归咎于倾销。《反倾销协议》第 3 条第 5 款规定，调查当局必须证明倾销是造成损害的原因，证明这个因果关系的存在应当基于对所有相关证据的审查。同时，当局也应审查除倾销以外的其他因素，这些因素包括：

（1）未以倾销价格出售的进口产品的价格及数量。

（2）需求萎缩或消费模式的改变。

（3）外国与国内生产商之间的竞争与限制性贸易做法。

（4）技术发展、国内产业的出口实绩及生产率等。

这些因素的存在，将导致排除倾销与损害间的因果关系。但是，进口方主管机构审查的已知因素不限于上述因素。

这里需要特别说明，《反倾销协议》中的“国内产业”具有特定含义。国内产业的范围应为国内同类产品的全部生产商，或是其产品合计总产量占全部国内同类产品产量的相当部分的那些生产商。但如果生产商与出口商或进口商是关联企业，或者该生产商本身就被指控为倾销产品的进口商，则可以不计算在内。

（二）反倾销措施

反倾销措施包括临时反倾销措施和最终反倾销措施。

1. 临时反倾销措施

《反倾销协议》第 7 条规定，在符合下列条件时，调查当局可以采取临时反倾销措施：（1）已开始调查，已予以公告，并已给予有利害关系的当事人提供资料和提出意见的充分机会；（2）已作出倾销存在和对国内相关产业造成损害的肯定性初步裁定；（3）调查当局认定采取临时措施对防止在调查期间继续发生损害是必需的。

临时反倾销措施有两种形式：一是征收临时反倾销税；二是要求进口商自裁决之日起，提供与临时反倾销税数额相等的现金保证金或保函。

进口方主管机构应自反倾销案件正式立案调查之日起60天后，才能采取临时反倾销措施。[①] 这种措施的实施时间应尽可能短，一般情况下不得超过4个月，特定情况下可以延长到6个月至9个月。

2. 最终反倾销措施

在全部调查结束后，如果有充分的证据证明被调查的产品存在倾销，国内生产同类产品的产业受到损害，且倾销与损害之间有因果关系，则进口方主管机构可以采取最终反倾销措施。最终反倾销措施采取征收反倾销税的形式。

（三）反倾销税的征收

反倾销税是指在正常海关税费之外，进口方主管机构对倾销产品征收的一种附加税。反倾销税的税额不得超过所裁定的倾销幅度。值得注意的一点是，并非在所有征收条件都已满足的情况下（指存在倾销、损害以及二者之间存在因果关系），必然要征收反倾销税。根据《反倾销协议》第9条第1款的规定，在此情况下，是否征收反倾销税将由进口成员方当局自己决定。

征收反倾销税应遵循以下原则：（1）征收额度应低于或等于倾销幅度。如果以较少的征税就能足以消除对国内产业造成的损害，最好征税额小于倾销幅度。（2）多退少不补。如果最终确定的反倾销税额高于临时反倾销税，则差额部分不能要求出口商补交；反之，如果最终确定的反倾销税额低于临时反倾销税，则出口商多交的部分税款应当退还，并且退款应在作出决定后90天内进行。（3）非歧视原则。反倾销税的征收应一视同仁，其税率不能因国别不同而有差异，除非依照《反倾销协议》存在可以忽略不计的情况或存在倾销幅度的差异。

反倾销税应自征税之日起5年内结束，但如果在5年期限到来之前的一段合理时间内提出了复审要求，则在作出复审结果之前，反倾销税应继续征收。如果复审结果表明损害已不存在或不存在重新发生损害的可能，则反倾销税的征收应当停止；如果复审结果表明损害依然存在，或者停止征收反倾销税将导致倾销和损害继续发生或重新发生，则原有的反倾销税可以继续维持下去。

一般情况下，反倾销税的征收效力发生于最终裁定作出之后。但在特殊情况下，调查当局也可以对临时措施适用之前90天进入进口国消费领域的产品追溯征收反倾销税。根据《反倾销协议》第10条的规定，追溯征收反倾销税的条件包括：（1）倾销产品有对国内产业造成损害的倾销历史，或者倾销产品的进口商知道或应当知道产品的出口商在倾销产品，并且倾销将对国内产业造成损害；（2）倾销产品在短期内大量进口，并且已对国内产业造成损害。

（四）价格承诺

根据《反倾销协议》第8条的规定，价格承诺是指，被控倾销产品的生产商和出口

---

① 高永富主编：《WTO反倾销协议：规范与承诺》，黄山书社，2000年5月，第23页。

商与进口方主管机构达成协议，出口商提高价格以消除产业损害，进口方相应地中止或终止案件调查。其中，以提高倾销产品价格形式作出的价格承诺，其价格提高不得超过经初步裁定已确认的倾销幅度。从实际效果讲，价格承诺也属于反倾销措施的一种形式。

《反倾销协议》规定，如任何出口商就修改出口价格，或停止以倾销价格向所涉地区出口，向进口方主管机构作出令人满意的自愿承诺，并使主管机构确信倾销的损害性影响已经消除，则主管机构可以中止或终止调查程序，而不采取临时反倾销措施或征收反倾销税。价格承诺协议对承诺者的出口价格进行限制，并通过定期核查等手段对其进行监督。

《反倾销协议》对缔结价格承诺协议的时间、条件及协议的终止作出了明确规定。

1. 缔结协议应在进口方主管机构已经作了肯定性的倾销和损害的初步裁决后。

2. 如进口方主管机构认为其接受出口商的价格承诺实际上不可行，如实际或潜在的出口商数量过大，或者其他原因，则可以不接受出口商的价格承诺要求。

3. 价格承诺可由进口方主管机构提出，但不得强迫出口商接受。

4. 价格承诺被接受后，应出口商的请求或进口方主管机构决定，可以继续完成倾销和损害的调查。如果关于倾销和损害的调查结论是否定的，则价格承诺自动失效；如结论是肯定的，价格承诺应按照规定继续有效。

5. 如果出口商违反了价格承诺协议，则进口方主管机构可以根据有关规定迅速采取行动，包括根据可获得的最佳信息立即实施临时反倾销措施，并可立即追溯征收反倾销税。

三、实施反倾销措施的基本程序

（一）申请人申请

一般情况下，反倾销调查应基于申请人的申请而开始。为保证申请人的产业代表性，《反倾销协议》除了规定对国内产业的一般理解外，还规定了进口方主管机构应对产业的代表性进行审核。提出发起反倾销调查的申请人，必须能够代表国内相关产业。根据《反倾销协议》第 5 条第 4 款的规定，审查申请人是否具有代表国内产业的资格，应考虑以下标准：（1）申请人的集体产量必须达到该产品国内全部生产量的 25% 以上；（2）申请人的集体产量必须达到支持或反对该申请的国内生产商产量的 50% 以上。

申请必须以书面形式提出，内容应包括倾销、损害及因果关系的有关材料，缺乏证据的简单判断不能满足立案的要求。

（二）进口方主管机构审查立案

进口方主管机构应审查申请人提供的申请材料的准确性和充分性，以及申请企业的代表性，以便判定是否有足够的证据证明立案调查是适当的，并就立案问题作出决定。

（三）反倾销调查

进口方在正式决定立案调查后，应立即发布立案公告。公告应载明出口国的名称、涉及的产品、开始调查的日期、申请书声称倾销的依据和损害存在的概要说明。一般情况下，反倾销调查应在 1 年内结束，最长不得超过从调查开始之后的 18 个月。

1. 调查的终止

（1）无充分证据证明存在倾销或产业损害，或者两者之间没有因果关系。

（2）倾销幅度，或倾销产品的进口数量，或产业损害，是可忽略不计的。

2. 调查的参与

公告发布后，被控产品的出口商、生产商或其他利害关系方，有权要求参与反倾销调查，陈述自己的观点和意见。

3. 听证会及其他申辩机会

初裁之后，进口方主管机构将会利用各种机会，进一步核实涉诉双方提供的证据材料，包括举行听证会，听取评论意见及实地核查。

4. 快速审议

对于反倾销调查期间未出口被控产品的厂商，如其在反倾销征税命令有效期间出口相同或相似产品，进口方应采取“快速审议”的办法来确定这些厂商的单独的反倾销税率。

5. 追溯征税

它是指对那些在临时措施适用之前90天内进入消费领域的产品，追溯征收最终反倾销税。追溯征税的条件是：

（1）被控产品存在造成损害的倾销的历史记录，或者进口商知道或理应知道出口商在实施倾销，并且该倾销会造成损害。

（2）损害是由于在相当短的时期内倾销产品的大量进入造成的。

（四）行政复审和司法审议

1. 行政复审

征收反倾销税是以抵消倾销造成的损害为最终目的。一旦有证据证明倾销所造成的损害已经被抵消，或损害程度有所减轻，或出现了新的影响征税的情况，则反倾销税也应相应取消或变更。为此，《反倾销协议》第11条赋予了利害关系方向进口方主管机构申请复审的权利。当然，进口方主管机构也有主动提起复审的权利。这种复审统称为行政复审。

行政复审主要是就继续征收反倾销税的必要性进行审查，以及论证损害是否会因取消或变更反倾销税而重新发生。如经论证继续征收反倾销税或按照原税率征收反倾销税是不合理的，则应终止或减少征收反倾销税。

实践中，复审的形式有年度复审、新出口商复审、情势变迁复审、中期复审和日落复审等多种形式。复审的程序一般与反倾销调查程序相同。价格承诺的复审程序，大体与征收反倾销税的复审程序相同。

2. 司法审议

为保证各成员方公正实施反倾销措施，《反倾销协议》第13条规定，各成员在其国内的反倾销法律中应包含司法审议机构及程序。对最终裁决和行政复审决定等行政行为，利害关系方可以要求通过司法、仲裁或行政法庭按照程序迅速进行审议。这类法庭、仲裁、行政法庭及程序，应完全独立于作出裁决或复审决定的行政主管机构，保持其独立性。采取何种形式的司法审议方式，由各成员方自行决定。

四、其他规定

（一）证据要求及对利害关系方信息的处理

《反倾销协议》规定，进口方主管机构有权要求各利害关系方提供与调查有关的证据材料，并应给予其充分的提供信息的机会。有关证据方面的要求如下：

1. 给予利害关系方提供证据的机会。进口方主管机构应将所要求的信息通知所有利害关系方，并给予其充分的机会以书面形式提出与调查有关的所有书面证据。

2. 利害关系方应有充分的辩护机会。

3. 进口方主管机构为利害关系方的陈述提供帮助和方便。进口方主管机构应在保密和可行的情况下，使所有利害关系方了解与案件陈述有关的、主管机构在反倾销调查中使用的所有信息，使其在此基础上准备陈述。

4. 对任何机密信息，进口方主管机构应按照机密信息处理。

5. 核实信息。为核实有关信息的可靠性及有关细节，经有关企业和所涉成员方政府代表的同意，进口方主管机构可根据需要在涉案企业的领土内进行核查。

6. 对不当信息或关系方不合作的处理。在调查中，进口方主管机构应保证使用信息的准确性。若任何利害关系方不允许使用信息，或未在合理时间内提供信息，或存在严重妨碍调查的行为，进口方主管机构有权利用在事实基础上获得的其他信息资料进行裁决。

7. 裁决基本事实的披露。终裁前，进口方主管机构应将拟实施的最终反倾销措施依据的基本事实，通知所有利害关系方，并使各方有充分的时间为其利益进行辩护。

8. 抽样调查。进口方主管机构应依据不同的生产商、出口商提供的信息材料，裁决不同的倾销幅度。但如果生产商和出口商很多，或所涉及的产品种类数量很多，分别给予每一个涉案企业单独的倾销幅度不现实，进口方主管机构可以采取抽样的方法审查合理数量的企业及产品，或者根据涉案成员方出口数量的最大百分比确定合理的调查范围。

9. 进口方主管机构应给受影响的工业用户及有代表性的消费者提供机会，以便其了解有关倾销、损害及因果关系的信息。

（二）关于发展中成员的特别规定

《反倾销协议》规定，在考虑实施该协议项下的反倾销措施时，发达成员应对发展中成员的特殊情况给予特别注意。在实施会影响发展中成员根本利益的反倾销措施之前，发达成员应探讨采用该协议规定的其他建设性救济措施的可能性。但在《反倾销协议》中，没有详细规定对发展中成员的特殊优惠，只是象征性地规定发达成员应注意发展中成员的根本利益及建设性救济的可能性。

（三）反倾销措施委员会及其职能

为保障《反倾销协议》的实施，世界贸易组织专门设立了反倾销措施委员会。该委员会由各成员代表组成，可以酌情设立附属机构。该委员会每年至少召开两次会议，也可应任何成员方要求召开会议。

反倾销措施委员会履行《反倾销协议》项下或各成员指定的职责，并应向各成员就《反倾销协议》的实施，以及促进该协议目标实现的任何事项，提供磋商机会。

该委员会及其附属机构履行职责时，经有关成员方和有关企业的同意，可向其认为适当的任何信息来源进行咨询和寻求信息。

各成员应将负责调查反倾销的机构、立案和调查的国内程序通知反倾销措施委员会。各成员应尽快向该委员会报告其采取的临时反倾销措施和最终反倾销措施，并应每半年向委员会报告一次前6个月采取的反倾销行动的情况。

（四）磋商和争端解决

任何成员方采取反倾销措施，影响了其他成员方的利益，可以通过反倾销的磋商和争端解决途径寻求解决。《反倾销协议》规定，除该协议另有规定外，世界贸易组织的争端解决机制同样适用于反倾销。

1. 如果一成员方认为进口方实施反倾销措施，使其从世界贸易组织协定项下直接或间接获得的利益受到减损或丧失，或该项措施妨碍了任何协议目标的实现，则该成员方可以以书面形式要求与有关的一个或多个成员方进行磋商，以寻求各方满意的解决办法。每一成员方应对另一成员方提出的磋商要求给予积极的考虑，并应提供充分的磋商机会。

2. 如果磋商不能达成满意结果，且进口方的主管机构已经采取最终措施或接受价格承诺，则该成员可以将争端提交争端解决机构处理。如果一出口方成员认为进口方成员所采取的临时反倾销措施，违反了《反倾销协议》的有关规定，则也可将之提交争端解决机构处理。

3. 在受影响的成员方请求下，争端解决机制应设立专家组就该成员方的请求进行审查。世界贸易组织《关于争端解决规则与程序的谅解》，同样适用于《反倾销协议》项下的磋商和争端解决。

4. 专家组对保密信息负有保密义务。

五、《反倾销协议》对调查的补充要求

为使进口方主管机构公正、透明地进行反倾销调查，《反倾销协议》还通过两个附件对该协议的内容进行了补充，使实地核查和采用最佳可用信息方面更加规范。

（一）进口方主管机构的实地核查

《反倾销协议》附件1对进口方主管机构到有关涉案企业进行核查的程序，作了详细规定。主要包括：

1. 立案调查后的适当时间，进口方主管机构应将实地核查的意向通知该企业所在国家的主管机构和已知的有关公司，并应得到有关方面的同意。

2. 若核查组中包括非政府专家，也应通知上述有关方面。

3. 一般情况下，核查应在收到有关涉案企业对调查问卷的答复后进行。核查前应通知有关企业需要核实信息的性质及提供的信息，但核查时也可要求有关企业进一步提供细节。

4. 在可能的情况下，进口方主管机构对接受核查的有关成员方或企业提出配合核查的问题，在核查前予以答复。

（二）可获得最佳信息的采用

可获得最佳信息是指，进口方主管机构在调查过程中对有关利害关系方信息处理的一种方式，即弃用或部分弃用不配合调查或阻碍调查方提供的信息，而使用认为适当的其他信息。

《反倾销协议》附件2对不采用利害关系方提供的证据或信息的处理原则，作了一般规定：

1. 调查开始后，进口方主管机构应向有关利害关系方说明所需要得到的信息及组织信息的方式。同时应说明，如果信息未按照要求提供，进口方主管机构可认为利害关系方的信息不可用，或不符合调查要求，并有权以可获得的事实为基础作出裁定，包括申请书中提出的事实。

2. 进口方主管机构可要求有关利害关系方以特殊介质（如计算机磁盘）提供信息，但不应给有关利害关系方增加不合理的额外负担。

3. 在裁定时，进口方主管机构应考虑使用可接受的、所有可核实的、以适当方式提交的信息。

4. 当信息或证据未被接受时，进口方主管机构应向有关企业说明理由，并给予对方在合理时间内进一步说明的机会。在其后的任何裁决公告中，应载明拒绝接受该证据或信息的理由。

5. 在调查过程中，进口方主管机构应特别慎重处理二手信息。如有可能，进口方主管机构应利用其他独立的信息来源核查二手信息的准确性。

第二节　补贴与反补贴措施协议

《补贴与反补贴措施协议》的目的是，有效约束和规范补贴的使用，防止补贴对竞争的扭曲；同时，规范反补贴的程序和标准，防止滥用反补贴措施，阻碍公平贸易。但《补贴与反补贴措施协议》只处理影响货物贸易的补贴，《农业协议》中对农产品的补贴还有一些特殊规定，关于服务贸易的补贴在《服务贸易总协定》中另有规定。

一、产生背景

补贴作为公共经济政策的重要组成部分，为各国广泛采用。关税与贸易总协定和世界贸易组织并不否定补贴的作用，但补贴措施如使用不当也会导致不公平竞争，对进口方或第三方的相关产业或其他合法利益造成损害，扭曲贸易和影响资源的合理配置。

补贴与反补贴规则的形成历经了近半个世纪的漫长历程。关税与贸易总协定的早期规则中，仅有两个条款涉及这一问题，即《1947年关税与贸易总协定》第6条和第16条。其中，第6条关于反倾销措施的最初规则，也规范反补贴税的使用；第16条直接涉及到补贴的使用，但表述相当含混，处理措施缺乏力度。因此，加强补贴纪律，确立规范的反补贴制度，一直是关税与贸易总协定缔约方努力的一个方向。

在“东京回合”中，缔约方达成了《关于解释与适用〈1947 年关税与贸易总协定〉第 6 条、第 16 条和第 23 条的协议》，也称《反补贴守则》。该守则确立了补贴的一般规则，丰富了反补贴的有关规定，同时制定了补贴争端解决的规则。《反补贴守则》是对《1947 年关税与贸易总协定》补贴与反补贴制度的重大发展，并对日后“乌拉圭回合”达成《补贴与反补贴措施协议》产生了积极影响。但《反补贴守则》只是一个诸边守则，实际签署的仅有 24 个缔约方，因此其约束范围有限。

在“乌拉圭回合”长达 8 年的谈判过程中，补贴与反补贴措施一直是难点和焦点议题。最终达成的《补贴与反补贴措施协议》，作为世界贸易组织一揽子协议的组成部分，适用于世界贸易组织所有成员。

二、组成部分及概念界定

《补贴与反补贴措施协议》由 11 个部分和 7 个附件组成。这 11 个部分分别是：总则，禁止性补贴，可诉补贴，不可诉补贴，反补贴措施，机构，通知和监督，发展中成员，过渡性安排，争端解决，最后条款。7 个附件分别是：出口补贴例示清单，关于生产过程中投入物消耗的准则，关于确定替代退税制度为出口补贴的准则，从价补贴总额的计算，搜集关于严重侵害的信息的程序，根据第 12 条第 6 款进行实地调查的程序，第 27 条第 2 款（a）项所指的发展中成员。

（一）补贴

根据《反补贴协议》第 1 条的规定，补贴是指成员方政府或任何公共机构（以下统称“政府”）提供的财政资助或其他任何形式的收入或价格支持。该协议从主体、形式和效果三个方面对补贴进行了界定，即补贴只有在满足下列三个条件时才成立：第一，补贴是由政府或公共机构提供；第二，政府提供了财政资助或任何形式的收入或价格支持；第三，补贴使产业或企业得到了利益。

1. 财政资助

财政资助包括：（1）政府直接提供资金（如赠款、贷款和资本注入）、潜在的资金或债务的直接转移（如政府为企业提供贷款担保）；（2）政府应征税收的减免；（3）政府提供除一般基础设施之外的货物或服务，或者购买货物。

2. 收入或价格支持

收入或价格支持是政府补贴的另一种形式。这种支持可能是由法律限定某一种产品的最低价格，也可能表现为一种维持物价的物资储备制度。

3. 产业或企业得到利益

衡量补贴的另一标准是，政府的资助、收入或价格支持使有关产业或企业获得利益。这种利益是指产业或企业在正常商业条件下不能获得的条件、条款或优惠。

（二）专向性

专向性是指补贴只给予一部分特定的产业、企业、地区。

1. 专项性补贴的类型

《补贴与反补贴措施协议》只约束具有专向性的补贴，并规定了 4 种类型的专向性补贴：

（1）企业专向性补贴，即政府对部分特定企业进行补贴；

（2）产业专向性补贴，即政府对部分特定产业进行补贴；

（3）地区专向性补贴，即政府对其领土内的部分特定地区的某些企业进行补贴；

（4）禁止性补贴，即与出口实绩或使用进口替代相联系的补贴。

2. 专项性补贴的标准和条件

《补贴与反补贴措施协议》第 2 条还明确了认定专向性补贴的一些标准和条件。凡是有关法律、法规有明确规定，或执行此项法律、法规的主管机构明确表示，补贴只给予特定的企业或产业，则该种补贴即具有了法律上的专向性。但约束补贴的专向性并不意味着不能对补贴发放设定条件，关键是设定条件应符合以下要求：

（1）给予补贴及确定补贴金额的标准或条件必须是客观和中性的，不得使某些特定企业享受的利益优于其他企业。标准或条件应属经济性质，并横向适用，如按照员工人数或企业规模等授予补贴。

（2）这些标准或条件必须在法律、法规或其他官方文件中明确规定，并能够被核查。

（3）这些标准或条件必须是自动的，即只要企业或产业达到规定的条件就应得到补贴，授予补贴的机构不得行使自由裁量权。

如果上述要求得不到实质满足，补贴便可能被认为具有法律上的专向性。另外，如果仅是形式上满足了上述要求，而事实上并没有严格执行，则补贴可能被认为具有事实上的专向性。补贴只要在法律上或事实上具有专向性，便可被认为具有专向性。

三、补贴的分类

《补贴与反补贴措施协议》将专向性补贴分为三类：禁止性补贴，可诉补贴，不可诉补贴。

（一）禁止性补贴

所谓禁止性补贴是指不允许成员方政府实施的补贴，一旦实施，任何受其影响的其他成员方可以直接采取反补贴措施，禁止性补贴又称“红灯补贴”。这类补贴实际上是很明确地专门用于影响贸易的补贴，因此最有可能对其他成员方的利益造成损害。根据《反补贴协议》第 3 条的规定，出口补贴和进口替代补贴为禁止性补贴，任何成员不得实施或维持此类补贴。农产品出口补贴的削减由《农业协议》规定。

1. 出口补贴

出口补贴指法律上或事实上以出口实绩为条件而给予的补贴。如果法律上明确规定以出口实绩作为给予补贴的惟一条件或条件之一，该种补贴则属于出口补贴；如果法律上虽没有明确规定以出口实绩作为补贴条件，但补贴的给予事实上与实际出口或预期出口（或出口收入）联系在一起，则该补贴也属于出口补贴。但并不是出口企业得到的补贴都是出口补贴，因为出口企业也完全可以享受非专向性补贴。

出口补贴的影响在于，它会刺激出口的增长，使其他未受补贴的同类产品在竞争中处于不利境地，并可能对进口方或第三方相关产业造成实质损害或实质损害威胁。

《补贴与反补贴措施协议》附件 1 专门列出了一个出口补贴例示清单，列举了 12 种可归于出口补贴的典型情况：

（1）政府视出口实绩对产业或企业提供的直接补贴。如以出口额或出口创汇额为基数给予一定比例的奖励。

（2）涉及出口奖励的货币留成方案或任何类似做法：如在外汇统一管制的情况下，以出口额或出口创汇额为基数，允许出口企业留存一定比例的外汇。

（3）政府规定的装运出口货物的国内费用条件，优于装运内销货物，即所谓出口装运补贴。

（4）政府或其代理机构直接或间接通过政府授权的方案，对出口生产提供货物或服务的条款或条件，优于对内销生产的条款或条件，并且此类条款或条件优于出口商在世界市场上通过商业途径可获得的条款或条件。如政府为出口企业免费提供信息服务，而对内销生产提供同样服务则要收费。

（5）全部或部分减免或缓征工商企业已付或应付的、专门与出口有关的直接税或社会福利费。直接税是指对工资、利润、利息、租金、专利权使用费和其他形式的收入所征收的税，以及对不动产所有权的征税。

（6）在计算直接税的税基时，与出口或出口实绩直接相关的特殊扣除，超过对供国内消费的生产的特殊扣除。即通过缩小税基，减轻出口企业税负，从而达到刺激和鼓励出口的目的。

（7）对出口生产和分销的间接税减免，超过对供国内消费的同类产品的生产和分销所征收的间接税，即超额减免税。间接税是指增值税、消费税、销售税、营业税、特许税、印花税、转让税、存货税、设备税、边境税及除直接税和进口费用外的所有税赋。

（8）对用于出口产品生产的货物或服务，减免或缓征所征收的前阶段累积间接税，超过对给予国内消费的同类产品生产的待遇，也是一种超额减免。如果前阶段累积间接税是对出口产品生产过程中消耗的投入物所征收的（扣除正常损耗），则即使对供国内消费的同类产品的前阶段累积间接税不予减免或缓征，对出口产品仍可免、减、缓。

（9）进口费用的减免或退还，超过对出口产品生产中消耗的进口投入物所收取的进口费用（扣除正常损耗）。

（10）政府或政府控制的特殊机构提供的出口信贷担保或保险计划，以及针对出口产品成本增加或外汇风险的保险或担保计划，其利率或保险费率不足以弥补担保或保险计划的长期营业成本和亏损。

（11）政府提供的出口信贷利率低于使用该资金所实际应支付的利率，或低于国际资本市场获得同样信贷所应支付的利率；政府支付企业或其他金融机构为取得贷款所发生的全部或部分费用。但是，一成员如果是一官方出口信贷的国际承诺的参加方，或一成员在实践中实施的出口信贷利率与该国际承诺的规定相符，则符合该国际承诺规定的出口信贷做法不得视为出口补贴。

实践中，经济合作与发展组织《关于官方支持的出口信贷规则的协议》规定，其成员方提供的出口信贷只要不低于规定的利率水平，则不构成出口补贴。按照《补贴与反补贴措施协议》附件 1 的规定，世界贸易组织一成员，即使不是经济合作与发展组织成员，但如果其在提供出口信贷时遵守经济合作与发展组织的规定，则该出口信贷同样不应视为出口补贴。

（12）从成员方公共账户中所支取的任何其他费用，且该公共账户构成了《1994 年关税与贸易总协定》第 16 条意义上的出口补贴。

关于出口补贴，《1994 年关税与贸易总协定》第 16 条的注解还规定，对一出口产品免征其同类产品供国内消费时所负担的关税或国内税，或免除此类关税或国内税的数量不超过已征量，不得视为出口补贴。也就是说，对出口产品免征间接税或退还已就该产品征收的间接税，不构成出口补贴；出口退税如超过实际征收的税额，超额部分则构成出口补贴。

2. 进口替代补贴

进口替代补贴指以使用国产货物为条件而给予的补贴。与出口补贴给予出口产品的生产者或出口商不同，进口替代补贴给予的对象是国产品的生产者、使用者或消费者。这种补贴的影响在于：它会使进口产品在与受补贴的国产品的竞争中处于劣势，从而抑制相关产品的进口。鉴于进口替代补贴对进口贸易的抑制和扭曲作用，《补贴与反补贴措施协议》同样将它纳入了禁止范畴。

进口替代补贴可以是给予进口替代产业优惠贷款，或为此类企业提供比其他企业更优惠的货物或服务，或在外汇使用方面提供更多的便利条件，或减免此类企业所得税等直接税，或通过允许加速折旧等方式减小所得税税基，等等。

进口替代补贴既可以给生产商，也可以直接给使用者或消费者。如对进口替代产品使用者给予物质奖励；允许该使用者对进口替代设备进行加速折旧；或者对此类设备的增值税予以全额抵扣；对购买进口替代设备提供优惠贷款等。

（二）可诉补贴

可诉补贴又称“黄灯补贴”，是指那些不是一律被禁止，但又不能自动免于质疑的补贴。对这类补贴，往往要根据其客观效果才能判定是否符合世界贸易组织规则。

《补贴与反补贴措施协议》第 5 条对可诉补贴规定了总体原则，即成员方不得通过使用该协议第 1 条所规定的专向性补贴，而对其他成员的利益造成不利影响。这种不利影响是指以下三种情况：一是对另一成员的国内产业造成损害；二是使其他成员丧失或减损根据《1994 年关税与贸易总协定》所获得利益；三是严重侵害另一成员的利益。

损害指一成员方政府的补贴对另一成员方国内产业所造成的实质损害，这与倾销对国内产业所造成的损害是非常相似的。

利益的丧失或减损是一个非常模糊的概念。对于补贴来讲，比较典型的情况是，一成员实施补贴，使另一成员本应获得的市场准入机会受到了削弱。

严重侵害是一个范围更广的概念。《补贴与反补贴措施协议》第 6 条对严重侵害规定了一些推定标准，即只要补贴符合以下情形，便可视为对另一成员的利益造成了严重侵害：

（1）补贴的影响在于取代或阻碍另一成员的同类产品进入提供补贴成员的市场。

（2）补贴使得另一成员同类产品对第三国市场的出口被取代或阻碍。

（3）补贴产品造成另一成员同类产品大幅降价、压价、价格抑制，或造成另一成员同类产品的大量销售损失。

（4）补贴导致补贴成员增加某一初级产品在世界市场中的份额。

《补贴与反补贴措施协议》还规定，如果提供补贴的成员能证明补贴并未造成第6条规定的任何一种影响，则不得视为存在严重侵害。根据《补贴与反补贴措施协议》第31条规定，第6条规定临时适用5年（1995年1月1日至1999年12月31日）。

（三）不可诉补贴

不可诉补贴又称“绿灯补贴”。《补贴与反补贴措施协议》第四部分规定了两大类不可诉补贴：一类是不具有专向性的补贴；另一类是符合特定要求的专向性补贴。

不具有专向性的补贴可普遍获得，不针对特定企业、特定产业和特定地区。

符合特定要求的专向性补贴，包括研究和开发补贴，贫困地区补贴，环保补贴。

研究和开发补贴是指，对公司进行研究和开发活动的援助，或对高等教育机构、研究机构与公司签约进行研究和开发活动的援助。

贫困地区补贴是指，按照一项总体地区发展规划给予贫困地区的援助。

环保补贴是指，为促进现有设施适应法律、法规规定的新的环保要求而提供的援助。

《补贴与反补贴措施协议》第8条，对上述补贴规定了非常详细的限定条件。该协议第31条规定，有关不可诉补贴的规定临时适用5年（1995年1月1日至1999年12月31日）。

四、补贴的争端解决和反补贴措施

（一）补贴的争端解决

《补贴与反补贴措施协议》对成员方之间有关补贴问题的争端，提供了更为迅捷的多边解决程序，以体现对补贴行为的严格规范。

1. 禁止性补贴的争端解决

一成员如果有理由认为另一成员正在实施禁止性的补贴，即可请求同实施补贴的成员进行磋商。若在提出磋商请求后30天内未能达成双方同意的解决办法，则可将争端提交争端解决机构。

争端解决机构受理争端后，应立即成立专家组。专家组应在成立后的90天内，向争端当事方提交最终报告，并发送给世界贸易组织其他所有成员。如专家组认定补贴为禁止性的，则应建议立即撤销补贴，并明确限定撤销补贴的时限。除非争端一方表示上诉，或争端解决机构经协商一致不通过专家组报告，否则争端解决机构应在报告发送给所有成员后的30天内通过该报告。

如专家组报告被上诉，上诉机构一般应在30天内提出裁决报告，例外情况下不得超过60天，并交由争端解决机构予以通过。除非争端解决机构在20天内经协商一致决定不予通过，否则争端各方必须无条件接受上诉机构报告。

如果被诉方没有在专家组指定的时限内执行争端解决机构的建议，争端解决机构应授权申诉方采取适当的报复措施，除非争端解决机构经协商一致拒绝授予申诉方这种权利。实施补贴的成员方可就报复措施是否适当提请仲裁。

2. 可诉补贴的争端解决

一成员如果有理由认为另一成员实施的可诉补贴对其利益造成了不利影响，则可要求与实施补贴的成员方进行磋商。若提出磋商请求后的60天内未能达成协议，则任何一方可将争端提交争端解决机构。

争端解决机构受理争端后，应设立专家组，除非争端解决机构全体一致不同意设立专家组。专家组的组成及其职权范围应在专家组成立后的15天内确定。专家组应在120天内向争端各方提交最终报告，并将报告发送给世界贸易组织其他所有成员。除非争端一方表示要求上诉，或争端解决机构经协商一致决定不通过专家组报告，否则争端解决机构应于报告发送给全体成员之日起的30天内通过该报告。

如果专家组报告被上诉，上诉机构应于60天内提出裁决报告，例外情况下可延长至90天内。除非争端解决机构经协商一致不同意，否则争端解决机构应于上诉机构报告发送给全体成员之日起的20天内通过上诉机构报告，争端当事方必须无条件接受该报告。

如果争端解决机构通过的专家组报告或上诉机构报告认定可诉补贴应予撤销，则实施补贴的成员应自报告通过之日起的6个月内采取适当措施，消除补贴所造成的不利影响或取消该项补贴。在此期间，争端当事方还可就补偿问题进行谈判。如未达成补偿协议，且实施补贴的成员方亦未在规定时限内采取适当措施，争端解决机构应授权申诉方采取在性质和程度上与涉诉补贴措施相当的报复措施，除非争端解决机构协商一致拒绝这一补偿要求。被诉方可就报复措施的适当性问题提请仲裁解决。

与禁止性补贴相比，可诉补贴的争端解决程序时间要长一些。这体现了对不同类型补贴约束程度的差异。

（二）反补贴措施

反补贴措施指进口方主管机构应国内相关产业的申请，对受补贴的进口产品进行反补贴调查，并采取征收反补贴税或价格承诺等方式，抵消进口产品所享受的补贴，恢复公平竞争，保护受到损害的国内产业。

《补贴与反补贴措施协议》规定了使用反补贴措施的规则。这些规则与《反倾销协议》的有关规则非常相似，但两者仍存在一些不同点：

（1）对微量的标准规定不同。在反倾销调查中，2%或2%以下的倾销幅度被认为是微量的；在反补贴调查中，只有补贴低于从价金额的1%，才能被视为微量，对发展中成员适用的比例还要高一些，即可以低于2%。

（2）对忽略不计的标准规定不同。在反倾销调查中，如果某一成员倾销产品对特定市场的出口量不足该市场进口总量的3%，则该进口量可忽略不计，除非此种比例均低于3%的几个成员的合计比例超过7%；在反补贴调查中，针对发展中成员的此种比例为4%，作为例外的合计比例为9%。

（3）邀请磋商是发起反补贴调查成员方的义务，而反倾销调查中不存在此类规定。

《补贴与反补贴措施协议》要求进口方主管机构在接受国内产业有关申请后，最迟应在发起调查前邀请可能被调查的成员进行磋商，以澄清有关被指证的事项，寻求达成双方满意的解决办法。

（4）价格承诺的方式有所不同。反补贴中的价格承诺有两种形式：一是出口商同意修改其价格，以消除补贴的有害影响；二是出口方政府同意取消或限制补贴，或采取其他能消除补贴影响的措施。而在反倾销的价格承诺中，不存在政府承诺的问题。

如果一成员在采取反补贴措施过程中，未能遵守《补贴与反补贴措施协议》第五部分的实质性或程序性要求，其他成员可以通过争端解决机制提出质疑。

《补贴与反补贴措施协议》规定，争端解决程序与反补贴措施可以平行引用。从程序角度讲，争端解决程序与反补贴措施是不矛盾的。若一成员方认为另一成员实施补贴措施，该成员可以向争端解决机构提起申诉，同时也可以进行反补贴调查，以确定补贴进口产品是否对其国内产业造成了损害。

对某一特定补贴只能采取一种形式的救济措施，要么征收反补贴税，要么根据《补贴与反补贴措施协议》第4条或第7条的规定采取报复措施。

五、优惠待遇和过渡期

（一）发展中成员的优惠待遇

世界贸易组织所有成员均承认，补贴可在发展中成员的经济发展计划中发挥重要作用。因此，《补贴与反补贴措施协议》第八部分详细规定了各类发展中成员的特殊和差别待遇。与世界贸易组织其他协议相比，《补贴与反补贴措施协议》的优惠待遇涉及范围较广，对发展中成员和最不发达成员具有重要的实质意义。

根据联合国的有关标准，《补贴与反补贴措施协议》将发展中成员分为三类：一类是49个最不发达成员；二类是列入附件7的年人均国民生产总值低于1 000美元的20个发展中成员；三类是其他发展中成员。

1. 禁止性补贴方面的优惠

（1）最不发达成员可以无限期使用出口补贴，并在世界贸易组织成立后8年内（即至2002年底），可使用进口替代补贴。

（2）附件7所列的20个发展中成员，在其年人均国民生产总值达到1 000美元之前，有权使用出口补贴，并在世界贸易组织成立后5年内（即至1999年底），可保留进口替代补贴。

（3）其他发展中成员在世界贸易组织成立后8年内（即至2002年底），可以保留出口补贴，但应在这8年内逐步取消，且不得提高其出口补贴的水平。如果出口补贴与其发展需求不相符，则应在短于8年的期限内取消；如果有关成员能证明延长保留出口补贴的期限，是出于经济、金融和发展的需要，则补贴与反补贴措施委员会可以延长这一期限；在世界贸易组织成立后5年内（即至1999年底），这些发展中成员可以保留进口替代补贴。

对于发展中成员，若其某一具体产品已经具有“出口竞争力”，即该种产品的出口连续2年达到同类产品世界贸易至少3.25%的份额，则该成员应在2年内取消对这种产品的出口补贴。但是,《补贴与反补贴措施协议》附件7所列20个发展中成员,即使其某一具体产品已经具有出口竞争力,仍可以在8年内逐步取消对该产品的出口补贴。

2. 可诉补贴方面的优惠

《补贴与反补贴措施协议》第27条还针对发展中成员,放宽了该协议第三部分规定的、适用于可诉补贴的多边规则,且这些更加优惠的待遇没有时间限制。如果发展中国家维持出口补贴、进口替代补贴的做法,符合《补贴与反补贴措施协议》第27条2~5款的规定,则其他成员不得援引有关禁止性补贴的争端解决程序,只能援引可诉补贴的程序。

3. 反补贴调查中的优惠

《补贴与反补贴措施协议》第五部分,就针对发展中成员采取反补贴措施作了一些特殊规定。如果发展中成员产品的补贴水平不足从价金额的2%(非发展中成员为1%),则针对其采取的反补贴调查应立即终止。

对于以下三类成员,微量补贴的幅度为3%:

(1)最不发达成员。

(2)《补贴与反补贴措施协议》附件7所列的人均国民生产总值低于1 000美元的发展中成员。

(3)可在世界贸易组织成立后的8年内继续使用出口补贴,但提前取消该类补贴的发展中成员。

如果源自发展中成员的受补贴进口产品不足进口份额的4%,则反补贴调查也应立即终止。但如果低于4%份额的发展中成员的合计比例超过9%,反补贴调查仍可继续进行。

(二)转型经济成员

转型经济成员可以实施转型所必需的计划和措施。他们可以在世界贸易组织成立后的7年内,保留已向世界贸易组织通知的出口补贴和进口替代补贴。但这些补贴在7年内应逐步取消,或使其符合《补贴与反补贴措施协议》的规定。在7年期限内,为有助于经济结构调整,这些成员可以免除政府持有的债务,向企业提供赠款以偿还债务,而不受“严重侵害”规则的制约。

(三)发达成员

发达成员在3年过渡期(1995~1997年)后,应取消在签署《建立世界贸易组织协议》之前就已存在的禁止性补贴。这类计划应在该协议对该成员生效后的90天内,通知世界贸易组织补贴与反补贴措施委员会。

六、机构和监督

根据《补贴与反补贴措施协议》第六部分规定,世界贸易组织设立补贴与反补贴措施委员会,还设立了常设专家小组。常设专家小组可以在争端解决机构专家组的请求下,依据争端解决程序确定某一补贴是否属被禁止的补贴。

《补贴与反补贴措施协议》第七部分,对成员方就补贴进行通知的义务作了详尽规定,并明确了补贴与反补贴措施委员会监督该协议实施的职能。

第三节　保障措施协议

保障措施是指，成员方在进口激增并对其国内相关产业造成严重损害或严重损害威胁时，采取的进口限制措施。《保障措施协议》的目的是，进一步澄清《1994 年关税与贸易总协定》第 19 条的原则，强化保障措施的多边控制，消除规避保障措施控制的不当做法，促进国际贸易体制的稳定和完善。

保障措施在性质上完全不同于反倾销措施和反补贴措施。保障措施针对的是公平贸易条件下的进口产品，反倾销措施和反补贴措施针对的是不公平贸易。

一、产生背景

1943 年，美国和墨西哥签订的《互惠贸易协定》首次规定了保障条款。随后，在美国的主导下，保障条款正式纳入了《1947 年关税与贸易总协定》，即第 19 条“对某种产品进口的紧急措施”。但是，《1947 年关税与贸易总协定》第 19 条的实施状况并不理想，这主要是条款本身的缺陷造成的。例如，缺乏对重要概念的定义，可操作性差；没有界定“增加的进口”与“损害”之间的因果联系；程序规则不明确等。在实践中，诸如“自愿出口限制”之类的“灰色区域”措施泛滥，多边规则形同虚设。因此，缔约方希望能进一步完善《1947 年关税与贸易总协定》第 19 条的规定。

在“东京回合”保障措施谈判流产后，“乌拉圭回合”中仍把保障措施列为 15 个谈判议题之一。经过缔约方艰苦的讨价还价，最终达成了《保障措施协议》，适用于所有成员方。《保障措施协议》由 14 个条款和 1 个附件组成。

二、实施保障措施的条件和程序

（一）实施保障措施的条件

根据《1994 年关税与贸易总协定》第 19 条和《保障措施协议》的规定，世贸组织成员方实施保障措施必须满足三个条件：第一，某项产品的进口激增；第二，进口激增是由于不可预见的情况和成员方履行世界贸易组织义务的结果；第三，进口激增对国内生产同类产品或直接竞争产品的产业，造成了严重损害或严重损害威胁。

1. 进口激增

《保障措施协议》规定的进口激增，是指产品进口数量的急剧增长，包括绝对增长和相对增长两种情况。绝对增长是产品实际进口数量的增长。相对增长是相对进口方国内生产而言，进口产品所占市场份额上升。进口产品出现相对增长的情况时，实际进口量并不一定发生改变。例如，某一产品的进口量始终保持在 1 000 单位，而国内同类产品的产量由原来的 4 000 单位下降为 2 000 单位，进口所占市场份额则从 20% 上升至 33. 3%，这种情况属于相对增长。

2. 进口激增的原因

进口激增是由于不可预见的情况和世贸组织成员方履行世界贸易组织义务的结果。

“不可预见的情况”在《1994 年关税与贸易总协定》和《保障措施协议》中没有非常明确的解释。在 1950 年捷克斯洛伐克诉美国的“皮帽案”中，关税与贸易总协定工作组曾将“不可预见的情况”解释为关税减让时不能合理预见的情况。

世贸组织成员方履行世界贸易组织义务，主要是指成员方履行关税减让和削减非关税壁垒等义务。履行这些义务，往往会增强进口产品的竞争力，可能导致进口激增。

世贸组织成员方实施保障措施，必须证明进口激增是由上述两种原因造成的。

3. 进口激增的后果

进口激增对国内生产同类产品或直接竞争产品的产业，造成了严重损害或严重损害威胁。

拟实施保障措施的世贸组织成员方，必须证明进口激增与产业损害或损害威胁之间存在因果关系。这种证明必须有客观证据的支持。如果在同一时期国内产业所受损害由进口增长以外的因素所致，则此类损害不得归咎于进口激增。

《保障措施协议》中的“国内产业”是指，在世贸组织一成员方境内生产与进口产品相似或直接竞争产品的全体国内生产商，或者其产量之和占该成员方这种相似或直接竞争产品生产总量主要部分的生产商。

关税同盟既可针对该同盟所辖全部区域采取保障措施，也可仅代表该同盟的某一成员实施保障措施。当同盟针对全部区域实施保障措施时，对损害及损害威胁的确定，应以同盟内相应的整个产业情况为基础；当同盟代表其某个成员实施保障措施时，对损害及威胁的确定，应仅以该成员相应的产业情况为基础，保障措施的实施也只以该成员的地域为限。

“严重损害”是指对国内某一产业的状况总体上造成重大损害。在确定对国内某一产业造成严重损害或严重损害威胁的调查中，主管机构应评估影响该产业状况的、客观和可量化的所有相关因素，特别是有关产品进口绝对增长或相对增长的比例和数量，增长的进口产品在国内市场所占份额，以及国内产业的销售水平、总产量、生产率、设备利用率、盈亏与就业的变化等。

“严重损害威胁”应理解为危急且显而易见的威胁，不能仅是想像或推测的威胁。

（二）实施保障措施的程序

为保证充分的透明度和公正性，《保障措施协议》对保障措施的实施规定了比较详细的程序。该程序主要包括调查、通知和磋商等 3 个环节。

1. 调查

调查是采取保障措施的必经步骤。有关调查应根据成员方事先制定的程序进行，并且应按《1994 年关税与贸易总协定》第 10 条规定予以公开。

世贸组织成员方主管机构在采取保障措施前，应向所有利害关系方作出适当的公告、举行公开听证会，或给进口商、出口商及其他利害关系方提供适当的机会，以陈述证据和看法，对其他相关方的陈述作出答复。调查结束后，主管机构应公布调查报告，列明对一切相关事实和法律问题的调查结果，以及作出的合理结论。

2. 通知

世贸组织成员方应将下列事项立即通知保障措施委员会：

（1）发起调查的决定及理由。

（2）对进口增长造成严重损害或损害威胁的调查结果。

（3）就实施或延长保障措施作出的决定。

在履行上述（2）和（3）项通知义务时，世贸组织成员方应提供以下有关信息：进口增长造成严重损害或严重损害威胁的证据；对调查所涉及产品和拟采取措施的准确描述；保障措施实施的日期、期限及逐步放宽的时间表等。货物贸易理事会或保障措施委员会，可以要求准备采取措施的世贸组织成员方提供必要的补充资料。

3. 磋商

由于采取保障措施会影响到有关成员方根据世界贸易组织相关协议所享有的权利，《保障措施协议》规定，采取或延长保障措施的成员方应与各利害关系方进行磋商，交换意见，并达成谅解。磋商结果应及时通知货物贸易理事会。

三、保障措施的具体实施

保障措施只能以非歧视的方式实施，即进口限制措施仅针对产品，而不论该种产品的来源。

（一）保障措施实施的形式和期限

1. 形式

实施保障措施，可以采取提高关税、纯粹的数量限制和关税配额等形式。但保障措施应仅在防止或救济严重损害的必要限度内实施。

鉴于非关税措施对贸易的扭曲作用较大，《保障措施协议》第5条对实施数量限制和配额措施作了专门限定。即实施数量限制，不得使进口数量低于过去三个有代表性年份的平均进口水平，除非进口方有正当理由表明有必要采用与此不同的进口水平。在实施配额限制时，进口方应当与有利害关系的供应方就配额分配进行磋商。如磋商未能达成协议，则进口方应基于供应方前一有代表性时期的进口份额进行分配，除非在保障措施委员会主持磋商中证明，不按这种方法进行分配是有正当理由的。

2. 期限

保障措施的实施期限一般不应超过4年。如果仍需以保障措施防止损害或救济受损害的产业，或有证据表明该产业正在进行调整，则可延长实施期限。但保障措施的全部实施期限（包括临时保障措施）不得超过8年。

（二）临时保障措施

《保障措施协议》规定，在紧急情况下，如果迟延会造成难以弥补的损失，进口成员方可不经磋商而采取临时保障措施。主管机构只能在初步裁定进口激增已经或正在造成严重损害或损害威胁的情况下，方可采取临时保障措施。临时保障措施的实施期限不得超过200天，并且此期限计入保障措施总的期限。

临时保障措施应采取增加关税形式。如果随后的调查不能证实进口激增对国内有关产业已经造成损害或损害威胁，则增收的关税应迅速退还。成员方应在采取临时保障措施前通知保障措施委员会，在采取措施后应尽快与各利害关系方举行磋商。

（三）对实施保障措施的若干限制

如果某一保障措施的适用期预计超过1年，进口方在适用期内应按固定的时间间隔逐渐放宽该措施；如果实施期超过3年，进口方须在中期审查实施情况，并根据审查结果撤销或加快放宽该措施。延长期内的保障措施不得比最初适用的措施更加严格，且应继续放宽。

对同一进口产品再次适用保障措施，应遵守以下规定：一般情况下，两次保障措施之间应有一段不适用的间隔期，间隔期应不短于第一次保障措施的实施期限，至少为2年；如果保障措施的适用期只有180天或少于180天，并且在该措施实施之日前的5年内，未对同种产品采取两次以上的保障措施，则自该措施实施之日起1年后，可针对同种进口产品再次适用保障措施，实施期限至多为180天。

（四）补偿与报复

由于保障措施针对的是公平贸易条件下的产品进口，其实施必然影响出口方的正当利益。为此，《保障措施协议》第8条规定，有关世贸组织成员方可就保障措施对贸易产生的不利影响，协商贸易补偿的适当方式。

如果在30天内未达成协议，受影响的世贸组织出口方可以对世贸组织进口方对等地中止义务，即实施对等报复。但是，实施对等报复应在进口方实施保障措施后的90天内，并在货物贸易理事会收到出口方有关中止义务的书面通知30天后进行，且货物贸易理事会对此中止不持异议。

如果世贸组织进口方采取保障措施是因为进口的绝对增长，并且该措施符合《保障措施协议》的规定，则世贸组织出口方自保障措施实施之日起的3年内不得进行对等报复。

（五）禁止“灰色区域”措施

所谓“灰色区域”是指缔约双方通过自愿出口限制、有秩序的市场安排、数量限制等形式来限制进出口贸易的措施。由于此类措施透明度很低、法律地位不明确，往往成为贸易保护主义的保护伞，因而称之为“灰色区域”。其主要特征是：

（1）名义上是出口国自愿承担的单方面行动，实际上是在进口方的压力下作出的。

（2）规避了取消数量限制和非歧视性原则。

（3）有关协议的内容一般包括提高产品价格、限制进口数量及进口监督等。

灰色区域措施种类很多。包括自愿出口限制，有秩序的销售安排，出口节制，出口价格或进口价格调控机制，出口或进口监督，强制的进口卡特尔，任意性出口或进口许可制度等。

鉴于灰色区域措施削弱了保障措施的作用，《保障措施协议》明确规定，世贸组织成员方不应寻求、采取或维持任何此类措施；世贸组织成员方不应鼓励或支持国营或私营企业，采取或维持与上述做法效果相同的非政府措施。根据《保障措施协议》的要求，到

1999 年底，所有的灰色区域措施都被取消。

（六）发展中成员的优惠待遇

如果源自发展中成员方的产品，在进口方该产品进口总量中所占比例不超过 3%，则不得针对该发展中成员的产品实施保障措施。但是，当比例均不超过 3% 的几个发展中成员的合计比例超过 9% 时，保障措施则可适用。

发展中成员实施保障措施最长可至 10 年。在保障措施的再度适用方面，对发展中成员的限制也较发达成员少。

四、保障措施委员会的职能

《保障措施协议》第 13 条规定，设立保障措施委员会，隶属于货物贸易理事会。保障措施委员会的主要职能是：

1. 监督《保障措施协议》的执行，向货物贸易理事会报告年度总体执行情况，并提出改善建议。

2. 根据受影响成员的请求，调查某一保障措施的实施，是否遵守了《保障措施协议》的程序性要求，并向货物贸易理事会报告其调查结果。

3. 应成员方的请求，对成员方进行的磋商提供协助。

4. 监督灰色区域措施的取消进程，并酌情向货物贸易理事会报告。

5. 应采取保障措施成员的请求，审查中止减让或其他义务的提议是否实质上对等，并酌情向货物贸易理事会报告。

6. 接收并审查《保障措施协议》规定的所有通知。

思考题

1. 何谓倾销？
2. 对非市场经济国家如何确定倾销可比价格？
3. 通过什么程序进行反倾销调查？
4. 补贴分为几类？
5. 采取何种方式对付禁止的补贴？
6. 实施保障措施的要件是什么？

第十章

服务贸易总协定

内容提要

本章介绍《服务贸易总协定》出现的背景，包括服务贸易的产生、发展、迅速发展的原因与特点，各国设置的壁垒。本协定的产生，管辖范围，一般的义务与纪律，相关附件和具体协议等内容。

第一节 国际服务贸易的含义与特点

一、服务的含义

《服务贸易总协定》第1条规定了“服务”的定义：指除政府当局为履行职能所提供的服务之外的所有部门的一切服务。这里的“政府当局为履行职能所提供的服务”是指非商业性质的、不与其他服务提供者相竞争的各类服务。

二、服务的特征

（一）服务一般是无形的

产品的空间形态是确定的、可视的、有形的；产品的生产、供应和消费伴随着它的空间形态而产生、转移和消失；人们通常还可以根据产品的空间形态直接判断它的价值或价格。服务的空间形态基本上是不固定的、不直接可视的、无形的。一方面，服务提供者通常无法向顾客介绍空间形态确定的服务样品；另一方面，服务消费者在购买服务之前，往往不能感知服务，在购买之后也只能觉察到服务的结果而不是服务本身。唱片、软盘作为服务的载体，本身的价值相对其提供的整个价值来说，可以忽略不计；其价值主体是服务，这就是“无形”的“有形”化，服务的物质化。

（二）服务的生产和消费通常是同时发生的

产品一旦进入市场体系或流通过程便成为感性上独立的交易对象，生产过程在时间上和空间上同它分割开来。相反，服务要么同其提供来源不可分，要么同其消费者不可分。

这种不可分性要求服务提供者或（和）服务购买者不能与服务在时间或（和）空间上分割开来。当然，在物化服务的情况下，服务的生产和消费可以不同时发生。

（三）服务一般是难以储存的

产品可以在被生产出来之后和进入消费之前这一段时间处于库存状态，而且不会给商品所有者造成损失。而服务一旦被生产出来，一般不能长久搁置，也就是不可能处于库存状态。如果服务不被使用，则既不会给购买者带来效用，也不会给提供者带来收益。火车、飞机、电影院里的空位不会产生服务收入；医院、商店、餐馆和银行等行业如果没有顾客光顾，就会带来巨大的经济损失。然而，随着科学技术的飞速发展，作为无形的服务，有时也是可以储存的。服务是否可以储存的问题，主要是指时间上的储存，也就是服务是购买时消费还是在购买以后某一个时候消费。例如，购买保险就可以在一段时间内消费，这一服务的某些方面是在购买以后的整个有效期内消费的，比如购买后觉得比较放心，有了安全感。这个服务的另一些方面，可以在有效期内任何时候的某些情况下消费，比如要求得到赔偿。

（四）服务的异质性，即同一种服务的质量差别

货物的消费效果和品质通常是均质的，同一品牌的家电或服装，只要不是假冒，其消费效果和品质基本上没有差异。而同一种服务的消费效果和品质往往存在显著差别。这种差别来自供求两方面：第一，服务提供者的技术水平和服务态度，往往因人、因时、因地而异，它们的服务随之发生差异；第二，服务消费者对服务也时常提出特殊要求。所以，同一种服务的一般与特殊的差异是经常存在的。统一的服务质量标准只能规定一般要求，难以确定特殊的、个别的需要。这样，服务质量就具有很大的弹性。

（五）服务具有较强的经验特征和信任特征

如果我们把服务的异质性、无形性和不可分离性结合起来，还可以看到服务与产品的另一个感性差别，即购买产品所能得到的品质和效果是能够事先预期的，是相对确定的；而购买服务所可能得到的品质和效果则是难以事先预期的。

（六）服务价格名称多样，不易确定

服务业里的价格名称众多，如酬金、手续费、租金、保险费等。在确定服务业价格时涉及到社会学和心理学，还有国家的服务价格政策。价格的确定围绕着三个基本点来考虑，即生产和销售成本，需求（对于顾客的价值）和竞争对手的价格。服务企业确定服务价格的首要目标是保证需求，从而确保一定利润的价格售后服务。其他目标还有：投资回报，市场份额，社会目的，质量优异，现金流动等。影响服务价格差别的因素包括：服务的可支配性，提前评估的可能性，长期忠诚的关系，价格的敏感性等。一般而言，得到的服务越困难，服务的价格就越高；越能提前了解服务的特点，就越可以支付更高的价格；服务越是标准化，消费者对价格越敏感；越是按照消费者需求研究的服务，对价格的敏感程度就较低一些；越是需要与顾客建立长期的稳定的关系，定价就要偏低一些。

三、国际服务贸易的特点

与国际货物贸易相比较，国际服务贸易具有如下的特点。

（一）贸易标的一般具有无形性

这主要体现在服务是一种无形的产品，从而服务贸易主要是无形贸易。国际货物贸易的对象主要是具体商品，它是由劳动力、资金、技术、土地等各项生产要素在生产过程中结合而形成的。而服务贸易的对象主要是智力产品，如专利、版权、法律、会计等专业知识。因此与国际货物贸易的有形性相比，国际服务贸易所提供的服务如金融、保险、运输、广告、律师、会计师服务等，则是无形交易。

（二）交易过程与生产和消费过程的国际性

通常人们无法将服务进行再转让和套利活动，所以服务的生产和出口过程在一定程度上讲也就是服务的进口和消费过程。

（三）贸易主体地位的多重性

服务的卖方往往就是服务生产者，并作为服务消费过程中的物质要素直接加入服务的消费过程；服务的买方则往往就是服务的消费者，并作为服务生产者的劳动对象直接参与服务产品的生产过程。

（四）服务贸易市场具有高度垄断性

由于国际服务贸易在发达国家和发展中国家的发展严重不平衡，加上服务市场的开放涉及跨国银行、通讯工程、航空运输、教育、自然人跨越国界流动等，它们直接关系到服务进口国家的主权、安全、伦理道德等极其敏感的领域和问题。因此，国际服务贸易市场具有很强的垄断性，受到国家有关部门的严格控制。

（五）贸易保护方式更具有刚性和隐蔽性

由于服务贸易标的的特点，各国政府对本国服务业的保护，无法采取货物贸易上惯用的关税壁垒和非关税壁垒的办法。而只能采取在市场准入方面予以限制或进入市场后不给予国民待遇等方式，这种保护常以国内立法的形式加以施行。国际服务贸易保护的发展态势也不同于国际货物贸易，各国对服务贸易的保护往往不是以地区性贸易保护和“奖出”式的进攻型保护为主，而是以行业性贸易保护和“限入”式的防御型保护为主。这种以国内立法形式实施的“限入”式非关税壁垒，使国际服务贸易受到的限制和障碍往往更具刚性和隐蔽性。

（六）营销管理具有更大的难度和复杂性

国际服务营销管理无论在国家宏观管理方面，还是在企业的微观经营方面，都比货物的营销管理具有更大的难度和复杂性。从宏观上讲，国家对服务进出口的管理，不仅仅是对服务自身的物的管理，还必须涉及服务提供者和消费者的人的管理，涉及到包括人员签证、劳工政策等一系列更为复杂的问题。某些服务贸易如金融、保险、通讯、运输以及影视文化教育等，还直接关系到输入国的国家主权与安全、文化与价值观念、伦理道德等极其敏感的政治问题。另外，国家主要采用制定法规的办法，即不是通过商品检验、边防检查、海关报验等商品贸易管理的办法对服务贸易进行调控和管理。因法律的制订与修订均需一定时间，往往会落后于形势，法规管理往往滞后。还有，法规管理的实际效果在相当程度上也不是取决于国家立法而是取决于各服务业企业的执法，因而，容易出现宏观调控的实际效果与预期目标相背离的情况。在微观上，由于服务本身的固有特性，也使得企业营销管理过程中的不确定性因素增多，调控难度增大。

突出表现在对服务的质量控制和供需调节这两个企业营销管理中最为重要的问题上。例如，企业在经营商品时，通过对产品物理和化学性能的测试和鉴定，可以保证产品达到一定的质量标准，并通过采用先进的生产技术工艺实现标准化生产，做到不合格的产品不出售或不购买。即使产品出售或购买之后有问题，还可通过退货、换货、修理等售后服务加以补救。但服务经营却不能如此简单。如前所述，服务具有异质性，使得服务的质量标准具有不确定性。服务也难以通过货物贸易中保退、保换等办法挽回质量问题所造成的损失，从而增大了服务质量管理的难度。

（七）国际服务贸易统计复杂

由于服务产业本身复杂多样，国内服务贸易与国际服务贸易统计尚未完全区分开，国际服务统计体系尚未确立，使服务贸易统计难以确切。因此，现有的国际服务统计数字可能大大低于实际数字。

在国际服务贸易统计上，现在联合国机构采用的是国际货币基金组织国际收支手册分类进行统计数据，被称为“商业服务”（Commercial Service）。它在统计时主要包括以下三项内容：（1）运输。包括所有的运输服务，即海洋运输、航空运输和其他运输。（2）旅游、包括为个人游客和商务游客所提供的货物和服务。最通常的货物和服务是指住宿、食品和饮料、娱乐和交通、礼品和纪念品。（3）其他商业服务。包括：通讯服务、建筑服务、保险服务、金融服务、计算机和信息服务、专利和许可使用费、其他职业服务和个人的文化与消遣服务。

第二节　国际服务贸易的产生、发展与壁垒

一、国际服务贸易的产生

国际服务贸易是世界经济发展的结果。在工业社会以前阶段，大部分人从事农业、狩猎和其他自然资源的利用。劳动主要为体力劳动，生活节奏依照季节变化。自然财富取决于水、矿产和资源的可支配性，取决于土地和气候的条件，劳动生产率低下。社会组织的基点以自给自足的家庭为核心，对社会需求基本不存在。在工业社会阶段，经济按照预见的进程发展。首先产生的是农产品的加工工业，纺织工业，继而再发展具有地方市场的制造工业，工业活动在社会活动中的比重不断上升，生活节奏取决于工业活动。社会的组织开始复杂。人口中的一部分从农村向城市迁移。劳动开始不再与自然接触，而走进了工厂。生产率不再仅取决于人力，而是更多的取决于机械的管理能力。人们的生活标准以生产出来的产品数量来衡量。运输、通信、银行和其他服务成为社会运行的基础。人口向城市的集中形成了大众消费，对零售商业、银行、保险的服务需求得到了发展。在工业生产中，一部分劳动者专门从事修理、警卫、管理、零售等服务业。随着工业社会的专门化的

发展，原来企业内部的工作越来越适合交给外部的机构来进行，呈现了修理业，提高了规模效益和专业化。一部分过去属于农业工作（自我消费的农产品加工），现在转变为工业活动。在工业社会后期阶段，大部分人口从事服务业，农业人口比例大大下降。人们的生活质量取决于诸如教育、交通运输、医疗卫生等服务，而不再只是取决于产品的数量。劳动主要表现为通过职业能力和创造性的智力工作，而不再是体力或者机械的管理能力。

随着经济结构的优化和社会分工的深化，服务在经济和社会的发展中起了决定性的作用。如果没有运输系统，无论是农业、工业还是采矿业都无从发展。同样，要是没有银行、法律咨询、销售、售后服务等服务，生产活动无法进行。交通、通信、旅馆等对于人的服务决定了人的生活质量。公共服务的运行和质量决定了社会的进步。随着生产国际化的发展，服务业成为国家相互依靠、相互合作的基础，服务业的竞争能力也影响着各国在国际贸易中获取利益的能力。服务业与第一产业（农业和矿业）和第二产业（制造工业）相结合，可以提高两个产业的竞争能力。国际资本的流动，生产体系的国际化需要服务业的连接。此外，服务业还有两个值得注意的特点。第一，环境污染轻。第二，抗经济萧条能力高于工业。因此，服务业成为现代国际社会的基础。

二、当代国际服务贸易发展的特点

美国在1974年贸易法中首次使用“世界服务贸易”的概念，服务贸易概念从此正式诞生。从20世纪80年代起服务贸易出现迅速增长的势头，服务贸易在国际贸易发展中的地位已经发生深刻变化。

（一）国际服务贸易发展迅速

服务贸易额1980年为7622亿美元，1990年为16026亿美元，2008年则上升为72003亿美元，增长了3.5倍（见表10.1）。

表10.1　世界服务贸易额及增长率

年份	贸易额（亿美元）			增长率%		
	出口	进口	总额	出口	进口	总额
1990	7830	8196	16026	—	—	—
1991	8259	8503	16762	5.7	3.1	4.4
1992	9241	9442	18683	11.9	10.3	11.1
1993	9419	9579	18998	1.9	1.5	1.7
1994	10380	10433	20813	10.2	8.9	9.6
1995	11887	12008	23895	14.52	15.1	14.8
1996	12752	12700	25452	7.3	5.8	6.5
1997	13251	13093	26344	3.9	3.1	3.5
1998	13441	13329	27770	1.4	1.8	1.6

（续表）

年份	贸易额（亿美元）			增长率%		
	出口	进口	总额	出口	进口	总额
1999	13921	13867	27788	3.6	4.0	3.8
2000	14807	14722	29529	6.4	6.2	6.3
2001	14827	14872	29699	0.1	1.0	0.6
2002	15786	15611	31397	6.5	4.9	5.7
2003	17626	17427	35053	11.7	11.6	11.6
2004	21795	21328	43123	23.7	22.4	23.0
2005	24147	23613	47760	10.8	10.7	10.8
2006	27108	26196	53304	12.3	10.9	11.6
2007	32572	30591	63163	20.2	16.8	18.5
2008	37313	34690	72003	14.6	13.4	14.0
2009	33116	31145	64261	−0.1	−0.1	−0.1

资料来源：根据 WTO 历年《世界贸易发展报告》编制。

（二）国际服务贸易增长速度快于货物贸易增长速度

1980～1990 年，货物出口贸易年均增长率为 5.42%，服务出口贸易则以每年 7.95% 的速度增长；货物进口贸易年均增长率为 5.52%，而服务进口贸易则以每年 7.49% 的速度增长。

1992～2003 年，货物出口贸易年均增长率为 6.71%，服务出口贸易以每年 6.61% 的速度增长；货物进口贸易年均增长率为 6.13%，而服务进口贸易则以每年 6.23% 的速度增长。（见表 10.2）

表 10.2　世界服务出口与货物出口增长率比较

年份	服务出口（%）	货物出口（%）
1992	11.9	7.14
1993	1.93	0.29
1994	10.2	14.5
1995	14.5	19.3
1996	7.28	4.46
1997	3.91	3.5

（续表）

年份	服务出口（%）	货物出口（%）
1998	1.43	-1.5
1999	3.57	3.84
2000	6.36	12.9
2001	0.14	-3.9
2002	6.47	4.54
2003	11.7	15.5
2004	23.7	22.4
2005	10.8	10.7
2006	12.3	8.5
2007	20.2	5.5
2008	14.6	4
2009	-0.1	-12

资料来源：国际贸易统计数据库（International Trade Statistics Database），WTO。

（三）服务贸易在世界贸易中的份额稳步上升

据世贸组织统计，1970 年服务贸易在世界贸易中所占比重为 22.5%，到 2001 年增加到 23.98%。受美国“9·11”事件影响，2001 年以后这一份额下降，统计数据显示，2009 年开始有回升迹象。（见表 10.3）

表 10.3　　世界服务贸易发展概况（单位：亿美元）

年份	世界出口总额	服务贸易出口总额	服务贸易出口总额占出口总额的%
1970	3150	710	22.5
1980	19906	4020	20.2
1985	19578	4050	20.7
1990	34700	8110	24.6
1995	60600	12300	20.3
2000	62201	14350	23.1
2001	61761	14807	23.98
2002	63940	14827	23.2

（续表）

年份	世界出口总额	服务贸易出口总额	服务贸易出口总额占出口总额的%
2003	74503	15786	21.2
2004	91200	17626	19.3
2005	127181	21795	17.1
2006	147938	27108	18.3
2007	170983	32572	19.1
2008	195313	37313	19.1
2009	156999	33116	21.1

资料来源：世界贸易组织统计。

（四）国际服务贸易发展不平衡

全球服务贸易发展极不平衡，发达国家和发展中国家差距巨大。

1. 从服务贸易规模看

发达国家和地区的服务贸易出口占全球的80%以上，在全球服务贸易出口中占主导地位。从国际服务贸易的进出口排名来看，位居世界服务贸易前列的国家大多是发达国家。在出口前10位排名中只有中国（第5位）、印度（第9位）两个发展中国家；在进口前10位排名中只有中国（第5位）是发展中国家，其余都是发达国家和地区。美国是世界上服务贸易最发达的国家，进口和出口在2008年均居世界第一位，并且是世界上唯一一个进出口占比均超10%的国家（见表10.4）。

表10.4　　2008年世界服务贸易进出口排名（单位：10亿美元 %）

排名	出口	金额	占比	增长率	排名	进口	金额	占比	增长率
1	美国	470	14.2	-9	1	美国	331	10.6	-9
2	英国	240	7.2	-16	2	德国	255	8.2	-10
3	德国	215	6.5	-11	3	英国	160	5.1	-19
4	法国	140	4.2	-14	4	中国	158	5.1	0
5	中国	129	3.9	-12	5	日本	146	4.7	-11
6	日本	124	3.8	-15	6	法国	124	4.0	-12
7	西班牙	122	3.7	-14	7	意大利	114	3.6	-11
8	意大利	101	3.0	-15	8	爱尔兰	104	3.3	-5
9	爱尔兰	95	2.9	-7	9	荷兰	87	2.8	-5

（续表）

排名	出口	金额	占比	增长率	排名	进口	金额	占比	增长率
10	荷兰	92	2.8	-11	10	西班牙	87	2.8	-17
11	中国香港	86	2.6	-6	11	加拿大	77	2.5	-11
12	印度	86	2.6	…	12	印度	74	2.4	…
13	比利时	75	2.3	-11	13	韩国	74	2.4	-19
14	新加坡	74	2.2	-11	14	新加坡	74	2.4	-6
15	瑞士	68	2.1	-11	15	比利时	72	2.3	-12
	15 国全体	2117	64	–		15 国全体	1937	62.2	–
	世界	3310	100.0	-13		世界	3115	100.0	-12

资料来源：WTO World Trade Report 2009。

2. 从服务贸易结构看

在服务贸易结构上，发达国家主要输出技术、知识和资本密集型服务，而发展中国家则主要发展劳动密集型服务，劳动力输出是其最主要的服务贸易方式。

（五）国际服务贸易自由化程度远不如国际货物贸易

乌拉圭回合达成的《服务贸易总协定》，在很大程度上推进了世界服务贸易的自由化进程。但由于发达国家和发展中国家的服务业及国际服务贸易发展水平具有较大差距，加上服务市场的开放会涉及国家主权与安全、政治与文化等敏感问题，因此国际服务贸易市场显示出很强的垄断性，国际服务贸易领域的保护程度远远超过了国际货物贸易领域。

三、当代国际服务贸易迅速发展的原因

（一）第三次科技革命的驱动

第二次世界大战后，在新技术革命的推动下，各国普遍在产业结构调整中大力发展服务业，使服务业在国民经济中的份额和就业人员的比重也大幅度提高。发达国家服务业在国民经济的比重一般占 45% ~65%；而发展中国家也占 30% ~45%。就业人员中服务业吸纳的人数，发达国家在 50% ~75% 之间；发展中国家为 20% ~55%。个别国家的数字较突出，如美国，在 1990 年的就业人口中服务业就吸收了 75%，制造业仅吸收了 23%，农业吸收了 2%。服务业在国内生产总值中的比重，发达市场经济国家从 1980 年的 59% 提高到 1999 年的 71%，同期，发展中国家和地区服务业在国内生产总值中的比重从 41% 提高到 51%。在国民经济日益向服务化方向发展的趋势下，国家间相互提供的服务贸易量也就大大增加了。因此，服务业的发展为国际服务贸易的发展提供了坚实的基础。

（二）跨国公司的迅速发展，加强了服务国际化扩展的趋势

20 世纪 60 年代后，跨国公司向全球扩张，全世界跨国公司的发展特别迅速。在跨国公司全球经营和发展的过程中，许多跨国公司深感服务业对其获取竞争优势的重要性，这

就加速了服务国际化的速度。跨国公司在金融、信息和专业服务上都是重要的供应者，其中许多跨国公司迅速扩大，向全球出售服务。激励跨国公司这样做的动力是：

（1）通过跨越国境数据资料的流动和世界信息网的建立，使跨国公司有能力提供越过其传统部门的各种服务。如银行提供非银行服务。

（2）跨国公司通过扩大其活动和经营范围继续为顾客服务，这在保险业和银行业表现较为明显。跨国银行扩大国际金融市场的活动，扩大国际商业支持的服务也使广告公司和专业服务量增大，促进了服务贸易发展。

（3）巨型跨国公司的发展提高了供应世界市场各种服务的能力，并为跨国性服务公司的建立提供了条件。它们有能力向国际市场提供各种服务，或者使商品与服务相结合，或者挖掘进入金融市场、扩大信息系统的潜力，把交钥匙工程、设计和其他劳务合作结合起来。

（三）服务业已成为世界市场上竞争的主要手段和重要基础

第二次世界大战后，在世界市场上，非价格竞争成为主要的竞争手段，服务成为非价格竞争的重要组成部分，为非价格竞争力的加强提供了重要的保证，这也大大促进服务上的“可贸易性”。

（四）国际经济技术合作方式的多样化，促进了服务贸易的扩大

世界经济相互依赖的加深，国际经济合作方式多样化，也为国际服务合作的扩大创造了条件。国际服务合作指拥有工程等技术人员和劳动力的国家和地区，通过签订合同，向缺乏工程技术人员和劳动力国家和地区提供所需服务，并由接受服务一方付给报酬的一种国际经济合作。

主要有以下几种方式：

（1）承包外国各类工程，即工程设计服务和承包施工服务等。

（2）服务输出，如派出各类技术工人、海员、厨师、医生、工程师、会计等从事体力和脑力劳动的人员，为输入国提供服务。

（3）各种技术性服务出口或生产技术合作，如出口各种技术、专利、科技知识、科研成果和工艺等知识产权形态的产品。

（4）向国外租赁配有操作人员的各种大型机械。

（5）向海外提供咨询服务，如提供计算机软件使用以及经营管理铁路、公路、电力工程等方面的咨询服务。

这种经济交往，促进了输入国的经济发展，也有利于服务出口国的经济收益和科技水平的提高。国际服务合作已成为世界各国进行国际经济交往的重要方式和内容。

（五）通讯和信息技术、交通运输业的迅速发展

第二次世界大战后，世界生产布局有了较大变化，通讯和信息技术在国际贸易中的广泛采用，把一系列国家的经济要素引入了国际交换市场，加深了各国服务业相互间的依存关系，为服务贸易的发展提供了良好的环境。

（六）各国政府的支持

从上述分析可见，服务业在维护一国经济及政治利益方面均处于重要的战略地位。为

此，各国政府普遍大力扶植和发展服务业，也采取了诸多保护服务市场和鼓励服务出口的措施。这些措施主要有以下内容。

（1）政府鼓励投资，加速服务行业发展，并有意识地利用外资发展本国落后的服务业。如法国政府鼓励外国投资者在巴黎地区以外开设服务企业。

（2）大力发展信息及电信技术设施，鼓励数据跨越国境的自由流动。

（3）提供财政支持，建立新的基础设施，改造旧的服务设施。

（4）大力发展教育，努力提高人力资本素质。

（5）支持和鼓励区域间服务部门的合作和一体化。如欧洲联盟在一体化协定中授权成员国间进行服务自由移动，广泛支持服务合作的一体化。

四、国际服务贸易壁垒

（一）服务贸易壁垒的含义与目的

所谓服务贸易壁垒，一般是指一国政府对外国服务生产者（提供者）的服务提供或销售所设置的有障碍作用的政策措施。即凡直接或间接地使外国服务生产者或提供者增加生产或销售成本的政策措施，都有可能被外国服务厂商认为属于服务贸易壁垒。此外，服务贸易壁垒还包括出口限制。服务贸易壁垒的目的：一方面在于保护本国服务业的市场、扶植本国服务部门，增强其竞争力；另一方面旨在抵御外国服务业的进入，削弱外国服务业的竞争力。

（二）服务贸易壁垒产生的原因与种类

1. 服务贸易壁垒产生的原因

（1）保持经济独立

在一国社会经济中，许多服务业部门，如交通运输、通讯、电力、金融等均属于经济的关键部门。一旦这些部门为外国控制和垄断，一国经济的独立性就会受到极大威胁，甚至会导致所谓“依附经济”的产生。一旦形成这种局面，一国的经济和对外贸易的发展对其本国人民来说是十分有限的，甚至是有害的，从而出现所谓“贫困化的经济增长”或“没有经济发展的经济增长”。

（2）抵制外来意识形态的侵入

教育、新闻、娱乐、影视、音像制品等服务部门虽非一国国民经济命脉，但却属于意识形态领域。任何国家的政府都希望保持本国在政治、文化上的独立性，反对外国文化和意识形态的大量入侵，因此对这些部门进行较强的保护和控制。

2. 国际服务贸易壁垒的种类

据关贸总协定（GATT）统计，国际服务贸易壁垒多达2 000多种。可以划分为四大类，即产品移动、资本移动、人员移动和商业存在上设置的壁垒。

（1）产品移动壁垒

产品移动壁垒包括数量限制、当地成分或本地要求、补贴、政府采购、歧视性技术标准和税收制度，以及落后的知识产权保护体系等。在数量限制方面，如不允许外国航空公司利用本国航空公司的预订系统，或给予一定的服务进口配额；在当地成分方面，如服务厂商被要求在当地购买设备，使用当地的销售网或只能租赁而不能全部购买等；在本地成分要求方面，如德国、加拿大和瑞士等国禁止在东道国以外处理的数据在国内使用；通过政府补贴，提高本国服务厂商的竞争力，可有效地阻止外国竞争者的进入；改变补贴可能改变某个厂商在本国服务贸易商的竞争优势，如英国政府改变在英学习的外国留学生的补贴，由此使得学费高到足以禁止留学的程度；在政府采购方面，如规定公共领域的服务只能向本国厂商购买，或政府以亏本出售方式对市场进行垄断，从而直接或间接地排斥外国竞争者；在歧视性的技术标准和税收制度方面，如对外国服务厂商使用设备的型号、大小和各类专业证书等的限制，外国服务厂商可能比国内厂商要缴纳更多的交易附加税、经营所得税和使用设备（如机场）的附加税；缺乏保护知识产权的法规或保护知识产权不利，都可能有效地阻止外国服务厂商的进入，因为知识产权即是服务贸易的条件，也构成服务贸易的内容和形式。美国政府估计，每年外国盗版影视片给美娱乐业造成的损失约 100 亿美元，大约 80% 的影片从影剧院的票房收入中收回成本，即使加上出口，仍有大约 60% 不能收回成本。

（2）资本移动壁垒

壁垒的形式主要有外汇管制、浮动汇率和投资收益汇出的限制等。外汇管制主要是指政府对外汇在本国境内的持有、流通和兑换，以及外汇的出入境所采取的各种控制措施。外汇管制将影响到除外汇收入贸易外的几乎所有外向型经济领域，不利的汇率将严重削弱服务竞争优势，它不仅增加厂商经营成本，而且会削弱消费者的购买力。在对投资者投资收益汇回母国壁垒方面，如限制外国服务厂商将利润、版税、管理费汇回母国，或限制外国资本抽调回国，或限制汇回利润的额度等措施，也在相当程度上限制了服务贸易的发展。这类限制措施大量存在于各国的建筑业、计算机服务业和娱乐业。

（3）人员移动壁垒

作为生产要素的劳动力的跨国移动是服务贸易的主要途径之一，也自然构成各国政府限制服务提供者进入本国或进入本国后从事经营的主要手段之一。种种移民限制和出入境的繁琐手续，以及由此造成的长时间的等待，都构成人员移动的壁垒形式。在一些专业服务如管理咨询服务中，能否有效地提供高质量服务，通常取决于能否雇用到技术熟练的人员。而有些国家通过工作许可证等制度，限制技术人员的就近服务。

比如，在美国和加拿大之间存在工作许可证制度，一家美国公司在加拿大的分公司需要维修设备，技术人员就在 1 公里之外的美国境内，但他们却不能进入加拿大境内开展维修业务，而是从更远的地方，或用更多的等待时间雇用加拿大维修人员前来维修。又如，印度尼西亚通过大幅度提高机场启程税的方式，限制为购物而前往新加坡的本国居民数量。

（4）开业权壁垒

开业权壁垒又称生产创业壁垒。据调查，2/3 以上的美国服务业厂商都认为开业权限制是他们遇到的影响最大的服务贸易壁垒。在与被调查厂商保持贸易关系的 29 个国家都设有这类壁垒。例如，1985 年以前澳大利亚禁止外国银行设立分支机构，1985 年后，首次允许外资银行进入，但仅从众多申请者中选择了 16 家银行，其选择标准是互惠性和他们对金融制度的潜在贡献。加拿大规定外国银行在国内开业银行中的数量不得超过预定比例等。即使外国厂商能够在东道国开设分支机构，其人员构成也受到诸多限制。除移民限制外，政府采用多种办法限制外国服务厂商自由选择雇员，如通过就业法规定本地劳工比例或职位等。美国的民权法、马来西亚的定额制度、欧洲的就业许可制度、巴西的本地雇员比例法令等，都具有这类性质。有些国家还规定专业人员开业必须接受当地教育或培训。

第三节 《服务贸易总协定》的产生

一、谈判的启动及过程

早在“东京回合”期间，美国就积极推动服务贸易谈判。在1982年关税与贸易总协定部长级会议上，美国提出了会议的优先议题，即在关税与贸易总协定内制定一个工作方案，为在服务领域进行多边谈判作技术准备。但是，发展中缔约方和某些发达缔约方反对这一倡议。这些缔约方担心，在关税与贸易总协定框架内处理服务贸易问题，会导致将关税与贸易总协定的原则直接适用于服务贸易领域，从而会使他们当时在服务贸易和投资领域实行的有违最惠国待遇、国民待遇原则的做法成为非法；他们更担心形成货物贸易与服务贸易之间的跨领域报复机制，影响货物贸易出口；他们也不愿意将货物贸易和服务贸易领域的减让联系起来进行一揽子谈判。

这次部长级会议最后通过了一个折衷方案，鼓励对服务贸易有兴趣的缔约方就这一问题进行研究，并通过关税与贸易总协定等国际组织交换信息，将研究结果及有关国际组织提供的资料和评论意见，提交1984年关税与贸易总协定第四十届缔约方大会审议。

1984年11月，关税与贸易总协定第四十届缔约方大会就服务贸易问题成立了专门工作组。埃斯特角部长级会议筹备委员会也将服务贸易问题纳入讨论范围。

1986年9月，埃斯特角部长级会议在服务贸易问题上达成妥协，将服务贸易与货物贸易分开谈判，平行进行，并考虑了发达缔约方和发展中缔约方的立场。

“乌拉圭回合”就服务贸易问题成立了专门的谈判组，对服务贸易的定义和统计、服务贸易多边框架范围、制定服务贸易规则的主要概念、现有的多边规则和协议、影响服务贸易的措施等问题进行了讨论，并在此基础上形成了提交1988年12月蒙特利尔贸易谈判委员会中期审评会议的报告。

在蒙特利尔会议上，发达缔约方和发展中缔约方达成妥协，通过了消除谈判障碍的一系列准则。1989年4月，谈判组开始审查拟议中的服务贸易多边规则的适用性。审查的内容主要包括透明度、逐步自由化、国民待遇、最惠国待遇、市场准入、增强发展中国家的参与、一般例外和安全例外等。1989年底，谈判组开始起草服务贸易多边框架草案，草案涉及框架协议本身和部门注释两部分。美国、巴西、瑞士、欧洲共同体、日本等代表团向服务贸易谈判组提交了框架协议草案。拉美 11 个国家和亚非 7 个国家（包括中国）分别联合提交了框架协议草案，在这些案文的基础上，谈判组主席向 1990 年 12 月布鲁塞尔部长级会议提交了《服务贸易总协定》草案主席案文。会议还收到了一系列关于部门注释的草案，涉及海运、内河运输、公路运输、空运、基础电信、自然人流动、视听、广播、录音及出版等。

1991 年 4 月，贸易谈判委员会围绕着服务贸易框架协议、具体承诺和部门注释三个主要领域展开谈判。

框架协议的谈判重点是最惠国待遇问题，特别是最惠国待遇例外问题。1991 年 6 月，谈判组达成《关于具体承诺谈判的程序性准则》，要求各方应从 1991 年 7 月开始提交各自初步的具体承诺减让，在 1991 年 9 月前提出要价。由于受最惠国待遇例外问题的影响，直到 1991 年 11 月，大多数缔约方仍然没有提交具体承诺减让。

但是，谈判在海运、电信、金融、自然人流动等部门注释问题上取得了进展。

二、《服务贸易总协定》的达成

在 1991 年底的贸易谈判委员会会议上，关税与贸易总协定总干事邓克尔为推动谈判进程，汇总了五年以来的谈判结果，提交了《乌拉圭回合多边贸易谈判结果的最后文件草案》。

1992 年 1 月，贸易谈判委员会同意以邓克尔案文为基础，尽快结束“乌拉圭回合”谈判。在服务贸易领域，各方提交具体承诺减让的步伐随之加快，谈判组抓紧解决框架协议中的遗留问题。谈判最后阶段的主要问题包括最惠国待遇例外的处理，视听、电信和金融服务的具体承诺减让水平等。

1993 年 12 月 15 日，贸易谈判委员会最终通过了包括《服务贸易总协定》在内的最后文件草案。

1994 年 4 月 15 日，《乌拉圭回合多边贸易谈判最后文件》在摩洛哥的马拉喀什签署，《服务贸易总协定》是这轮回合中一项重要的谈判成果。服务贸易由此被正式纳入了多边贸易体制的管辖范围。

《服务贸易总协定》分 6 个部分，由 32 个条款组成。该协定主要包括管辖范围、一般义务和纪律、具体承诺、逐步自由化、机构条款和最后条款等。该协定还有 8 个附件。

三、《服务贸易总协定》管辖的范围

（一）概念界定

根据提供服务的方式，《服务贸易总协定》界定了服务贸易的范围，包括跨境交付、境外消费、商业存在和自然人流动四个方面。

1. 跨境交付

它是指服务的提供者在一成员的领土内向另一成员领土内的消费者提供服务。例如，在美国的律师为在英国的客户提供法律咨询服务。这种服务提供方式特别强调卖方和买方在地理上的界限，跨越国境和边界的只是服务本身。

2. 境外消费

它是指服务的提供者在一成员的领土内向来自另一成员的消费者提供服务。这种服务提供方式的主要特点是，消费者到境外去享用境外服务提供者提供的服务。例如，一成员的消费者到另一成员领土内旅游、求学等。

3. 商业存在

它是指一成员的服务提供者在另一成员领土内设立商业机构或专业机构，为后者领土内的消费者提供服务。这种方式既可以是在一成员领土内组建、收购或维持一个法人实体，也可以是创建、维持一个分支机构或代表处。例如，一成员的银行或保险公司到另一成员领土内开设分行或分公司，提供金融、保险服务。这种服务提供方式有两个主要特点，一是服务的提供者和消费者在同一成员的领土内；二是服务提供者到消费者所在国的领土内采取了设立商业机构或专业机构的方式。一般认为，商业存在是四种服务提供方式中最为重要的方式。商业存在可以完全由在当地雇用的人员组成，也可以有外国人参与。在后一种情况下，这些外国人以自然人流动方式提供服务。

4. 自然人流动

它是指一成员的服务提供者以自然人身份进入另一成员的领土内提供服务。例如，某先生是 A 国的律师，他来到 B 国后，没有设立自己的律师事务所，而直接提供法律咨询服务。

自然人流动与商业存在的共同点是，服务提供者到消费者所在国的领土内提供服务；不同之处是，以自然人流动方式提供服务，服务提供者没有在消费者所在国的领土内设立商业机构或专业机构。（见表 10.5）

表 10.5　　国际服务贸易的四种供应模式

	特征	举例
1. 跨境交付 占比 35%	它类似于传统意义上的货物贸易，即交付产品时，消费者和供应商依然留在各自领土。	通过电话、传真、因特网或其他计算机媒体的联接，电视、或是通过邮件或信使方式发送文件，软盘，磁带等；支持货物贸易的运输服务、函授课程和远距离诊断。
2. 境外消费 占比 10% ~15%	消费者迁出其本国领土并在另一国家消费服务。	旅游活动、非居民人员的医疗以及在境外学习语言课程、境外船只维修等。
3. 商业存在 占比 50%	在外设代表处和分支机构。这种服务贸易往往与对外直接投资联系在一起。	外资医院提供的医疗服务，外资学校提供的课程以及外国银行的一个国内分行或附属机构提供的服务。
4. 自然人存在 占比 1% ~2%	由服务供应商通过在任何其他成员领土中一个成员的自然人存在方式提供服务。	外国医生或教师的短期就业、公司内部的工作人员调动；国外分支机构中的外籍员工的短期就业；建筑工人或有偿家政服务人员的短期就业。

资料来源：《服务贸易总协定》第一部分第 1 条。

四、服务部门分类

《服务贸易总协定》将服务分为12个部门，即商业性服务，通讯服务，建筑和相关工程服务，销售服务，教育服务，环境服务，金融服务，健康与社会服务，旅游及相关服务，娱乐、文化及体育服务，交通运输服务，其他服务。这12个部门又进一步细分为160多个分部门。《服务贸易总协定》对部门和分部门的分类与定义，参考了联合国中心产品分类系统对服务的分类与定义。

在具体谈判中，各成员对于准备列入减让表的具体服务部门，可以保留自主定义的权利。

《服务贸易总协定》对服务部门和分部门的分类与定义不是一成不变的。目前，服务贸易理事会下设的具体承诺委员会，负责有关服务部门和分部门调整的技术性工作。

根据世贸组织统计和信息系统局提供的国际服务贸易分类表，将国际服务贸易分为11大类142个服务项目。(见表10.6)

表10.6　　　　国际服务贸易分类一览表

类别	主要项目
商业性服务	专业服务、计算机及其有关服务、研究与开发服务、房地产服务、无经纪人介入的租赁服务、其他的商业服务
通讯服务	邮政服务、快件服务、电讯服务、视听服务
建筑和相关工程服务	建筑物的一般建筑工作、民用工程的一般建筑工作、安装与装配工作、建筑物的完善与装饰工作
销售服务	代理机构服务、批发贸易服务、零售服务、特约代理服务、其他销售服务
教育服务	初等教育服务、中等教育服务、高等教育服务、成人教育服务、其他教育服务
环境服务	污水处理服务、废物处理服务、卫生及其相关服务、其他环境服务
金融服务	所有保险及其与保险有关的服务、银行及其他金融服务
健康与社会服务	医院服务、其他人类健康服务、社会服务、其他健康与社会服务
旅游及相关服务	宾馆与饭店服务、旅行社及旅游经纪人服务社服务、导游服务
文化、娱乐及体育服务	新闻机构服务、图书馆、档案馆、博物馆及其他文化服务、体育及其他娱乐服务
交通运输服务	海运服务、内河航运服务、空运服务、空间运输服务、铁路运输服务、公路运输服务、管道运输服务、所有运输方式的辅助性服务

资料来源：世界贸易组织。

第四节 《服务贸易总协定》确立的一般义务和纪律

一、关于最惠国待遇

《服务贸易总协定》中的最惠国待遇规定，世贸组织一成员方给予任何其他国家（不论成员方或非成员方）的服务或服务提供者的待遇，须立即和无条件地给予世贸组织其他成员方类似的服务或服务提供者。

但是，在《服务贸易总协定》生效时，世贸组织成员方如果根据该协定中《关于第2条例外的附件》所规定的条件，援引有关最惠国待遇的例外，则可以在谈判确定本国第一份服务贸易减让表的同时，列出最惠国待遇例外清单，从而有权继续在特定的服务部门给予特定国家以更优惠的待遇。这些例外只能一次确定，且例外清单中的内容不得增加。

在《服务贸易总协定》生效以后，任何新的最惠国待遇例外，只能通过《建立世界贸易组织协定》规定的豁免程序获得。凡有效期超过5年的最惠国待遇例外，都必须在服务贸易理事会中审议，首次审议在1999年底进行。

例外的时限原则上不超过2004年，并且不管情况如何，必须纳入世界贸易组织服务贸易自由化谈判。

除最惠国待遇例外清单外，《服务贸易总协定》还允许区域贸易集团成员之间的安排背离最惠国待遇的规定。《服务贸易总协定》允许任何成员与其他国家达成仅在参加方之间适用的、进一步实现服务贸易自由化的协议。达成这种协议的条件是，协议内容必须涵盖众多的服务部门和四种服务提供方式，取消对协议参加方服务提供者的歧视性措施，并禁止新的或更多的歧视性措施的出现。

符合《服务贸易总协定》规定的区域性服务贸易自由化协议，应以促进成员间的服务贸易为目的，且不能使非成员与该协议成员在开展有关的服务贸易时遭遇更多障碍。如果区域性服务贸易自由化协议的达成或扩大导致协议参加方撤回了向非协议参加方已经作出的减让承诺，则应通过谈判，给予非协议参加方适当的补偿。而非协议参加方不必为他们从区域性服务贸易自由化协议中获得的利益，给予协议参加方任何补偿。

二、关于透明度

《服务贸易总协定》的透明度原则规定，世贸组织成员方应及时公布影响《服务贸易总协定》实施的、所有普遍适用的相关措施。如果世贸组织成员方新制定或修改后的法律、法规和行政措施，对该成员在《服务贸易总协定》下的服务贸易具体承诺产生影响，则应及时通知服务贸易理事会。

在1996年底以前，世界贸易组织成员应设立各自的服务贸易咨询点，以满足其他成员就上述问题索取信息的需要。发达国家成员和具备条件的其他成员还应设立联系点，以便发展中国家成员的政府和服务提供者，可以获得有关的商业和技术资料，以及有关专业资格要求等方面的信息。

三、关于国内法规的纪律

《服务贸易总协定》规定了关于国内法规和资格承认的纪律，以保证世界贸易组织成员在该协定下所能获得的利益，不因各成员的国内法规而遭到损害。

对已作出具体承诺的部门，世贸组织成员方应以合理、客观、公正的方式实施影响服务贸易的所有措施，在合理的时间内答复提供某种服务的申请。此外，世贸组织成员方还应提供司法或其他程序，以便服务提供者就影响其贸易利益的行政决定提出申请，进行复议。

服务贸易理事会应制定多边规则，防止对服务提供者的资格要求、技术标准及许可的发放构成不必要的贸易限制。在多边规则形成以前，世贸组织成员方在实施各自的标准和要求时，也不能对服务提供者构成不必要的贸易限制，以确保不削弱或损害各成员已作出的具体承诺。

《服务贸易总协定》敦促世贸组织成员方承认其他成员方服务提供者所具有的学历或其他资格，鼓励各成员之间就资格的相互承认进行谈判，同时给予其他具有类似标准的成员参与谈判的机会。资格要求应尽可能地以国际公认的标准为基础，不能在成员间造成歧视，也不能对服务贸易构成隐蔽限制。

四、关于垄断和专营者及限制性商业惯例的纪律

《服务贸易总协定》关于垄断和专营服务提供者的纪律，与《1994 年关税与贸易总协定》有关国营贸易条款有相似之处。世贸组织成员方任何一种服务的垄断提供者，均不得滥用垄断地位，其行为不能违背该成员的最惠国待遇义务和已作出的具体承诺。如果一成员在对提供某种服务作出具体承诺后，又对提供该种服务授予垄断经营权，从而否认或损害了其已有的承诺，则该成员应通过谈判作出相应补偿。

与《1994 年关税与贸易总协定》不同，《服务贸易总协定》承认服务提供者的“某些商业惯例”可能会抑制竞争，从而限制服务贸易。应世贸组织其他成员请求，该成员方应就此问题进行磋商，并进行信息交流，以最终取消这些限制性商业惯例。

五、关于例外的规定

与《1994 年关税与贸易总协定》有关条款相似，《服务贸易总协定》允许处于严重国际收支困难中的世贸组织成员，或受国际收支困难威胁的世贸组织成员，对其具体承诺所涉及的服务贸易采取限制措施。

发展中国家成员和转型经济成员可以采取限制措施，以保持一定的国际储备水平，满足其发展及经济转型计划的需要。但是，这些限制不得在其他成员方之间造成歧视，不得对其他成员的利益造成不必要的损害，也不得超过必要的限度。

这些限制措施应该是暂时的，一旦情况好转，就应逐步取消。在采取或维持这些限制措施时，成员方可以优先考虑对经济和发展具有重要意义的服务部门，但不能利用这种限

制措施来保护特定的服务部门。

采取限制措施的成员应与其他成员进行定期磋商，磋商在国际收支委员会中进行，所遵循的规则与货物贸易领域中的规则相同。另外，除非因国际收支平衡原因而获得世界贸易组织的允许，任何成员不得对与其具体承诺有关的经常交易实施国际支付和转移方面的限制。

《服务贸易总协定》规定，各成员方政府购买自用的服务可以不受最惠国待遇原则、市场准入和国民待遇承诺的限制。该协定还规定，有关服务贸易政府采购的谈判应于1996年底前开始，以便为服务贸易领域的政府采购制定多边纪律。

《服务贸易总协定》关于一般例外和安全例外的规定，与《1994年关税与贸易总协定》的相应条款最为接近。《服务贸易总协定》规定，只要不在情况类似的国家间造成任意的、不合理的歧视，或构成对服务贸易的变相限制，成员方有权援用一般例外和安全例外条款采取相应措施。

《服务贸易总协定》列举了一些与货物贸易相同的一般例外情况，如维护公共道德，保护人类、动植物的生命或健康等；同时列举了一些特别适用于服务贸易的一般例外情况，包括防止欺诈做法，在处理个人资料时保护个人隐私，平等有效地课征税收等；还详细列出了一国在税收方面区别对待本国公民和外国人的各种做法。

《服务贸易总协定》的安全例外不要求成员披露会违背其根本安全利益的信息，也不阻止成员为保护其根本安全利益而采取任何行动。这些行动可以是与有关军事机构的给养有关的服务，也可以是与核聚变和裂变材料有关的行动；可以是在战时或其他国际关系紧张时采取的行动，也可以是根据《联合国宪章》为维护和平和安全而采取的行动。

六、关于保障措施和补贴纪律

"乌拉圭回合"虽未能就服务贸易中的保障措施和补贴问题达成实质性协议，但《服务贸易总协定》对有关保障措施和补贴作了规定。

在保障措施问题上，有关谈判应在非歧视原则基础上进行，并于1998年初完成，这一时限后被推迟至2002年3月15日。在此之前，成员方已作出的具体承诺在3年内不能改变，但如果成员方能够向服务贸易理事会表明有必要修改或撤回某一具体承诺，则可以改变已作出的具体承诺。

在补贴问题上，《服务贸易总协定》规定，应继续就影响服务的补贴措施、反补贴措施的必要性进行谈判。《服务贸易总协定》承认补贴对服务贸易会产生扭曲，同时也承认补贴对发展中成员服务业的发展所起的作用，但成员方在受另一成员方补贴措施的不利影响时，可以要求进行磋商，有关成员方应对此给予同情的考虑。

尽管如此，成员方不能完全自由地利用补贴来帮助本国的服务提供者。如果他们在服务贸易承诺表中未明确说明补贴措施不适用外国服务提供者，则根据国民待遇原则，成员方有义务在纳入具体承诺表的服务部门给予外国服务者同样的补贴。

第五节 《服务贸易总协定》减让表规则与其他规定

减让表规则用于处理服务贸易的市场准入和国民待遇问题。与上节所述的一般义务和纪律不同，减让表规则仅适用于成员方在减让表中作出的具体承诺。其他规定包括机构条款和最后条款。

一、关于市场准入

《服务贸易总协定》规定，一成员对来自另一成员的服务或服务提供者，应给予不低于其在具体减让表中所列的待遇。这一规定表明，与货物贸易减让表中的承诺相似，服务贸易承诺也是约束性承诺，它确定了给予其他成员服务或服务提供者的最低待遇，在实际中成员方亦可给予他们更为优厚的待遇。

《服务贸易总协定》列举了6种影响市场准入的限制措施。具体包括：限制服务提供者的数量，限制服务交易或资产总值，限制服务网点总数或服务产出总量，限制特定服务部门或服务提供者可以雇用的人数，限制或要求通过特定类型的法律实体提供服务，限制外国资本参与的比例或外国资本的投资总额。除在减让表中明确列明外，成员方不得对其他成员的服务或服务提供者实施这些限制措施。

二、关于国民待遇

《服务贸易总协定》规定，成员方在实施影响服务提供的各种措施时，对满足减让表所列条件和要求的其他成员的服务或服务提供者，应给予其不低于本国服务或服务提供者的待遇。

《服务贸易总协定》对国民待遇原则的规定，与《1994年关税与贸易总协定》的有关规定十分相近。但《服务贸易总协定》的国民待遇只适用于成员方已经作出承诺的服务部门。这是由服务贸易的特性决定的。在货物贸易领域，尽管外国货物可在本国市场享受国民待遇，但在进入本国市场时，仍要受进口关税、数量限制及其他边境措施的限制；而在服务贸易领域，绝大多数服务的外国提供者如果获得了国民待遇，特别是当这些服务是以在进口方市场的商业存在和自然人流动方式提供时，就意味着在实际中享有了完全的市场准入。

与市场准入一样，减让表中应列举有关服务贸易国民待遇的所有限制措施。减让表中列明的条件和要求是给予外国服务或服务提供者的最低待遇，在实际中成员方也可以超出所作承诺，给予他们更为优厚的待遇。

《服务贸易总协定》还规定，成员方可就影响服务贸易的其他措施进行谈判，谈判结果形成附加承诺。附加承诺主要是关于资格要求、技术标准和许可条件的承诺等。

三、关于减让表的修改或撤回

《服务贸易总协定》规定了成员方修改或撤回减让表的具体承诺应遵循的规则。原则上，任何承诺在《建立世界贸易组织协定》生效起3年内都是不可修改或撤回的。此后，成员方可在作出相应通知，并给予相关成员方一定补偿后，修改或撤回某项具体承诺。改变具体承诺的要求至少应提前3个月提出。

补偿问题通常是改变承诺的通知发出后，在受影响成员的要求下，通过谈判解决的。如果谈判能就新的承诺达成协议，弥补了撤回承诺造成的影响，有关成员间服务贸易承诺的整体水平不会降低。补偿性调整应按最惠国待遇原则实施。

但是，有关成员可能难以就补偿问题达成协议。其原因是多方面的，有关成员方很难估计一成员改变服务贸易的某项具体承诺所产生的影响，有关的贸易数据也可能不完整，而且补偿的形式可以是市场准入新承诺，也可以是国民待遇新承诺。为此，《服务贸易总协定》规定，当有关补偿的谈判达不成协议时，允许有权获得补偿的成员将此问题提交仲裁。如果仲裁认定应给予补偿，则有关成员在补偿前不能改变原有承诺；若成员方对原有承诺作了不符合仲裁结果的改变，受影响的一方有权采取报复措施，撤回与仲裁结果实质上相等的承诺。此时，受影响方承诺的撤回仅对改变承诺的那一方实施。

《服务贸易总协定》规定，成员方最迟应于2000年1月开始新一回合的谈判，以逐步实现更高水平的服务贸易自由化。在确定未来谈判的指导原则时，服务贸易理事会应就发展中成员极为关注的两个问题作出决定：一是如何对待各成员上一回合谈判以来作出的开放市场的努力；二是应给予最不发达成员的特殊待遇。

四、关于机构条款和最后条款

《服务贸易总协定》的机构条款和最后条款，与“乌拉圭回合”其他协议的机构条款和最后条款相似。机构条款就争端解决、服务贸易理事会的设置、技术合作、与其他国际组织的关系等作了规定。最后条款允许成员方不把有关服务贸易的具体承诺，给予来自非成员方的服务或服务提供者。最后条款还对《服务贸易总协定》使用的一些关键术语，如“服务的提供”、“法人”等作了定义。

第六节 《服务贸易总协定》的有关附件

《服务贸易总协定》的8个附件是：《关于第2条例外的附件》、《关于本协定中提供服务的自然人流动的附件》、《关于空运服务的附件》、《关于金融服务的附件》、《关于金融服务的第二附件》、《关于电信服务的附件》、《关于基础电信谈判的附件》和《关于海运服务谈判的附件》。

这些附件是《服务贸易总协定》的组成部分，对服务贸易规则和服务贸易谈判有着重要影响。其中，长期适用的附件有《关于第 2 条例外的附件》、《关于本协定中提供服务的自然人流动的附件》、《关于空运服务的附件》、《关于金融服务的附件》和《关于电信服务的附件》。

一、关于第 2 条例外的附件

该附件的具体内容，在介绍《服务贸易总协定》最惠国待遇原则时已详细阐述。需要指出的是，涉及服务贸易的所有最惠国待遇例外清单，也是该附件的组成部分。

二、关于本协定中提供服务的自然人流动的附件

该附件规定，《服务贸易总协定》中的自然人流动是指，作为服务提供者的自然人和受雇于一服务提供者的自然人，不适用于到其他成员领土内服务业市场寻找就业机会的自然人，也不适用于各成员有关公民权、永久居留权和永久就业权的措施。各成员对于提供服务的自然人流动及入境居留，有权采取必要管理措施，但这些措施不应降低具体承诺的实际效果。

三、关于空运服务的附件

该附件主要澄清空运服务中不属于《服务贸易总协定》管辖范围的内容。国际空运服务的绝大部分内容，由成员方根据《芝加哥公约》谈判所达成的双边安排所管辖。因此，《关于空运服务的附件》规定，有关航空交通权的双边协定不属于《服务贸易总协定》管辖范围。目前，在空运服务部门，《服务贸易总协定》仅适用于飞机的维修和保养，空运服务的销售和营销（不包括空运服务的定价及其条件），以及计算机预订系统等三项服务。

《关于空运服务的附件》还规定，只有涉及成员方在上述三项服务中所具体承担的义务，且在所有双边或其他多边协定规定的程序已经用尽后，才能利用世界贸易组织的争端解决程序。服务贸易理事会应至少每五年对航空服务部门的发展和《关于空运服务的附件》的运行情况审议一次。这为《服务贸易总协定》的管辖范围向该部门扩展留下了余地。

四、关于金融服务的附件和关于金融服务的第二附件

由于金融机构的稳定与经济增长和发展紧密相关，在“乌拉圭回合”就服务贸易问题进行谈判时，参加方普遍认为，金融服务这一重要部门需要特别对待，应对银行、保险公司及其他资金和金融信息的提供者进行严密监管。金融服务的客户也需要得到保护，以提防那些或缺乏足够资金支持，或管理混乱，或不诚实的服务提供者。

《关于金融服务的附件》主要是为满足上述这些需要而制定的。该附件规定，中央银行及其他执行货币或汇率政策的政府机构的活动，视为“行使政府权力时提供的服务”，不属于《服务贸易总协定》的管辖范畴。

作为法定社会保障或公共退休金计划组成部分的服务活动，以及其他由公共实体代表

政府或利用政府资金进行的服务活动，也不对外国服务提供者开放。本国非政府的金融服务提供者亦不允许参与这些活动。

该附件的核心条款是通常所说的"谨慎例外"。它是《服务贸易总协定》规则的又一个例外，目的在于确保政府能够保护其金融体系和客户。尽管有《服务贸易总协定》的规定，成员方仍然可以采取谨慎措施，来保护投资者、存款人、投保人等的利益，保证其金融体系的完整和稳定。这一例外与《服务贸易总协定》和《1994 年关税与贸易总协定》中的一般例外相似，也有限制条件，即不能用来逃避在《服务贸易总协定》下应承担的义务。

该附件还规定，一成员可通过双边协议承认或自主承认其他成员所采取的谨慎措施，这意味着该成员可给予其他成员的金融服务提供者优先待遇。在自主承认情况下，一成员也应给予其他成员机会，来证明该成员的谨慎措施同样有效。

此外，该附件中将金融服务分为保险及其相关服务、银行及其他金融服务两大类，16 种具体形式，并作了比较详细的描述。

在"乌拉圭回合"中，参加方认为，如果谈判能够延续到 1995 年 6 月底，就有可能达成更广泛的金融服务承诺。为使有关谈判得以延续，参加方达成了《关于金融服务的第二附件》。该附件规定，在达成更广泛的金融服务承诺前，各成员仍可将一些与最惠国待遇原则不相符的措施列入最惠国待遇例外清单，并且还可自由改变已列入减让表的金融服务承诺。

《关于金融服务的附件》长期有效，《关于金融服务的第二附件》具有过渡性质。

五、关于电信服务的附件和关于基础电信谈判的附件

《关于电信服务的附件》重点在于确定使用公共电信网络和服务的权利。该附件要求，成员方应保证允许所有的服务提供者在根据减让表中的有关承诺提供服务时，以合理的、非歧视的条件接入和使用公共基础电信网络。根据该附件，上述权利适用于电话、电报、电传和数据传输等公共电信服务，但不适用于广播和电视节目的传输服务。成员方应公布有关接入、使用公共网络和服务的条件。

该附件允许发展中成员为加强其电信能力，对电信网络及服务的接入和使用采取一些限制措施，但这些限制措施应在减让表中详细列明。

该附件还鼓励和支持发展中成员之间在电信网络方面开展技术合作。在"乌拉圭回合"中，许多成员承诺允许外国服务提供者提供增值电信服务，即利用电信网络提供的增值服务，如电子邮件、在线数据处理服务等，但它们没有就基础电信（指可传输电话信息和开展其他电信业务的网络和服务）作出承诺。为使开放基础电信的谈判在"乌拉圭回合"后得以进行，成员方达成了《关于基础电信谈判的附件》。该附件允许成员方在有关基础电信的谈判结束前，提出其在基础电信领域的最惠国待遇例外。

《关于电信服务的附件》也是长期有效的，《关于基础电信谈判的附件》则具有过渡性质。

六、关于海运服务谈判的附件

与《关于基础电信谈判的附件》相似，《关于海运服务谈判的附件》是一个暂时性的简短附件，目的是使海运服务谈判在“乌拉圭回合”结束后得以继续进行。

第七节 基础电信协议和金融服务协议

“乌拉圭回合”结束时，参加方同意在服务贸易领域继续就自然人流动、海运服务、基础电信、金融服务等四个问题进行谈判，以期在这四个部门实现更高水平的市场开放。为此，1993 年 12 月 15 日，贸易谈判委员会通过了《关于自然人流动问题谈判的决定》、《关于海运服务谈判的决定》、《关于基础电信谈判的决定》、《关于金融服务谈判的决定》等四个决定草案。世界贸易组织成立后，成员方继续就这四个问题进行了谈判。

有关海运服务的谈判于 1996 年 6 月中止，未能如期达成多边协议。1996 年 6 月 28 日，服务贸易理事会通过的《关于海运服务的决定》规定，海运服务谈判将在新一轮服务贸易谈判开始时恢复。2000 年 1 月，作为“乌拉圭回合”既定议程的服务贸易谈判如期启动，将海运服务谈判纳入了此轮服务贸易谈判的范畴。

有关自然人流动的谈判于 1995 年年中结束，参加方达成了《〈服务贸易总协定〉第三议定书》，但这一谈判取得的成果有限，各方改进承诺的幅度不大。该议定书于 1995 年 7 月 21 日在服务贸易理事会上获得通过，1996 年 1 月 30 日生效。各成员方关于自然人流动的具体承诺附在《〈服务贸易总协定〉第三议定书》之后。

有关基础电信和金融领域的谈判取得了巨大成功，达成了《基础电信协议》和《金融服务协议》。

一、基础电信协议

（一）谈判情况

“乌拉圭回合”结束时，谈判各方希望进行基础电信服务谈判，以反映电信技术的快速发展，以及电信管理体制的变革，从而实现更高水平的电信市场开放。

1994 年 5 月，基础电信谈判组开始谈判。成员方自愿参加基础电信谈判组，最初有 33 个参加方，到 1996 年 4 月底，谈判组的正式参加方达到 53 个，另有 24 个观察员。

根据《关于基础电信谈判的决定》，谈判应于 1996 年 4 月 30 日结束。当时，共有 48 个参加方正式提交了减让表。但有些参加方认为，这一结果不足以使谈判成功结束。

1996 年 4 月，世界贸易组织总干事鲁杰罗出面斡旋，建议先维持已有的谈判成果，1997 初再给各参加方 1 月的时间，重新审议各自在电信市场准入和最惠国待遇问题上的立场，并对各自的减让表进行修改。

参加方在 1996 年 4 月 30 日的服务贸易理事会上，成立了基础电信组，取代原来的基础电信谈判组，负责后续谈判，并采纳了总干事的建议，确定 1997 年 2 月 15 日为新的谈判结束期限。

基础电信组修改了关于参加会议的规则，使所有成员方都拥有发言权，申请加入世界贸易组织的参加方以观察员身份与会。1996 年 7 月，谈判重新恢复。此后，基础电信组每月召开一次会议，各方也分别就市场准入承诺举行了双边谈判。到 1997 年 1 月，各方已经为结束谈判做好准备，谈判最终取得了成功。

1997 年 4 月 15 日，《〈服务贸易总协定〉第四议定书》在服务贸易理事会获得通过。在 1997 年剩余的时间里，各方履行国内批准程序，为接受议定书和履行所作的承诺做准备。该议定书于 1998 年 2 月 5 日起正式生效。

（二）《基础电信协议》的主要内容及参加方

《〈服务贸易总协定〉第四议定书》及其附件，构成了《基础电信协议》。该议定书只规定了生效时间等程序性问题，其附件包括基础电信服务具体减让表和《服务贸易总协定》第 2 条例外清单两个部分，是《基础电信协议》的主要内容。参加方在各自的减让表和例外清单中，就移动话音和数据服务、国内和国际的话音服务、传真服务、分组交换数据传输业务、电路交换数据传输业务等，承诺了不同程度的市场开放。

二、金融服务协议

（一）谈判情况

“乌拉圭回合”谈判后期，各参加方虽在金融服务部门已作出一些市场准入和国民待遇承诺，但该部门整体开放水平仍然不高，以双边互惠为基础的最惠国待遇例外仍然广泛存在。因此，在“乌拉圭回合”结束时，各参加方决定延长该部门的谈判。

谈判在《服务贸易总协定》生效后 6 个月内继续进行，至 1995 年 6 月底结束。在此期限之前，成员方可以改进、修改或撤回其就金融服务作出的部分或全部承诺，也可以援引新的最惠国待遇例外。

1995 年 7 月 28 日，金融服务谈判结束，29 个成员方中，有的改进了金融服务领域的具体承诺，有的取消或减少了金融服务领域的最惠国待遇例外。这些改进后的承诺作为《〈服务贸易总协定〉第二议定书》的附件。由于该议定书的参加方和承诺水平都很有限，特别是美国作为最主要的谈判方之一，没有对其承诺作出改进，而是采取了以双边互惠为基础的广泛的最惠国待遇例外，因此，《〈服务贸易总协定〉第二议定书》被认为是“临时性”的协议。各参加方决定再继续进行两年的谈判，直到 1997 年。

1997 年 4 月，谈判重新举行。成员方从 1997 年 11 月 1 日开始，到 1997 年 12 月 12 日谈判结束的最后期限，可再次修改或撤回有关金融服务的承诺和最惠国待遇例外。

1997 年 11 月 14 日，服务贸易理事会首先通过了《〈服务贸易总协定〉第五议定书》。谈判参加方于 1997 年 12 月 12 日最后期限前，就修改后的金融服务承诺达成了协议。70 个成员方的 56 份减让表和 16 份最惠国待遇例外清单，成为该议定书的附件。在 1999 年 1 月 29 日前，参加方可决定是否批准接受该议定书。在此期限前，有 52 个参加方接受了该议定书。《〈服务贸易总协定〉第五议定书》于 1999 年 3 月 1 日正式生效。

（二）《金融服务协议》的主要内容及参加方

《〈服务贸易总协定〉第五议定书》及其附件，构成了《金融服务协议》。该议定书只规定了生效时间等程序性问题，其附件包括金融服务减让表和最惠国待遇例外清单两个部分，是《金融服务协议》的主要内容。参加方在各自的减让表和例外清单中，就银行、保险、证券及有关的辅助服务，承诺了不同程度的市场开放。

思考题

1. 服务贸易的特点是什么？
2. 当代服务贸易迅速发展的原因与特点是什么？
3. 各国保护服务业的原因是什么？
4. 《服务贸易总协定》界定的服务范围包括几个？
5. 《服务贸易总协定》把服务贸易分为多少部门？
6. 在服务贸易中的国民待遇与货物贸易相比，有何特点？
7. 《服务贸易总协定》列出的影响市场准入的限制有哪些？
8. 服务贸易领域达成的两个具体协议是什么？

第十一章
与贸易有关的知识产权协定

内容提要

《与贸易有关的知识产权协定》的宗旨是，加强对知识产权的有效保护，防止与知识产权有关部门的执法措施或程序变成合法贸易的障碍，以减少对国际贸易的扭曲。本章对世界贸易组织负责实施管理的《与贸易有关的知识产权协定》将作比较全面的介绍。

第一节　《与贸易有关的知识产权协定》的产生

一、《与贸易有关的知识产权协定》产生背景

WTO成立十年以来，其加强对知识产权的有效保护，防止与知识产权有关的执法措施或程序变成合法贸易的障碍，减少对国际贸易的扭曲的宗旨得到了遵循和执行。《与贸易有关的知识产权协定》，原英文名为 Agreement on Trade－related Aspects of Intellectual Property Rights，简称《TRIPS协定》。此协议是经过关贸总协定乌拉圭回合谈判而形成的世界贸易组织框架内的一个关于知识产权的协议，体现了知识产权国际保护方面的重要成果。

（一）知识产权在国际经济贸易中的地位日趋重要

随着科技的迅猛发展和经济的进一步全球化，知识产权贸易日益成为国际贸易的主要方式和竞争手段之一。与贸易有关的知识产权问题也变得日益突出。技术和知识密集型商品以独立或与其他贸易相伴随的形式不仅在国际贸易中的比重不断上升，同时在国际投资领域得到空前发展。

知识产权贸易主要有：通过技术许可等方式，知识产权所有人将专利、商标等的使用权转让给技术受让方，从而获得技术使用费；通过版权许可合同，版权人获得了版税收入。因此，一方面，一国若拥有较高水平的知识产权不仅有利于提高本国的技术水平，而且会大大促进本国的经济发展。而另一方面，知识产权保护的松弛和未有效实施不仅会助长冒牌货贸易和盗版侵权行为的滋生，而且还可能由此损害拥有或获得知识产权的制造商

的合法商业利益。

随着科技的发展与经济的进一步全球化，国际社会越来越认识到国与国之间知识产权保护标准的巨大差异给国际贸易的发展带来的不利影响。造成这一现象的原因主要有两个方面：

首先，科研与技术在工业生产中的地位日益突出。大多数发达国家的工业生产正在日益成为科研与技术密集型的产业。这些国家的出口产品无论传统产品（如化工和医药品）还是现代产品（电信设备、计算机、电视机和录像设备），专利高科技和创造性投入的比重越来越大。正因为如此，在高技术产品上拥有比较优势的发达国家积极主张将知识产权纳入关贸总协定的谈判中，确保其产品销售到哪里，专利权就应在哪里享有充分的保护，以便能补偿其研究与开发费用。

其次，工业化国家通过许可或合资方式在发展中国家生产专利产品的机会增多。而工业化国家的产业界形成这类安排和转移技术的意愿将取决于东道国的知识产权机制能在多大程度上为其技术产权和技术诀窍提供充分的保护。

伴随国际贸易产品的技术改进而出现的技术进步已使得复制和仿制既简单又经济。在那些知识产权保护制度不完善和执法力度弱的国家里，冒牌与盗版产品生产猖獗。

冒牌、盗版和其他侵权行为给工业界收入造成的损失非常巨大。所谓冒牌货物是指未经许可即使用与其他有效注册商标相同或者实质上不可区分的商标货物。所谓盗版货物是指未经许可直接或间接复制自某一物品的复制品，只要此种复制违反了进口国有关版权及相关权利法律的规定，即被视作盗版货物。盗版的录音带、录像带和计算机程序目前占了全球盗版货物贸易中的一大部分。各国知识产权保护标准和法律的差异以及保护的松弛和实施的不利，助长冒牌货贸易和盗版侵权行为滋生。拥有或获得知识产权的合法制造商本希望其产品中的知识产权能够得到充分的保护，以便收回开发和研究的费用和合理的利润，但事实却是合法利益的严重损失，进而严重影响了一个国家的经济利益和一个产业的形成和发展，因此知识产权保护的国别差异使知识产权需要统一的国际保护标准。

（二）《知识产权协定》产生之前国际知识产权公约的局限性

国际社会对知识产权国际保护的重视，开始于 19 世纪 80 年代。1883 年产生了世界上第一个知识产权国际保护的公约，即《保护工业产权巴黎公约》（简称巴黎公约），1886 年签订了《保护文学、艺术作品的伯尔尼公约》（简称伯尔尼公约），迄今为止，这两大公约仍是知识产权国际保护的基础。另外还有《保护表演者、录音制品制作者与广播组织公约》（又称罗马公约）、《集成电路知识产权条约》（又称华盛顿公约或 IPIC 条约）、巴黎公约的子公约，以及《世界版权公约》和《录音制品公约》等国际条约。

《知识产权协定》对已有的知识产权公约的处理大致可以分为三类：

1. 基本肯定、要求其成员必须遵守并执行的国际公约。这类国际公约包括 4 个，即《巴黎公约》、《伯尔尼公约》、《罗马公约》和《华盛顿公约》。

2. 基本肯定、要求其成员按对等原则执行的国际公约。主要是《巴黎公约》的子公约，大约有十余个。

3. 要求全体成员遵守并执行的国际公约。主要包括《世界版权公约》和《录音制品公约》等国际条约。

然而，这些国际公约存在一定的不足，使得它们不能完全有效地实现保护知识产权的目的。这些不足主要表现在：这些国际公约涉及的大多是有关国际知识产权保护程序方面的问题，而对各国实体法的要求很少，未能制定出一套知识产权保护的国际标准；这些国际公约在条约的实施和争端的解决方面存在明显的不足。条约着重规定的是知识产权取得的程序和最低限度的保护要求。除此之外，以往公约多是为某一类型的知识产权而专门制定的，缺乏对知识产权效力和范围的全面规定。

由于以往国际公约的不足，发达国家认为应当谈判一项新的国际公约以解决这些问题。而《知识产权协定》正是在前面所提到公约的基础上，参考与吸收其大部分条款综合而成的。《知识产权协定》遵守了《巴黎公约》全部实质条款，并对各国工业产权的保护进行了补充性的规定。同时其还继承了《伯尔尼公约》中的实质条款（从第 1 条到第 21 条）及其附录的规定。

《知识产权协定》还规定世界贸易组织成员在履行知识产权方面的义务时，不能影响其在《巴黎公约》、《伯尔尼公约》下所承担的义务。而这一规定正是《华盛顿公约》第 12 条的内容。可见，《知识产权协定》与 WIPO 及所辖四个国际公约之间的关系非常密切，并彼此相互支持。

实际上，《知识产权协定》正是针对以往已有的知识产权公约的局限性，就已有的公约中未提及的或规定不完善的问题增加了许多附加的义务。从而，使《知识产权协定》成为目前世界范围内知识产权保护领域中涉及面广、保护水平高、保护力度大、制约力强的一个国际公约。

（三）《知识产权协定》的产生与美国“301 条款”

《知识产权协定》的产生不仅是知识产权在国际贸易中的地位日益突出和以往有关的国际公约存在不足的结果，它还跟发达国家的积极主张有关系，尤其是与美国在谈判过程中所起到的推动作用有关。

由于科学技术的飞速发展，既创造了大量的技术和信息，也使得技术和信息的复制极为简单容易。全球因知识产权侵权所造成的损失每年可达上千亿美元，侵权货物贸易占世界贸易总量的 5% ~8%。因此，知识产权及其保护与国际贸易之间的关系愈加紧密，发达国家对此问题更加关注，在某些发达国家中已直接将知识产权保护与贸易甚至作为发展中国家获得特惠贸易待遇的条件之一。

20 世纪 70 年代初期，美国连年出现贸易逆差，为此，美国开始调查研究，调查结果认为造成贸易逆差的最重要的原因之一是美国的知识产权在世界范围内未得到有效的保护，高技术的优势难以有效发挥，从而导致美国在国际贸易中竞争力的下降。因此，美国国会通过了有关议案，规定今后与国外签署贸易协定必须要有保护知识产权的条款，否则不予批准，从此把国际贸易与知识产权连在一起。

美国国会于 1988 年通过《综合贸易竞争法》，以及美国在 1974 年贸易法第 301 条款的基础上，制定了“特别 301 条款”，将其扩大到知识产权领域。美国贸易法“301 条款”全称为“实施美国依贸易协定所享有的权利和回应外国政府的某些贸易做法”，是美国开拓国际市场的法律手段。"301 条款"包括三个部分，即"一般 301 条款"、"特别 301 条款"和"超级 301 条款"。其中，"特别 301 条款"是专门针对知识产权而制定的。

根据"301 条款"，外国政府不遵守其与美国政府签订的贸易协定或者采取其他不公平的贸易做法，损害了美国的贸易利益，美国政府可以采取强制性的报复措施，促使该外国政府遵守有关协定或者消除其他不公平贸易做法，保护美国的经济利益。这些条款中最重要的就是 1988 年贸易法案中新增加的"特别 301 条款"。"特别 301 条款"的主要内容为：要求美国贸易代表确定未能有效保护美国知识产权的国家，或否定依赖于知识产权保护的美国人公平进入其市场的国家；同时还要求美国贸易代表确定在知识产权保护和知识产权市场准入方面有严重问题的重点国家，并对其发起调查，提出是否诉诸贸易制裁。这一条款目前正被用来以贸易报复、威胁发展中国家，也就是说，如果他们不改变其知识产权法律，这些法律中的其他条款允许在美国企业或利益集团提出申请时发起报复性的诉讼，并允许把知识产权问题和贸易优惠联系起来。

正是由于一些发达国家基于经济上的强大动力，也由于一些发展中国家出于政治和经济利益的考虑，更由于知识产权问题越来越多地表现为经济与贸易问题这一重大现实，知识经济与经济全球化的背景下知识产权需要全面的国际保护，乌拉圭回合谈判才最终缔结了《TRIPS 协议》，从而为知识产权的国际保护设定了一个基本的标准。

从某种意义上讲，WTO 通过的一系列协议与发达国家特别是美国的相关法律之间的关系是非常密切的。世界贸易组织的"关于解决争端的规则与程序的谅解"基本上是仿照美国贸易法的"301 条款"制定的。而世界贸易组织的《知识产权协定》则是美国贸易法"特别 301 条款"的国际化、扩大化与系统化。

二、《与贸易有关的知识产权协定》的产生过程

（一）发达成员提出议题

早在发动东京回合之时，美国和欧共体就十分积极地试图把知识产权保护问题作为议题纳入谈判，只因遭到发展中成员和某些发达成员的反对而作罢。东京回合结束不久，主要发达成员就开始筹划发动新一轮多边贸易谈判，并竭力在乌拉圭回合中把与贸易有关的知识产权问题列入议程。其中，首先提出这个新议题进行谈判并要将其纳入关贸总协定多边贸易规则的倡导国是美国。这是因为美国是科学技术发展水平最高的国家，也是最依赖于知识产权保护以促进和保障其经济发展的国家。与此同时，美国的知识产权也成为其他国家侵权者盗取的对象，给美国造成了巨额贸易损失，而美国又处于居高不下的贸易赤字状况之中。

对此美国的各种研究机构都认为：只要能有效地制止美国知识产权被盗取，在国外有效地保护美国公司和个人的知识产权，美国就可以增加出口，改善贸易收支状况。美国的知识产权保护机构曾指出，擅自播放专有音乐电台每年获利 12 亿美元，美国出版商因被侵权翻印而每年损失达 7 亿美元。声称每年在知识产权方面的损失共达 600 亿美元。仅就利用美国高科技成果最热衷的亚洲国家而言，在无偿占用美国知识产权方面获得了巨大的利益。

因此，美国在国内制定“特别 301 条款”的同时，在国际法领域率先把知识产权和贸易绑在一起，推向国际化，不遗余力地在关贸总协定乌拉圭回合谈判中将知识产权保护纳入关贸总协定的框架之中，使之与国际贸易直接相联。美国代表甚至提出，如果不将知识产权作为新议题，美国将拒绝参加第八轮谈判。欧共体也制定了 246/84 号指令，内容与美国基本相似。在欧美的联合坚持下，将知识产权列入了“乌拉圭回合”谈判的议题。“乌拉圭回合”各项议题的谈判是依据《“乌拉圭回合”部长宣言》所确定的原则和目标来进行的。该宣言对“与贸易有关的知识产权问题，包括假冒品贸易问题”的谈判确定了以下原则、宗旨和目标：

1. 为了减少对国际贸易的扭曲和障碍，考虑到促进充分有效地保护知识产权的必要性，并保证实施知识产权的措施和程序本身不对合法贸易构成障碍，谈判应旨在澄清关贸总协定的规定，并视情况制定新的规则和纪律。

2. 谈判应旨在拟订制约国际假冒品贸易的多边原则、规则和纪律的框架，同时应考虑到关贸总协定已进行的工作。

3. 这些谈判不得有碍于世界知识产权组织和其他机构在处理这些问题方面可能采取的其他补充行动。

（二）发展中成员与发达成员的对立、僵持与妥协

与贸易有关的知识产权问题的谈判是从 1987 年 3 月开始进行的，由于发展中成员和发达成员之间的意见对立，到 1988 年 12 月中期评审会议时还没有解决。

发达成员在谈判中提出的内容包括：

1. 扩大和统一知识产权保护范围。

2. 延长和统一知识产权保护期限。

3. 反对实施强制许可，主张实施资源许可。

4. 主张未立法的国家应尽快制定知识产权保护法，已制定有知识产权保护法但保护不力的国家应尽快修订补充，特别是在著作权、商业秘密、计算机软件和集成电路晶片、生物新品种等方面。

5. 主张建立一个有关保护知识产权的总协定争端解决机制，并适用关贸总协定的最惠国待遇，国民待遇和透明度原则。在冒牌货问题上，主张应和知识产权问题一揽子解决。希望最终达成一个有关知识产权方面的综合性协定。

发展中成员却对此持有不同意见。因为制定一个国际性知识产权保护规则，对他们而言是明显的弊多利少。有的成员在一定程度上同意，有的成员如巴西、印度等国则担心知识产权保护的强化会引起发达成员对技术的垄断而表示坚决反对。巴西代表曾厌恶地认为，把知识产权放在关贸总协定中去，就如同把病毒输入计算机一样，其结果只会进一步加剧国际贸易中已经存在的不平衡。他们指出：“保护知识产权的代价和收益在成员间的分配是不平均的。短期收益（垄断利润）和长期收益（知识商品的增加）几乎都为发达成员保留着，而发展中成员却要付出代价。

但是，大多数发达成员对上述观点是持否定态度的。后来，发达成员提出了交换条件，以在农产品和纺织品贸易上作出让步，以换取并补偿发展中成员因纳入知识产权体系

而带来的损失，并接受了发展中成员的不把知识产权措施变成合法的贸易障碍的主张。这样发展中成员出于各种政治与经济利益的考虑，经过中期评审会议之前两年多的僵持阶段，最终与发达成员就与贸易有关的知识产权问题达成妥协。

发展中成员接受知识产权协议的主要原因是：

1. 乌拉圭回合协议作为一揽子协议，包括了发展中成员所希望得到的一些东西，例如纺织品协议，服务贸易总协定，更强化的争端解决机制等，因而接受知识产权协议是一种交换。

2. 许多发展中成员从20世纪80年代开始大量引进外资，这需要对知识产权加强保护；出于从发展本国经济，从利用外资、引进技术，改善本国对外经济技术合作的长期利益目标出发，许多发展中成员终于转向支持。

3. 美国等的单边威胁、发达成员同意给发展中成员更长的过渡期，以及担心美国国会将因为没有知识产权协议而不批准一揽子协议等等，也起到了一些作用。

（三）协议的正式形成

1989年5月开始，与贸易有关的知识产权问题进入实质性谈判以后，发达成员如美国、日本、欧共体、瑞士、加拿大、澳大利亚、新西兰等都提出了内容基本相近的具体协议方案。1990年5月，阿根廷、巴西、智利、埃及、印度等12个发展中成员也提出了建议案文，两方案文分歧较大。这些方案与意见最后由谈判组长归纳成组长方案，1990年12月送交布鲁塞尔部长会议。但是由于受到农业谈判的影响，整个谈判不能正常进行，布鲁塞尔部长会议在恢复谈判后，谈判主要围绕知识产权保护水平问题进行，1991年12月，由总干事邓克尔提出了知识产权协议的最终方案。

1993年12月25日，邓克尔文本在没有作大的修改的情况下，同其他协议获得通过。这样，以美国为首的发达成员和发展中成员经过艰苦谈判终于达成的《与贸易有关的知识产权协定》，列入了世贸组织协议附录一的C部分。随着乌拉圭回合谈判的最后文件的生效，包括知识产权协议在内的26个协议也随之生效。从此，与贸易有关的知识产权问题便产生了崭新的国际保护规则。

第二节 《与贸易有关的知识产权协定》的主要内容

世界贸易组织《与贸易有关的知识产权协定》的主要条款大可以分为七部分：序言；一般规定和基本原则；关于知识产权效力、范围和使用的标准；知识产权的实施；知识产权的取得和维持及当事方之间的相关程序；争端的防止与解决；过渡安排；机构安排和最后条款。在该协定中，有关知识产权效力、范围和使用应适用实质性的部分就占了近一半的内容。该协定对七大类知识产权逐一规定了每个成员必须在其国内法律中提供的最低保护水平。为了达到既有效遏制侵权行为，又不阻碍合法贸易的双重目的，该协定规定了每个WTO成员为实施保护而需提供的程序和补救办法。争端的解决则采用WTO统一的程序等内容。

另外，《TRIPS 协议》体现了以下的一般性目标：知识产权的保护与行使应有助于促进技术革新及技术转让和传播，有助于促进国际贸易的发展，保证实施知识产权的措施和程序本身不应成为合法贸易的障碍，有助于社会和经济福利及权利与义务的平衡，并对知识产权提供充分有效的保护。

一、《TRIPS 协议》序言

《知识产权协定》的序言部分明确了世界贸易组织成员间缔结该协定的目的与宗旨，即：减少对国际贸易的扭曲与阻碍；进一步对知识产权在国际范围内更充分、更有效的保护；确保知识产权的实施及程序不对合法贸易构成壁垒。

序言进一步说明了《知识产权协议》的起因和目标是“需要一个包含原则、规则和纪律的多边框架以处理冒牌货物的国际贸易问题”。序言分别提到了“知识产权是私权”以及“作为各国知识产权保护制度基础的公共政策目标，包括发展目标和技术目标”。《知识产权协定》的许多条款都努力在创造者权利和使用者的需要之间实现平衡。

序言所明确的另一个目标是保证有关《知识产权协定》问题的争端通过多边程序解决。

二、一般规定和基本原则

（一）义务的性质和范围

《知识产权协定》第 1 条第 1 款规定，WTO 成员必须对该协定明确规定的知识产权提供保护，使其适用于其他所有 WTO 成员的国民，只要不违反该协定的规定，WTO 成员可以完全自由地对知识产权提供更高的保护水平。各成员具体如何根据法律制度和实践提供保护，由其自行决定，只要符合该协定的规定即可。所以，世界贸易组织的《知识产权协定》所规定的只是在知识产权保护方面的最低标准或起码标准。世界贸易组织并不禁止，当然也不要求其成员实施比《知识产权协定》更高标准的保护。在如何实施《知识产权协定》所规定的具体事项方面，WTO 允许各成员有权依其本国的法律制度及惯例自由决定采取适当的方法，而不统一规定实施的具体模式。

（二）国民待遇和最惠国待遇原则

国民待遇原则是在《TRIPS 协议》之前已有的许多知识产权公约的基本原则，同时其也属于世贸组织规则体系中的非歧视规则。《TRIPS 协议》的第 3 条对知识产权领域的“国民待遇”具体规定为：在遵守《巴黎公约》（1967）、《伯尔尼公约》（1971）、《罗马公约》或《关于集成电路和知识产权条约》中各自规定的例外的前提下，每一成员给予其他成员国民的待遇不得低于给予本国国民的待遇。① 就表演者、录音制品制作者和广播组织而言，此义务仅适用于《TRIPS 协议》规定的权利。

无条件的最惠国待遇原则与国民待遇原则一样，是 WTO 协议的共同基本原则，是整

① 叶京生编著：《WTO 与贸易有关的知识产权协议：规范与承诺》，黄山书社，2000 年 5 月，第 20 页。

个世界贸易体制的基石，但将此原则用于知识产权保护领域还是首次。这不仅改变了传统的知识产权的国际保护制度，而且使该原则的适用超出了一般的国际贸易范围。《TRIPS协议》第4条规定：对于知识产权保护，一成员对任何其他国家国民给予的任何利益、优惠、特权或豁免，应立即无条件地给予所有其他成员的国民。

（三）关于权利用尽问题

关于知识产权的权利“用尽”问题是引起争议较多的尚需进一步探讨的知识产权问题之一。法律上通常认为，某一产品所含知识产权的权利人一旦出售了该产品，其权利已经用尽。但是该知识产权所包含的各项权利都已用尽，还是某几项权利用尽；是在某国的地域范围内用尽，还是在国际范围内用尽，各国做法不同，争议较大，一直不能达成协议。各国在这方面立法的差异较大，世界贸易组织无意在此方面统一各国的立法。因此《知识产权协定》不允许成员国在解决彼此间发生的知识产权争端时，用该协定中的有关条款得出结论。虽然如此，世界贸易组织仍然要求成员遵守有关《知识产权协定》的国民待遇和最惠国待遇原则，不能实行差别待遇，要始终坚持非歧视原则。

三、知识产权的效力、范围和使用的标准

（一）版权和相关权利

1. 版权，又称著作权，是指文学、艺术和科学作品的作者依版权法及相关法律所享有的权利。它通常被称作著作权。广义的版权包括著作人身权、财产权和邻接权。著作人身权是指发表权、署名权、修改权、保护作品完整权；著作财产权是指作品的复制、表演、播放、展览、发行、改编和摄制电影、电视、录制、翻译、编辑等权利；邻接权是作品传播者所享有的权利，包括出版者权、表演者权、音像录制者权及广播电台、电视台的权利等。版权所保护的对象包括：文学、艺术和科学作品；表演、录音、录像和广播制品，以及近年来被许多国家列为版权保护对象的计算机软件等。

《TRIPS协议》中版权保护的对象：

（1）《TRIPS协议》明确了版权保护的客体。受版权保护的客体是指在文学、科学、艺术领域中具有独创性的思想表达形式。因此，《TRIPS协议》强调其所指的版权保护涉及作品的表达方式，而不涉及思想、程序、操作方法及数学概念本身。

（2）《TRIPS协议》将计算机程序作为《伯尔尼公约》项下的文学作品进行保护。强调了计算机程序和数据汇编的保护，这是《伯尔尼公约》没有规定的新问题。协议对此规定：计算机程序，无论是源代码还是目标代码，应作为《伯尔尼公约》（1971）项下的文字作品加以保护。数据汇编或其他资料，无论机器可读还是其他形式，只要由于对其内容的选取或编排而构成智力创作，即应作为智利创作加以保护。该保护不得延伸至数据或资料本身，并不得损害存在于数据或资料本身的任何版权。

（3）《TRIPS协议》对版权中的出租权问题作出了规定。由于各成员国内法对于出租权的规定不尽相同，因而协议没有对所有的作品的出租权作出同一的规定，而是鉴于计算机程序和电影作品的出租利润较高，要求成员至少对于计算机程序和电影作品，应给予作者其合法继承人准许或禁止向公众商业性出租其有版权作品的原件或复制品的权利。

（4）《TRIPS 协议》规定了版权的保护期限。考虑到对版权持有人利益的保护，协议规定了版权的最低保护期限。协议第 12 条规定：除摄影作品或适用艺术作品外，只要一作品的保护期限不以自然人的生命为基础计算，则该期限自作品经授权出版的日历年年底计算即不得少于 50 年，或如果该作品在创作后 50 年内未经授权出版，则保护期限为自作品完成的日历年年底起计算的 50 年。

2. 版权的相关权利。版权的邻接权在《TRIPS 协议》中称为版权的相关权利，由第 14 条共六款内容加以规定，主要涉及表演者权、录音制品制作者权和广播组织权。

（1）在表演者权方面。协议规定，对于将其表演固定在录音制品上而言，表演者应可能防止下列未经其授权的行为：固定其未曾固定的表演和复制该录制品。表演者还应有可能阻止下列未经其授权的行为：以无线广播方式播出和向大众传播其现场表演。表演者权可获得的保护期限，自该固定或表演完成的日历年年底计算，应至少持续至 50 年年末。

（2）在录音制品制作者权方面。协议规定，录音制品制作者应享有准许或禁止直接或间接复制其录音制品的权利。录音制品制作者权获得的保护期限也是自该固定完成的日历年年底计算，应至少持续至 50 年年末。

（3）在广播组织权方面。协议规定广播组织有权禁止下列未经其授权的行为：录制、复制录制品、以无线广播方式转播以及将其电视广播向公众传播。如各成员未授予广播组织此类权利，则在遵守《伯尔尼公约》（1971）规定的前提下，应给予广播的客体的版权所有权人组织上述行为的可能性。其权利保护期限，自广播播出的日历年年底计算，应至少持续 20 年。

（二）商标权

1. 关于商标权保护的客体问题上，《TRIPS 协议》规定任何标记或标记的组合，只要能将一企业的货物和服务区别于其他企业的货物或服务，即能够构成商标。此类标记，特别是单词，包括人名、字母、数字、图案的成分和颜色的组合以及任何此类标记的组合，均应符合注册为商标的条件。如标记无固有的区别有关货物或服务的特征，则各成员可以有通过使用而获得的显著性作为注册的条件。

各成员可要求，作为注册的条件，这些标记应为视觉上可感知的。但是，只要不违背《巴黎公约》（1967）的规定，各成员仍可以其他理由拒绝为某些商标注册。同时，协议规定各成员可以将使用作为注册条件。但一商标的实际使用不得作为接受申请的一项条件。不得仅以自申请日起 3 年期满后商标未按原意使用为由拒绝该申请；且商标所使用的货物或服务的性质在任何情况下不得形成对商标注册的障碍。此外，协议要求各成员在商标注册前或后迅速公布每一商标，并应对注销注册的请求给予合理的机会，并可提供对商标注册提出异议的机会。

2. 在商标权所有人的权利范围上，《TRIPS 协议》第 16 条规定，注册商标的所有权人享有专有权，以阻止所有第三方未经该所有权人同意，在贸易过程中与已有注册商标的货物或服务的相同或类似货物或服务使用相同或类似标记，如此类使用会导致混淆的可能性。在对相同货物或服务使用相同标记的情况下，应推定存在混淆的可能性。上述权利不得损害任何现有的在先权，也不得影响各成员以使用为基础提供权利的可能性。

《TRIPS 协议》对驰名商标的保护也作出了规定。考虑到《巴黎公约》第 6 条之二的规定是针对驰名的商品商标，而没有涉及服务商标，因此，协议明确规定对于驰名的服务商标在原则上也应使用《巴黎公约》的第 6 条之二。同时协议规定在明确一商标是否驰名时，“应考虑有关领域中的公众对该商标的知解程度，包括在该成员境内因宣传该商标而获得的知解程度”。而且如果在不类似的货物或服务上使用已注册的驰名商标，只要这样的使用会暗示该商品或服务与驰名商标所有人存在某种联系，并且因此会使驰名商标所有人的利益遭受损害，那么，此类商标就应当被驳回、撤销和禁止使用。

3. 关于商标的使用要求及许可与转让问题上，《TRIPS 协议》第 19 条规定：当保持商标注册须以使用为前提，则只有在至少连续 3 年不使用后方可注销注册。另外，有正当理由不能使用商标，例如由于政府对受商标所保护的货物或服务实施进口限制或其他要求等，此类情况应被视为不使用商标的正当理由，不受上述时间的限制。

根据《TRIPS 协议》第 21 条规定，各成员在可以规定商标的许可与转让条件的同时，不得对商标采取强制许可制度。明确规定注册商标的所有权人有权将商标与该商标所属业务同时或不同时转让。

4. 关于商标的保护期。《TRIPS 协议》第 18 条规定了商标的保护期限是从商标的首次注册及每次续展的期限均不得少于 7 年。商标的注册应可以无限续展。

（三）专利权

作为工业产权（包括：专利权、商标权和制止不正当竞争权）的重要组成部分，专利权是各成员方专利主管部门依据专利法授予专利权人（发明创造人或合法申请人）对某项发明创造在法定期间内所享有的一种独占权或专有权。其主要包括：制造、使用、销售、进口、转让和许可他人使用等权利。获得专利发明的条件是其具备：新颖性、技术先进性和实用性。

1. 专利获得的“三性原则”与非歧视原则。《TRIPS 协议》第 27 条第一款对“可获专利的客体”作了广泛的界定，即“所有技术领域中的任何发明，无论是产品发明还是方法发明……均可获得专利。”但必须符合各国专利法一般已普遍确定的“三性原则”：

（1）新颖性。即在专利申请日前无相同发明或申请，在国内外出版物上无公开发表或公开使用过等。

（2）“创造性的进步”或“非显而易见性”。即指专利所含的创造性或先进性。

（3）“可付诸工业应用”或称“实用性”。即专利发明能够根据现有技术条件在工农业中得到实施。

另外，协议还首次在专利保护领域确立了非歧视原则。即除了发展中成员可享有过渡期的药品和某些化学品领域以及协议第 27 条中明确排除可获得专利的领域外，对于所有其他技术领域，各成员均应遵守非歧视原则。所谓对于“专利的获得和专利权的享受”不因发明地点，技术领域、产品是进口的还是当地生产的而受到歧视。

此外协议允许各成员可以因为以下三个目的而不授予某项发明以专利保护：为维护公共秩序或道德，保护人类、动物或植物的生命健康或避免对环境造成严重损害所必需而拒绝对某些发明授予专利权。但不能仅仅因为某成员域内法律禁止某种发明的使用，就宣布不授予该发明以专利权。

协议还明确规定可以不授予专利的领域，即各成员还可以对人类或动物的诊断、治疗和外科手术方法；对除微生物外的植物和动物，以及除非生物和微生物外的生产植物和动物的主要生物方法拒绝授予专利权。当然各成员应规定通过专利或一种有效的特殊制度或通过两者的组合来保护植物新品种。

2. 专利权人享有的专利内容。《TRIPS 协议》第 28 条规定，专利权人应享有 5 项基本专利权：对于产品专利，权利人有权防止第三方未经所有权人同意而进行制造、使用、许诺销售，或为这些目的而进口该产品的行为；对于方法专利，权利人有权防止第三方未经所有权人同意而使用该方法的行为，并防止使用、许诺销售或为这些目的而进口，至少是以该方法直接获得产品的行为；专利所有权人还有权转让或以继承方式转移其专利并订立许可合同。

3. 对于专利申请人的条件问题。《TRIPS 协议》第 29 条规定各成员应要求专利申请人以足够清晰和完整的方式披露其发明，使该专业的技术人员能够实施该发明，并可要求申请人在申请之日，或在要求优先权的情况下在申请的优先权日，指明发明人所知的实施该发明的最佳方式，并可以要求专利申请人提供关于申请人相应的国外申请和授予情况的信息。

4. 专利的保护期。《TRIPS 协议》规定专利权的保护期限不得在自申请之日起计算的 20 年期满前结束。

（四）其他工业产权领域

1. 集成电路布图设计权。《TRIPS 协议》在对集成电路布图设计提供保护时注意了与《集成电路知识产权条约》之间关系的协调，协议要求各成员同意依照《集成电路知识产权条约》第 2 条至第 7 条（第 6 条第 3 款除外）即第 12 条和第 16 条第 3 款，对集成电路的布图设计（拓扑图，《TRIPS 协议》中称为“布图设计”）提供保护。

2. 地理标志权。《TRIPS 协议》第二部分第 3 节第 22 条至第 24 条对地理标志的保护范围及标准等问题作出了规定。地理标志是指识别一货物来源于一成员领土或该领土内一地区的标志，该货物的特定质量、声誉或其他特性主要归因于其地理标志。协议对于地理标志作出了如下规定：

对地理标志的保护问题，《TRIPS 协议》规定各成员应向利害关系人提供法律手段以防止：第一，在一货物的标识或说明中使用任何手段标明或暗示所涉货物来源于真实原产地之外的一地理区域，从而在该货物的地理来源方面使公众误解；第二，构成属于《巴黎公约》（1967）第 10 条之二范围内的不公平竞争标志中所标明的领土并非货物的来源地，且如果在该成员中在此类货物的商标中使用该标志会使公众对其真实原产地产生误解，则该成员在立法允许的情况下可依职权或在一利害关系方请求下，拒绝该商标注册或宣布注册无效。此外，上述的保护可适用于虽在文字上表明货物来源的真实领土、地区和地方，但却虚假地向公众表明该货物来源于另一领土。

3. 工业设计权。工业设计权在我国的知识产权法中属于专利权的一种，但世界上许多国家将其作为一种独立的工业产权以专门立法或专利法以外的其他知识产权法予以保护。因此《TRIPS协议》第二部分第4节共两条的内容规定了对工业设计保护的国际标准：

（1）对受保护的工业设计的要求方面，协议第25条规定，各成员应对新的或原创的独立创造的工业设计提供保护。各成员可以规定，如工业设计不能显著区别于已知的设计或已知设计特征的组合，则不属于新的或原创性设计。

（2）在工业设计权的范围方面，协议规定受保护的工业设计的所有权人有权阻止第三方未经所有权人同意而生产、销售或进口所载或所含设计是一受保护设计的复制品或实质上是复制品的物品，如此类行为为商业目的而采取。

（3）工业设计的保护期限协议规定为至少10年。

4. 未披露信息权。《TRIPS协议》第二部分第7节第39条对未披露信息（我国称为商业秘密）规定如下：

（1）协议要求各成员在保证针对《巴黎公约》（1967）第10条之二规定的不公平竞争而采取有效保护的过程中，应对协议中所指的未披露信息和提交政府和政府机构的数据进行保护。

（2）在对未披露信息的保护方面，协议首先对未披露信息予以界定，协议指出未披露信息属于秘密。即作为一个整体或就其各部分的精确排列和组合而言，该信息尚不为通常处理所涉信息范围内的人所普遍知道，或不易被他们获得，并且该信息因属于秘密而具有商业价值，且由该信息的合法控制人，在此情况下采取合理的步骤以保持其秘密性质。

其次，协议规定了未披露信息权人的权利为自然人和法人应有可能防止其合法控制的信息，在未经其同意的情况下以违反诚实商业行为的方式向他人披露，或被他人取得或使用。其中，"违反诚实商业行为的方式"应至少包括以下做法：如违反合同、泄密和违约诱导，并且包括第三方取得未披露信息，而该第三方知道或因严重疏忽未能知道未披露信息的取得涉及此类做法。

5. 竞争权。《TRIPS协议》第二部分第8节对竞争权的保护主要集中在对协议许可中限制竞争行为的控制，其基本内容为：

协议第40条第1款要求各成员对一些限制竞争的有关知识产权的许可活动或条件可对贸易产生不利影响，并会妨碍技术的转让和传播问题达成共识。

协议第40条第2款规定，《TRIPS协议》的任何规定均不得阻止各成员在其立法中明确规定在特定的情况下，可构成对知识产权的滥用并对相关市场中的竞争产生不利影响的许可活动或条件。如以上所规定的，一成员在与协议其他规定相一致的条件下，可按照该成员的有关法律法规，采取适当的措施以防止或控制此类活动，包括如排他性回授条件、阻止对许可效力提出质疑的条件和强制性一揽子许可等。

四、知识产权保护的实施制度及程序要求

《TRIPS协议》第三部分共五节21条的内容规定了实施知识产权保护的相关程序及制度，其涉及到知识产权的行政、民事、边境、刑事保护及临时措施等。

（一）知识产权保护实施的一般义务

1. 协议规定了成员实施知识产权保护的最基本义务。协议第 41 条第 1 款规定，各成员应保证其国内法中包括符合协议的知识产权的实施程序，以便对任何侵犯协议所保护的知识产权的行为采取有效行动，包括防止侵权的迅速救济措施和制止进一步侵权的救济措施。这些程序的实施应避免对合法贸易造成障碍并为防止这些程序被滥用提供保障。

2. 协议要求知识产权实施程序应当公平、合理、高效。协议第 41 条第 2 款规定，有关知识产权的实施程序应当公平和公正。这些程序不应不必要的复杂和费用高昂，也不应限定不合理的时限或造成无理的迟延。

3. 协议规定了实施保护的有关形式及提供听证机会的要求。协议的第 41 条第 3 款规定，对一案件的实体问题的裁决，最好采取书面形式并说明理由。至少应使诉讼当事方可获得，而不造成不正当的迟延。对一案件的实体问题裁决只能根据已向各方提供听证机会的证据作出。

4. 对于实施程序的司法复审问题。协议规定，诉讼当事方应有机会要求司法机关对最终行政裁定进行审查，并在遵守一成员法律中有关案件重要性的司法管辖权规定的前提下，至少对案件是非的初步司法裁决的法律方面进行审查。但是，对刑事案件的无罪判决无义务提供审查机会。

5. 对于各成员实施知识产权保护的一般义务，协议规定了限制。具体内容为，各成员实施保护的一般义务并不产生任何建立与一般法律实施制度不同的知识产权实施制度的义务，也不影响各成员实施一般法律的能力。协议有关的规定在实施知识产权与实施一般法律的资源分配方面，也不产生任何义务。

（二）民事和行政程序及救济

1. 协议要求有关程序应当公平和公正。协议第 42 条规定，各成员应使权利持有人（包括具有在法律上主张这种权利资格的联盟和协会）可获得有关实施协议涵盖的任何知识产权的民事司法程序。被告有权获得及时的和包含足够细节的书面通知，包括权利请求的依据。应允许当事方有独立的法律顾问代表出庭，且程序不应制定强制本人出庭的过重要求。此类程序的所有当事人均有权证明其权利请求并提供所有相关证据。

2. 对于实施程序中证据的提供问题。协议第 42 条规定，如一当事方已出示可合理获得的足以证明其权利请求的证据，并指明在对方控制之下的与证实其权利请求有关的证据，则司法机关在遵守在适当情况下保证保护机密信息的前提下，有权命令对方提供此证据。此外，协议又规定，如一诉讼方在合理期限内自行且无正当理由拒绝提供或不提供必要的信息，或严重阻碍与一实施行动有关的程序，则一成员在向其提供信息的基础上，可授权司法机关根据已有信息作出肯定或否定的初步或最终裁决，但应当向各当事方提供就指控或证据进行听证的机会。

3. 有关禁令的问题。协议第 44 条规定，司法机关有权责令一当事方停止侵权，特别是有权在通关后立即阻止涉及知识产权侵权的进口货物进入其管辖范围内的商业渠道。如受保护的客体是在一人知道或有合理的根据知道其从事该个体的交易会构成知识产权侵权之前取得或订购的，则各成员有义务给予此种授权。该条的第 2 款对强制许可的情况作了例外规定，具体规定为，不论协议中有关民事和行政程序的条文有何规定，在符合协议中专门处理未经权利持有人授权的政府使用或政府授权的第三方使用的条件下，成员可规定不使用禁令这一救济方法。在其他情况下，应适用协议有关民事和行政程序中规定的救济，或如果这些救济与一成员的法律不一致，则应采取宣告式判决，并应可获得适当的补偿。

4. 对于侵权损害赔偿的问题。协议第 45 条规定了故意和非故意侵权两种情况下的损害赔偿。(1) 对故意侵权的赔偿规定为，对于故意或有充分理由应知道自己从事侵权活动的侵权人，司法机关有权责令侵权人向权利持有人支付足以补偿其因知识产权侵权所受损害的赔偿。(2) 即使在侵权人不知道或没有充分理由知道自己从事侵权活动的情况下，成员的司法机关还有权责令侵权人向权利持有人支付有关费用，其中包括有关的律师费用。在适当的情况下，各成员可授权司法机关责令其退还利润或支付法定的赔偿。

5. 对于侵权的其他补救措施问题。协议要求，为有效制止侵权，司法机关有权在不给予任何补偿的情况下责令将已被发现侵权的货物清除出商业渠道，以避免对权利持有人造成任何损害，或下令将其销毁，除非此点会违背现有的宪法规定的必要条件。司法机关还有权在不给予任何补偿的情况下，责令将主要用于制造侵权货物的材料和工具清除出商业渠道，以便将产生进一步侵权的风险减少到最低限度。在考虑此类请求时，应考虑侵权的严重程度与给予的救济以及第三方利益之间均衡性。对于冒牌货，除例外情况外，仅除去非法加贴的商标并不足以允许该货物放行进入商业渠道。

（三）临时措施

协议第 50 条共 8 款内容规定了实施知识产权保护的临时措施：

1. 成员有权采取临时措施的目的为：(1) 防止侵犯任何知识产权，特别是防止货物进入其管辖范围内的商业渠道，包括通关后立即进入的进口货物；(2) 以便保存关于被指控侵权的有关证据。

2. 采取不预先通知临时措施的条件及后续程序。其条件为：在适当时，特别是在任何迟延可能会对权利持有人造成不可补救的损害时，或存在证据被销毁的显而易见的风险时，司法机关有权采取不预先通知的临时措施。如已经采取不作预先通知的临时措施，则最迟应在执行该措施后立即通知受影响的各方。应被告请求，应当对这些措施进行审查，包括进行听证，以期在作出关于有关措施的通知后一段合理期限内，决定这些措施是否应进行修改、撤销或确认。

3. 对于申请临时措施的申请人相关义务问题，协议规定，司法机关有关要求申请人提供任何可合理获得的证据，以使司法机关有足够程度的确定性确信该申请人为权利持有人，且该申请人的权利正在受到侵犯或此种侵权已迫近，并有权责令申请人提供足以保护被告和防止滥用的保证金或相当的担保。此外，执行临时措施的主管机关可要求申请人提供确认有关货物的其他必要的信息。

4. 对于临时措施的期限问题。协议规定，如果导致根据案件是非曲直作出裁决的程序未在一合理期限内启动，则应被告请求，所采取的临时措施应予撤销或终止生效，该合理期限在一成员法律允许的情况下由责令采取该措施的司法机关确定，如未作出此种确定，则不超过 20 个工作日或 31 个自然日，以时间长者为准。

5. 对于不当申请临时措施对被告造成损害的赔偿问题。协议规定，如临时措施被撤销或由于申请人的任何作为或不作为而失效，或如果随后认为不存在知识产权侵权或侵权的威胁则应被告请求，司法机关有权责令申请人就这些措施造成的任何损害向被告提供适当补偿。

6. 协议规定在作为行政程序的结果可责令采取任何临时措施的限度内，此类程序应符合上述五项所列的原则。

（四）边境保护措施

《TRIPS 协议》第三部分第 4 节对知识产权边境保护制度的实施标准与要求予以规定：

1. 协议规定了边境保护的方式包括两种：（1）依申请的保护。协议要求各成员提供基本的知识产权边境保护的方式是依申请的保护，其内涵是指各关税区内边境保护的主管当局依据权利持有人的申请而启动边境保护程序，采取具体的边境保护措施。（2）依职权的行动。协议规定，如各成员要求主管机关自行采取行动，并对其已取得初步证据证明的知识产权正在被侵权的货物中止放行，则：第一，主管机关可随时向权利持有人寻求可帮助其行使这些权力的任何信息；第二，进口商和权利持有人应被迅速告知中止放行的行动。

2. 边境保护的申请。协议规定，任何启动海关中止放行程序的权利持有人需要提供充分的证据，以使主管机关相信，根据进口成员法律，可初步推定权利持有人的知识产权受到侵犯，并提供货物的足够详细的说明以便海关易于辨认。主管机关应在合理期限内告知申请人是否受理其申请，如主管机关已确定海关采取行动的时限，则应将该时限通知申请人。

3. 对于海关中止放行及其期限。协议规定，各成员在符合以下规定的情况下，采取程序使在有正当理由怀疑假冒商标或盗版货物的进口有可能发生的权利持有人，能够向行政或司法主管机关提出书面申请，要求海关中止放行此类货物进入自由流通。对货物的中止放行应迅速通知进口商和申请人。

4. 对进口商和货物所有权人的赔偿问题。协议规定，有关主管机关有权责令申请人向进口商、收货人和货物所有人对因货物被错误扣押或因扣押而被放行的货物而造成的损失支付适当的补偿。

5. 对侵权货物的处理问题。协议规定，在不损害权利持有人可采取的其他诉讼权并在遵守被告寻求司法机关进行审查权利的前提下，主管机关有权责令销毁或处理侵权货物。对于假冒商标货物，主管机关不得允许侵权货物在未作改变的状态下再出口或对其适用不同的海关程序，但例外情况下除外。处理的原则是：为有效制止侵权，有关机关有权在不给予任何补偿的情况下，责令将已被发现侵权的货物清除出商业渠道，以避免对权利人造成任何损害，或下令将其销毁，除非此点会违背现有的宪法规定的必要条件。

五、争端的防止和解决

（一）透明度

为了有效执行《TRIPS 协议》并有效防止争端，协议第 63 条强调了透明度原则在知识产权国际保护中的具体运用。

1. 协议规定，一成员中有效实施的有关《TRIPS 协议》的主题（知识产权的效力、范围、取得、实施和防止滥用）的法律、法规及普遍适用的司法终局裁决和行政裁定应以本国语言公布。一成员政府或政府机构与另一成员政府或政府机构之间实施的有关协议主题的协定也应予以公布。

2. 各成员应将上述所提到的法律法规通知 TRIPS 理事会，以便在理事会审议协议运用情况时提供帮助。理事会应努力尝试将各成员履行此义务的负担减少到最小程度。

3. 每一成员应准备就另一成员的书面请求提供有关的法律法规信息。一成员如有理由认为属知识产权领域的一特定司法裁决、行政裁定或双边协定影响其在协议项下的权利，也可书面请求为其告知此类具体司法裁决、行政裁定或双边协定的足够细节。

4. 上述任何规定均不得要求各成员披露会妨碍执法或违背公共利益或损害特定公私企业合法商业利益的机密信息。

（二）争端解决

有关《TRIPS 协议》的争端适用 WTO 争端解决机制。但在 WTO 协定生效后的 5 年内，对于非违约争端，暂时不适用争端解决程序而由世界贸易组织部长级会议决定如何解决。

六、协议中的其他规定

（一）机构安排

设立与贸易有关的知识产权理事会保障协议的运用，其职能是：监督成员履行协议的情况；为各成员提供就有关议题进行磋商的机会和场所；在争端解决程序方面，按成员的请求提供帮助；承担成员指定的其他责任；与 WIPO 寻求合作。

（二）安全例外

协议第 73 条的安全例外规定，基于国家根本安全利益的考虑以及为承担《联合国宪章》中有关维护国际和平与安全的义务，各成员均有权采取任何与本协议规定相冲突的行动。这些行动有：与裂变和聚变物质或衍生这些物质的物质有关的行动，与武器、弹药和作战物资的贸易有关的行动，及与此类贸易所运输的直接或间接供应军事机关的其他货物或物资有关的行动，与战时或国际关系中的其他紧急情况下采取的行动。

（三）过渡期安排和技术合作

为了使各成员实施《TRIPS 协议》做好准备，协议针对不同的成员规定了不同的过渡期：发达成员的过渡期为 1 年，即到 1996 年 1 月 1 日已到期。发展中成员的过渡期为 5 年，即到 2000 年 1 月 1 日也已到期。经济转型成员如在改革知识产权立法方面遇到困难的话，也有 5 年的过渡期。最不发达成员有 11 年的过渡期，即在 2006 年 1 月 1 日到期。

在技术合作方面，协议规定，为了促进协议的实施，发达成员应发展中成员和最不发达成员的请求，并按双方同意的条款和条件，应提供有利于发展中成员和不发达成员的技术和资金合作。此种合作应包括帮助制定有关知识产权保护和实施以及防止其被滥用的法律法规，还应包括支持设立或加强这些事项有关的国内机关，包括人员培训。

第三节　《与贸易有关的知识产权协议》的特点及新发展

一、《与贸易有关的知识产权协议》的特点

《TRIPS 协议》是到目前为止有关知识产权方面的一个最全面的多边协议，其对知识产权保护的传统标准作了许多具有深远意义的改进。这些改进将对知识产权国际保护体系的经济价值产生积极意义，并对世界经济的竞争产生重要影响。从这个协议中，发达成员将是最大的得益者，而发展中成员在短期内将面临严峻的挑战，但从长远来看，发展中成员也可获益。

作为一种新的知识产权国际保护制度，《TRIPS 协议》具有以下主要特点：

（一）将国际贸易中通行的基本原则引入知识产权国际保护法律体系

非歧视原则是 GATT/WTO 的基石，主要体现为国民待遇原则与最惠国待遇原则。在传统的知识产权国际保护中经常强调的是国民待遇原则，而最惠国待遇原则在《TRIPS 协议》之前一般适用于有形贸易。在《TRIPS 协议》中首次采纳了最惠国待遇原则并将知识产权保护置于 WTO 的有机整体之中，这种做法不仅体现了知识产权保护与贸易密切关系，促进了货物贸易、技术贸易和服务贸易三位一体的国际贸易的发展，而且为知识产权提供了更有力的保护。

此外，透明度原则也是 GATT/WTO 的一项基本原则，《TRIPS 协议》中突破了以往知识产权国际公约/条约的内容，首次将透明度原则引入了知识产权国际保护法律体系，有利于各成员之间相互了解，相互监督，以保证协议的有效实施。

（二）《TRIPS 协议》的保护范围较广，保护标准较高

协议将几乎所有的知识产权形式，如版权和邻接权、包括服务标记在内的商标权、工业设计权、地理标志权、未披露信息权等，均纳入了保护范围。其保护范围远远超过了以往任何知识产权国际公约。

协议不仅继承了《巴黎公约》、《伯尔尼公约》、《罗马公约》、《华盛顿条约》，而且在其保护水准上作出进一步的要求，体现出了较高的保护标准。其具体体现在实体法和程序法两个方面。在实体法方面，《TRIPS 协议》中：

1. 明确了协议规定的保护标准为最低标准并不允许保留，各成员域内立法不得低于此标准；

2. 各项知识产权所包含的权利范围规定得较为完整；

3. 知识产权的强制许可作出了严格限制；

4. 为知识产权提供了较长的保护期限。

在程序法方面，协议的第三部分规定了严格详细的知识产权保护的国内实施制度和程序要求，具体包括民事、行政、刑事、边境保护及临时措施；各成员间的知识产权争端适用 WTO 争端解决机制，并允许交叉报复。

（三）在社会利益和知识产权权利人利益的平衡方面，《TRIPS 协议》偏重于权利人利益的保护

虽然，协议第 7 条“目标”中指出协议制定的目标是为了：对知识产权提供充分有效的保护；并促进技术革新及技术转让和传播，有助于技术知识的创造者和使用者的相互利益，从而达到社会和经济福利及权利人权利与义务的平衡。

但从《TRIPS 协议》的具体条文来看，协议更偏重于知识产权的保护和权利人利益的保护，其目标并没有得到公平的体现，对知识产权权利人应当承担的社会责任没有充分的考虑，对发达成员在技术贸易中滥用垄断地位和技术优势没有制约，却对强制许可问题作出了过多限制。此外，协议对发展中成员的优惠也极为有限，技术合作规定得十分笼统，没有可操作性。因此，协议在社会公共利益和私权主体利益之间并没有实现真正的平衡。

二、《TRIPS 协议》的新发展

《TRIPS 协议》中要求各成员对多种知识产权提供较高标准的保护，却没有很好地考虑如何兼顾发展中成员的利益以及发展中成员履行该协议的难度。因此其内容具有一定的不合理性。在 2001 年 11 月 9 日至 14 日的多哈会议中，各成员吸收了西雅图会议的教训，在知识产权问题上对发达成员和发展中成员的利益进行了平衡，就全球广泛关注的发展中成员及最不发达成员的公共健康问题，发表了《TRIPS 协议与公共健康宣言》。宣言的主要内容是：

（一）《TRIPS 协议》与公共健康的关系

各成员认识到公共健康问题的重要性影响着许多发展中成员和最不发达成员，特别是由艾滋病、肺结核、疟疾和其他传染病所引起的严重的公共健康问题。因此，各成员强调 WTO 中的《TRIPS 协议》必须成为解决这些问题的广泛的成员间及国际行动的一部分。虽然知识产权保护对新药的开发是重要的，但也应考虑到药品价格所产生的影响。所以，所有成员同意《TRIPS 协议》不能够也不应该成为各成员采取措施保护公共健康的妨碍。各成员在重申对《TRIPS 协议》的承诺的同时，也应当确认该协议能够并应当在解释和执行方面成为支持 WTO 成员保护公共健康的权利，特别是获得药品的权利的一种方式。

（二）为保护公共健康而灵活适用《TRIPS 协议》有关条款的权利

鉴于对《TRIPS 协议》与公共健康问题之间的关系的认识，以及出于保护公共健康的目的，各成员具有充分、灵活适用《TRIPS 协议》有关条款的权利。灵活适用的措施如下：

1. 在国际法解释的一般规则的适用中，《TRIPS 协议》的每一条款应当根据协议所表明的客体或目标，特别是其目标和原则来进行解释。

2. 各成员有权颁发强制许可，也有权自由决定颁发强制许可的理由。

3. 各成员有权决定国家紧急情况和其他非常紧急情势的构成，这可以被理解为表现国家紧急情况和其他非常紧急情势的公共健康危机，包括艾滋病、肺结核、疟疾和其他传染病。

4. 《TRIPS 协议》中有关知识产权权利用尽的条款的效力允许各成员在最惠国和国民待遇条款的基础上自由建立各自有关权利用尽的制度。

5. 由于认识到在《TRIPS 协议》下，一些在制药方面没有能力或没有充分能力的 WTO 成员在有效使用强制许可所面临的困难，因此指令 TRIPS 理事会在 2002 年底前找到快速解决该问题的方案，并向总理事会报告。

6. 在 2016 年 1 月前最不发达成员在药品方面没有义务履行或适用《TRIPS 协议》的第二部分有关对专利，集成电路布图设计、未披露信息的保护义务，而并不影响《TRIPS 协议》中原已规定的最不发达成员延缓适用的规定。因此，宣言指令《TRIPS 协议》理事会为有效实现本条措施而采取必要行动。此外，宣言还重申了发达成员应鼓励其企业和组织向不发达成员转让技术的承诺。

思考题

1. 何谓知识产权？
2. 《与贸易有关的知识产权协定》关注的问题是什么？
3. 何谓版权？
4. 何谓商标？
5. 何谓工业品外观设计？
6. 何谓专利？强制许可的条件是什么？
7. 何谓未披露信息？
8. 知识产权的保护措施包括哪些内容？

第十二章

诸边贸易协议

内容提要

本章将介绍四种诸边贸易协议，他们是《民用航空贸易协议》、《政府采购协议》、《国际奶制品协议》和《国际牛肉协议》。在《马拉喀什建立WTO协议》中被列为附件4。其中，《国际奶制品协议》、《国际牛肉协议》已于1997年废止。

第一节 政府采购协议

《政府采购协议》（Agreement on Government Procurement）是《建立世界贸易组织协议》附录4中的四个诸边贸易协议之一，通常认为是最为重要的一个。目前，《政府采购协议》有27个缔约方（其中欧盟除15个成员国加入外，其本身也作为一个缔约方加入），主要是发达国家和地区，另外还有26个观察员。中国自加入WTO后也已经成为《政府采购协议》的观察员。

一、《政府采购协议》的产生

政府采购是指，政府为政府机关自用或为公共目的而选择购买货物或服务的活动，其所购买的货物或服务不用于商业转售，也不用于供商业销售的生产。在当今国际市场上，政府采购是一个巨大的市场，几乎所有国家的政府及其控制机构都是货物与服务的大买家，其每年采购额约占国际贸易额的10%到15%。然而，许多国家在政府采购活动中总是千方百计实施各种方法，给本国的供应商以优惠待遇，因而成为国际贸易中限制进口的重要的非关税壁垒措施。

关税与贸易总协定创立之初将政府采购排除在外。缔约方在政府采购领域没有义务对外国货物实行最惠国待遇。关税与贸易总协定中有关国民待遇的规定，不适用于政府采购。这一规定，实际上允许缔约方在进行政府采购时可以优先购买本国货物。

20世纪50年代以后，随着国家公共服务职能的加强，许多国家的政府及其控制的机构成为重要的产品和服务采购人，政府采购占据的货物和服务市场份额不断增加。为消除政府采购政策可能引起的贸易壁垒，促进政府采购市场的对外开放和扩大国际贸易，需要一个有约束力的政府间公共采购协议。

20世纪70年代，欧洲共同体首先颁布了《关于协调公共工程服务合同、公共供货合同的授予规则和程序》的指令。欧洲共同体的这个重要步骤，促使关税与贸易总协定在“东京回合”中正式将政府采购纳入了谈判议题。“东京回合”达成的《政府采购守则》于1981年生效，仅适用于签署方。

《政府采购守则》将关税与贸易总协定的非歧视、透明度、公平竞争等基本原则引入了政府采购领域，但该守则所规定的贸易自由化程度是有限的。第一，它只适用于货物的采购，没有包括服务（包括工程服务）的采购，而后者在政府采购中占有越来越重要的份额。第二，它只约束中央政府采购实体，排除了地方政府和公用事业单位等重要的公共采购实体。为此，签署《政府采购守则》的12个缔约方在“乌拉圭回合”期间，通过谈判对该守则作了修订和补充，达成了《政府采购协议》。该协议于1996年1月1日起生效。此外，该协议要求签署方在不迟于1998年底及此后定期举行谈判，以改进并扩展该协议。

二、《政府采购协议》的主要内容

《政府采购协议》由正文和附录两部分组成。正文部分是一般规则和义务，附录部分是要求各缔约方承诺的内容。正文部分包括一个序言和24项条款，其主要内容有：《政府采购协议》的目标、适用范围、国民待遇和非歧视待遇、发展中成员和最不发达成员的特殊与差别待遇、采购方法或程序、透明度、资料提供义务、质疑程序、磋商与争端解决等。附录部分包括附录1至附录4共四个附录，其中附录1又由附件一至附件五共五个附件组成。

（一）《政府采购协议》的宗旨与原则

《政府采购协议》确立的宗旨是通过消除针对外国货物、服务和供应商的歧视，增强透明度，将国际竞争引入传统上属于国内公共财政管理的政府采购领域，实现国际贸易更大程度的自由化和世界贸易的扩大。

政府采购适用的原则：

1. 非歧视性原则

协议规定，在有关政府采购的一切法律、规则、程序和措施中，各成员方向来自另外成员方的海关辖区的产品和供应商，立即无条件地提供的优惠待遇不得低于下述标准：第一，向国内产品和供应者提供的待遇；第二，向任何一个其他成员方的产品和供应者所提供的待遇。但是对于最惠国待遇仅限于中央级政府采购，对于地方实体和其他实体的采购行为主要在双边基础上按对等原则给予互惠。

2. 透明度原则

协议第6条关于“资料和审查”的规定是透明度原则最集中的体现。协议要求，第一，各成员方政府采购的法律、司法与行政裁决、程序以及标准合同，应在有关报刊上公布。第二，政府采购实体有义务向供应商说明未被邀请投标或投标被拒绝的理由，并在合同签订后7天内向未中标的供应商发出通知；对采购程序方面的申诉要建立听证与复议程序。第三，各成员应收集并向政府采购委员会提交有关年度购买的统计资料。

3. 对发展中成员差别待遇原则

《政府采购协议》对在资本和技术密集型产品以及服务方面具有优势的成员有利，而发展中成员的企业由于缺乏竞争力难以在发达成员的政府采购市场上中标，而其在占有优势的劳动密集型产品和服务领域，政府采购的金额相对来说又很少，因此，为了平衡发达成员与发展中成员之间的利益，协议第3条对发展中成员的差别待遇作了专门规定，发展中成员可以保障国际收支平衡、发展自身工业等为由，要求其政府采购的产品和服务背离国民待遇原则，并可对参加投标的供应商提出当地含量和补偿采购等要求。但应当注意的是，这些差别的优惠待遇必须通过与协议现有成员方逐个谈判，经其同意后方可取得。

4. 公平竞争原则

对于清单中列明的采购实体进行的达到或超过最低限额的政府采购，采购实体应当为供应商提供公平竞争的机会，即实行招标。为了实现此原则，协议对可能限制竞争的技术规格、供应商资格和原产地规则等作了规范。

5. 例外原则

缔约方在武器、弹药、军用物资的采购方面，或在为国家安全、国防目的而进行的采购方面，可不适用《政府采购协议》的有关规定，以维护其根本的安全利益。另外，《政府采购协议》允许各缔约方为维护公共道德、秩序或安全、人类或动植物的生命与健康、知识产权，以及为保护残疾人、慈善机构、劳改产品或服务而采取一些必要的例外措施，只要这些例外措施不构成对国际贸易的变相限制或造成不合理的歧视。

（二）《政府采购协议》的适用范围

1. 《政府采购协议》所适用的实体

从采购实体来看，《政府采购协议》适用于缔约方的政府部门（包括政府部门的代理机构）以及直接或实质上受政府控制的公用企业和事业单位。各缔约方在其承诺表中详细地列出了适用《政府采购协议》的中央政府机关、地方政府机关和受政府控制的公用企业和事业单位的名单，只有被列入名单的实体的采购才适用《政府采购协议》，名单以外的其他政府部门、机构或企事业单位的采购则不受《政府采购协议》约束。由于国与国之间的公共领域的构成有较大差异，所以各缔约方所承诺的适用《政府采购协议》的采购实体也有很大差别。

2. 《政府采购协议》所适用的采购标的和限额

《政府采购协议》规定的采购对象是货物和服务（包括工程服务与非工程服务）。除了该协议规定的例外，政府进行的所有货物采购都应纳入约束范围。服务采购的具体范围，由签署方在清单中列明。

政府采购标的的限额。当政府采购的金额达到《政府采购协议》规定的最低限额，或达到成员方经谈判达成的最低限额时，有关采购活动才受该协议约束。协议规定，中央政府采购实体购买货物和非工程服务的最低限额是13万特别提款权，中央政府采购实体购买工程服务的最低限额是15万特别提款权。地方政府采购实体和其他采购实体的最低限额，由各签署方根据自身的情况分别作出承诺。例如，美国承诺，地方政府采购货物和非工程服务的最低限额是35.5万特别提款权，采购工程服务的最低限额是500万特别提款权；政府所属机构采购货物和非工程服务的最低限额是25万特别提款权；采购工程服务的最低限额是500万特别提款权。日本承诺，地方政府采购货物和非工程服务的最低限额是20万特别提款权，采购工程服务的最低限额是1 500万特别提款权。

3.《政府采购协议》所适用的合同形式

《政府采购协议》规定的采购合同，包括购买、租赁、租购、有期权的购买和无期权的购买等方式。

（三）政府采购方式或程序

1. 政府采购的方式

《政府采购协议》规定的采购方式或程序有三种：公开招标、选择性招标和限制性招标。公开招标即所有有兴趣的供应商均可参加投标的招标方式；选择性招标即由采购实体邀请的供应商参加投标，也就是我国所称的邀请招标方式；限制性招标是允许采购实体与单个供应商或者分别与各个供应商进行单独接触的招标方式。

《政府采购协议》规定在十种情形下可以采用限制性招标方式，除此之外均应采用公开招标或选择性招标方式。但对于公开招标或选择性招标各自的适用条件，《政府采购协议》并没有进一步明确。

《政府采购协议》规定可以采用限制性招标方式的十种情形是：

第一，出现招标失败的情况，具体包括：进行公开招标或选择性招标时无人应标；有串通投标的情形；投标不符合招标的基本要求；投标是由不符合《政府采购协议》规定的参加条件的供应商所提交。但在出现上述情况后改为限制性招标时，采购实体不得对首次招标的要求和条件作实质性修改。

第二，产品或服务只能由一个特定供应商提供，且没有合适的选择或替代品。例如对于艺术品，或者因保护专有权（如专利权和版权）的原因，或者由于技术垄断。

第三，由于发生采购实体预想不到的极为紧急的情况，用公开招标或选择性招标方式无法及时取得所必需的产品或服务。

第四，如果更换供应商将导致购买的设备或服务不能满足与现有设备（包括软件）或服务的互换性要求。例如为现有设备或装置更换部件，或者用以扩充现有设备、装置或服务。

第五，采购实体为进行研究、实验或研制开发等目的而购买的原型、首件产品或服务，并且这些原型、首件产品或服务是应采购实体的要求而生产或提供的。但在此种合同已履行完毕、续购产品或服务时则应进行公开招标或选择性招标。

第六，由于不可预见的情况，出现了新的、不包括在原建筑服务合同中的额外建筑服务，但该额外建筑服务属于原招标文件目标范围。因技术或经济方面的原因，将该额外建筑服务与原合同分离难以做到，并且强行分离还会给采购实体带来严重不便。因此，采购实体需要将额外建筑服务合同授予原合同承包商。但在这种情况下授予的额外建筑服务合同金额不得超过原合同金额的50%。

第七，原建筑服务合同中的基本工程所需要的、反复出现的一些类似建筑服务，又构成了新的建筑服务，并且采购实体已在原建筑服务的招标公告或投标邀请中表明，对于此类新建筑服务有可能采用限制性招标方式。

第八，在商品市场上购买产品。

第九，只在非常短时间内出现条件特别有利的采购，包括非正常供应商所作的异常处理、清算或破产资产的处理等，但不包括从正常供应商处进行的常规采购。

第十，将合同授予设计竞赛获胜者的情况，但设计竞赛应是按照《政府采购协议》的有关原则组织的，特别是要按照《政府采购协议》规定的发布招标信息的原则发布设计竞赛公告或邀请，而且这种竞赛应由独立的评审委员会进行评审，以期把设计合同授予竞赛优胜者。采购实体应就每一个采用限制性招标的项目写出书面报告。报告应包括采购实体的名称、所购产品或服务的价值、种类和原产地，并应说明该项目系适用《政府采购协议》规定的哪一种限制性招标情形。

2. 政府采购的招投标程序

对于招投标程序，协议要求采购实体应当以透明和非歧视的方式进行招标，特别是应当保证实施国民待遇原则。协议中对投标邀请，招标文件，投标期限，交货期限，投标书的提交、接受、开启以及合同的授予都作出了具体的规定，并且要求对于未中标的供应商，采购实体应当向其解释未中标的原因。

（1）供应商的资格审查

对于供应商的资格审查，《政府采购协议》有以下八项基本要求：

第一，参加招标程序的任何条件应充分提前公布，以使感兴趣的供应商开始资格审查程序，并在与采购过程的有效实施相符的限度内，完成资格审查程序。

第二，参加招标程序的任何条件应限于对保证公司履行所涉合同的能力所必需的条件。对供应商参加招标所要求的任何条件，包括财政担保、技术资格及确定供应商的财政、商业和技术能力所必需的信息，以及对资格的核实，与本国供应商相比，不得不利于其他参加方的供应商，也不得在其他参加方的供应商之间造成歧视。供应商的财政、商业和技术能力应根据该供应商的全球商业活动及其在采购实体所在地的商业活动进行判断，同时适当考虑供应机构之间的法律关系。

第三，供应商资格审查的过程和所需时间不得用以阻止其他参加方的供应商列入供应商名单，或阻止其成为一特定预定采购所考虑的对象。各实体应承认符合参加一特定预定采购条件的国内供应商或其他参加方的供应商均为合格供应商。要求参加一特定预定采购，但未合格的供应商也应予以考虑，只要有足够的时间完成资格审查程序。

第四，保存合格供应商常设名单的实体应保证供应商可随时提出资格申请，并保证提出请求的所有合格供应商均在合理的较短时间被列入该名单。

第五，在招标公告或投标邀请发布后，如果尚未经过资格审查的供应商要求参加投标，那么采购实体应马上对其进行资格审查。

第六，采购实体应将资格审查的结果，包括资格审查是否通过、是否被列入常设供应商名单以及是否被从常设名单中除名等情况通知供应商。

第七，每一个采购实体及其附属机构应实行单一的资格审查程序，各采购实体之间也应努力缩小各自程序的差异。

第八，在不违背国民待遇和非歧视待遇原则的前提下，采购实体可以拒绝弄虚作假或破产的供应商。

（2）关于预定采购的邀请

《政府采购协议》规定，不管是公开招标还是选择性招标，采购实体均应在附录 2 所列的出版物上发布招标信息，并且应在招标信息中或刊载招标信息的出版物上说明该项采购属于《政府采购协议》涵盖范围。

拟议采购通知：拟议采购通知是一种基本的、通用的招标信息发布形式，各种采购实体，不管是进行公开招标还是进行选择性招标，均可以拟议采购通知的形式发布招标信息。拟议采购通知应包括以下内容：

第一，性质和数量，包括进一步采购的任何选择权，如可能，包括对行使此类选择权时间的估计；对于续生合同（The Recurring Contracts），包括性质和数量，如可能，包括对拟购产品或服务的招标随后作出通知时间的估计；

第二，程序是否是公开的还是选择性的，或是否涉及谈判；

第三，开始或完成产品或服务交货的任何日期；

第四，提交要求被邀请参加招标的申请、供应商名单资格审查或接收投标书的地址和最后期限，以及必须使用的一种或多种语文；

第五，授予合同和提供获得规格和其他文件所必需的任何信息的实体的地址；

第六，要求供应商提供的任何经济和技术要求、财政担保和信息；

第七，对招标文件应付的任何数量款项的金额和支付条件；

第八，该实体是否正在邀请对购买、租赁、租购或一种以上的此类方法进行报盘。

计划采购通知：除中央政府采购实体外的其他采购实体可以采用此种招标信息发布形式。计划采购通知的内容应尽可能与拟议采购通知应具备的内容一致，但最少也应包括以下内容：

第一，合同标的物；

第二，所订立的提交投标书和投标申请的时限；

第三，可请求得到与合同有关文件的地址；

第四，感兴趣的供应商向有关实体表明其对此项采购感兴趣的说明；

第五，可获得进一步信息的有关实体的联络点。

对于选择性招标程序，保存合格供应商常设名单的实体应每年在附录 3 所列出版物上公布关于下列内容的通知：

第一，所保存名单的细目，包括与通过名单购买的产品或服务，或产品或服务类别有关的标题；

第二，供应商为被列入这些名单而应满足的条件及有关实体核实每一项条件的方法；

第三，名单的有效期和展期手续；

如此种通知用作参加采购的邀请，则该通知还应包括下列信息：

第四，有关产品或服务的性质；

第五，关于该通知可构成参加采购邀请的说明。

在公布关于任何形式预定采购的邀请后至有关通知或招标文件列明的开启或接收投标书的日期之前，如有必要修正或重新发布通知，则经修正或重新发布的通知的发行量应与据以作出修正的原文件的发行量相同。给予一供应商的关于一特定预定采购的任何重要信息应同时给予所有其他供应商，以使供应商有充分的时间考虑此类信息，并就此作出反应。

（3）有关选择性招标程序的规定

第一，为保证选择性招标程序下的国际竞争最佳有效，对于每一项预定采购，各实体应在与采购制度有效运转相一致的情况下，邀请最大数量的国内供应商和其他参加方的供应商进行招标。它们应以公平和非歧视的方式选择供应商参加有关程序。

第二，保存合格供应商常设名单的实体可自被列入名单者中选择将被邀请参加招标的供应商。任何选择应允许名单中的供应商获得公平的机会。

第三，应允许请求参加特定预定采购的供应商提交投标书并予以考虑，对于未经资格审查的供应商，只要有足够的时间完成协议中有关供应商资格和关于预定采购的邀请的资格审查程序。准予参加招标的额外供应商的数量应仅以采购制度的有效运转为限。

第四，参加选择性招标程序的请求可通过电传、电报或传真提交。

（4）投标和交货期限一般要求和截止日期

第一，任何规定的时限应充分，以允许其他参加方的供应商以及国内供应商在招标程序截止之前准备和提交投标书。在确定任何此类时限时，各实体应在与其各自合理需要一致的情况下，考虑如特定采购的复杂性、预期分包的程度以及自国外和国内各地邮寄投标书所需的正常时间。

第二，每一参加方应保证其实体在确定有关接收投标书或申请的最后日期时适当考虑公布迟误的因素。

投标和交货截止期限：

第一，在公开程序中，接收投标的期限自公布日期起计算不得少于 40 天；

第二，在不涉及使用合格供应商常设名单的选择性招标程序中，提交要求被邀请参加投标的申请的期限自公布日期起计算不得少于 25 天；接收投标书的期限自发布招标邀请之日起无论如何不得少于 40 天；

第三，在涉及使用合格供应商常设名单的选择性招标程序中，接收投标书的期限自首次发布招标邀请之日起不得少于 40 天，无论首次发布招标邀请的日期是否与公布日期相同。

截止期限可在某些情况下予以缩短。在与有关实体合理需要相一致的情况下，任何交货日期应考虑到预定采购的复杂性、预期分包的程度以及生产、缩减储量和自供货点运输货物或提供服务所需的实际时间。

（5）招标文件

向供应商提供的招标文件应包含允许其提交符合要求的投标书的所有信息，包括在特定采购通知中要求公布的信息，以及下列信息：

第一，递送投标书的有关实体的地址；

第二，递送关于获得补充信息的请求的地址；

第三，投标书和招标文件必须使用的一种或几种语言；

第四，接收投标书的截止日期和时间以及投标书开放供接受的任何持续时间；

第五，开标时获准在场的人员及开标的日期、时间和地点；

第六，要求供应商提供的任何经济和技术要求、财政担保以及信息或文件；

第七，对所需产品或服务的完整描述及对任何要求的完整描述，包括技术规格、需满足的合格认证、必需的设计图、图纸和说明材料；

第八，授予合同的标准，包括评审投标书时需考虑的除价格以外的任何因素以及在评审投标价格时需包括的费用因素，如运输、保险和检查费用，对于其他参加方的产品或服务，还包括关税和其他进口费用、国内税和支付货币；

第九，支付条件；

第十，任何其他条款或条件。

（6）投标书的提交、接收和开启及合同的授予

投标书的提交、接收和开启及合同的授予应与下列规定相一致：

第一，投标书通常应以书面形式直接或通过邮寄提交。如允许使用电传、电报或传真提交投标书，则投标书必须包括评审投标书所必需的所有信息，特别是投标人所提的最终价格及投标人关于同意投标邀请中的所有条款、条件和规定的说明。投标书必须迅速通过信函或发出电传、电报或传真的签字副本予以确认。不得允许通过电话提交投标书。如电传、电报或传真的内容与逾期收到的任何文件存在差异，则以电传、电报或传真的内容为准。

第二，可给予投标人的在开标和授予合同之间更正表格中非故意错误的机会不得造成任何歧视性做法。

投标书的接收。如仅由于实体处理不当而造成迟延，而致使投标文件中指定的办事机构逾期收到投标书，则该供应商不得因此而受到处罚。如有关实体的程序如此作出规定，则在其他例外情况下，投标书也可予以考虑。

投标书的开启。由实体根据公开或选择性招标程序征得的所有投标书，应根据保证开标的规律性而制定的程序和条件予以接收和开启。投标书的接收和开启还应与本协定的国民待遇和非歧视规定相一致。有关开标的信息应由有关实体保存，供负责该实体的政府主管机关处理。

合同的授予：

第一，投标书只有在开启时符合通知或招标文件中的基本要求，并由符合参加条件的供应商提出，方可被考虑授予合同。如一实体收到一项比所提交的其他投标书条件异常低的投标书，该实体可询问该投标人，以保证该投标人能够遵守参加的条件并能够履行合同条款。

第二，除非一实体为了公众利益而决定不签发合同，否则该实体应将合同授予已被确定完全有能力执行合同的投标人，且其投标书无论对于国内产品或服务，还是对于其他参

加方的产品或服务，均为价格最低的投标书，或为根据通知或招标文件中所列具体评审标准被确定为最具优势的投标书。

第三，应依照招标文件列明的标准和基本要求授予合同。

（四）对技术规格、供应商资格和原产地规则的规范

有关可能限制竞争做法的规定技术规格、供应商资格和原产地规则可用于限制竞争，因此，《政府采购协议》对其分别进行了规范。

1. 技术规格的制定、采用或实施，不得对国际贸易造成不必要的障碍。《政府采购协议》规定，采购实体不得在招标文件中提及某一特定的商标或商号、专利、设计或型号、原产地、生产商或供应商，除非没有准确或易懂的方法描述采购的技术规格要求。采购实体不得以妨碍竞争的方式，在制定具体采购规格时，寻求或接受与该采购活动有商业利益的公司的建议。

2. 采购实体在审查供应商的资格时，不得在其他签署方的供应商之间，或者在本国供应商与其他签署方的供应商之间构成歧视。

3. 一签署方对于因政府采购而从其他签署方进口的货物或服务实行的原产地规则，应与正常贸易下进口的货物或服务所实行的原产地规则一致。

（五）异议程序

《政府采购协议》规定，签署方应提供一套非歧视、透明和及时、有效的程序，以便供应商对采购过程中违反该协议的情形提出申诉。签署方有义务在3年内保留与采购过程相关的文件。供应商应在知道或理应知道该申诉依据时起的规定时限内（不得少于10天），开始异议程序。异议程序是防止歧视性政府采购做法的重要制度。异议案件应由法院或者与采购结果没有利害关系的公正独立的机构进行审理。为了维护商业和其他有关方面的利益，异议程序一般应及时结束。

（六）争端解决

签署方之间争端的解决，原则上适用世界贸易组织《关于争端解决规则与程序的谅解》，但《政府采购协议》对于争端解决另有一些具体规定。

争端解决机构设立的专家组，应包括政府采购的专业人士；专家组应尽量在不迟于其职责范围确定后4个月，向争端解决机构提交最后报告，如需推延提交时间，则应不迟于7个月；对于争端解决机构就《政府采购协议》下的争端作出的决定或采取的行动，只有签署方才可参与；在《政府采购协议》下产生的任何争端，不应造成世界贸易组织其他协定（协议）下签署方所作的减让或其他义务的中止。

（七）政府采购委员会的职能

世界贸易组织设立由签署方代表组成的政府采购委员会。该委员会在必要时召开会议，但每年不得少于一次。该委员会的职能是，为各签署方提供机会，就执行《政府采购协议》的任何事项进行磋商，并履行签署方指定的其他职责。

政府采购委员会可以设立工作组或其他附属机构，以执行委员会赋予的职能。

第二节 《国际奶制品协议》、《国际牛肉协议》简介

世界奶制品市场的不稳定性由来已久，有时供应过剩、价格低，有时供应不足、价格高，因此价格摇摆不定，这些现象还伴随着政府普遍使用的对进出口的控制措施。1970年，部分国家进行了第一次多边努力以稳定奶制品贸易，一些GATT成员同意交换信息，并在必要时规定最低出口价格。这个最初的协议在东京回合结束时被《国际奶制品安排》所取代，该“安排”于1980年1月1日生效。后来1979年协议在1994年3月进行了修改，被纳入新的WTO法律结构中，并被更名为《国际奶制品协议》(International Dairy Agreement)。该协议规定，设立“国际奶制品理事会（International Dairy Council)”，它将根据各参加国向它提供的有关协议第2条规定的产品的生产、消费、价格、库存与贸易实绩、现状和前景预测等资料以及它认为必需的其他资料，监督和评估整个世界奶制品以及个别奶制品市场的情况，包括市场现状和前景预测等。该理事会还将履行为实施本协议各项规定所需的其他职责以及审议协议的执行情况。1997年9月30日，理事会决定于1997年底废止该协议，认为其职责由WTO农业委员会和动植物卫生检疫措施委员会承担更为经济有效。

《国际牛肉协议》（International Bovine Meat Agreement）也是东京回合达成的一个协议。该协议分为序言和3大部分，共6个条款。目的是通过在关贸总协定内设立“国际肉类理事会”，增强各成员在牛肉和活动物贸易中的国际合作，以稳定和扩大这些产品的世界贸易，提高其自由化程度；并且，通过增加发展中成员参与上述产品贸易的可能性，尤其是通过长期稳定这些产品的贸易价格，使这些成员从中得到更多的好处。为此，协议要求所有参加成员都应定期、及时地向该理事会提供下述资料：协议第2条所提到的产品的生产、消费、价格、库存和贸易的实绩、现状及前景预测和理事会认为必需的其他资料，以便理事会监视和评估世界肉类市场的总体情况与世界市场上每种肉类产品的具体情况。理事会还应为参加成员提供磋商机会，讨论影响国际牛肉贸易的一切事项，并且监督协议的执行情况。1997年9月30日，理事会决定于1997年底废止该协议，认为其职责由WTO农业委员会和动植物卫生检疫措施委员会承担更为经济有效。

第三节 民用航空器贸易协议

一、《民用航空器贸易协议》的产生背景

20世纪80年代以来，民用航空器贸易发展迅速，民用飞机贸易增长很快，1980～1990年间年增长率达到9.4%，贸易值从1980～1981年的269.8亿美元增长到1989～

1990年的578.2亿美元，在世界货物贸易中的比重同期从1.36%增长到1.82%，在世界贸易中占第7位。发达国家是民用航空器贸易的主体，在世界民用航空用品贸易中所占比重占95%。在发达国家出口中的比重占近2.4%，在其出口中位居第4位，民用航空业已成为发达国家的重要支柱工业。发达国家在世界民用航空器贸易中竞争十分激烈，各国在竞争中采用“奖出限入”政策和措施，对民用航空贸易产生不利影响。

为了促进民用航空器贸易的自由化，在1979年东京回合多边贸易谈判中，达成了《民用航空器贸易协议》（Agreement on Trade in Civil Aircraft），1979年4月12日在日内瓦签订，1980年1月1日起生效，一直延长到1993年年底。在1994年4月15日马拉喀什部长级会议上，又以诸边贸易协议方式，将其列入世贸组织负责管辖的范围之内，只对接受该协议的签约方有效。世界贸易组织成立后，《民用航空器贸易协议》如何与世界贸易组织法律框架相衔接，遇到了一些问题。比如，如何适用世界贸易组织的争端解决机制。1999年4月，民用航空器委员会主席提出了一份“《民用航空器贸易协议》议定书草案”，旨在澄清该协议在世界贸易组织中的法律地位，但至今该协议签署方仍未能就此达成一致。此外，民用航空器委员会的讨论还曾涉及到更新1996年协调税制的税号，将“飞行器地面维护设备的模拟器”纳入《民用航空器贸易协议》附件等问题，但该协议签署方也未能达成一致意见。截至2001年6月30日，《民用航空器贸易协议》的签署方有：保加利亚、加拿大、美国、日本、欧洲共同体及其成员国等二十几个国家。中国还未准备承诺加入此协议。

二、《民用航空器贸易协议》的主要内容

整个协议由序言、9个条款和1个附件构成。9个条款是：产品范围；关税和其他费用、技术性贸易壁垒、政府直接采购、强制分包合同、贸易限制、政府支持、出口信贷和航空器销售、区域和地方管理机构、监督审查磋商和争端解决、最后条款。附件的内容为产品范围。

协议的宗旨是通过消除贸易壁垒，加强补贴纪律，全面开放民用航空器及其零部件的进口市场，实现全球范围民用航空器贸易的最大限度自由化，促进航空工业技术的持续发展。

（一）协议适用的产品范围

1. 所有民用航空器；
2. 所有民用航空器发动机及其零件和部件；
3. 民用航空器的所有其他零件、部件及组件；
4. 所有地面飞行模拟机及其零件和部件。①

无论在民用航空器的制造、修理、维护、改造、改型或改装中用作原装件还是替换件，都属于协议的适用范围。

① 《马拉喀什建立世界贸易组织协定》附件4：《民用航空器协定》第1条第1款。

（二）关税减让

1. 对于附件所列为通关目的而归入相应税目的产品，如此类产品在民用航空器的制造、修理、维护、改造、改型或改装过程中用于民用航空器及其装置，则在1980年1月1日前或协定生效之日前，取消对此类产品的进口征收的或与进口有关的所有关税和任何种类的其他费用。

2. 在1980年1月1日前或本协定生效之日前，取消对民用航空器修理所征收的所有关税和任何种类的其他费用。

3. 在1980年1月1日前或该协议生效之日前，将对上述所有产品和所有修理的免税或免税待遇并入它们各自的GATT减让表。

按照多边最惠国待遇原则，这些关税减让优惠将适用于所有世界贸易组织成员。

（三）技术性贸易壁垒

《技术贸易壁垒协议》的规定适用于民用航空器贸易。此外，各签署方同意，各签署方之间的民用航空器认证要求及关于操作和维修程序的规格，应按《技术性贸易壁垒协议》的规定执行。

（四）规范政府在民用航空器贸易方面的行为

1. 民用航空器的购买者有权根据商业和技术因素选择供应商。

2. 各签署方不得要求、也不得施加不合理的压力，使航空公司、航空器制造商或从事民用航空器购买的其他实体自任何特定来源购买民用航空器，从而对来自任何签署方的供应商造成歧视。

3. 只能根据竞争价格、质量和交货条件购买本协议所涵盖产品。但是，在批准或授予购买本协议所涵盖产品的合同时，一签署方可要求在竞争基础上且以不低于其他签署方的合格企业可获得的条件向其合格企业提供商业机会。

4. 避免对销售或购买来自任何特定来源的民用航空器。

（五）关于民用航空器的贸易限制问题

1. 各签署方不得实施数量限制（进口配额）或进口许可程序要求，从而以不符合GATT适用规定的方式限制民用航空器的进口。此点不妨碍实施与GATT一致的进口监控或许可制度。

2. 不得因商业或竞争原因而实施数量限制、出口许可或其他类似要求，从而以与GATT规定不一致的方式限制民用航空器向其他签署方出口。

（六）政府支持、出口信贷和航空器营销

协议要求各签署方将《关于解释和实施GATT第6条、第16条和第23条的协议》（《补贴与反补贴措施协议》）的规定适用于民用航空器贸易。在其参与或支持民用航空器项目时，应寻求避免对民用航空器贸易产生属《补贴与反补贴措施协定》第8.3条和第8.4条意义上的不利影响。还应考虑适用于航空器部门的特殊因素，特别是此领域广泛的政府支持、国际经济利益以及所有签署方的生产者参与扩大世界民用航空器市场的愿望。

民用航空器的定价应依据对回收所有成本的合理预期。

（七）机构设置和争端解决

根据《民用航空器贸易协议》规定，成立了民用航空器贸易委员会。该委员会由所有签署方代表组成，每年至少召开一次会议，为签署方就该协议的实施问题举行磋商提供机会。该委员会应每年审议协议的执行情况，并向世贸组织总理事会报告审议结果。

《民用航空器贸易协议》下的贸易如受到另一个签署方的影响，应当首先通过双边磋商双方可以接受的解决办法。磋商未果，可以请求民用航空器贸易委员会审议。该委员会应当在 30 天内召开会议，并作出裁决或建议。

在解决《民用航空器贸易协议》所涉及的争端时，各签署方和民用航空器贸易委员会应当适用世贸组织的争端解决程序，但在细节上可以作出必要修改。

第四节　信息技术协议

一、《信息技术协议》的宗旨

《信息技术协议》的宗旨是，通过削减信息技术产品关税，在全球范围内实现信息技术产品贸易的最大自由化，促进信息技术产业不断发展。

二、《信息技术协议》产生的背景

信息技术革命对世界经济贸易产生重大而深刻的影响，推动了经济全球化的不断深入。随着信息技术的迅猛发展，信息技术产品贸易额不断增加。最大限度地扩大全球范围内信息技术产品市场并降低成本，变得越来越迫切和重要。1996 年初，美国率先提出了到 20 世纪末实现信息技术产品贸易自由化的设想。

1996 年 7 月，美国在新西兰召开的亚太经济合作组织贸易部长会议上，正式提出了关于谈判信息技术协议的建议，争取亚太经济合作组织成员的支持。这次会议结束时发表的主席声明，对美国提出的建议表示有兴趣和原则支持。

1996 年 9 月，美国、欧洲联盟、日本、加拿大在美国西雅图召开四方贸易部长会议。经过激烈的讨价还价，会议同意在四方内部立即开始进行有关信息技术协议的谈判，争取在同年 12 月的世界贸易组织首届部长级会议召开前完成谈判。

1996 年 10 月，美国、欧洲联盟、日本、加拿大四方的专家在日内瓦就有关信息技术协议最重要的内容，即产品范围进行谈判。四方不断召集主要发展中国家和地区参加非正式会议，但只是通报四方谈判情况。

1996 年 12 月，世界贸易组织首届部长级会议在新加坡举行。会前，美国、欧洲联盟、日本、加拿大四方已就有关信息技术协议的主要产品达成一致意见。部长级会议期间又举行了多次会议，最终达成了《关于信息技术产品贸易的部长宣言》，共有 29 个国家参加。该宣言由正文、附件（关税减让模式及关于产品范围的两个附表）组成。

《关于信息技术产品贸易的部长宣言》规定，该宣言如期生效应满足的条件是，在1997年4月1日之前，必须有占全球信息技术产品贸易总量约90%的参加方通知接受该宣言。

1997年3月26日，参加《关于信息技术产品贸易的部长宣言》40个国家的信息技术产品贸易，已占全球该产品贸易总量的92.5%，该宣言如期生效。该宣言以及各参加方提交的信息技术产品关税减让表，构成《信息技术协议》。

《信息技术协议》是世界贸易组织成立后达成的一个重要协议，任何世界贸易组织成员及申请加入世界贸易组织的国家或单独关税区均参加该协议，但需要提交关税减让表、产品清单等文件，并获得《信息技术协议》已有成员的审议通过。截至2000年12月31日，《信息技术协议》共有55个签署方。

三、主要内容

《信息技术协议》的核心内容是，2000年1月1日前取消信息技术产品的关税及其他税费，一些发展中国家可以将其减税实施期延至2005年1月1日。

（一）约束并分阶段取消关税

《信息技术协议》规定，参加方在1997年7月1日前约束信息技术产品的关税，并在1997~2000年分四个阶段均等削减关税至零，每阶段削减现行关税的25%。

第一阶段，在1997年7月1日前，各参加方将信息技术产品的关税削减25%；第二阶段，在1998年1月1日前，关税进一步削减25%；第三阶段，在1999年1月1日前，关税再削减25%；第四阶段，2000年1月1日前，削减余下的25%，至此完全取消信息技术产品的关税。

信息技术产品的关税削减是在最惠国待遇基础上实施的，即所有世界贸易组织成员，无论是否参加《信息技术协议》，均可享受这一优待遇。

（二）取消其他税费

《信息技术协议》规定，参加方对《1994年关税与贸易总协定》第2条第1款b项所规定的其他税费，应于1997年7月1日前取消。参加方减让表可包含例外，但多数减让表中没有提出例外。

（三）产品范围

《信息技术协议》涉及的产品非常广泛，约占《商品名称及编码协调制度》中的近300个税号。由于很多产品是新产品，在该制度中没有相应的编码，因此《信息技术协议》将产品范围分为两类，即附表A和附表B。附表A为《商品名称及编码协调制度》中有明确编码的产品清单，各参加方使用统一的6位编码，各国可根据子目，再适当细分为8位编码；附表B为无法按《商品名称及编码协调制度》分类的产品清单，只对具体产品进行了描述，各参加方根据产品描述确定这些产品各自的编码。

附表A和附表B所列的信息技术产品，主要集中在《商品名称及编码协调制度》第84、85和90章，个别产品在第38、68和70章。主要有以下几大类：

计算机：计算机系统、笔记本电脑、中央处理器、键盘、打印机、显示器、扫描仪、硬盘驱动器、电源等零部件。

电讯设备：电话机、可视电话、传真机、电话交换机、调制解调器、送受话器、应答机、广播电视传输接收设备、寻呼机等。

半导体：各种型号和容量的芯片及晶片。

半导体生产设备：包括多种生产半导体的设备和测试仪器，如蒸气析出装置、旋转式甩干机、刻蚀机、激光切割机、锯床及切片机、离心机、注射机、烘箱及加热炉、离子注入机、显微镜、检测仪器，以及上述产品的零部件和附件。

软件：以磁盘、磁带或只读光盘等为介质。

科学仪器：测量和检测仪器、分色仪、分光仪、光学射线设备及电泳设备等。

其他：文字处理机、计算器、现金出纳机、自动提款机、静止式变压器、显示板、电容器、电阻器、印刷电路、电子开关、连接装置、导体、光缆、复印设备、计算机网络（局域网、广域网设备）、液晶显示屏、绘图仪、多媒体开发工具等。

（四）发展中国家可延长减税实施期

《关于信息技术产品贸易的部长宣言》规定，发展中国家可以延长关税减让实施期，最长可到 2005 年 1 月 1 日。但这种例外不是针对产品的例外，所有信息技术产品的关税届时都须降至零。关税减让实施期超过 2000 年的产品，每年的减税幅度根据实施期长度等分得出。比如，某种产品的关税减让从 1997 年延长至 2002 年，则先将此种产品的关税约束在现有水平（非基础税率水平）上，分 6 次（2000 年 1 月 1 日前 4 次，2000 年 1 月 1 日至 2002 年 1 月 1 日共 2 次）均等削减至零，每次削减现有关税的六分之一。

对信息技术产品的关税减让，由于各个国家的发展情况不同，因此他们选择的产品在数量和部门范围上也不相同，但基本出发点是一致的。即通过更长的实施期，为各自目前一些相对落后的产业部门提供较为充裕的发展时间。

思考题

1. 何谓政府采购？
2. 《政府采购协议》中受到协议约束的金额是多少？
3. 《民用航空器贸易协议》的目的是什么？
4. 《信息技术协议》产生的背景是什么？
5. 非世贸组织成员可以参加《信息技术协议》吗？

第十三章

中国与世界贸易组织

内容提要

本章对中国加入世贸组织的历程，法律文件内容，权利与义务等作了介绍和分析。

第一节　中国加入世界贸易组织的历程

一、中国与关贸总协定的历史渊源

中国是1947年关贸总协定的23个缔约国之一。1949年中华人民共和国成立后未能取得联合国席位，中国的社会主义计划经济体制也与关贸总协定的基本原则不符，所以关贸总协定的中国席位仍由国民党当局占据。1950年，台湾国民党当局退出了关贸总协定。此后关贸总协定的中国席位一直空着。

二、中国申请复关的背景和过程

1982年9月，中国政府正式提出申请成为GATT的观察员，同年11月，中国被批准成为GATT观察员，并被允许列席GATT缔约方大会。1984年11月，中国成为GATT特别观察员，被允许列席GATT代表理事会及其附属机构的会议。经过了一系列的筹备和衡量之后，1986年7月，改革开放取得一定成就之后，中国开始了恢复关贸总协定缔约国地位（简称“复关”）的申请。关贸总协定中国工作组于1987年3月成立，并且于当年10月召开第一次会议。从1987年到1995年世贸组织建立，关贸总协定中国工作组一共举行过20次会议，但终因与关贸总协定成员国（主要是美国和欧盟）的双边谈判未能完成而没有恢复在关贸总协定中的席位，也没有成为世贸组织的创始成员国。

三、从复关到入世

1995年世贸组织成立以后，关贸总协定中国工作组相应变成了世贸组织中国工作组，陆续召开了18次会议。中国分别在1999年11月15日和2000年3月19日与美国和欧盟签署了关于中国加入世贸组织的双边协议。世贸组织中国工作组在2001年9月17日批准了所有法律文件。11月9日至13日于卡塔尔首都多哈举行的世贸组织第四届部长级会议就中国加入世贸组织进行表决，获得通过。11月11日，对外贸易经济合作部部长石广生代表中国政府在中国加入议定书上正式签字，并向世贸组织秘书处递交了由国家主席江泽民签署的中国加入世贸组织批准书。2001年12月11日，中国正式成为世贸组织第143个成员。综观历史，中国的“复关”与“入世”是关贸总协定/世贸组织的所有多边谈判中最漫长和最艰苦的一次谈判过程。这个谈判大致可分四个阶段。

第一阶段：从20世纪80年代初到1986年7月，主要是酝酿和准备“复关”事宜。

1971年中国恢复在联合国的合法席位后，相继参加了与关贸总协定并称世界经济“三大支柱”的国际货币基金组织和世界银行，但由于当时的计划经济体制与关贸总协定的基本原则相抵触，没有申请恢复关贸总协定缔约国地位。改革开放后，随着中国对外经济贸易活动日益增多，对外经贸在国民经济中的作用不断增强，迫切需要一个稳定的国际环境。国内经济体制改革也不断向市场化发展，中国初步具备了加入多边贸易体制的条件。1982年11月，中国政府获得关贸总协定观察员身份，并首次派代表团列席关贸总协定第36届缔约国大会。1982年12月31日，国务院批准中国申请参加关贸总协定的报告。

1986年7月11日，中国政府正式照会关贸总协定总干事，要求恢复中国的关贸总协定缔约国地位。1986年9月15日至20日，中国政府代表就列席了关贸总协定缔约方全体会议，并全面参与当年关贸总协定发动的乌拉圭回合谈判。

第二阶段：从1987年2月到1992年10月，主要审议中国经贸体制。

1987年3月4日，关贸总协定理事会设立了关于恢复中国缔约方地位的中国工作组，邀请所有缔约方就中国外贸体制提出质询。申请“复关”的谈判，首先必须接受关贸总协定对中国经贸体制的审查，由缔约方判断中国的经贸体制是否符合市场经济的基本要求。在当时情况下，中国要回答的核心问题就是中国究竟是实行市场经济，还是实行计划经济。虽然中国经济体制改革始终是朝着市场化方向发展的，但在理论上和市场经济的概念上在国内还有比较大的争议，政府改革的目标仍然是建立“社会主义有计划的商品经济”体制。

1992年9月，中国共产党第十四次全国代表大会正式确立了建立“社会主义市场经济”体制的总体目标，从而使第二阶段的谈判迈出了关键性的步伐。1992年10月召开的关贸总协定第11次中国工作组会议，正式结束了对中国经贸体制长达6年的审议。

第三阶段：从1992年10月到2001年9月，“复关”/“入世”议定书内容的实质性谈判，即双边市场准入谈判。

1994年4月12日至15日，关贸总协定部长级会议在摩洛哥的马拉喀什举行，乌拉圭回合谈判结束，与会各方签署《乌拉圭回合谈判结果最后文件》和《建立世界贸易组织协定》。中国代表团参会并签署《最后文件》。鉴于世贸组织将取代关贸总协定而成为多边贸易体制的法律和组织基础，并负责乌拉圭回合一揽子协议的实施，中国希望尽快结束谈判，成为世贸组织的创始成员国。但到1994年底，“复关”谈判仍因各边立场差距太大而未能达成协议，中国成为世贸组织创始国的愿望没有实现。

1995 年 11 月，中国政府照会世贸组织总干事鲁杰罗，把中国“复关”工作组更名为中国“入世”工作组，中国恢复关贸总协定缔约国地位的谈判转为加入世贸组织谈判，中方根据要求，与世贸组织的 37 个成员继续进行拉锯式的双边谈判。1997 年 5 月，中国与匈牙利最先达成协议；1999 年 11 月 15 日，中国完成了最艰难的也是最重要的中美“入世”谈判；2001 年 5 月 19 日，中欧谈判几经周折也正式达成双边协议；2001 年 9 月 13 日，中国与最后一个谈判对手墨西哥达成协议，从而完成了“入世”的双边谈判。

第四阶段：从 2001 年 9 月到 2001 年 11 月，中国“入世”法律文件的起草、审议和批准。

在双边谈判后期，多边谈判开始。与双边谈判的复杂与艰难相比，多边谈判较为容易和顺利，主要议题是中国“入世”的法律文件（包括议定书和工作组报告书）起草问题。2001 年 9 月 17 日世贸组织中国工作组第 18 次会议通过中国加入世贸组织法律文件，中国加入世贸组织多边谈判结束。在此之后，中国加入世贸组织工作组按照程序把加入议定书（后附所有双边协议汇总成的货物贸易减让表和服务贸易具体减让表）和工作组报告书交给世贸组织总理事会。2001 年 11 月 10 日世贸组织第四届部长级会议一致通过中国加入世贸组织的决议。中国的立法机构全国人大常委会批准了这些报告和议定书并由中国政府代表将批准书交存了世贸组织总干事。2001 年 12 月 11 日，中国正式成为世贸组织第 143 个成员。

毫无疑问，中国“复关”和“入世”谈判是多边贸易谈判史上最为漫长的。从 1986 年 7 月 11 日中国正式向世贸组织前身 1947 年《关贸总协定》递交“复关”申请到中国最终加入世贸组织，历时 15 年，谈判过程充满了艰巨性、复杂性、特殊性和敏感性。其中最重要的环节是中美谈判和中欧谈判，中美谈判举行了 25 轮，中欧谈判进行了 15 轮。在整个谈判过程中，中国代表团换了四任团长，美国和欧盟分别换了五位和四位首席谈判代表。中美谈判的主要特点是范围广、内容多、难度大。美国因为经济实力强大，要求开放的市场多是中国保护程度较高的（如服务业）或比较敏感的（如农业）领域，同时谈判又受到各种政治因素的干扰，美国一些利益集团还想利用中国加入世贸组织提出高于世贸组织本身的要求，因此谈判非常艰苦。但是，因为中国加入世贸组织符合中美双方的最终利益，中美高层多次在谈判的关键时刻坦诚交换意见，经过艰苦谈判，双方最终于 1999 年 11 月 15 日签署了双边协议。中美谈判协议的达成，为中国加入世贸组织谈判的最终成功铺平了道路。

第二节　中国加入世界贸易组织的法律文件

一、中国加入世贸组织法律文件的构成

中国加入世贸组织的法律文件包括：《建立世界贸易组织协定》、《中华人民共和国加

入的决定》、《中华人民共和国加入议定书》及其附件、《中国加入工作组报告书》。中国加入世贸组织的法律文件的主体是《建立世界贸易组织协定》，议定书和工作组报告书已成为《建立世界贸易组织协定》的组成部分。

议定书是确定作为申请加入方中国权利与义务关系的法律文件，工作组报告书则是对整个加入谈判情况的记录和说明（也包括部分承诺）。工作组报告书在结构上与议定书有一定的差异，但作为谈判过程的记录和对议定书有关条款的进一步细化和说明，与议定书具有内在的统一性，具有与议定书同等的法律效力。此外，作为世贸组织成员，中国的权利与义务不仅包括在议定书和工作组报告书当中，也全面体现在世贸组织现行的各项协定与协议中。

二、议定书和报告书产生的基础

（一）谈判依据的基础文件

《中国对外贸易制度备忘录》与中国工作组成员、中国主管机关作出的答疑和其他文件。

（二）谈判中双方坚持的立场

中方：中国“复关”和加入世界贸易组织符合社会主义市场经济目标及对外开放的国策。中国加入世界贸易组织将促进其经济增长，并加强与世界贸易组织成员的经贸关系。

谈判对方：中国加入世界贸易组织将有助于多边贸易体制的加强，增加世界贸易组织的普遍性，为中国和其他世界贸易组织成员带来共同利益，保证世界经济的稳步发展。

（三）谈判中双方坚持的原则

中国：中国仍然是发展中国家，有权根据《建立世界贸易组织协定》享受给予发展中国家的所有差别和更优惠待遇。

谈判对方：由于中国经济的巨大规模、快速增长和过渡性质，在确定中国援用发展中国家可使用的过渡期和《建立世界贸易组织协定》中的其他特殊规定的需要方面，应采取务实的方式。应认真考虑和具体处理每个协定和中国的情况。

三、议定书和报告书的构成

（一）《中华人民共和国加入议定书》的构成

《中华人民共和国加入议定书》本身由序言、三个部分、18 个条款构成。第一部分为总则，包括 18 个条款。第 1 条，总体情况；第 2 条，贸易制度的实施；第 3 条，非歧视；第 4 条，特殊贸易安排；第 5 条，贸易权；第 6 条，国营贸易；第 7 条，非关税措施；第 8 条，进出口许可程序；第 9 条，价格控制；第 10 条，补贴；第 11 条，对进出口产品征收的税费；第 12 条，农业；第 13 条，技术性贸易壁垒；第 14 条，卫生与植物卫生措施；第 15 条，确定补贴和倾销时的价格可比性；第 16 条，特定产品过渡性保障机制；第 17 条，世界贸易组织成员的保留；第 18 条，过渡性审议机制。第二部分为减让表。第三部分最后条款。此外，还有 9 个附件。分别是：附件 1A：中国在过渡性审议机制中提供的信息；附件 1B：总理事会依照《中华人民共和国加入议定书》第 18 条第 2 款处理的问题；附件2A1：国营贸易产品（进口）；附件2A2：国营贸易产品（出口）；附件2B：指定经营产品；附件3：非关税措施取消时间表；附件4：实行价格控制的产品和服务；附件5A：根据《补贴与反补贴措施协定》第25条作出的通知；附件5B：需要逐步取消的补贴；附件6：实行出口税的产品；附件7：WTO成员的保留；附件8：第152号减让表——中华人民共和国；附件9：服务贸易具体承诺减让表。

（二）《中国加入工作组报告书》的构成

《中国加入工作组报告书》由导言、经济政策、政策制定和执行的框架、影响货物贸易的政策、与贸易有关的知识产权制度、影响服务贸易的政策、其他问题和结论构成。

第三节 中国加入世界贸易组织后的权利与义务

一、基本权利

（一）全面参与多边贸易体制

加入世界贸易组织前，中国作为观察员参与多边贸易体制，所能发挥的作用受到诸多限制。加入世界贸易组织后，中国将充分享受正式成员的权利，其中包括：全面参与世界贸易组织各理事会和委员会的所有正式和非正式会议，维护中国的经济利益；全面参与贸易政策审议，对美国、欧盟、日本、加拿大等重要贸易伙伴的贸易政策进行质询和监督，敦促其他世界贸易组织成员履行多边义务；在其他世界贸易组织成员对中国国采取反倾销、反补贴和保障措施时，可以在多边框架体制下进行双边磋商，增加解决问题的渠道；充分利用世界贸易组织争端解决机制解决双边贸易争端，避免某些双边贸易机制对中国的不利影响；全面参与新一轮多边贸易谈判，参与制定多边贸易规则，维护中国的经济利益；对于现在或将来与中国有重要贸易关系的申请加入方，将要求与其进行双边谈判，并通过多边谈判解决一些双边贸易中的问题，包括促其取消对中国产品实施的不符合世界贸易组织规则的贸易限制措施；扩大中国出口产品和服务的市场准入机会和创造更为优惠的投资环境等，从而为中国产品和服务扩大出口创造更多的机会。

（二）享受非歧视待遇

中国加入世界贸易组织后，将充分享受多边无条件的最惠国待遇和国民待遇，即非歧视待遇。原来实行的双边贸易中一些不公正的待遇被取消或逐步取消。其中包括：美国国会通过永久正常贸易关系（PNTR）法案，结束对华正常贸易关系的年度审议；根据《中国加入世界贸易组织议定书》附件7的规定，欧盟、阿根廷、匈牙利、墨西哥、波兰、斯洛伐克、土耳其等成员对中国出口产品实施的与世界贸易组织规则不符的数量限制、反倾销措施、保障措施等将在中国加入世界贸易组织后5年至6年内取消；根据世界贸易组织《纺织品与服装协议》的规定，发达国家的纺织品配额将在2005年1月1日取消，中国将充分享受世界贸易组织纺织品一体化的成果；美国、欧盟等在反倾销问题对中国使用的“非市场经济国家”标准将在规定（15 年）期限内取消。

（三）享受发展中国家权利

除一般世贸组织成员所能享受的权利外，中国作为发展中国家还将享受世贸组织各项协定规定的特殊和差别待遇。其中包括：中国经过谈判，获得了对农业提供占农业生产总值 8.5%“黄箱补贴”的权利，补贴的基期采用相关年份，而不是固定年份，使中国今后的农业国内支持有继续增长的空间；在涉及到补贴与反补贴措施、保障措施等问题时，享有协定规定的发展中国家待遇，包括在保障措施方面享受 10 年保障措施使用期、在补贴方面享受发展中国家的微量允许标准；在争端解决中，有权要求世界贸易组织秘书处提供法律援助；在采用技术性贸易壁垒国际标准方面，可以根据经济发展水平拥有一定的灵活性等。

（四）获得市场开放和法规修改的过渡期

为了使中国相关产业在加入世界贸易组织后获得调整和适应的时间和缓冲期，并对有关的法律和法规进行必要的调整，经过谈判，中国市场开放和遵守规则方面获得了过渡期。例如：在放开贸易权的问题上，享有 3 年的过渡期；关税减让的实施期最长可到 2008 年；逐步取消 400 多项产品的数量限制，最迟可在 2005 年 1 月 1 日取消；服务贸易的市场开放在加入后 1 年至 6 年内逐步实施；在纠正一些与国民待遇相符的措施方面，包括针对进口药品、酒类和化学品等的规定，将保留 1 年的过渡期，以修改相关法规；对于进口香烟实施特殊许可证方面，将有 2 年的过渡期修改相关法规，以实行国民待遇。

（五）保留国营贸易体制

世界贸易组织允许通过谈判保留进口国营贸易。为使中国在加入世界贸易组织后保留对进口的合法调控手段，中国在谈判中要求对重要商品的进口继续实行国营贸易管理。经过谈判，中国保留了粮食、棉花、植物油，食糖、原油、成品油、化肥和烟草等 8 种关系国计民生的大宗产品的进口实行国营贸易管理（即由中国政府指定的少数公司专营）。保留了对茶、大米、玉米、大豆、钨及钨制品、煤炭、原油、成品油、丝、棉花等的出口实行国营贸易管理的权利。同时，参照中国实际进出口情况，对非国营贸易企业进出口的比例作了规定。

（六）对国内产业提供必要的支持

对国内产业的支持包括：地方预算提供给某些亏损国有企业的补贴；经济特区的优惠政策；经济技术开发区的优惠政策；上海浦东经济特区的优惠政策；外资企业优惠政策；国家政策性银行贷款；用于扶贫的财政补贴；技术革新和研发基金；用于水利和防洪项目的基础设施基金；出口产品的关税和国内税退税；进口税减免；对特殊产业部门提供的低价投入物；对某些林业企业的补贴；高科技企业优惠所得税待遇；对废物利用企业优惠所得税待遇；贫困地区企业优惠所得税待遇；技术转让企业优惠所得税待遇；受灾企业优惠所得税待遇；为失业者提供就业机会的企业的优惠所得税待遇等补贴项目。

（七）维持国家定价

保留了对重要产品及服务实行政府定价和政府指导价的权利。其中包括：对烟草、食盐、药品等产品、民用煤气、自来水、电力、热力、灌溉用水等公用事业以及邮电、旅游景点门票、教育等服务保留政府定价的权利；对粮食、植物油、成品油、化肥、蚕茧、棉花等产品和运输、专业服务、服务代理、银行结算、清算和传输、住宅销售和租用、医疗服务等服务保留政府指导价的权利；在向世界贸易组织秘书处作出通报后，可增加政府定价和政府指导价的产品和服务。

（八）保留征收出口税的权利

保留对鳗鱼苗、铅、锌、锑、锰铁、铬铁、铜、镍等共84个税号的资源性产品征收出口税的权利。

（九）保留对进出口商品进行法定检验的权利

（十）有条件、有步骤地开放服务贸易领域并进行管理和审批

二、基本义务

（一）遵守非歧视原则

中国承诺在进口货物、关税、国内税等方面，给予外国产品的待遇不低于给予国产同类产品的待遇，并对仍在实施的与国民待遇原则不符的做法和政策进行必要的修改和调整。

（二）贸易政策统一实施

承诺在整个中国关境内，包括民族自治地方、经济特区、沿海开放城市及经济技术开发区等统一实施贸易政策。世界贸易组织成员的个人和企业可以就贸易政策未统一实施的情况提请中国中央政府注意，有关情况将迅速反映给主管机关，如反映的问题属实，主管机关将依据我国法律可获得的补救，对此迅速予以处理，处理情况将局面通知有关当事人。

（三）确保贸易政策透明度

承诺公布所有涉外经贸法律和部门规章，未经公布的不予执行。加入世界贸易组织后设立“世界贸易组织咨询点”。在对外经贸法律、法规及其他措施实施前，提供草案，并允许提出意见。咨询点对有关成员咨询的答复应该完整，并代表中国政府的权威观点，对企业和个人也将提供准确、可靠的贸易政策信息。

（四）为当事人提供司法审议的机会

承诺在与中国《行政诉讼法》不冲突的情况下，在有关法律、法规、司法决定和行政决定方面，为当事人提供司法审查的机会。包括最初向行政机关提出上诉的当事人有向司法机关上诉的选择权。

（五）逐步放开外贸经营权

承诺在加入世界贸易组织后3年内取消外贸经营审批权。在中国的所有企业在登记后都有权经营除国营贸易产品外的所有产品。同时中国还承诺，在加入世界贸易组织后3年内，已享有部分进出口权的外资企业将逐步享有完全的贸易权（注：贸易权仅指货物贸易方面进口和出口的权利，不包括在国内市场的销售权，不同产品的国内市场销售权取决于我国在服务贸易作出的承诺）。

（六）逐步取消非关税措施

我国承诺按照世界贸易组织的规定，将现在对400多项产品实施的非关税措施（配

额、许可证、机电产品特定招标）在2005年1月1日之前取消，并承诺今后除非符合世界贸易组织规定，否则不再增加或实施任何新的非关税措施。

（七）不再实行出口补贴

中国承诺遵照世界贸易组织《补贴与反补贴措施协议》的规定，取消协议禁止的出口补贴，通告协议允许的其他补贴项目。

（八）实施《与贸易有关的投资措施协议》

中国承诺加入世界贸易组织后实施《与贸易有关的投资措施协议》，取消贸易和外汇平衡要求、当地含量要求、技术转让要求等与贸易有关的投资措施。根据大多数世界贸易组织成员的通行做法，承诺在法律、法规和部门规章中不强制规定出口实绩要求和技术转让要求，由投资双方与东道国通过谈判议定。

（九）以折中方式处理反倾销反补贴条款可比价格

在中国加入世界贸易组织后15年内，在采取可比价格时，如中国企业能明确证明该产品是在市场经济条件下生产的，可以该产品的国内价格作为依据，否则，将找替代价格作为可比价格。该规定也适用于反补贴措施。

（十）接受特殊保障条款

中国加入世界贸易组织后12年内，如中国出口产品激增对世界贸易组织成员国内市场造成市场紊乱，双方应磋商解决，在磋商中，双方一致认为应采取必要行动时，中国应采取补救行动。如磋商未果，该世界贸易组织成员只能在补救冲击所必需的范围内，对中方撤销减让或限制进口。

（十一）接受过渡性审议

中国加入世界贸易组织后8年内，世界贸易组织相关委员会将对中国和成员履行世界贸易组织义务和实施加入世界贸易组织谈判所作承诺的情况进行年度审议；然后在第10年完全终止审议。中方有权就其他成员履行义务的情况向委员会提出质疑，要求世界贸易组织成员履行承诺。

三、基本承诺

（一）逐步降低关税

中国自1992年以来，经过几次大幅度自主降税，2001年的总体关税水平为14%。根据加入世贸组织承诺，2002年已降至12%，并承诺到2005年下降至10%左右。

（二）逐步开放服务市场

开放服务市场的承诺主要涉及电信、银行、保险、证券、音像、分销等部门主要承诺如下：

1. 电信：承诺逐步允许外资进入，但在增值和寻呼方面，外方最终股比不超过50%，不承诺外商拥有管理控制权；在基础电信中的固定电话和移动电话服务方面，外方最终股比不得超过49%。

2. 银行：承诺在加入2年后允许外资银行在已开放的城市内向中国企业提供本币服务，加入5年后允许其向所有中国个人提供本币服务。

3. 保险：在寿险方面，承诺允许外资进入，但坚持外资股比不超过50%，不承诺外资拥有管理控制权；承诺3年内逐步放开地域限制。

4. 证券：A股和B股不合并，不开放A股市场（即不开放资本市场）。

5. 音像：承诺开放录音和音像制品的分销，但不包括出版和制作，电影院的建设不允许外资控股，音像领域只允许根据中国的法律规定设立中外合作企业，同时音像制品的输入和分销必须按中国国内法律法规进行审查。

6. 电影：承诺加入后每年允许进口20部电影。①

第四节 中国履行入世承诺情况

一、认真履行承诺

（一）清理法律法规

清理法律法规是中国入世之后面临的最大挑战。各国非常关注中国的法律法规是否符合WTO规则。中国政府仅用短短的两三年时间，中央各部委就清理了两千多件、废除了500多件不合WTO规则的法律法规，加上地方政府清理的文件，共清理了9万多件。清理法律法规的过程对我国建立公开透明的法律体系发挥了至关重要的作用。

（二）改革外贸管理体制

入世后，中国政府放开外贸经营权，充分调动了相关企业的积极性。2009年，民营企业进出口贸易达5100亿美元，占全国进出口贸易总额的23.1%。外资企业进出口贸易额达1.2万亿美元，占全国进出口贸易总额的55.2%。外贸经营权的放开促进了进出口贸易的大发展，使我国外贸以年均20%以上的速度递增。

取消进口配额和进口许可证，对外贸系统的管理体制改革和廉政建设发挥了重要作用。促进了外经贸主管部门从重审批、重直接干预向重宏观指导、重协调、重服务转变。外贸专业公司长期以来的垄断地位被打破，也为外贸的大发展奠定了基础。

（三）调整关税

我国完全按照承诺降低了涉及几千个税号的关税，关税总水平从上世纪90年代初的平均43.2%降低到过渡期完成后的9.8%。这对于促进国内海关管理体制和税则体系的改革都产生了重大影响。过去，中国关税较高，尤其在敏感部门，比如汽车。汽车整车关税曾高达200%~250%，致使走私活动可以产生巨额利润，导致一些人为了追求高额利润不惜以身试法。降低关税，不仅防止了走私，也限制了腐败滋生。

（四）统一检验检疫标准

加入WTO以后，中国在卫生检疫和产品质量检验领域的标准也有重大变化：把国内

① 本书编写组编著：《中国加入世界贸易组织法律文件解读》，对外经济贸易大学出版社2002年版，第275页。

的检验检疫部门与对外商检部门合并起来，三检合一，成立了中国质检总局。质检总局按照WTO的要求，把国内检验检疫标准与进出口商品的检验检疫标准统一起来，协调对内对外的标准，符合了世贸组织的非歧视原则。随着国内人民生活水平的提高，人们对食品和药品的安全越来越关注，所以国内标准也必须和国际标准一致，体现了对国内外人民健康负责的态度。

（五）对外商企业的非歧视待遇

对外商投资企业与本地企业一视同仁是世贸组织追求的目标。我国调整了对外商企业来华投资的市场准入和不同行业投资的股比要求，还调整了对鼓励类、限制类、禁止类行业导向目录，改善了外商企业在华投资和经营环境。另外，过去外商企业享受超国民待遇，只缴纳15%的所得税，而我国企业的所得税是33%。经过调整，现在企业所得税一律调整为25%，符合世贸组织非歧视性原则。

（六）农业方面的举措

入世之后我国农产品关税大幅下降，从加入前的60%以上降到平均15.3%。一些大宗商品如大豆甚至降到3%。尽管降税的风险和难度很大，在中央各部委特别是农业部和财政部的共同努力下我国还是履行了承诺。与此同时，我们也采取了取消了农业税等相应措施。

二、参与规则的制定

中国加入世贸组织，不仅要履行承诺，更重要的是参与国际贸易规则的制定，这主要体现在多哈回合谈判中。

根据多哈部长会议的授权，谈判涉及内容十分广泛。发展中成员最关心的是大幅削减发达成员的农产品补贴。这是多哈回合谈判最核心的问题。多年来发达成员对农产品的巨额补贴使发展中国家农民深受其害。一方面发展中国家农产品出口难以扩大，另一方面，发达国家廉价的农产品大量充斥发展中国家市场，造成这些国家农民进一步贫困化。OECD国家对农产品的补贴每年高达3600亿美元。发达国家在谈判中更关心的是发展中国家的市场开放。尤其是美国，把矛头指向新兴经济体，要求巴西、中国、印度、南非等发展中成员进一步降低关税，开放农业、工业品和服务贸易市场。

在多哈回合谈判初期，中国尚处于学习阶段，处于谈判的外围，随着时间推移和谈判的不断深入，中国发挥的作用将越来越大。

思考题

1. 中国入世的意义何在？
2. 中国入世后在对外经贸领域有哪些变化？
3. 中国入世后的权利和义务有哪些？
4. 试举例说明入世对中国的影响。

参考文献

1. 杨荣珍主编：《世界贸易组织规则精解》，人民出版社，2001 年 1 月。
2. 刘丽娟主编：《中国对外贸易概论》，东北财经大学出版社，2011 年 2 月。
3. 李毅、李晓峰著：《国际贸易救济措施》，对外经济贸易大学出版社，2005 年 2 月。
4. 张海东著：《技术性贸易壁垒与中国对外贸易》，对外经济贸易大学出版社，2004 年 3 月。
5. 〔美〕约翰·H·杰克逊著：《世界贸易体制——国际经济关系的法律与政策》，复旦大学出版社，2001 年 8 月。
6. 沈明其主编：《世界贸易组织概论》，南海出版公司，2005 年 12 月。
7. 蒋帅著：《世界贸易组织规则透视》，立信会计出版社，2004 年 8 月。
8. 李双元主编：《世贸组织规则研究的理论与案例》，人民法院出版社，2003 年 11 月。
9. 张锡嘏主编：《外国技术性贸易壁垒及其应对》，对外经济贸易大学出版社，2004 年 5 月。
10. 赵峰编著：《世界贸易组织概论》，立信会计出版社，2001 年 8 月。
11. 李小年编著：《WTO 法律规则与争端解决机制》，上海财经大学出版社，2000 年 9 月。
12. 王新奎等著：《世界贸易组织与发展中国家》，上海远东出版社，1998 年 3 月。
13. 王海峰编著：《WTO 法律规则与非关税壁垒约束机制》，上海财经大学出版社，2000 年 8 月。
14. 薛荣久主编：《世界贸易组织概论》，高等教育出版社，2010 年 5 月。
15. 徐复主编：《WTO 规则与中国贸易政策》，南开大学出版社，2005 年 12 月。
16. 王平、钱学锋编著：《WTO 与中国对外贸易》，武汉大学出版社，2004 年 1 月。
17. 高永富主编：《世界贸易组织教程》，上海人民出版社，2004 年 4 月。
18. 胡涵钧编著：《WTO 与中国对外贸易》，复旦大学出版社，2004 年 7 月。
19. 黄天华编著：《WTO 与中国关税》，复旦大学出版社，2002 年 9 月。
20. 李善同、侯永志主编：《加入 WTO 与中国服务贸易》，商务印书馆，2003 年 3 月。
21. 李平主编：《WTO 与国际贸易》，社会科学文献出版社，2006 年 1 月。
22. 韩立余编著：《世界贸易组织（WTO）案例分析》，中国人民大学出版社，2002 年 11 月。
23. 李汉君主编：《世界贸易组织概论》，中国商务出版社，2006 年 8 月。